다문화사회, 한국

나남
nanam

나남신서 1387

다문화사회, 한국

2009년 6월 10일 초판 발행
2012년 3월 25일 초판 3쇄

지은이_ 김은미·양옥경·이해영
발행자_ 趙相浩
발행처_ (주) 나남
주소_ 413-756 경기도 파주시 교하읍
출판도시 518-4
전화_ 031) 955-4601 (代)
FAX_ 031) 955-4555
등록_ 제 1-71호(1979. 5. 12)
홈페이지_ www.nanam.net
전자우편_ post@nanam.net

ISBN 978-89-300-8387-4
ISBN 978-89-300-8001-9 (세트)
책값은 뒤표지에 있습니다.

나남신서 · 1387

다문화사회, 한국

김은미 · 양옥경 · 이해영

나남
nanam

Multicultural Society of Korea

by

Kim, Eun-Mee & Yang, Ok-Kyoung & Lee, Haiyoung

nanam

머리말

어렸을 때 우리는 우리의 하늘이 이 세상에서 가장 파랗고, 가을 단풍이 이 세상에서 가장 아름다우며, 추석의 보름달이 이 세상에서 가장 크고 둥글다는 얘기를 듣고 자랐다. 가난하고 보잘것없던 1960년대, 이런 과장된 이야기들은 우리의 자부심을 만족시켜 주었고, 지금은 비록 가난하지만, 복을 많이 받은 민족이라서 앞으로는 잘 될 거라는 희망을 심어 주었다.

1980년대에 외국에 가보니, 한국이 매연으로 공기가 뿌예지기 시작했을 때여서 그런지, 미국의 가을 하늘이 어찌나 높고 파랗게 보이던지! 또 단풍은 어쩌면 그렇게도 빨갛던지! 그래서 우리는 '외국의 자연도 한국의 자연과 꽤 비슷하고, 외국도 우리나라처럼 살기가 괜찮구나'라고 생각했던 기억이 난다.

10년, 20년 가까이 미국에서 살다 돌아온 사람이라면 귀국 후 만난 한국이 외국과 다른 점이 많다는 것을 느끼게 된다. 가장 놀랄 만한 기억은 육교 위에서 내려다본 사람들의 머리색이 전부 새까맣다는 사실이었을 것이다. 새삼스러울 것도 없는 일인데, 외국생활을 하다 돌아와 보니, 우리나라 사람들의 머리카락 색깔이 똑같다는 것이 신기하게 느껴지는 것은 당연한 일이었을 것이다. 그것이 1990년대 후반이었다.

그러다 금융위기를 겪으면서 언제부턴가 서울거리에서 외국인들을 심심치 않게 마주치게 되었다. 서울 광화문과 인사동에서 또 테헤란로에서 한국에서 일하거나 한국을 방문한 외국인들을 자주 보게 된 것이다. 가끔씩 지인들이 외국인과 결혼한다는 청첩장도 받기 시작했다. 또, 학교 대강당에 앉아서 보니, 우리나라 학생들도 머리카락 색깔이 더 이상 천편일률적으로 까만색이 아니었다. 갈색부터 붉은색, 심지어는 파랗고 초록빛깔의 머리카락들이 보이기 시작했다. 외국인들이 어느새 우리와 더불어 살아가고 있었고, 한국사람들도 외국사람들처럼 '다양성'이 더해가고 있었다.

우리는 어렸을 때부터 우리나라가 한 핏줄 한 민족으로 이루어진 나라라고 배우면서 순수혈통주의에 관해 꽤 강하게 세뇌되어 왔다. 따라서 그에 대한 자부심이 강하다 못해 외국인들을 보면 손가락질하고 쫓아다니며 '코쟁이', '떼놈'이라고 하면서 비하하는 발언을 서슴지 않던 적도 있었다. 미식축구선수 하인즈 워드 선수가 지금같이 사회적으로 포용되기까지는 가수 인순이 등과 같은 더 많은 사람들의 놀림과 따돌림으로 얼룩진 뜨거운 눈물이 있었다.

김은미 교수의 경우, 2002년부터 대학교 국제학 개론 수업에서 학생들이 한국을 떠나지 않고도 어떻게 하면 '세계화'를 경험할 수 있을까 하면서 시작한 것이 "외국인마을 탐방 연구"였다. 그 당시에는 명동과 연희동의 화교들의 거리, 반포의 프랑스인들의 서래마을 정도가 귀에 익었었는데, 놀랍게도 학생들은 서울에서 10여 개의 외국인마을들을 찾아냈다. 이 외국인마을들을 찾아다니면서 학생들이 느꼈던 것은 우리사회와 같이 단일민족 신화가 강하고 외국인에 대해 그다지 포용적이지 않은 나라에도 외국인들이 이미 꽤 많이 들어와서 살고 있었고, 나름대로의 삶의 터전을 만들고 있었다는 것이다. 나아가서 외국인을 대하는 우리의 태도가 하루빨리 바뀌어야 한다는 것이었다. 이러한 외국인마을들에 대해 본격적으로 연구를 하게 된 동기는 한국에서 만난 많은 학자들이나 일반인들, 심지어는 공무원들이 이러한 사실에 대해 잘 모르고 있었다는 것이다. 외국인들이 놀랍게도 마을까지 만들면서 살고 있다는 것을 도대체 믿어주지 않았다. 그리하여 실증적 연구를 제대로 해서 한국, 또 서울에서 늘어나고 있는 외국인마을과 다문화사회의 현황을 보여주고자 이 연구를 시작하게 되었다.

양옥경 교수의 경우, 거리를 지나다니다 보면 여기저기서 만날 수 있는 "… 여성과 결혼하세요"라는 문구를 보면서, 지금까지의 국제결혼과는 양상이 확연히 달라진 국제결혼을 하는 동남아시아권 중심의 여성들을 만나면서 이들에 대한 정확한 이해를 해야겠다는 생각으로 연구를 시작하게 되었다. NGO단체들을 중심으로 이루어지는 인권문제 제기, 방송국 중심으로 나타나는 오락성 짙은 단순한 이해 등은 이들을 또 다른 형태의 왜곡된 시각으로 바라볼 수 있는 여지가 있다. 어린 소녀들의 결혼이라는 설레는 꿈, 한국이라는 선진국에서의 삶에 대한 기대, 그러나 낯선 땅 낯선 사람들 사이에서의 현실, 이런 경험 속에서 나름대로 살아가려고 노력하는 결혼이주여성들을 총체적으로 바라보는 연구는 어디에도 없었다. 따라서 2006년부터 치우치지 않은 시각으로 다각도에서 이들을 보고자 하는 생각에서 연구를 시작하였다. 특히 이들을 위한 제도와 정책이 미흡한 가운데에서 사회복지관을 중심으로 제공되는 한글과 한국음식 중심의 서비스 등을 보면서, 사회복지실천의 현장에서 이들과 이들의 자녀들의 현 실태와 욕구를 정확하게 이해하고 그 이해를 바탕으로 결혼이주여성들과 한국인이 서로 소통하면서 함께 어우러지는 복지사회를 이루고자 연구하게 되었다.

이해영 교수의 경우, 재한몽골학교에 재학중인 다문화가정 자녀들을 위한 한국어교육 과정을 수년간 지원하면서, 그리고 2007년 여름에서 2008년 여름에 걸친 1년간의 연구년을 통해 미국의 다문화, 다언어교육 전문가와 교류하면서, 우리 사회에 필요한 다문화교육과 다언어교육의 지향점에 대하여 생각해볼 수 있었다. 외국인근로자, 결혼이주여성, 그리고 다문화가정의 자녀들이 가장 원하는 것은 한국어를 배우는 것이었다. 연구가 진행되면서 생각보다 많은 다문화지원기관들이 있다는 것도 알 수 있었다. 이 기관들에서는 전문적으로 훈련받은 인력의 부족이나 교재의 부족 등을 호소하고는 있지만 상당히 많은 기관들에서 한국어를 가르치고 있었다. 그러나 어떠한 태도와 가치관을 가지고 이들 외국인근로자, 결혼이주여성, 그리고 다문화가정의 자녀들에게 한국어를 가르치고 있는지에 대해서는 거의 알려지지 않았다. 그러나 강사들의 태도와 가치관은 이들의 국어실력 못지않게 매우 중요한 것으로 다가왔다. 이들은 단순히 한국어를 배우는 것만을 원하고 만족하지는 않을 것이다. 그 이상의 것, 즉 한국사회와 소통하는 방법까지도 배우고 싶어할 것이라고 여겨졌다. 결국 무엇을 어떻게 전하고 나누어야 하는가에 대해 고민하게 되었으며 언어를 통한 다문화사회 정착에 관심을 갖고 연구하게 되었다.

한국은 2007년 여름 외국인 거주인구가 100만 명을 돌파하였다. 특히 결혼이주여성들의 한국사회로의 진입은 이들을 통한 2세, 3세들이 결국 다인종, 다민족을 이미 하나의 가족 안에서부터 경험하고 있음을 의미한다. 더 이상 단일 핏줄, 단일 민족을 주장하기는 어려워진 것이다. 이제 우리는 좋든 싫든, 원하든 원하지 않든 다인종·다민족사회가 되고 있는 것이다. 그렇다면, 이러한 사회의 변화에 대해 제대로 이해하고, 보다 적극적으로 수용하는 태도를 취하여 우리 사회의 긍정적인 변화와 발전의 에너지로 승화할 수 있도록 하는 것이 옳지 않을까? 이 책은 다문화사회로 이행하는 한국의 변화에 대하여 제대로 이해하고, 이러한 사회변화가 우리 사회 전반에 미치는 파급효과를 연구하였다. 더 나아가서 수천 년 동안 우리가 배워왔던 '단일민족국가'에 대해 다시 한 번 생각해보고, 이러한 사회변화에 대응하는 올바른 방향에 대한 제언을 담고자 하였다.

이 책은 심은미 교수와 양옥경 교수가 2006년도에 각각 연구했던 연구물과 이 연구물들의 공통적 지향점을 파악한 두 교수가 이해영 교수와 힘을 합해 연구했던 2007년도 연구물의 결과들을 다시 정리하고 해석하면서 그 외 자료들을 모아 정리한 연구결과이다.

이 책을 내면서, 서울에 있는 외국인마을들과 결혼이주여성에 대해서 많은 사람들이 잘 모르던 2006년부터 2007년까지 3개의 연구과제를 선뜻 지원해준 서울시정개발연구원에 우선 감사의 말씀을 전한다. 작은 개별 연구과제로 시작하여 이렇게 책으로 펴내게 되니, 감회가 새롭다. 실제로 연구과정에서 서울의 외국인마을을 누비고 다니면서 오해도 많이 받았던 우리 연구팀에 참여했던 많은 학생들과 연구원들이 떠오른다. 학생들은 우리 사회 전반에서 외국인에 대해 가진 편견에 대해 알게 되었을 것이다. 이제는 그러한 편견을 버리고 세계와 함께 살아가는 모습을 배워야 한다는 것을 느끼고 돌아온 학생들의 변화에 고마움을 느낀다. 또한 우리의 원고가 책으로 나올 수 있도록 처음부터 끝까지 간사역할을 담당해준 이정란 조교에게 감사하며, 자료와 원고정리에 수고를 아끼지 않았던 김지현, 박지혜, 조혜림 조교들에게도 고마움을 표하고 싶다. 무엇보다도 이 책의 중요성을 긍정적으로 평가해 주신 나남출판의 조상호 사장님께 특별한 감사를 드리며, 바쁜 일정에서도 편집작업을 서둘러주신 편집부 직원들에게 따뜻한 감사의 마음을 전한다.

2009년 5월
이화동산에서
김은미 · 양옥경 · 이해영

나남신서 · 1387

다문화사회, 한국

차 례

제 1 장

서론

한국사회가 2007년 8월에 체류 외국인의 숫자가 백만 명에 달하자 매스컴은 앞 다투어 '한국이 외국인 백만 명'시대를 열면서 '다문화사회'가 되었다고 연일 보도하였다. 비록 백만이라는 인구는 한국 전체 인구의 2.2%에 불과한 적은 수이지만, 우리나라 국민들이 수천 년 동안 단일민족사회라는 데에 자부심을 가졌던 것을 생각하면 놀라운 변화이다. 이 변화는 불과 십여 년에 걸쳐 빠르게 진행되었기에, 한국사회는 압축적 경제성장에 이어서 다출신국·다인종사회화도 압축적으로 급속하게 진행되고 있다고 하겠다.

지난 10여 년간 한국에 체류하는 외국인 인구는 급속도로 증가하여, 1994년에는 95,778명에 불과하였으나 2007년에는 1,066,273명에 이르게 되었고, 출신국가도 40여 개국을 넘으면서 빠르게 다출신국·다인종사회로 변화하고 있다(법무부, 2007). 2007년 체류 외국인의 자격별 구성도 다양하여 단순노무인력이 48만 명에 육박하였고, 결혼이민자가 11만 명, 유학생이 4만여 명, 전문인력도 거의 3만 명에 이르렀다(법무부, 2007). 이 통계에는 합법체류자 외에도 불법체류자가 포함되었으며 전체 체류 외국인의 21%에 달하였다(법무부, 2007). 또한 결혼이민자가 한국인과 결혼하여 꾸민 다문화가정의 자녀가 2006년 3만 5천여 명이었으나, 2029년에는 3명 중 1명이 다문화가정의 자녀가 될 것으로 추정하는 언론보도도 있다.

그렇다면 우리 사회를 다문화사회라고 말할 수 있을까? 한국사회는 오랫동안 단일민족국가로 인식되었고 외국인 인구는 여전히 극소수에 불과하기 때문에 한국사회를 다문화사회라고 보는 것은 시기상조라고 보는 견해도 있다. 이는 외국인들이 우리사회로의 이민 등을 통해 장기 또는 영원히 거주하면서 생활하는 국민이 되는 것보다는 여행 및 사업을 위해 단기로 체류하는 경우가 많기 때문일 것이다.

그러나 한국 안에서 이러한 논의가 진행되는 동안 이미 해외에서 우리를 바라보는 시각은 한국이 '다문화사회화'되고 있다는 것이다. UN의 인종차별철폐위원회(CERD, Committee on the Elimination of Racial Discrimination)의 한국관련 2007년 8월 회의보고서에서는 한국이 '혼혈인'과 외국인에 대한 인종차별적인 법과 제도를 바꾸어야 한다고 지적한다. 특히, 한국사람들이 별다른 느낌 없이 자주 쓰는 표현인 '혼혈인'에 대하여 극심한 인종차별적인 표현이라고 신랄하게 비판하면서 '단일민족국가'라는 표현도 자제해 줄 것을 권고하기에 이른다.

이와 같이 한국 안에는 여러 가지 모습의 출신국과 인종에 대한 편견과 관습이 존재하며, 이는 이제 단순히 한국 안에서 우리끼리 해결할 문제를 넘어 해외와 국제기구에서까지 관심의 대상이 되고 있다. 이 보고서에서 한국정부는 한국사회가 다문화사회로 진행할 것임을 명확히 밝히며, 사회 관습을 포함하여 정부 정책과 제도를 바꾸어 나가는 데 최선의 노력을 다하겠다고 답변을 하였다(UN CERD, 2007). 이제 한국의 다문화사회화에 대한 연구는 더 이상 늦출 수 없는 중요한 과제이다.

한국이 외국인 백만 명 시대를 열 즈음해서 '다문화사회,' '다문화주의' 등에 대한 담론이 한국사회 곳곳에서 진행되기 시작하였고, 서울을 비롯한 각 지방자치단체와 민간단체에서 다문화 관련 프로그램을 속속 내놓기 시작하였다. 또한 어머니가 한국인인 한국계 미국인 다니엘 헤니(Daniel Henney)가 한국 드라마와 영화에서 두각을 나타내면서 인기를 끌고, 미식축구 선수인 하인즈 워드(Heinz Ward)가 2006년에 미국 슈퍼볼에서 최우수선수상을 타면서 자신이 속한 팀의 승리를 이끌어 내자, 한국은 과거에 혼혈인에 대해 보여주었던 편견을 일시에 불식시키고 그들을 진정한 한국인으로 받아주는 모습을 보여주었다. 한국전쟁 후 미국인 군인과 한국 여성 사이에서 태어난 자녀에 대하여 보이던 극심한 편견과 따돌림이 더 이상 존재하지 않는 것처럼, 한국은 그들을 포용하고 그들을 자랑스러워했다. 이제 한국의 텔레비전에서 외국인들은 외국어교육 프로그램의 강사나 한국 방문 프로그램에 가끔 나오는 정도가 아니라, 외국인과 다문화가정이 주인공인 〈Love in Asia〉, 〈미녀들의 수다〉 같은 프로그램들에 주인공으로 등장한다. 이 프로그램들은 각 방송국의 황금시간대에 편성되고 많은 시청자를 확보하고 있으며, 급속히 변화되고 있는 한국 다문화사회의 한 단면을 보여준다.

이러한 다문화사회화를 설명할 때 이 책에서는 '다출신국·다인종사회'라는 표현을 쓰기로 한다. 한국은 비이민국가로 한국 내 거주하는 외국인의 상당수는 한국시민권이 없기 때문에 그들의 구분은 출신국과 인종에 의존한다. 따라서 이 책에서는, 다문화 관련 저서에서 주로 쓰이는, 이민국가에서 내국민의 범주 안에서 주류민이 아닌 외국출신 집단의 사람들에 대한 통칭으로 쓰이는 개념인 '다민족·다인종사회'라는 표현 대신, 한국사회를 '다출신국·다인종사회'라고 정의한다(양옥경 외, 2007: 4).

우리가 이 책에서 던지는 가장 중요한 질문은, '순수혈통주의'의 '단일민족국가'였던 한국사회의 변화의 몸짓이 과연 다문화사회로의 변화의 모습인지, 그리고 그것이 맞는다면 다문화사회로서의 어떠한 지향점을 향하는지이다. 한국은 이제 더 이상 차별·배제적인 외국인 정책을 써도 안 되지만, 하루가 멀다 하고 쏟아져 나오는 외국인 대상 각종 정책과 프로그램들이 이들을 한국사회로 동화시키는 것이어도 안 될 것이다. 따라서 한국사회의 각종 정책과 제도와 프로그램들을 통해 추구하는 한국사회의 궁극적 모습이 동화주의에 입각하는지 혹은 다문화주의인지 문화다원주의인지에 대한 분석이 시급하고 절실하게 요구된다(설동훈, 2005). 한국사회의 전체적인 합의 없이 마구잡이로 쏟아지고 있는 제도들이 혹시라도 경제가 안 좋을 때 주류사회의 상대적 박탈감으로 인한 부작용은 없는지, '다름'만 너무 강조하면서 '화합'과 '소통'은 등한시하지는 않는지, 더 나아가서 외국인들과 다문화가정의 구성원들에게 한국사회에의 동화만을 강요하면서 그렇지 못한 경우 그들에게 또 다른 편견과 장벽을 만들어 내는 것은 아닌지 등을, 외국인 유입의 비교적 초기단계라고 할 수 있는 지금 이런 문제들을 적극적으로 검토하고, 나아가야 할 방향을 제시해야 할 것이다.

체류 외국인의 수가 아직 전체 인구의 2.2%밖에 안 되는 상황에서 어느 한 패러다임을 주장하는 것은 시기상조라고 할 수 있다. 그러나 분명한 것은 우리 사회가 다양한 문화를 포용하고 다양한 문화를 한국사회의 성숙과 발전에 긍정적인 에너지로 승화하여야만 한다는 것이다. 이는 한국이 21세기형 선진국가로 가기 위한 필수과제이다. 다양한 경로를 통하여 우리 사회에 유입되는 외국인과 그들의 다양한 문화는 한국사회가 외국인의 이민을 불허하는 차별배제모형도, 강력한 주류사회에 녹아들기를 강요하는 동화모형도 허용하기 어렵다는 것을 알린다. 주류사회를 인정하고 주류사회 안에서 외국 문화가 성장해야 한다는 점에서 문화다원주의는 매력적으로 보일 수 있다. 그러나 우리 사회의 깊은 차별적 태도와 이중적 기준 적용의 문제를 해소하고 조화와 소통을 지향하기 위해서 우리는 단계적으로 다문화주의라는 목표를 향해야 할 것이다. 따라서 이 책에서 저자들은 다문화주의를 한국사회의 궁극적인 목표로 삼고, 한국사회의 현주소를 분석하여 이를 토대로 단계적인 발전 방안을 제안하고자 한다.

이 책에서 저자들은 한국사회의 정확한 진단을 위해 실증적 자료를 토대로 분석적 접근 방식을 취할 것이다. 즉, 한국사람들이 한국에서 외국인과 더불어 살아가는 모습과 외국인이 한국에서 살아가는 모습, 그리고 한국의 외국인 관련법과 제도 등을 고찰하여 한국사회를 진단하고, 아울러 해외사례를 통해 한국의 다문화센터들과 비교분석을 하며, 한국이 지향해야 할 모델을 찾아보는 데 이용하고자 한다. 외국인과 더불어 살아가는 모습은 우리가 그들을 받아들이거나 인식하는 태도의 분석을 통해서 전체적인 한국인의 태도를 조명해 볼 것이며, 특히 외국인들이 한국에서 스스로 만들어서 가꾸기 시작한 외국인마을들에 대한 탐방조사를 통하여 외국인들이 한국사회에서 어떻게 생존하고 소통하는지에 대한 실증연구 결과(김은미·김지현, 2008)를 바탕으로 분석할 것이다. 이 연구에서 저자들은 외국인마을을 상시적으로 존재하는 마을인 '주거형 마을'과 외국인들이 주거를 함께하는 공간은 아니지만 주기적으로 모여서 그들의 문화를 공유하는 공간인 '문화형 마을'로 분류하여 명명하였다.

한국의 외국인 유입 인구 중 유형별로 봤을 때 두 번째로 큰 집단이 결혼이주여성이다. 그들의 경우 이주와 결혼이라는 이중의 문화적 충격을 동시에 겪는데 그들에게 우리는 일방적으로 한국문화와 사회에 더 적응하라고 강요하는 사회적 분위기를 형성하지는 않는지 검토해 볼 필요가 있다. 더 바람직한 다문화주의에 따른 모습은 방과후 교실 등을 통해 베트남인 엄마가 베트남 문화를 가르치도록 기회를 만들어서, 이를 통해 다문화가정의 자녀들이 양쪽 문화에 대해 자부심을 느낄 수 있게 하는 것이다. 외국인이 한국에서 살아가는 모습을 통한 우리 사회의 다문화 지향성에 대한 분석은 결혼이주여성과 다문화가정 자녀에 대한 설문조사를 통해 그들의 요구와 실태를 파악하고, 우리 사회의 다문화센터가 얼마나 그들의 요구를 수용할 수 있도록 구성되었으며 다문화사회를 지향하는 한국사회의 가치를 얼마나 반영하는지를 고찰할 것이다. 또한 우리 사회의 외국인 관련제도와 법, 정책은 과연 다문화사회로서의 한국사회의 요구를 수용할 수 있도록 정비되어 있는지를 살펴봄으로써 과연 한국은 장기적인 목표인 다문화주의를 향하여 어떠한 일관성과 체제를 정비한 각종 법, 제도와 프로그램을 운영하고 있는지 현황 분석을 통해서 비판적 진단과 향후 전략에 대해 제언을 하고자 한다.

실증적 자료를 수집, 조사하고 분석하기 위해 이 책의 사례들은 서울에 집중될 것이다. 즉, 실증적 자료의 상당 부분은 서울의 사례나 서울시민의 인식과 태도 등을 포함한다는 것이다. 그 첫 번째 이유는, 이 책이 상당 부분 2006년(양옥경, 2007; 김은미·김지현, 2006)과 2007년(김은미·양옥경·이해영, 2007)에 서울 시정개발 연구원으로부터 연구비를 지원받아 수행된 저자들의 연구 내용을 토대로 삼았다는 것과 밀접한 관련이 있다. 저자들의 선행의 연구들에 더하여, 이 책은 다른 지역과 최근 서울시의 기구, 법과 제도 및 정책, 해외사례 등을 추가로 포함한다.

그러나 서울에 연구가 집중되는 더욱 중요한 두 번째 이유는 서울이 경기권과 더불어 거주 외국인 수가 가장 높은 지역이라는 점이다. 한국 거주 외국인의 서울집중도가 상당히 높아서 1995년에는 36.4%에 달했으며, 그 이후에는 전국적으로 외국인이 확산되면서 2007년에는 21.5%에 이르렀다. 이는 한국인구 가운데 서울시에의 인구집중도가 20.8%인 점을 감안하면 아직도 한국민의 서울집중도를 상회하는 통계이므로, 한국안의 외국인을 연구할 때 서울에 대한 연구가 중요하다는 것이다. 또한 외국인근로자 자녀는 35%가, 국제결혼 자녀는 22%가 서울에 거주할 만큼 서울은 다출신국·다인종사회로 빠르게 진행되는, 한국 내 대표적인 글로벌도시이다.

이 같은 이유로 세계화의 진전이 급속도로 이루어진 1990년대 이후 서울과 같은 거대 글로벌 도시들은 세계의 변화를 알려주는 연구의 중요한 실험실이 되었다. 즉, 세계화의 빠른 물살은 인구와 자본의 대대적인 이동을 일으켰으며, 그 가운데서도 거대 글로벌도시라고 할 수 있는 뉴욕, 런던, 도쿄, 로스앤젤레스, 파리 등은 이러한 소용돌이의 핵심에 있다. 여러 지표에 따르면 이제 서울도 세계 10대 글로벌 도시에 든다. 한국의 역사상 외국인과 외국 자본이 이렇게 많이 들고 나는 것이 이례적이라고도 하겠으나, 이는 서울이 글로벌 도시가 되면서 나타나는 세계적인 현상이라 할 수 있다.

또한 서울이 한국에서 갖는 대표성을 볼 때, 서울에 있는 외국인들과 이들을 대하는 한국인에 대한 연구는 매우 중요하다. 한국인을 대상으로 한 다문화 교육, 외국인을 대상으로 한 각종 정책과 서비스를 조사·분석한 것이 세계적인 보편성과 함께 한국에 맞는 다문화 정책과 프로그램을 개발할 수 있는 산실로 활용되기를 바라면서 이 책에서 우리는 서울을 연구의 주요 사례로 선정하였다.

다출신국·다인종사회인 한국사회의 다문화 현주소를 분석하고 지향점을 제안하기 위해 이 책은 다음과 같은 내용을 포함한다. 제2장에서는 이 책의 이론적 배경이 되는 선행하는 관점들을 살펴본다. 세계화 시대의 자본과 인구 이동 연구, 외국인집중거주지역 연구, 한국의 다문화사회 및 다출신국·다인종 사회 연구 등 세 분야의 문헌연구를 통해서 이 책이 견지하는 관점과 분석틀을 제시하고자 한다. 제3장에서는 한국적 다문화사회의 궁극적 목표가 무엇인지 살펴보고자 한다. 이를 위해 다문화사회의 주요 패러다임과 다문화사회의 추구를 위한 체계적인 단계별 접근에 대해 알아보기로 한다. 제4장과 제5장에서는 우리 사회가 외국인과 더불어 얼마나 조화롭게 살아갈 수 있도록 준비되었는지 조사하고 분석한다. 이를 위해 다출신국 · 다인종사회로 진행되고 있는 한국의 대표적 도시, 서울에 위치하는 외국인마을을 조사하고, 이들을 대하는 서울시민의 다문화 인식과 태도를 집중적으로 분석한다. 또한 외국인들이 한국에서 살아가면서 겪는 어려움과 다양한 경험들과 그들의 요구를 분석하고 한국의 다문화 지원 현황을 조사한다. 특히, 결혼이주여성과 다문화가정의 자녀들이 경험하는 한국사회의 문제점과 아울러 제공되어야 할 사회적 서비스와 시급히 시정되어야 할 법과 제도에 대해서도 제언한다. 제 6장에서는 한국의 외국인 관련법과 제도, 정책을 간략히 살펴보고, 형성배경, 특성 및 문제점을 분석한다. 마지막으로 제 7장에서는 캐나다, 호주, 미국, 일본, 체코 등의 해외의 주요 사례를 살펴보고 한국의 다문화 서비스, 정책 및 제도의 개선에 도움이 될 수 있는 방법들을 모색해 본다.

제 2 장

세계화와 다문화*

한국 내 다문화주의나 외국인에 대한 연구의 축적이 많지 않아 이 장에서는 세 부문의 문헌연구를 바탕으로 한국 다문화 연구를 위한 분석틀을 발전시키고자 한다. 첫째, 세계화의 흐름으로 인해 대규모로 급속히 이동하는 자본과 인구에 따른 글로벌도시의 발전을 통해 한국 내 외국인의 유입시기와 경로에 대한 시사점을 찾고자 한다. 둘째, 외국인집중거주지역(외국인마을)에 대한 연구에서 나타나는 외국인마을 생성요인, 주요 사회조직 및 기능에 대한 시사점을 찾는다. 셋째, 한국의 외국인에 대한 연구와 다문화주의 담론을 통해서 외국인들의 한국사회 적응과 한국의 다문화사회로의 변화에 대한 시사점을 찾고자 한다. 마지막으로 이 책의 연구 분석틀을 제시하고자 한다.

---

* 이 문헌연구는 김은미 · 김지현(2008)에서 발췌하였다.

1. 세계화 시대의 자본과 인구의 이동 연구

한국 내 외국인 유입이 세계화 시대에 전 지구적으로 진행되고 있는 인구와 자본의 이동에 따라 일어나는 현상인가에 대해 분석하기 위해 세계화 시대 자본과 인구의 이동에 대한 연구를 살펴보기로 한다. 세계화로 인해 전 세계의 사회와 문화의 상호교류가 더욱 가속화되고 있는 가운데 공간과 시간에 대한 개념도 획기적인 변화하였다(Cohen and Kennedy, 2000; Robertson, 1992). 로버트슨(Robertson, 1992)은 이 같이 증폭된 상호교류를 '세계의 압축'이라고 불렀다. 하비(Harvey, 1978)는 이제 공간은 더 이상 고정된 장소가 아니며, 정보통신 및 교통의 발달로 물리적 공간이 축소되면서 사람과 물류의 활발한 이동을 가져왔다고 분석했다. 또한, 카스텔스(Castells, 1996)는 이 같은 상호연관성 및 상호의존성을 바탕으로 우리가 '네트워크 사회'에 살고 있다고 주장하면서 이 같은 네트워크가 그간 문화, 경제적으로 자급자족하던 각 국가의 국경을 허물었다고 분석했다. 이는 국가는 물론 이에 속한 도시와 지역 또한 다른 사회와의 통합내지는 공존을 위해 밖으로 뻗어 나가게 됨을 의미한다.

사센(Sassen, 1988)은 국제경제의 변화가 국가 간 경제의 재편보다 도시 중심으로 이루어지고 있다고 분석하였다. 세계화로 인한 국가 간 경제의 통합이 있는 반면, 거대도시를 중심으로 노동의 이동과 재편이 있다는 연구결과를 통해 세계화 시대에 도시의 중요성에 대해서 주장한다. 또, 세계화 시대에서 도시는 고도의 기술과 더불어 단순기능을 동시에 요하고 있다면서, 최근의 역동적인 자본 투자의 성격이 국제사회의 이주 노동자들과 깊은 관계가 있음을 지적하였다. 이와 같은 자본과 노동의 관계가 금융 등의 새로운 서비스 활동을 요하는 노동시장의 주요한 정점으로서 뉴욕, 런던, 도쿄 등과 같은 거대도시의 출현을 가져왔다(Bashi and Hughes, 1997). 사센

(Sassen, 1988)은 이러한 거대도시의 출현의 이면에는 서비스 산업의 조직 특성상 수반되는 양극화 현상이 도시에서 구현되며, 다양한 경제 부문에서의 수익창출과 여러 직종의 노동자들의 소득수준 불균형과 불평등은 특히 선진국에서 두드러지게 나타난다고 분석했다.

이들 연구에 따르면 거대도시를 중심으로 세계화에 따른 자본과 노동인구의 이동이 결집된다고 한다. 세계화로 지칭되는 1980년대부터 시작된 세계의 급속한 변화는 거대 글로벌 도시의 중흥을 가져왔다는 것이다(Sassen, 2009; Scott, 2009). 이들 글로벌 거대도시들은 하나의 모형으로 발전한 것이 아니라, 뉴욕이나 런던처럼 세계 금융의 허브가 되거나 두바이처럼 부동산 개발의 새로운 구심점으로 세계 자본을 흡수하여 급부상하는 등 각각 특화되어 발전했다. 세계경제가 복잡해지고, 인터넷 등 신기술이 발달하면서 더 이상 국가단위로 자본과 인구가 구속되는 것이 아니라, 거대 글로벌 도시들을 중심으로 복잡해진 경제를 유지할 경제의 회전축들이 나타나는 것이다(Sassen, 2009).

하나의 예로서 선물시장을 보면, 실제로 커피를 가장 많이 생산하는 브라질이나 케냐가 선물거래의 중심에 있는 것이 아니라, 커피콩 하나 생산하지 않는 뉴욕의 선물시장에서 세계에서 가장 많은 양의 커피가 거래된다. 이는 브라질이나 케냐는 아직 세계 선물시장을 선도할 체제가 갖춰져 있지 않으므로, 이미 자본이 집중된 뉴욕과 같은 곳이 세계의 경제 회전축(*global circuit*) 역할을 하기 때문이다(Sassen, 2009).

또한 이렇게 복잡해진 도시들은 많은 저임금 노동력이 필요하기 때문에 상대적으로 임금이 낮은 외국인 노동자들이 급속히 유입되고 있다. 이처럼 글로벌 도시들은 세계로부터 자본과 인구(노동자뿐만 아니라 고임금의 기술자, 전문가와 비즈니스맨을 포함)의 급속한 이동의 중심에 있으며, 서울도 이제 세계 자본의 유입 규모, 인구 규모 등 여러 면에서 거대 글로벌 도시 가운데 하나로 간주된다(Sassen, 2009; Scott, 2009). 물론 이 연구가 세계화에 따른 한국의 거대도시 발전에 대한 연구는 아니지만, 외국인노동자의 유입의 시기와 경로가 세계화와 무관하지 않으므로, 위의 연구결과를 중심으로 한국 내 외국인의 유입과 외국인집중거주지역에 대해 연구하고자 한다.

2. 외국인집중거주지역 연구

세계화의 전 지구적인 진행과 더불어 노동인구의 국가 간 이동을 통해서 이주국가에서 나타나는 이민사회의 변화상 가운데 특히 외국인집중거주지역에 대한 연구를 살펴보기로 한다. 외국인집중거주지역에 대한 국외의 연구는 세계화가 진행되기 이전부터 미주 지역을 중심으로 활발한 연구가 있었다. 이 가운데 이 연구의 시사점을 찾고자 20세기 후반에 나타난 외국인집중거주지역에 대한 연구들을 살펴보기로 한다.

외국인마을들이 생겨나는 원인과 생성과정을 살펴보기 위해 국외의 외국인집중거주지역과 관계된 기존의 연구들을 살펴보면 민족성(*ethnicity*)이나, 거주지 선택, 거주지 격리에 관한 연구가 주로 이루어졌다. 우선 민족성에 관한 연구는 민족에 관한 정의와 범주 설정에 대한 연구들이 집중적으로 이루어져 왔으며, 지리적 시각에서 민족집단의 시간적 확산과정에 대한 연구(Philpott, 1978; Ward, 1971), 민족집단 간의 격리현상에 관한 연구들(Rex and Mason, 1986; White, 1986)이 주로 이루어졌다. 둘째, 거주지 선택은 특정 인종집단의 거주지 선택을 도시경제나 직주관계, 교외화와 관련되어 고찰한 일련의 연구들이 있다(Gabriel and Rosenthal, 1996; Thurston and Yezer, 1994). 셋째, 거주지 격리 문제는 실증적 측면에서 공간적 패턴과 특징을 연구한 많은 모델들이 제시되었다. 민족에 따른 격리현상을 여러 차원에서 분류·분석한 연구(Boal, 1978) 등과 함께 격리지수 등을 이용하여 민족 또는 인종간의 격리현상을 고찰한 일련의 연구들을 찾아볼 수 있다(Kantrowitz, 1973; Phillips, 1981).

이민국가인 미국과 캐나다의 외국인집중거주지역에 대한 연구를 살펴보면 이민·이주 집단이 이민국에 정착하는 초기에 이민자들은 최초 입국장소(도시)를 중심으로 모여 살면서 소수민족 마을을 형성하게 된다. 이민자들이 이러한 마을을 형성하는 주된 이유는 경제적 측면과 문화적 측면이 있다고 한다. 이주 초기에는 가족집단을 포함한 일차적 사회집단을 중심으로 활동 네트워크가 형성되는데, 이러한 네트워크는 경제적인 동기가 가장 중요하다고 한다. 이주 초기에는 상대적으로 경제력이 약하고 민족 정체성이 강하기 때문에 소수민족 커뮤니티를 형성하여 경제활동을 하지만, 이주의 역사가 오래될수록 경제력이 확보되면서 경제적·사회적·문화적 측면에서 외국인집중거주지역의 구성원들이 주류사회에 동화 또는 적응하면서 초기의 커뮤니티의 성격이 변화하고, 구성원의 일부가 다른 지역으로 이주하여 커뮤니티의 응집력이 약화되는 현상을 보이기도 한다(Cwerner, 2001: 9~10, 12~13). 또한 문화적인 측면을 보면 떠나온 모국의 향수에 젖어들면서 모국의 휴일을 기념하거나 그들만의 교감을 나눌 수 있는 모임을 만드는 과정 등을 통해 이민자 커뮤니티가 형성되는 모습을 볼 수 있다(Cwerner, 2001: 12~13). 미국과 캐나다의 이주민 커뮤니티 형성에 관한 연구에서는 이주 집단이 클수록 초기 커뮤니티가 강하고, 이주 후 비교적 빠른 시일 안에 외국인마을을 형성한다고 한다(White, Kim and Glick, 2005).

이주집단의 거주형태도 인적, 경제적 배경에 따라 다양한 방식으로 표출된다. 퐁과 윌키스(Fong and Wilkes, 2000)는 캐나다의 사례분석을 통해 피부색, 문화적 차이와 함께 이민자들의 경제적 여건이 이민자 주거형태를 결정짓는다고 분석하였다. 공간동화이론을 바탕으로 이민집단의 거주패턴을 분석한 로간·알바·장(Logan, Alba and Zhang, 2002)의 연구에 의하면 아직 이민국에서 자산을 축적하지 못한 젊은 이주자들이 경제적·사회적인 이유로 소수민족 저소득 지역공간을 형성하게 된다고 분석한다. 하지만 이들이 경제적·사회적으로 안정되면서 거주지를 스스로 선택할 수 있는 여건을 갖추게 되면 민족적·문화적 고려보다는 경제적인 고려에 의해 저소득 이주자 커뮤니티를 떠나 이주국의 상류 거주지역으로 이주한다고 하였다. 따라서 이주 초기 이민자들의 민족중심 거주공간은 단기적이며 임시적인 소수민족 주거형태를 보인다고 한다(Myles and Hou, 2003). 마일즈와 후(Myles and Hou, 2003)의 캐나다 토론토의 흑인 및 남아시아 이주민에 대한 연구에 의하면, 이들 외국인 집단의 초기 정착지역은 저소득 지역이지만 사회적·경제적 자원을 보유하고 이주한 이주자들의 경우에는 아예 초기부터 상대적으로 부유한 지역에 정착한다는 것을 발견할 수 있다.

이주민들의 모국문화에 대한 연구결과를 살펴보면 캐나다의 경우 이주민들의 문화가 각 지역별로 잘 보존되어 있음을 관찰할 수 있는데, 이는 캐나다 정부가 다문화적 정책을 처음부터 발전시킨 것은 아니라는 비판적인 시각도 있다. 즉, 문화적 다양성이 정부의 정책목표로 처음부터 설정된 것이 아니라, 이민자들을 경제적 이유로 적극적으로 유치하기 위해 그들의 문화를 보호·발전시키는 정책을 펼쳤다는 것이다(Wood and Gilbert, 2005). 이민자들을 유치하기 위해서 각 지방정부는 문화적 다양성을 지향하게 되었으며, 그 지방에 유입된 이민자들의 민족문화가 정치적·문화적 다원성과 사회적 생산성에 영향을 미치게 되었으며, 나아가서 그 지방이나 도시의 독특한 문화적 특성으로 발전하게 되었다는 것이다(Good, 2005).

국외의 외국인집중거주지역에 관한 많은 연구는 한국의 외국인 유입과 정주화와는 다른 측면도 많이 발견된다. 첫째로, 한국이 비이민국가로서 외국인의 한국 이민이 법적으로 극히 제한적이기 때문에 이민국가의 외국인 정주화가 대부분 '이민'이라는 장기적인 이주에 대한 연구인 반면, 한국의 외국인 정주화는 이민이 아니라 장기 체류로서의 성격이 강하다. 따라서 외국인들의 한국사회에 대한 적응의 강도와 내용, 또한 한국사회의 다문화주의 포용에도 한계가 있을 수 있겠다. 둘째로, 한국의 부동산 관계법과 제도 및 높은 주거비용을 비롯한 법적·제도적 측면에서 외국인에 대한 차별적인 내용이 존재하므로, 이러한 제한적인 조건하에서 외국인들의 집중거주지역에 대한 연구가 이루어져야 할 것이다.

국외의 외국인집중거주지역에 대한 많은 연구는 한국의 외국인 유입과 정주화와는 상이한 측면이 있지만 서울의 외국인마을에 대한 연구에 대해 다음과 같은 시사점을 갖는다. 첫째, 외국인집중거주지역의 형성원인, 둘째, 외국인집중거주지역의 주요 사회조직과 기능, 셋째, 외국인마을을 중심으로 주류사회의 주민들과의 소통과 교류의 관계 등이다.

3. 한국의 다문화사회 및 다출신국·다인종 사회 연구

장기거주 외국인 백만 명 시대로 접어들며 외국인마을이 형성되고, 외국인에 대한 법과 제도가 마련되었으며, 외국인들에 대한 한국인의 태도가 변화하는 것 등으로 보았을 때, 과연 한국이 다문화사회로 변화하고 있는지 저자들은 이 책에서 질문을 하고자 한다. 또한 이러한 사회변화가 다문화주의를 포용하는 정책 및 사회제도와 문화를 포함하는가 하는 질문에 답하기 위하여 다문화주의에 관한 연구 및 한국 내 외국인에 관한 연구결과를 살펴보기로 한다.

다문화사회와 관련된 초기 연구는 1970년대에 외국인들이 새로운 문화권이나 이민국에 진입하면서 나타난 다양한 문화적응현상에 대한 연구로 시작되었다(양옥경, 2007). 특히 이들 가운데 대표적인 워드, 보크너와 훤함(Ward, Bochner and Furnham, 2001)의 연구는 문화접촉을 개인수준과 집단수준으로 분리하고, 집단적 수준은 학살(*genocide*), 동화(*assimilation*), 격리(*segregation*), 통합(*integration*)으로, 개인적 수준은 통과(*passing*), 국수주의(*chauvinism*), 주변화(*marginalization*), 중재(*mediating*)로 나누어 문화적응의 유형을 분류하였다(정진경 외, 2004).

경험적인 연구를 이용하여 문화적응연구를 더욱 발전시킨 베리(Berry, 1997)는 문화적응 모형을 두 개의 축으로 설명하였는데, 이 두 축은 모국의 문화적 가치와 특성의 유지 여부와 주류사회와의 관계 유지 여부이다. 이 연구에서는 모국의 문화적 가치를 유지하면서 동시에 주류사회와의 관계를 유지하는 경우는 '통합'(*integration*), 둘 다 유지하지 않은 경우는 '주변화'(*marginalization*), 모국의 문화적 가치는 유지하지 않은 상태에서 주류사회와의 관계만 있는 경우는 '동화'(*assimilation*), 모국과는 강한 유대관계를 지니지만 주류사회와는 관계가 없는 경우는 '분리'(*segregation*)로 구분하여 문화적응 모형을 설명한다(Berry, 1997; 양옥경, 2007).

다문화사회에 대하여 외국인 정착 정책을 중심으로 연구한 설동훈(2005)은 한 사회에서 외국인의 정착을 받아들이는 정책의 유형을 '차별배제모형', '동화모형', '다문화모형'의 세 범주로 구분하였다(설동훈, 2005; Castles and Miller, 2003).

차별배제모형은 국가가 특정 경제영역에만 외국인(이민)을 받아들이고, 복지 및 여러 정치, 문화, 사회적 영역에서는 받아들이지 않음으로써 원치 않는 외국인의 정착을 원천적으로 차단한다(설동훈, 2005; Castles and Miller, 2003). 독일, 일본, 한국 등 단일민족을 강조해 온 국가들이 이러한 모형을 채택하고 있다고 볼 수 있다. 그러나 경제적 세계화의 거대한 흐름과 전문직 종사자들의 이동, 결혼이민자들의 증대와 맞물려 차별배제모형은 점차 그 입지가 제한되고 있다.

둘째, 동화모형은 이민자(외국인)가 출신국의 언어·문화·사회적 특성을 완전히 포기하여 주류사회의 일원이 되는 것을 이상으로 하며 1960년대까지 미국의 '용광로〔*Melting Pot*〕 정책'으로 프랑스도 이러한 모형을 채택했다고 본다(설동훈, 2005: 2). 즉, 주류사회가 자국사회의 일원이 되기를 원하는 이민자에게 문화적 동화를 대가로 '사회의 일원'으로 인정하는 정책이며, 주류사회의 언어를 습득할 수 있도록 돕고, 이민자의 자녀를 정규학교에 취학하는 것을 지원함으로써 동화가 순조롭게 이루어질 수 있도록 한다.

셋째, 다문화모형은 이민자가 그들만의 문화를 지키는 것을 인정하고 장려하며, 정책의 목표를 소수민족의 주류사회로의 '동화'가 아닌 '공존'에 둔다. 다문화모형은 흔히 '샐러드 볼'(*Salad Bowl*)에 비유되는데 이는 샐러드가 각기 다른 형태와 맛을 가진 각종 채소와 과일들이 모여 공통의 드레싱에 의해 공평하고 동등하게 뒤섞이기 때문이다. 유사한 표현으로 '인종적 모자이크'(*Ethnic Mosaic*) 또는 '무지개 연합'(*Rainbow Coalition*)이 사용되기도 한다. '인종적 모자이크'란 이민자들이 출신국에 따른 특성을 간직하면서 전체 사회를 조화롭게 구성함을 나타낸다. '무지개 연합'은 무지개가 서로 다른 색들의 수평적 공존을 통해 아름다운 조화를 만들어내는 것을 빗댄 표현이다.

이러한 다문화모형은 문화다원주의(*Cultural Pluralism*)와 다문화주의(*Multiculturalism*)로 세분화할 수 있다(설동훈, 2005: 3). 문화다원주의와 다문화주의의 개념은 다양성을 인정하고 사회적 통합을 추구한다는 점에서는 유사하지만, 문화다원주의는 문화의 다양성과 다원성을 인정하면서도 주류사회가 존재함을 분명히 하고, 여러 다양한 소수민족이 존재함을 인정하는 정도의 소극적인 다문화모형이다. 이에 비해 보다 발달된 개념인 다문화주의는 주류사회의 중요성을 부각하기보다는 다양한 문화가 평등하게 인정되어야 함을 강조한다. 미국은 문화다원주의를 받아들여 주류 문화에 대해 비교적 확고한 정책을 고수하며 소수민족과 이민자들에게 포용적이지만 적극적으로 그들의 고유문화를 유지하도록 지원하는 데에는 소극적이다. 이와는 달리 캐나다나 호주에서는 다문화주의를 채택해 국가가 적극적으로 개입하여 소수민족과 이민자의 고유문화를 발전시키는 데 도움을 주고 있다.

한국의 외국인 인구가 급격히 늘어나면서 한국 내 다문화주의와 이와 관련된 여러 사회현상에 대한 연구가 활발해졌다(김현미, 2005; 설동훈·한건수·이란주, 2003; 오경석 외, 2007; 장세훈·이유종, 2004; 한건수·설동훈, 2007). 특히 한국의 다문화주의 연구가 체계적으로 논의된 《한국에서의 다문화주의: 현실과 쟁점》(오경석 외, 2007)은 안산의 외국인 지역을 중심으로 한 방대한 경험적 자료와 여러 이론을 수렴한 연구이다. 이 책에서 여러 저자들이 현재 국내에서의 다문화사회 논의의 흐름을 비판적인 시각으로 검토하며, 현재 진행중인 논의들이 다문화주의의 논쟁적인 특성과 다문화 환경에서의 한국적인 특수성, 다문화사회로의 전환을 논의할 수 있는 민주적 공론장의 형성에 대한 문제 등을 간과하여 이주자들의 현실을 파악하는 데에 한계가 있으며, 이로 인해 다문화사회의 핵심적 구성 주체인 이주자들을 주변화하는 모순을 범하였다고 지적한다. 저자들은 다문화사회의 현실과 논의 간의 간극을 좁히기 위해서는 정부의 통치 전략을 보완하는 수준을 넘어 다문화 주체들이 자유와 권유를 전유하는 문제에 초점을 맞춘, 아래로부터의, 진정한 다문화주의를 지향하는 새로운 토론이 이루어져야 한다고 주장한다.

이외의 외국인집중거주지역에 관한 국내 연구는 외국인집중거주지역의 역사적 형성과정(이현종, 1967, 1968), 특히 화교를 중심으로 한 연구(남지숙, 1987; 이재정, 1993; 조희정, 1986)들과 함께 외국인들의 거주실태(김원중, 2001; 김재관, 2001; 김호철·김주진, 1997; 장동훈, 2002) 등에 대한 연구가 주로 이루어져 왔다. 김현미(2005)의 연구도 서울에 자생적으로 생겨나는 외국인마을들에 대한 간략한 소개를 하며 글로벌 시대의 한 사회현상으로서의 외국인의 공간에 대해 언급하였다.

그러나 외국인에 대한 연구는 사회문제나 복지정책의 대상으로서의 연구가 주를 이루며, 다국적기업의 한국 유치를 위한 외국인 임직원의 한국생활 정착 보조를 위한 연구, 외국인노동자의 고용과 주거 문제, 결혼이주여성의 한국사회 적응에 대한 연구가 이에 포함된다. 《외국기업인 생활환경 개선방안 연구》(서울특별시, 2006), 《서울 거주 외국인 자녀들의 교육환경과 향후 개선방안 연구》(조권중, 2002), 《서울시 외국인 전용 주거단지 건립방안》(서울시정개발연구원, 1999)은 주로 다국적기업의 외국인 임직원의 한국 유치를 위해 그들이 한국행을 꺼리는 주요 이유로 꼽는 한국 내 거주 여건, 자녀교육 문제 등을 중심으로 한 정책적인 연구들이며, 한국적 다문화사회에 대해서는 큰 시사점을 주지 못한다. 《서울의 외국인근로자 실태조사 연구》(서울시정개발연구원, 1995)는 국제적인 노동력 이동의 원인과 이 같은 현상이 노동력 수입국에 미치는 영향, 그리고 외국인근로자들의 한국사회에의 적응방식 등에 대해 분석했다.

한편, 1990년대 세계화 시대의 활발한 인적 교류로 인한 국제결혼의 증가와 농촌지역의 결혼 적령기 여성의 부족으로 인해 이주해 오는 외국 여성의 수가 급격히 증가하면서 이들의 한국어 사용능력이라든가 문화의 차이 등을 연구한 《다문화가족 지역정착을 위한 사회적 지원방안 연구》(양옥경, 2007) 등이 있다. 이 연구에서는 결혼이주여성이 농촌에 주로 살고 있다는 기존의 가설과는 달리 외국인 인구가 집중된 서울지역에 결혼이주여성의 약 30%가 살고 있다고 보고하였다. 김현미(2005)는 국제이주 노동자 가운데 늘어나고 있는 여성노동자(엔터테이너 포함)와 결혼이주여성이 글로벌 시대의 한국의 새로운 사회구성원으로서 문화를 만들어 나가는 모습을 비판적으로 살펴보았다.

이민 소수민족 집단과 다문화사회에 대한 논의는 선진 이민국을 중심으로 활발하게 진행되고 있지만, 최근 순혈주의가 강하게 남아 있는 일본에서도 사회적 이슈로 제기되고 있다. 일본은 동아시아 국가 중 외국 이주노동자가 가장 먼저 유입된 국가이며, 일부 외국인에게 시민권을 부여하는 다인종·다민족 사회의 핵심정책을 도입한 국가이다. 일본은 외국인을 크게 4집단으로 구분하여 차별적으로 대우하고 있으며 그들의 일본 유입시기와 내용도 다르다. 타루모토(Tarumoto, 2003)는 일본의 다인종·다민족 사회의 구성체계를 구이주자, 신이주자, 니케이진(Nikkeijin), 그리고 장기 불법체류자 등으로 구분하였고, 구이주자들은 대개 1947년 이전 일본에 정착한 한국인 및 중국인 또는 그의 후손들이며 신이주자들은 1980년대 후반에 유입된 이주노동자들로 구성되어 있다. 니케이진은 페루와 브라질에서 역이민 온 일본동포들이고 장기불법체류자들은 산업연수생이나 학생으로 입국하였다가 단순노동자로 정착하게 된 외국인들로 전체 외국인집단의 약 7분의 1을 차지한다(Tarumoto, 2003: 91). 최근 일본에서 진행되고 있는 시민권 정책과 다문화에 대한 논의는 다문화사회 내의 갈등이나 욕구, 또는 국가정책 등 내부적인 요인에 의해서가 아닌, 신흥 선진국인 일본에 대한 글로벌 커뮤니티의 압력 때문이라는 점에서 위에서 살펴본 선진국의 다문화나 외국인 집단의 논의와 구분된다(Tarumoto, 2003: 96). 일본의 외국인 커뮤니티는 아직은 다문화주의가 성숙한 사회는 아니며, 외국인에 대한 시각이 주로 정치적·법적 차원에서 논의된다.

한편, 리(Lie, 2004)는 일본 내의 다문화 요소들을 분석하면서 한국인 등을 포함한 일본 체류 외국인들이 일정한 계층을 이루고 있음을 분석한 바 있다. 일본의 다인종·다민족 사회에 대한 이 연구는 일본이 우리나라와 같은 비이민국가이면서 외국인 유입이 급격히 늘고 있다는 점에서 의미 있는 연구라고 하겠다. 또한 한국과 유사한 문화적 배경을 가지며 과거에 외국인에 대하여 배타적인 태도를 보이던 국가인데, 1980년대부터 본격화된 외국인노동자의 유입으로 인해 여러 가지 외국인 관련법, 제도 및 외국인과 다문화 관련 프로그램을 운영하여 한국이 벤치마킹할 수 있는 주요 사례가 될 수 있다. 그러나 한편으로 일본은 한국에 비해 외국인법의 제도화는 더디어서 일본학자들이 한국의 입법화 과정을 연구하는 등, 서로 주고받으면서 배우는 관계라고 할 수 있다.

한국의 다출신국·다인종사회의 현주소를 다각적으로 살펴보기 위해서 이 책에서는 다음과 같은 네 가지 질문들을 던진다. 첫째, 한국사회는 외국인들을 어떻게 받아들이고 있으며, 다문화주의에 대하여 어떠한 태도를 가지는지 여론조사를 통해 살펴볼 것이다. 둘째, 외국인들이 집중적으로 거주하는 서울에 나타나고 있는 외국인마을들은 어떠한 사회조직을 중심으로 생성되었으며, 어떠한 시기에 무슨 경로로 외국인들이 유입되었으며, 또한 외국인마을들이 갖는 의미와 기능은 무엇인지에 대해 살펴볼 것이다. 이를 통해서 언어적 소통과 문화의 교류가 일어나는지, 더 나아가서 다문화사회로 변화하고 있는가에 대해 알아보고자 한다. 셋째, 외국인과 다문화에 대해 한국정부, 지방지치단체와 민간단체에서 쏟아내는 각종 법, 제도와 프로그램들이 어떠한 다문화주의의 목표를 지향하는지, 또한 체계적이며 단계적으로 운영되는지를 질문한다. 마지막으로, 해외의 다문화 사례연구를 통해서 한국의 다문화 관련제도와 프로그램에 시사점을 찾고자 한다.

제 3 장

다문화사회의 패러다임

한국사회는 구성원의 출신국·인종 등을 보면 이제 단일민족국가라고 부를 수 없는 것이 현실이다. 한국이 외국인 이민을 받아들이지 않는 비이민국가임에도 불구하고 장기거주 외국인의 비율이 전체 인구의 2%를 넘었다는 것은 한국사회가 통념·이념상으로 그리고 실증적으로도 더 이상 단일민족국가라고 할 수 없다는 것을 말한다.[1] 따라서 이 책에서는 이렇게 변화한 한국사회를 다출신국·다인종사회라고 지칭한다.

한국이 다출신국·다인종사회로 이미 진입했다는 데에도, 아직은 외국인 인구가 전체의 2% 정도이니 시기상조라면서 가끔 이견을 보이는 사람들이 있다. 그러나 UN의 인종차별위원회(CERD, Committee on the Elimination of Racial Discrimination)의 한국관련 2007년 8월 회의보고서에 따르면, 한국은 CERD로부터 외국인과 혼혈인에 대한 인

1) 2007년 한국 체류외국인의 수가 106만 6,273명이었고 이는 한국 전체 인구 4,845만 6천 명의 2.19%에 해당하는 수치이다(출입국·외국인정책본부, 2008).

종차별적인 법과 제도 및 사회문화적인 관습을 바꾸어야 한다는 지적을 받았다. 이에 대해 한국정부는 한국사회는 다문화사회로 진행할 것임을 명확히 밝혔다(UN CERD, 2007). 한국이 다출신국·다인종사회로 급속하게 변화하는 것은 이제 숨길 수 없는 현실인 것이다.

이 장에서는 이와 같이 한국사회에서 급속히 늘고 있는 외국인들의 유입에 대하여 중앙 행정부와 각 지방자치단체 및 민간기관에서 쏟아내는 다문화와 외국인 관련 여러 법, 제도와 프로그램들이 총체적으로 추구하는 한국적 다문화사회의 궁극적인 목표가 무엇이며, 이러한 다양한 법, 제도와 프로그램들이 공동의 목표를 달성하기 위하여 유기적이고 체계적으로 추진되고 있는지를 살펴보고자 한다. 이를 위해 이 장에서는 다문화사회의 주요 패러다임과 다문화사회의 추구를 위한 단계별 체계적 접근에 대해 알아보기로 한다. 이를 바탕으로 세계의 보편적인 인종차별 금지를 준수하면서도 한국의 현실에 적합한 단계적 접근에 대해 제언하고자 한다.

1. 다문화사회 모형

다문화사회를 정의하는 여러 패러다임 가운데 이 책에서는 앞서 제2장에서 살펴보았던 설동훈(2005)의 세 모형을 중심으로 살펴보고자 한다. 차별배제모형, 동화모형, 다문화모형은 외국인들과 이민자들을 받아들임(혹은 배제함)에 있어 국가가 어떠한 정책과 제도를 채택하고 있으며, 그 근저에 일반 국민들이 외국인과 이민자들에 대해 어떠한 태도를 견지하는지에 따라 분류한 것이다(설동훈, 2005; Castles and Miller, 2003).

차별배제모형은 경제특구나 수출자유지역과 같은 특정지역이나 특정직업에 한하여 일부 영역 외에는 외국인이나 이민자의 유입을 배제하는 배타적인 외국인·이민 정책으로 한국과 일본이 대표적이고 독일도 이에 해당한다. 독일의 경우 인력난으로 인해 터키나 북아프리카의 외국인 노동자를 대거 받아들인 역사가 상당히 오래되었지만, 이들에게 영주 거주권이나 시민권을 주는 데는 상당한 제약을 가함으로써 외국인 노동자들이 폭동을 야기하기도 했다(Castles and Miller, 2003).

동화모형은 외국인(이민자)들이 언어·문화 등 모든 면에서 주류사회와 똑같아져야 한다는 모형으로, 1960년대 미국의 '용광로 정책'으로 대변된다. 이 모형은 외국인들이나 소수민족의 정체성을 무시하였다는 비난과 함께, 소수민족에 대한 경제적·정치적 불이익과 편견을 간과하였다는 비난을 면치 못하였다. 1968년 미국 로스앤젤레스에서 일어난 폭동은 이러한 용광로 정책의 한계점이 뚜렷이 드러난 경우라 할 수 있다.

다문화모형은 위의 두 모형과는 달리 다른 인종과 민족에 대해 포용적인 모형이다. 다문화모형은 다시 문화다원주의(*Cultural Pluralism*)와 다문화주의(*Multiculturalism*)로 나누어지는데, 문화다원주의는 최근 미국과 같이 주류사회중심의 소수민족정책이나 이민자 정책을 포함하는 모형이고, 다문화주의는 외국인과 이민자들을 존중하면서 주류사회와 외국인(이민자)들 간의 보다 대등한 관계와 사회 전체의 소통과 교류에 초점을 두는 모형이다(설동훈, 2005).

한국은 공식적으로 이민을 허용하지 않는 차별배제모형을 채택하고 있다. 그러나 증대되는 외국인 인구와 그들과 함께 유입되는 다양한 문화적 가치들을 공유하고 한국의 것으로 수용하기 위해서는 국가의 정책적 노력이 있어야 한다. 특히, 한국과 같은 단일민족의 신화가 있는 국가에서는 초기 다양성을 전제로 한 동화를 염두에 둔 정책적 접근이 필요하다. 최근 장기거주 외국인의 수가 백만 명을 넘으면서 각 지자체에서 앞 다투어서 외국인 관련 프로그램과 다양한 다문화 프로그램을 운영하는 것으로 파악된다(이 책 제5장 참고).

얼마 전까지 한국의 외국인 관련법과 제도는 주로 '외국인 투자유치' 또는 '외국인노동자의 근로조건'에 초점을 맞추어 왔다. 그러나 앞서 살펴본 바와 같이 장기거주자가 늘어나면서 그들의 한국 정착을 돕는 한국어교육 프로그램, 한국의 음식과 문화를 소개하는 프로그램 및 외국의 문화를 알리는 축제 등이 우후죽순처럼 생겨나고 있다. 이 책에서는 이러한 다양한 프로그램들이 어떠한 다문화주의적 목표에 기반을 두는지, 또한 이 장의 후반에 제시할 단계별로 다문화 관련 정책과 프로그램이 실행되고 있는지를 비판적으로 살펴보고자 한다. 즉, 외국의 연구에서 나타나듯이 다문화 관련 정책들이 다문화사회에 대한 목표가 불분명하거나, 사회적 합의가 없이 이루어지거나, 또는 다양성만 부각한 채 다문화를 아우르며 다양성이 가져오는 시너지나 화합에는 초점을 두지 않은 프로그램은 문제가 많을 수 있다는 것이다. 따라서 지금은 한국 내 다문화 관련 담론을 살펴보며, 각 지자체에서 쏟아내는 각종 정책과 프로그램을 비판적으로 살펴보고, 또 앞으로 나아가야 할 방향을 제시하고자 한다.

2. 다문화사회의 단계별 접근

한국은 아직 다문화주의 사회라고 볼 수 없으나, 다문화사회로 이행하는 초기단계라고 할 수 있다. 이 절에서는 한국이 다문화주의의 목표를 어떻게 세우고, 또 어떠한 단계별 정책과제를 통해 궁극적으로 다문화사회가 될 수 있는지 살펴보고자 한다.

이를 위해 우선 다문화정책의 목표를 확립하는 것이 선행되어야 한다. 다문화정책은 미국식의 문화다원주의에서 캐나다·호주와 같은 다문화주의에 이르기까지 다양한 스펙트럼을 가지고 있다. 이민

〈표 3-1〉 다문화정책의 방향: 문화다원주의와 다문화주의

	다문화주의	문화다원주의
시행국	캐나다 · 호주	미국
목표	- 주류사회 인정 - 다양한 인종 · 종교 · 문화 간의 평등한 발전지원 - 사회적 소통 강조	- 주류사회의 주도권 인정 - 주류사회가 소수민족 집단에 대한 포용 정신보임 - 다양한 인종 · 종교 · 문화 유지 지원
정책 실행	- 각종 문화행사 재정 및 홍보 지원 - 다문화교육 - 언어 · 문화 서비스 제공: 언어의 다양성 보존 가능 및 이후 이민자 정착에 활용 - 공무원의 다문화교육 - 관광자원화	- 자유방임적 접근 - 주류 언어 및 문화·교육기관 지원(동화) - 다양성 가치 교육

을 공식화하는 차원을 넘어 '이민'을 통해 국가가 완성되었다고 볼 수 있는 위의 나라들과는 달리 한국은 절대적 외국인의 수도 매우 적은 물리적으로 폐쇄된 국가이며 또한 단일민족국가로 강력한 '주류'사회를 형성하여 현재까지 차별배제모형에 가까운 외국인 정책을 추진해 왔다. 그러나 급속히 증가하는 외국인 수와 그들을 한국사회의 이방인이 아닌 '생산적인 사회구성원'으로서 활용하기 위한 문화적 수용 노력이 필요하다.

〈표 3-1〉은 미국식 문화다원주의적 정책방향과 캐나다 · 호주식의 다문화주의적 정책방향을 비교하였다. 미국식 문화다원주의적 접근은 '있는 그대로를 유지할 수 있도록 지원하고 주류사회로 편입시키는 것'으로 요약할 수 있다. 따라서 이러한 접근에서는 외국인마을의 이벤트를 시 정부 차원에서 지원하고, 언어교육을 전담하는 기관들을 지원하는 등의 소극적인 다양성 정책을 취하는 것으로 볼 수 있다.

그러나 강력한 주류사회가 존재하는 한국사회와 오랜 역사를 가진 이민정책을 취하는 미국사회와는 접근방식이 달라야 한다. 주류사회를 인정하고 주류사회 안에서 외국인문화가 성장해야 한다는 점에서 미국식 접근이 필요하나, 한국사회에 뿌리박혀 있는 차별과 이중 잣대를 해소하기 위해서는 좀더 적극적인 정부정책의 개입이 필요하다.

물론 이러한 정책은 국가의 이민정책과 함께 고려되어야 하는 문제이기는 하지만 지방정부 차원에서의 문화적 공존은 여러 가지 차원에서 가능하다. 이는 다문화주의적 접근을 통해 보완할 수 있다.

가장 시급한 것은 문화 이벤트를 육성하고 발전시키는 것이다. 이를 위해 구체적으로 외국인마을을 대표할 수 있는 단체 또는 협의체를 구성하도록 유도하고, 이들을 통해 각 마을의 문화행사를 조직하여 이를 지방자치단체 차원에서 재정적으로 지원하고 홍보함으로써 보다 많은 시민들이 각 지역 안의 세계문화를 발견하고 소통할 수 있도록 해야 한다. 또한 주류사회와 소통하는 차원에서 한국어와 문화 교육기관을 지원하여 그 지역에 거주하는 외국인들이 한국어로 소통하면서 그들의 문화를 적극적으로 주류사회에 알릴 수 있는 언어적 채널을 마련할 수 있도록 해야 한다. 이와 함께 각 구청(예: 동대문구청의 '러시아어' 서비스, 서초구청의 '프랑스어' 서비스) 및 시청에서 언어 서비스를 제공함으로써 행정적 편의성을 높이고 상권을 유치하는 등 간접적으로 외국인들을 지원할 수 있다.

이러한 실천적인 프로그램에 앞서 어떤 방식으로 외국인문화와 공존할 것인가에 대한 시민, 전문가의 다양한 의견을 수렴해야 하며, 거시적인 정책 틀 안에서 개별 외국인마을에 대한 지원정책이 일관성 있는 제도적인 바탕 위에서 이루어져야 할 것이다.

한국은 다문화사회로 이행하면서 기존의 강한 단일문화 사회의 정신이 남아있고, 아직은 외국인 인구가 전체의 2%에 불과하기 때문에 단계적인 접근도 고려해 볼 수 있다. 이는 다문화주의를 한국사회의

〈표 3-2〉 다문화사회 실현의 단계적 접근 예시

단계	주요 정책 목표	구체적 정책 사업
1단계	인식 확산	외국인마을 육성 문화이벤트 발굴 및 지원 외국인마을의 정착을 위한 공간 및 지원예산 확보 외국인정착서비스 발굴 및 지원
2단계	교육	중앙 및 지방자치단체 공무원 대상 다문화·다양성 교육 한국인 대상 다문화 자료 구축 한국인 대상 다문화·다양성교육 프로그램 개발 및 시행 외국인 대상 한국이해교육 프로그램 개발 및 시행
3단계	소통	외국인 대상 한국어 및 한국문화교육체계 구축 외국인 대상 행정지원체제 구축 외국인 학교에 대한 한국어교육 프로그램 지원 한국인 학교에 외국문화 및 언어교육 프로그램 지원

궁극적인 목표치로 삼고 단계적으로, 그러나 일관된 정책을 실현할 수 있는 토대를 마련하는 것이다. 장기적 목표를 다문화주의에 두고, 단·중기적으로 실시할 수 있는 단계별 정책 목표와 구체적 사업을 정하는 것이 중요하다. 한 예시를 정리하면 〈표 3-2〉와 같다.

다문화 경영에 관한 연구결과에 의하면 사회조직 내의 다양성을 강조하기만 하고, 제대로 다양성과 다문화적인 요소들을 잘 관리·운영하지 못하면 오히려 사회조직에 극심한 혼란만 가중시키게 되고 원하는 효율성을 극대화할 수 없을 뿐만 아니라 사회조직의 통합이 아니라 분열을 조장한다(Kochan et al., 2003; Gilbert et al., 1999). 따라서 이 책에서 주장하고자 하는 것은 한 사회의 다문화에 대한 목표가 정해지면, 그에 따른 정책들을 적정한 단계에 맞추어 진행해야 문제가 최소화될 수 있다는 것이다. 즉, 다양성을 부각시키면서 그 다양성에 대한 주류사회의 포용교육이나 사회화가 이루어지지 않는다면, 오히려 사회 전체의 혼란이 야기될 수 있다는 것이다. 더 나아가 다양성이 그 사회조직의 목표(예를 들면 생산성, 창의성 향상 등) 달성을 위한 순기능을 하기 위해서는 다양성이 그 사회조직의 소기의 목표를 달성할 수 있도록 여러 제도적·사회적 장치가 함께 마련되어야 한다는 것이다.

그러므로 한국의 다문화정책과 프로그램들은 한국의 주류사회에 대한 설득과 교육을 먼저 실행한 후에, 외국인들의 한국 정착을 돕는 여러 프로그램들이 진행되어야 할 것이다. 주류사회가 국가 전체 인구의 98%를 점하는 한국의 경우에 주류사회의 인식의 변화 없이 외국인들만을 위한 한국동화정책과 프로그램이 운영되면, 오히려 주류사회가 상대적인 박탈감으로 인해 반대를 하게 될 수도 있다. 따라서 한국과 같은 비이민사회에서는 외국인들을 돕는 정책과 프로그램만을 실시할 것이 아니라 주류사회에 대한 사회화와 교육도 절실하게 필요하다. 이러한 다양한 출신국과 민족배경을 가진 사람들이 함께 모였을 때 사회에 활력을 주고, 그 사회를 한 단계 업그레이드할 수 있게끔, 다양성이 순기능을 할 수 있는 여러 제도적·사회적 장치도 함께 마련되어야 할 것이다.

제 4 장

외국인과 더불어 살아가기

한국에서 외국인과 일상생활을 하면서 함께 더불어 살아간다는 것이 아직까지 우리에게 익숙하지 않은 것만은 분명하다. 이민을 허용하는 국가가 아니기 때문에 외국인을 한국의 생활인으로 경험하는 경우가 제한적이기 때문이다. 그럼에도 불구하고 이미 외국인 수는 2006년에 100만 명을 넘어섰고 전체 인구의 2.3%를 차지한다. 특히 이민이 허용되는 결혼이민의 경우, 2007년에 3만 8천 5백 명을 넘어섰으며 전체 결혼의 11.1%에 달하였다. 이 같은 수치는 한국사회가 이미 외국인과 더불어 살아가는 사회로 전환하고 있음을 말해주는 것으로 외국인에 대한 한국사람들의 인식에 대한 정확한 이해와 발전적이고 긍정적인 변화를 요구하는 것이다.

이에 이 장에서는 외국인과 더불어 살아가는 한국인들, 그 중에서도 서울시민들의 의식과 태도를 담아보았다. 한국의 수도로서 서울은 앞서 지적된 바와 같이 국제도시로서의 기능을 이미 수행하며, 다양한 인종적·문화적·민족적 배경을 가진 세계 각국의 사람들이 거주한다. 따라서 이들과 함께 생활하고 교류하면서 갖게 되는 시민들의 의식과 태도와 행동은 매우 중요하게 되었다.

구체적으로 1절에서는 한국인의 외국인에 대한 이미지, 이들에 대한 사회적 거리감, 그리고 교류와 소통 및 다문화사회 인식수준을 중심으로 살펴보았다. 2절에서는 9개의 외국인마을(프랑스마을인 서래마을부터 필리핀마을까지)에 대해 방사형그래프를 통한 거주유형부터 문화까지 집중적으로 살펴보았다. 3절에서는 이 외국인마을에서의 한국인의 태도에 관해 1절과 같은 차원으로 집중분석하였다.

1. 한국인의 태도 *

지난 10년간 한국에 거주하는 외국인 인구는 폭발적으로 증가하여 1994년 95,778명에서 2007년 842,827명에 이르렀다. 이러한 수치는 1년 전인 2006년 698,161명보다도 20.7%나 증가한 것으로서 매년 이 같은 추이로 증가한다면 이들의 자녀들까지 고려해 보았을 때 한국이 다인종사회로 발전하는 것을 그리 먼 이야기가 아닐 것이다. 이민이 공식적으로 허용되지 않는 한국의 현실 속에서도 급속도로 증가하는 외국인의 수, 특히 결혼을 통해 이주하는 외국인의 수를 보면, 한국이 더 이상 단일민족국가가 아님을 보여준다. 불법체류자까지 포함하는 총출입국자 통계에 의하면 한국에 체류하는 외국인의 수가 이미 100만 명을 넘어서서 한국 인구의 약 2.3%를 차지하며,

---

* 이 절에서는 김은미·양옥경·이해영이 서울시정개발연구원으로부터 받은 2007년도 과제 《서울시 다문화 발전을 위한 사회소통과 적응연구》 중 전화설문 내용의 결과를 중심으로 정리하였다. 따라서 이 절에 제시된 표들은 보고서의 표들을 재구성한 것들이다. 이에 관한 자세한 사항은 보고서(시정연 2007-PR-20), 17~46쪽을 참고할 것.

출신국도 40개국을 넘어선다. 그만큼 한국사회에서 외국인 거주인구의 비중은 빠른 속도로 늘어나고 있으며, 다출신국·다인종 사회로 빠르게 변화하고 있다. 이는 한국사회 구성원들이 일상생활에서 다양한 문화를 경험하는 다문화사회로의 진입을 의미하는 것이다.

그럼에도 불구하고 한국사회에서 외국인과 한국인과의 교류에 관한 연구는 매우 드물다. 이제 외국인을 다른 나라에서 와서 잠시 머물다가 돌아가는 사람들로만 대하던 차원에서 넘어서, 한국사회와 소통·동화·통합되는 과정과 그 과정 속에서 일어날 수 있는 문제들을 해결하는 데 관심을 돌려야 한다. 특히 결혼이주여성의 경우 이들의 문화를 공유하는 2세들이 태어나 한국사회에서 당당한 한국인으로 살아가게 됨에 따라 다양한 문화를 수용하고 서로 동화, 통합되는 과정은 매우 중요하다.

이에 이 절에서는 한국에 거주하는 외국인들과 한국사람들이 어떻게 소통하는지에 관해 연구한 결과의 분석을 통해 한국사회가 다문화사회로 가기 위해 어느 정도 준비되어 있는지 살펴보고자 한다. 다만 그 자료가 서울에 거주지를 둔 사람들이거나 서울의 거리에서 마주친 사람들만을 대상으로 수집한 것이어서, 분석의 결과 역시 서울이라는 대도시의 특성을 반영하는 한계가 있을 수 있다는 것이 아쉬움으로 남는다. 그럼에도 불구하고 한국 거주 외국인의 약 21.5%가 서울에 거주하는 만큼 서울을 중심으로 한 분석이 한국사회 전체가 다문화사회로 거듭나기 위한 노력을 보여주는 단초를 제시할 것에 의미를 부여하고자 한다.

한국인에 대한 태도는 2007년 8월과 9월 서울시민에 대해 전화설문을 실시한 조사결과를 기초로 살펴보고자 한다. 전화설문대상은 서울을 크게 동서와 한강 남북의 4개 권역으로 나누어 2006년 12월 31일 통계청 〈주민등록인구통계〉 기준에 의거, 각 권역별, 성별, 연령별 비례로 표집된 557명이었다.

〈표 4-1〉 권역별 분포

단위: 명(%)

권 역	해당구	인 원
강남동부권	강남구, 강동구, 서초구, 송파구	110(19.7)
강남서부권	강서구, 관악구, 구로구, 금천구, 동작구, 양천구, 영등포구	170(30.5)
강북동부권	강북구, 광진구, 노원구, 도봉구, 동대문구, 성북구, 성동구, 중랑구	183(32.9)
강북서부권	마포구, 서대문구, 용산구, 은평구, 종로구, 중구	94(16.9)
합 계		557(100)

설문은 다문화사회 인식을 비롯하여 외국인에 대한 이미지, 호감, 사회적 거리감 등에 대해 진행되었으며, 외국인과의 의사소통방식과 소통 및 교류를 위한 나의 노력 등에 관한 질문을 포함하였다.

1) 외국인의 이미지

우리는 '외국인' 하면 우선 외형적으로 우리와 다르게 생긴 사람들을 떠올린다. 그러다보니 자연 백인이나 흑인 등 현저히 다르게 생긴 모습의 인종을 외국인과 동일시하게 된다. 서울시민의 40%가 가장 먼저 떠오르는 외국인으로 백인을 지적했다. 다음으로는 거리에서 종종 만나게 되는 외국인 관광객, 외국인노동자 등이었다. 아직까지 우리나라에서는 외국인으로 백인과 관광객이 압도적인 이미지를 차지함을 알 수 있다. 한편, 비록 그 수는 적지만, 우리와 같은 민족인 조선족도 있었고, 이제는 우리나라 국민이 된 결혼이주여성도 포함되었다.

이 같은 외국인에 대한 이미지를 권역별로 나누어 보았으나 큰 차이는 없었다. 강남동부권의 경우 다른 권역에 비해 백인이라고 응답한 사람이 많았으며, 강북동부권의 경우 다른 권역보다 외국인 관광객이라는 응답이 가장 많았다. 외국인노동자와 결혼이주여성은 강북동부권에서 높게 나타났고 흑인은 강남서부권에서, 조선족은 강북서부권에서 높게 나타났다.

〈표 4-2〉 외국인 이미지

단위: 명(%)

외국인 이미지	빈 도	비 율
백인	218	39.1
외국인 관광객	156	28.0
외국인노동자	85	15.3
조선족	34	6.1
흑인	16	2.9
결혼이주여성	13	2.3
모름/ 무응답	18	3.2
기타	17	3.1
합 계	557	100

〈표 4-3〉 권역에 따른 외국인에 대한 이미지

단위: 명(%)

외국인 이미지	강남동부권	강남서부권	강북동부권	강북서부권	합 계
외국인노동자	12(10.9)	23(13.5)	34(18.6)	16(17.0)	85(15.3)
결혼이주여성	1(0.9)	4(2.4)	8(4.4)	0(0.0)	13(2.3)
외국인 관광객	27(24.5)	53(31.2)	53(51.3)	23(24.5)	156(28.0)
백인	55(50.0)	65(38.2)	59(32.2)	39(41.5)	218(39.1)
흑인	0(0.0)	9(5.3)	6(3.3)	1(1.1)	16(2.9)
조선족	8(7.3)	7(4.1)	11(6.0)	8(8.5)	34(6.1)
기타	5(4.5)	3(1.8)	5(2.7)	4(4.3)	17(3.1)
모름/무응답	2(1.8)	6(3.5)	7(3.8)	3(3.2)	18(3.2)
합 계	110	170	183	94	557

* 주: $X^2 = 30.092\ (p = .090)$

2) 외국인과의 사회적 거리감

외국인에 대한 치중된 이미지를 가진 사람들이 외국인들에 대해 갖는 호감도는 중간보다 약간 높은(3.16) 정도였다. 그러면서도 외국인의 유형에 따라 약간의 차이를 보였는데, 외국인노동자에 대한 호감도를 가장 낮게 보였고 결혼이주여성에 대해서는 그 다음으로 낮게(3.12) 보였다. 이는 직접 비교는 어렵지만, 2007년 9월 여성가족부가 발표한 〈국제결혼이민자에 관한 국민의식 조사〉 보도자료에서 79.4%가 결혼이주여성에게 호의적이라고 답한 결과와 비슷하다 하겠다.

이 같은 호감도는 권역별로 차이를 보이지는 않았다. 강북서부권 사람들이 전반적으로 모든 유형의 외국인에게 호감을 보였으며, 강남동부권 사람들은 전반적으로 낮은 호감도를 보였다.

〈표 4-4〉 권역별 외국인에 대한 호감도

외국인 유형	전체	권역	빈도	평균	표준편차	F 값
외국인	3.23 (0.7505)	강남동부권	108	3.25	.6749	.263 (p = 852)
		강남서부권	170	3.25	.7221	
		강북동부권	179	3.19	.8078	
		강북서부권	93	3.25	.7788	
외국인노동자	3.09 (0.7929)	강남동부권	105	3.04	.8364	.538 (p =.656)
		강남서부권	161	3.09	.7517	
		강북동부권	178	3.08	.8086	
		강북서부권	91	3.18	.7875	
다문화가정 (결혼이주여성)	3.12 (0.8014)	강남동부권	107	3.06	.8041	1.566 (p =.197)
		강남서부권	166	3.15	.7624	
		강북동부권	178	3.06	.8106	
		강북서부권	91	3.26	.8410	

외국인에 대한 다양한 이미지와 호감이 이들과의 관계에서 어떻게 나타나는지 사회적 거리감[1]과 관념적 느낌에 대해 살펴보았다. 한국 사람들은 외국인에 대한 중간 또는 그 이하의 거리감을 보여 어느 정도 관계유지를 잘하고 있는 것으로 판단된다.

구체적으로 살펴보면, 외국인의 거주를 중심으로 하는 지정학적 거리는 크게 괘념하지 않는 반면 결혼과 같은 관계적 거리에 있어서는 더 거리를 두는 것으로 나타났다. 그러나 지정학적 거리에 있어서도 외국인이 우리나라에 사는 것은 평균 2.35점, 외국인이 서울에 사는 것 평 2.35점, 외국인이 우리 동네에 사는 것 2.39점으로 계속 점수가 계속 증가하는 경향을 볼 때 작은 차이지만 서울시민의 외국인에 대한 사회적 거리감은 자신에게 점점 가까워질수록 점점 더 높아지는 것을 알 수 있다. 외국인을 결혼을 통해 가족의 일원으로 받아들이는 것과 같은 매우 개인적인 경험 및 밀접한 사적 관계를 가지는 관계적 거리는 일반적으로 대할 때보다 훨씬 더 거리를 두는 성향을 확실히 보여주었다. 여성가족부(2007)의 발표에서 보여준 62.4%의 국제결혼 허용률과 비슷한 수준이라 하겠다. 이는 2006년 12월에 발표된 국정홍보처 〈2006년 한국인의 의식·가치관 조사〉에서의 43.3%의 국제결혼 허용률에 비해 많이 높아진 것이다.

이 같은 사회적 거리감의 차이는 권역별 특성에 따라 약간의 차이를 보일 뿐 크게 다르지 않았다. 그 차이를 보자면 외국인이 우리나라에 사는 것에 대해서는 강남동부권이 평균 2.34점으로 사회적 거

1) 사회적 거리감은 한국사회에서 거주하거나 생활을 함에 있어 외국인들에 대해 얼마나 거리를 허용하는지를 보는 것으로 사회적 거리감 척도(*Social Distance Scale*)를 사용하여 측정하였으며, 전화설문의 특성상 원척도의 7개의 문항 중 가장 중요한 4개 문항만을 사용하여 재구성하였고 리커트 척도(*Likert scale*) 7점 척도였던 것을 5점 척도로 전환하여 사용하였다. 점수가 높을수록 거리를 더 많이 두는 것을 의미함. 더 자세한 사항은 김은미·양옥경·이해영(2007), 15쪽을 참고하기 바란다.

리감이 가장 낮았고, 강북동부권이 평균 2.47점으로 가장 높게 나타났다. 외국인이 서울에 사는 것은 강남 서부권이 평균 2.39점으로 사회적 거리감이 낮았고, 강북서부권의 경우 2.53점으로 다른 권역에 비해 사회적 거리감이 높았다. 외국인이 우리 동네에 사는 것에 대해서는 강북동부권이 평균 2.50점으로 사회적 거리감이 다른 권역에 비해 가장 높았으며, 다른 권역의 경우 평균 2.46점으로 사회적 거리감이 동일하게 나타났다. 외국인이 가족 구성원과 결혼하는 것에 대해서는 강남서부권이 평균 3.31점으로 사회적 거리감이 가장 높았다. 이에 비해 강북서부권은 평균 3.06점으로 다른 권역에 비해 사회적 거리감이 낮았다.

〈표 4-5〉 권역별 외국인에 대한 사회적 거리감

사회적 거리감	전체	권역	빈도	평균	표준편차	F 값
외국인이 우리나라에 사는 것	2.35 (0.774)	강남동부권	110	2.34	0.840	0.519 (p =0.670)
		강남서부권	170	2.46	0.936	
		강북동부권	183	2.47	0.894	
		강북서부권	94	2.40	0.954	
외국인이 서울에 사는 것	2.37 (0.755)	강남동부권	110	2.45	0.992	0.637 (p =0.592)
		강남서부권	170	2.39	0.852	
		강북동부권	183	2.51	0.857	
		강북서부권	94	2.53	1.075	
외국인이 우리 동네에 사는 것	2.39 (0.780)	강남동부권	110	2.46	0.915	0.060 (p =0.981)
		강남서부권	170	2.46	0.924	
		강북동부권	183	2.50	0.901	
		강북서부권	94	2.46	0.947	
외국인이 가족 구성원과 결혼하는 것	3.07 (1.019)	강남동부권	110	3.09	1.113	1.247 (p =0.292)
		강남서부권	170	3.31	1.167	
		강북동부권	183	3.20	1.113	
		강북서부권	94	3.06	1.190	

3) 교류와 소통

이미지와 느낌은 접촉과 의사소통이라는 교류를 통해 만들어진다. 따라서 이런 이미지와 느낌과 거리감을 가진 외국인과 한국사람들의 교류방식을 알아본 결과, 이들은 다양한 경로의 접촉을 통해 서로를 경험하고 의사소통하면서 교류하는 것으로 나타났다.

서울에서 외국인과 접촉하게 되는 경우는 꽤 많았다. 67.1%가 최소한 한 번 이상 외국인을 만난 경험이 있다고 응답한 것이다. 반면 약 3분의 1정도는 전혀 경험이 없다고 말했다. 이처럼 접촉의 경험 없이 관념적 사고에 의해 이미지를 형성하게 된 경우가 33%나 된다는 것, 그리고 그 사회적 거리감이 꽤 부정적이라는 것은 시사하는 바가 크다고 할 수 있다.

만남의 경로는 '길에서 우연히 만났다'는 경우가 가장 많아 164명(43.9%)이었으며, 다음으로 '업무상 일'이 94명(25.1%)이었다. 직장동료 35명(9.4%), 같은 학교 학생 31명(8.3%), 가족 11명(2.9%), 등으로 분석되었다. '기타'의 경우, '교사'(자녀 혹은 본인과의 관계)라는 응답이 10명이 있었으며, '손님'(본인이 운영하는 가게)이 3명, 특정 장소에서 만났다는 응답(음식점, 카페, 클럽 등)이 10명, '친구'(본인 혹은 친구와의 관계)는 5명이었다.

외국인과의 의사소통 정도는 '완벽하지 못하지만 어느 정도 할 수 있다'(276명, 49.6%)가 절반 정도를 차지하여 어느 정도의 의사소통은 가능한 것으로 나타났다. 그러나 '전혀 하지 못한다'도 44.3%로 상대적으로 높은 비율을 나타내어 의사소통에 어려움이 있음을 보여주었다. 전화설문의 한계로 인해 의사소통의 다양한 방식을 알아낼 수는 없었으나, '완벽하지는 못하지만'으로 유추해 볼 때, 외국어의 공통어인 영어를 사용하여 의사소통하는 것을 의미하는 것으로 파악된다.

〈표 4-6〉 서울에서의 외국인과의 접촉 경험

단위: 명(%)

외국인과 접촉 경험	빈도	비율
경험 있음	374	67.1
길에서 우연히 만남	164	43.9
업무상 일	94	25.1
기타(본인·자녀의 교사 등)	37	9.9
직장동료	35	9.4
같은 학교 학생	31	8.3
가족	11	2.9
모름	2	0.5
경험 없음	183	32.9
합계	557	100

〈표 4-7〉 외국인과 의사소통 정도

단위: 명(%)

의사소통 정도		빈도	비율
전혀 하지 못한다		247	44.3
완벽하지 못하지만 어느 정도 할 수 있다		276	49.6
내가 원하는 말은 무엇이든 할 수 있다		33	5.9
무응답		1	0.2
합계		557	100
평균	1.61	표준편차	0.5967

〈표 4-8〉 외국인과의 접촉 여부에 따른 의사소통 정도

외국인 접촉	빈도(명)	평균	표준편차	t 값
경험	374	1.73	0.5726	7.306
무경험	183	1.36	0.5664	(p =.000)

〈표 4-9〉 외국인문화 이해 노력

단위: 개(%)

외국인문화 이해 노력	빈도(비율)
방송매체를 통해	274(28.0)
책을 통해	167(17.1)
외국 여행 및 체류를 통해	166(17.0)
인터넷을 통해	164(16.8)
외국인과 만남을 통해	127(13.0)
노력한 적 없음	42(4.3)
모름/무응답	25(2.6)
기타	13(1.3)
합 계	978(100)

한편, 의사소통의 정도를, '전혀 하지 못한다' 1점, '완벽하지 못하지만 어느 정도 할 수 있다' 2점, '내가 원하는 말은 무엇이든 할 수 있다' 3점으로 하여 의사소통 정도를 분석한 결과 평균 1.61점으로 의사소통을 하는데 다소 문제가 있음을 나타냈다.

이 같은 의사소통의 차이는 외국인과의 접촉 경험 유무에 따라 달리 나타났다. 외국인을 접촉한 경험이 있는 경우가 훨씬 더 높은 의사소통정도를 보였으며, 접촉의 경험이 없는 경우, 중간 이하의 매우 낮은 의사소통 자신감을 보였다.

국제도시로 거듭나고 있는 서울에서 외국인과의 의사소통에 문제가 있는 것으로 나타났는데, 그렇다면 외국인들과 교류하고 이해하기 위해 어떤 형태로든 노력을 하고 있는가? 물론 대부분(88%)이 무엇인가 노력을 보인 것으로 나타났다. 2개를 선택하게 하였는데, 1명당 평균 1.7개를 응답하였다. 방송매체를 통해 외국인을 이해하려고 노력한다는 사람이 274명으로 가장 많았으며 책을 통해서 외국인을 이해하려고 노력한다는 사람이 167명, 외국여행 및 체류를 통해 이해하려는 사람이 166명으로 높게 나타났다. 그러나 대부분의 경우가 방송이나 인터넷 등 간접적 매체를 통해 이해하려는 노력으로 한정되었고, 외국인과의 직접적인 만남을 통해 이해하려고 한다는 경우는 매우 낮은 13%에 머물렀다. 게다가 노력한 적 없거나 모르겠다는 부정적 응답도 9%에 달했다. 조금 더 적극적인 교류의 노력이 기대되는 대목이다.

4) 다문화사회 인식

이처럼 활발한 교류와 소통이 일어나고 있는 한국이 다문화사회인가? 이에 대해 특히 서울을 중심으로 볼 때, 다문화사회라는 인식이 꽤 높았다. '현재 벌써 다문화사회이다', '현재는 아니라하더라도, 앞으로 그렇게 될 것 같다', '현재는 아니지만 앞으로 그렇게 되어야 한다' 등 다문화사회로의 이동에 대한 인식은 89.9%로 꽤 높은 것으로 나타났다. 이러한 결과는 여성가족부가 전국민대상의 2007년 9월 〈국제결혼이민자에 관한 국민의식 조사〉 결과보고에서 밝힌 72.6%보다 훨씬 더 높은 수치이다. 이는 서울이 갖는 글로벌도시의 성향을 반영하는 것이라 할 수 있겠다. 반면 다문화사회가 되어서는 안된다든지, 모르겠다든지 등 다문화사회에 대한 부정적 견해는 단 10%에 불과하였다.

앞서 살펴본 교류와 소통에서의 결과처럼, 외국인과 접촉도 없고(32.9%), 의사소통도 안 되고(44.3%), 외국인을 이해하려는 노력도 안하지만(8.9%) 한국사회가 다문화사회로 이행하고 있다는 사실은 부인할 수 없다. 이러한 시대적 요구에 부응하기 위해서는 국민 모두는 편견해소 및 의식전환이 요구되며 정부는 각종 정책 및 제도 개선 등을 통한 적극적 개입이 요구된다.

이렇게 한국사회가 다문화사회로 이동할 것이라는 예측은 외국인들이 서울에 거주하면서 우리 사회에 미치는 영향에 의해 설명될 수 있다. 외국인이 한국사회에 미치는 영향으로는 문화의 다양성과 역동성이 289개(27.4%)로 나타나 가장 높았으며, 서울의 글로벌도시화(22.4%)와 경제 활성화(18.1%) 등 긍정적 평가가 꽤 높게 나타난 반면, 한국어・한국문화・혈통 등 전통 약화(11.0%)나 범죄 등 사회문

〈표 4-10〉 다문화사회 인식

단위: 명(%)

다문화사회 인식	빈도(비율)
현재 그렇다고 생각 한다	116(20.8)
현재는 아니지만, 앞으로 그렇게 될 것 같다	297(53.3)
현재는 아니지만, 앞으로 그렇게 되어야한다	88(15.8)
현재도 아니고, 앞으로도 그렇게 될 것 같지 않다	29(5.2)
현재도 아니고, 앞으로도 그렇게 되어서는 안 된다	9(1.6)
모름/무응답	18(3.2)
합 계	557(100)

〈표 4-11〉 외국인이 거주하면서 미치는 영향

단위: 개(%)

외국인 거주 영향	빈도	비율
문화의 다양성과 역동성	289	27.4
서울의 글로벌도시화	236	22.4
경제 활성화	191	18.1
한국어・한국문화・혈통 등 전통의 약화	116	11.0
범죄 등 사회문제의 증가	112	10.6
실업과 같은 경제적 피해	85	8.1
모름/무응답	25	2.4
기타	1	0.1
합 계	1,055	100

제의 증가(10.6%)와 같은 부정적 평가도 있었다. 그러나 외국인이 거주하면서 미치는 영향에 대한 긍정적 응답은 전체 응답의 67.9%이고 부정적 응답은 29.7%로 긍정적 영향을 미친다고 인식하는 부분이 상대적으로 많음을 알 수 있다.

이 같은 다문화사회 인식은 뒤에 이어 나오는 2절과 3절의 외국인마을 연구에서 더 극명하게 보인다.

2. 외국인마을**

1) 세계화 시대 외국인 유입과 외국인마을 형성

한국에 외국인들이 유입되어 산 역사는 상당히 오래되었으나, 이러한 현상은 1980년대 말부터 급속히 진행되어 온 세계화의 물결 속에서 한국도 급격한 시장개방을 경험하면서 외국 자본, 외국인 임직원 및 노동자들이 대거 유입되었다. 한국은 1970년대까지만 해도 높은 인구밀도와 자원부족 및 국가산업의 낙후로 인하여 외국으로 인력을 송출하는 상황이었으나, 1989년을 정점으로 국내 중소 제조업체에서 인력난이 심각하게 대두되기 시작하자 산업기술연수생 제도를 활용하여 국내의 인력난과 고임금을 해결하기 위해 인력 수용국이 되었다(김희재, 2003). 아시아 지역에서도 노동력 이동이 이미 이 시기에 두드러지게 나타나서 일본과 대만도 새로운 노동력 수용국이 되었다. 1990년대에는 200백만 가구 주택건설과 인프라 개선사업에

** 이 절은 김은미 · 김지현(2008)과 김은미 · 김지현(2006)에서 발췌하여 정리하였다. 김은미 · 김지현(2006)은 서울시정개발연구원으로부터 연구비를 지원받아 서울의 외국인마을에 대해 연구했다. 자세한 사항은 보고서(시정연 2006-PR-17)를 참고할 것.

필리핀, 방글라데시, 파키스탄, 몽골 등 아시아 여러 나라의 값싼 노동력이 대거 투입되었으며, 중국과 러시아 등지에서 동포들이 친지 방문, 취업 또는 결혼의 목적으로 대거 유입되었다(Martin, 1991).

1980년대 후반부터 본격적으로 시작된 외국인노동자의 유입은 한국이 외환위기를 겪으면서 더욱 가속화되었다. 한국은 1997년 말 국제통화기금(IMF, International Monetary Fund)의 구제 금융을 받는 조건으로 IMF의 경제 구조조정 계획(*Structural Adjustment Plan*)을 받아들일 수밖에 없었다. IMF의 여러 구조조정 정책 가운데 한국시장의 개방을 통한 다국적기업의 적극적 영입과 그에 따른 외국인 임직원의 유입이 나타났다. 또한 외국인노동자의 유입도 급속히 증가하게 되었는데 이는 한국시장의 개방으로 외국의 값싼 노동력을 바탕으로 한 저가의 공산품이 한국시장에 대거 수입되어, 한국의 노동 집약적 산업 분야에 저임금의 고용수요가 발생하게 되었고, 이에 따라 아시아 여러 국가의 수출 지향적 산업화와 노동력 수출의 급격한 증가로 이어졌기 때문이다(김희재, 2003). 그 결과 한국에 체류하는 외국인 수는 외환위기 이전인 1996년에 163,664명이었던 것이 외환위기 직후인 2000년에는 244,172명에 이르게 되었다(통계청, 2007).

한편, 세계화의 진행 속에서 다국적기업의 유입도 더욱 활발해졌다. 다국적기업이 처음 한국에 진출한 시기는 1967년경으로써 정부 주도의 경제개발 5개년 계획에 따라 개발을 위해 외국 자본을 유치하면서부터지만, 실제로 다국적기업의 적극적인 유치는 1980년대 말~1990년대 초부터이다(서울특별시, 2006; Kim, 1997). 그 이유는 다국적기업들도 1960~1970년대의 불안정한 한국시장에 대한 투자에 대해 회의적이었고, 한국정부도 다국적기업보다는 해외 원조나 외국차관에 의지하였기 때문이다(Kim, 1997). 1980년대 말부터 다국적기업들의 유치가 활발해지면서 이때부터 외국인 임직원의 유입도 일어나게 되었다.

〈그림 4-1〉 서울의 외국인 유입 추이

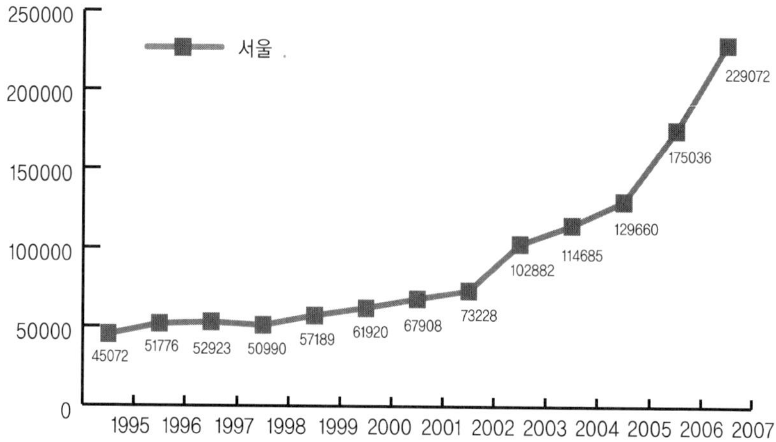

* 출처: 법무부, 각종년도, 〈출입국 통계〉.

이러한 외국인의 유입이 급속히 늘어나는 가운데 서울은 한국 내에서 세계화의 물결을 가장 많이 빠르고 강력하게 받은 지역이다. 다국적기업 임직원과 외국인노동자가 대거 유입되었으며, 특히 한국동포(예: 조선족, 고려인)들의 유입이 두드러지면서 외국인마을의 형성도 가속화되었다(김은미 · 김지현, 2006). 이들 외에도 서울에는 세계화 이전부터 한국에 유입되어 정착 역사가 상당히 오래된 외국인 집단들도 있기 때문에 서울은 다양한 외국인 집단들이 모여 있는 공간이 되었으며, 어떤 경로로 유입되었는가에 따라서 계급적으로 다양하게 나타나기도 하다.

〈그림 4-1〉에서 보는 바와 같이 1995년 이후 서울에 거주하는 외국인의 수는 급속도로 증가해 왔다. 특히 1997~1998년 외환위기를 기점으로 다국적기업의 한국진출과 해외 자본의 유입, 그리고 노동시장의 유연화 정책과 맞물려 서울의 외국인 인구는 크게 증가하여, 1992년 34,632 명에서 2007년 229,072명으로 15년 동안 거의 7배 이

상의 외국인 인구 성장을 기록했다(통계청, 2008). 이에 반해 같은 기간 동안 서울시의 인구는 1,097만에서 1,042만으로 오히려 55만 명이 감소하였다(통계청, 2008). 2007년에 한국 전체 인구 중 서울 인구의 비율이 20.8%였으나, 이에 반해 외국인은 21.5%를 차지하여 외국인의 서울집중도가 한국 전체 인구의 집중도보다 조금 더 높은 것을 알 수 있었다.

2) 서울의 외국인마을

외국인마을들은 한국사회가 빠르게 다출신국·다인종사회로 진행되는 현장이라고 생각되어, 한국에 거주하는 외국인들이 집중적으로 거주하는 서울에 생겨나는 외국인마을들에 대해 살펴보았다. 그러나 이들 마을들에 대한 연구가 거의 전무한 상태여서 2002년부터 2006년에 걸쳐 학생들이 걸어서 찾아다니는 연구로 발굴한 12개의 외국인마을을 연구의 대상으로 삼았다. 그 가운데 ① 서울에 소재할 것, ② 인위적으로 (한국정부 또는 타국의 정부에 의해) 조성되지 않았고, 자발적으로 생겨났을 것, ③ 단순 집중거주지역이 아니라 외국인들의 사회 조직과 문화를 반영할 것 등의 조건을 충족한 9개 마을이 집중연구의 대상이 되었다. 집중연구는 2006년 8월부터 11월까지 질적 연구로 실시하였으며, 관련 통계는 출입국·외국인 정책 본부 및 서울특별시의 통계를 사용하였다(출입국·외국인 정책 본부, 2007; 서울특별시, 2006).

조사 대상으로 선정된 9개 마을에 대한 연구를 통하여 ① 주거, ② 교육시설, ③ 상권, ④ 종교 등의 4가지 사회조직들이 외국인마을들의 구심점 역할을 하는 것을 알게 되었고, 이 4가지 사회조직들이 어떻게 조합되는가에 따라 '주거형 마을'과 '문화형 마을'의 두 종류로 나누었다.

외국의 사례를 살펴보면 외국인집중거주지역은 주거밀집지역과 그 주변의 문화권을 포함하는 공간을 지칭한다. 그러나 비이민국가인 한국에서는 주거와 문화공간이 분리되어 나타나는 문화형 마을을 관찰할 수 있었다. 지역사회를 칭하는 공동체를 보다 광범위하게 해석하여 주거와 분리된 상권이나 종교를 중심으로 하여 형성되는 문화형 마을은 과거에 외국인 주거지역에 대한 연구에서는 보고되지 않았던 마을들이다. 비록 주거지역이 아니고, 경우에 따라서는 상시적으로 있는 것이 아니라 한시적 · 주기적으로 나타난다고 하여도, 외국인들이 그들의 언어를 사용하여 자신들의 문화를 공유하며 정보를 교환하는 '마을'의 기능을 하기 때문에 외국인마을들에 포함하였고 이름을 '문화형 마을'이라고 명명하였다.

따라서 이 절에서 주거형 마을은 ① 외국인들의 집중거주지역이며, ② 외국인을 위한 여러 편의시설이 상시 존재하는 공간으로 정의하며, 문화형 마을은 ① 주거와 분리된 제3의 공간이며, ② 일시적이고 정기적인 문화체계가 형성되는 공간으로 정의하였다.

외국인마을의 이름들을 명명하는 원칙은 다음과 같이 정하였다. ① 외국인마을의 인구학적 특성상, 한 국적의 외국인이 주로 거주하거나 생활하는 경우에 그 출신국의 이름을 따서 마을 이름을 명명하였다(예: 프랑스마을). ② 여러 나라 출신의 외국인들이 초국경적인 어떠한 매개를 통하여 마을을 형성하는 경우, 그 매개를 이용하여 마을 이름을 명명하였다(예: 이슬람마을). ③ 마을들이 갖는 별칭이 있는 경우에는 괄호 안에 표기하였다〔예: 조선족마을(옌볜 거리), 프랑스마을(서래 마을)〕.

각 출신국별로 서울시 어느 구에 외국인이 집중해서 살고 있는지를 분석하기 위하여 방사형 그래프를 그려보았다. 또한 프랑스마을, 조선족마을과 몽골마을은 결혼이주여성의 실태도 함께 파악하기 위해 별도로 결혼이주여성의 통계도 살펴보았다. 다만 그 숫자가 크지 않아서 같은 그래프에 그리지 않고 별도로 표기하였다.

(1) 프랑스마을(서래 마을)

서초구의 방배동과 반포4동은 프랑스인들의 집단 거주지로 변모하면서 서초구청이 공식적으로 '프랑스 타운'이라고 명명한 지역이다. 서래마을로 더 잘 알려진 이 지역은 반포동에는 은행, 상점 등 각종 편의시설이 입지하고 있으며, 방배동에는 팔레스호텔 뒤편의 몽마르뜨길을 따라서 프랑스 외국인학교인 '서울 프랑스학교'(Lycée Français de Séoul)를 둘러싸고 현재 130가구 539명의 프랑스인이 밀집해 집단 거주지를 이루고 있다. 이는 전체 서울 거주 프랑스 인구의 40%에 해당한다.

〈그림 4-2〉는 2007년 12월말을 기준으로 서울시 각 구별 프랑스인의 거주 집중도와 프랑스인 결혼이주민의 거주 집중도를 보여준다.[2] 위쪽의 방사형 그래프가 서초구와 중구의 프랑스인 거주 집중도를 극명하게 보여주었다면, 아래쪽의 그래프는 한국인과 결혼한 프랑스인들은 서초구를 비롯하여 기존에 외국인들이 다수 거주하는 구로 간주되는 용산구, 종로구, 강남구 등에 흩어져 그 집중도가 떨어져 일반적인 '한국의 프랑스인'으로 살아가기보다는 '다문화적 환경' 안에 거주공간을 이루고 있음을 잘 보여준다.

높은 교육열을 바탕으로 형성된 마을로 서울 거주 학령기 프랑스인(6~12세)의 75%가 이 지역에 거주하며(〈표 4-12〉), 주거양식도 인근 지역 한국인 거주형태와 같은 아파트 중심이 아니라 빌라와 단독주택 중심으로 '쁘띠 프랑스' 및 '한국의 몽마르뜨'로 불린다. 또한 프랑스의 문화와 이미지를 활용한 각종 갤러리 및 와인·치즈 전문숍을 중심으로 '문화거리'의 이미지를 확립하여 서울을 소개하는 각종 관광안

2) 이 그래프는 거주지역의 집중도를 보여주는 방사형 그래프로 면적과 인구와는 관계가 없음을 밝힌다(출입국·외국인 정책본부, 2008).

〈그림 4-2〉 서울 내 프랑스인 거주 분포(상)와 결혼이주민 분포(하)

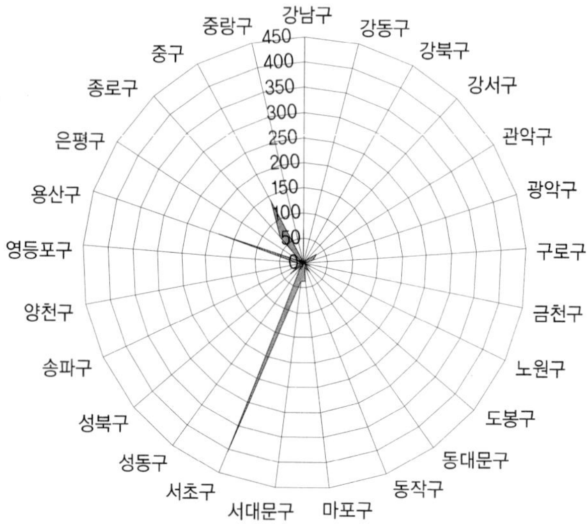

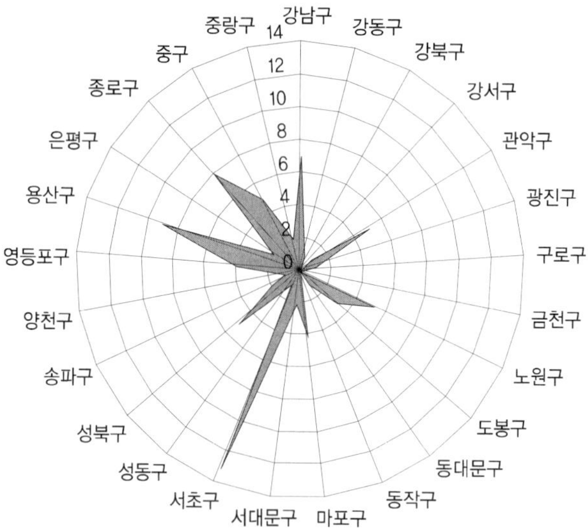

〈표 4-12〉 서울 내 프랑스 인구 연령별 분포

	0~5세	6~12세	13~18세	19세 이상	전체
서초구	55	94	45	219	413
서울 전체	102	125	63	653	953

* 출처: 서울시, 2006, 〈서울시 주민등록인구통계〉.

내책자 및 한국인을 위한 '서울 즐기기'류의 책자에도 꼭 가봐야 할 곳으로 소개된다.

이 지역에서는 한국어와 프랑스어가 혼용되어 쓰였고, 특히 간판에는 프랑스어가 많이 눈에 띄었다. 프랑스어 간판이 있는 경우에도 업소점원이 프랑스어를 유창하게 하지 못했지만, 프랑스인들이 한국어를 많이 사용하지 않아서 프랑스어에 대한 지원이 서초구청의 정책적 지원에 따라 이루어지고 있었다. 이러한 지역사회와의 협력체계의 구축으로 한국의 문화를 체험하는 각종 외국인 문화행사를 비롯하여 프랑스 문화행사를 지원받아 프랑스 문화원보다 더 알려진 프랑스 문화공간으로 자리 잡게 되었다.

이 지역은 최근에 프랑스식 업소뿐만 아니라 이탈리아, 일본 등 여러 나라의 음식을 소개하는 작은 레스토랑들이 많이 들어서서 서울 안에서 이태원 다음으로 이국적인 풍경을 느낄 수 있는 거리로 자리매김하였다. 프랑스인과 한국인을 고객으로 한 한국인 상점·음식점·카페가 밀집하여 '한국인 → 한국인/외국인' 형태의 상권을 형성함으로써 지역사회와의 소통의 통로를 확보했으며, 서초구청의 프랑스 국기를 상징하는 '삼색 보도블록' 사업과 미테랑 대통령 방문을 기념하여 가로등을 교체하는 등의 문화적 이벤트를 가미한 행정으로 끊임없이 이 지역을 '프랑스' 마을로 유지되도록 하였다. 실제로 서초구청은 서래마을을 지원하기 위한 전담부서를 설치하고 프랑스어 서비스를 제공한다.

이러한 서래마을은 교육시설을 중심으로 주거가 형성되고 각종 편의시설을 갖추면서 그 지역에 고유의 문화를 토착화시킨 주거복합형 마을의 대표적인 예라 할 수 있다. 동시에 문화선진국이라는 프랑스의 국가적 이미지와 결합하여 지역사회와 원활하게 소통하는 마을로 볼 수 있다.

(2) 조선족마을(옌벤 거리)

'마을'을 이루는 외국인 중 가장 인구가 많은 집단은 중국동포[3]이다. 이들은 2008년 현재 서울에 공식 등록된 수만 169,358명이 거주한다. 이는 한국 전체 거주 중국동포 인구의 약 49%에 해당한다(전체 중국동포 인구 349,356명). 이 중 25,398명이 구로구에, 32,049명이 인접 영등포구에 거주하며 중국동포 집중거주지역을 형성한다(〈그림 4-3〉). 특히, 구로동과 가리봉동 일대에 약 5만 7천여 명이 거주하며 가리봉시장 인근 약 500m에 이르는 골목에 '옌벤 거리'를 형성한다. 더욱이 약 10~20% 정도의 인구를 불법체류자 신분으로 추정하면 서울 내 최대 단일 외국인 거주지역이라 볼 수 있다.[4] 결혼이주민의 분포 역시 중국동포 전체의 거주분포와 유사한 양상을 보여서, 주거지역과 각종 사회활동의 범주가 분리되지 않음을 보여준다.

---

3) '조선족'이라는 표현은 일부 중국동포들이 문제제기하는 표현임을 밝힌다. 이는 중국에서 소수민족에 대하여 일종의 분리정책의 표현이라고 간주되어 중국동포들이 문제제기를 하였으며, 한국에서도 이와 같은 이름으로 불리는 것에 대하여 섭섭함을 표시한다. 따라서 다문화주의를 지향하는 이 책에서는 편의상 마을 이름은 '조선족마을'이라고 부르되 가급적 사람을 지칭하는 경우에는 '중국동포'라는 표현을 쓰기로 한다.

4) 2007년 12월 말의 통계를 보면 한국 내 중국인 가운데 불법체류자의 비율은 20.3%이고 한국계 중국인(중국동포)은 10.5%이다(법무부, 2007). 이는 전체 외국인의 불법체류자의 비율인 21.0%보다 다소 적다. 그러나 중국인들은 가장 큰 외국인 집단을 형성하기 때문에 불법체류자의 총수는 102.426명에 달해 가장 크며 이 중 34,448명이 한국계 중국인이다(법무부, 2007).

〈그림 4-3〉 서울 내 중국동포 거주 분포(상)와 결혼이주민 분포(하)

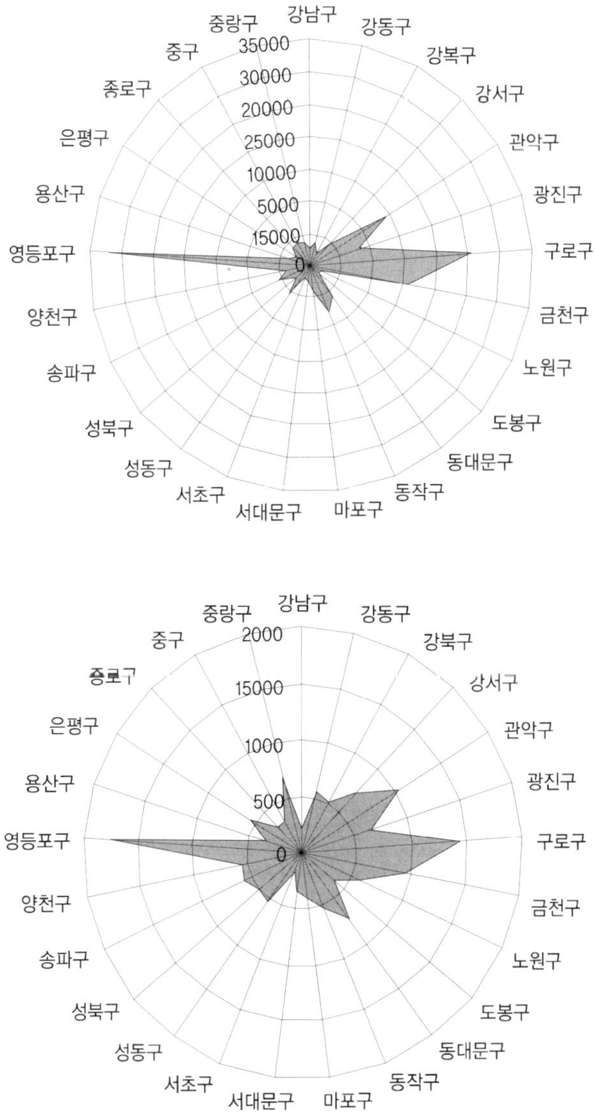

〈표 4-13〉 서울 내 중국동포 인구 연령별 분포

	0~5세	6~12세	13~18세	19세 이상	전 체
구로구	22 (0.16%)	9 (0.07%)	35 (0.26%)	13,367 (99.51%)	13,433
서울 전체	165 (0.17%)	104 (0.11%)	346 (0.36%)	95,077 (99.36%)	95,692

* 출처: 서울시, 2006, 〈서울시 주민등록인구통계〉.

이 지역은 지하철 7호선과 1호선, 2호선이 통과하는 교통상의 편리함과 과거 '가리봉동 쪽방촌'으로 불릴 정도의 값싼 주거비, 그리고 구로·가산 디지털단지 내 영세 기계공장들이 밀집하여 일자리를 구하기 쉽다는 이점들이 결합하여 인접 영등포구 대림동과 함께 중국동포의 최대 거주지를 형성한다. 입국동기 및 인구구조의 특성상 학령기 인구는 극소수이며(〈표 4-13〉), 이에 따른 교육 편의시설 또한 전무하고, 서울 조선족 교회 등 중국동포 교회가 세 군데 있기는 하나 종교적 특성보다는 인권문제와 관련한 지원서비스와 지역공동체로서의 소통의 장으로 활용된다.

옌볜 거리를 지나다 보면 각종 중국물품(식료품, 전화카드 등)을 취급하는 상점과 중국동포들의 주요 거주지인 중국 동북 3성 요리 전문점, 그리고 양고기·소고기·개고기 등을 재료로 하는 중국동포 고유의 꼬치구이 등 전문 음식점들이 늘어서 있다. 대부분의 상점은 한국어와 중국어를 혼용하였으나, 주로 한국어를 사용하였다. 이는 다른 외국인마을과는 달리 인구적인 특성, 즉 중국에서도 한국어를 모국어로 사용하는 인구구성에 기인한 것이며 주변 이웃과의 소통이나 교류를 위한 것은 아닌 것으로 보인다.

주목할 만한 사실은 한국인에 대해 폐쇄적이거나 언어소통의 문제가 심각하지 않음에도 불구하고 조선족마을은 이미 주변과의 격리양상을 보인다는 점이다. 약 30여 개의 상점 대부분을 조선족이 운영하고 있고—이 중 일부는 결혼을 통해 한국 국적을 취득했거나 국적회복과정을 통해 국적을 취득한 경우도 있다—이들 상점의 주 고객이 중국동포 또는 한족 중국인인 '외국인→외국인' 상권이 형성되어 있다. 낮에 서민적이었던 분위기와는 달리 밤이 되면 이웃의 출입이 거의 없어지고 음식점에서 한국인을 받지 않으려 하는 등 이웃과 격리·분화되어 우범지대화되는 현상이 발견된다.

앞서 살펴본 바와 같이, 조선족마을은 주거와 상권이 결합되어 문화공간을 형성하는 주거복합형 마을의 형태를 보인다. 한국어를 모국어로 사용하는 언어적 동질성을 바탕으로 하지만, 불법체류 인구가 다수 존재하고, '외국인→외국인' 상권이 형성되면서 주변과의 격리되는 현상이 나타난다. 조선족마을은 배타적 주거복합형 마을로서 외국의 문헌에 나오는 외국인(이민자) 집중거주지역의 전형을 보이며, 주변과의 소통부족과 지역적 특성으로 슬럼화될 가능성을 내포하는 마을로 볼 수 있다.

조선족마을에서 중요하게 부각되는 것이 소통과 격리의 문제다. 중국동포들 가운데 다수의 불법체류자가 있음을 감안하여 자신들의 생존을 위해 주변과의 격리를 선호하는 경우도 있겠으나, 더욱 중요하고 시정되어야 할 문제는 주변 한국 주류사회가 이들에 대하여 배타적인 태도를 가진다는 문제이다. 결국 소통이라는 것은 쌍방의 노력이 필요한 것이며, 더욱이 주류사회의 열린 태도가 닫혀져 있는 소통의 문제를 푸는 데 보다 큰 열쇠가 될 것이기 때문이다.

(3) 몽골마을(몽골 타워)

1990년대 후반부터 본격적인 교류가 시작된 몽골인은 서울 내 2,438명이 거주한다. 이들은 성북구·성동구·광진구·동대문구·중구·금천구·관악구 등에 고루 분포하여 사는데, 주로 일자리가 가깝거나 주거비가 상대적으로 저렴한 지역에 거주한다(〈그림 4-4〉).

〈그림 4-4〉 서울 내 몽골인 거주 분포(상)와 결혼이주민 분포(하)

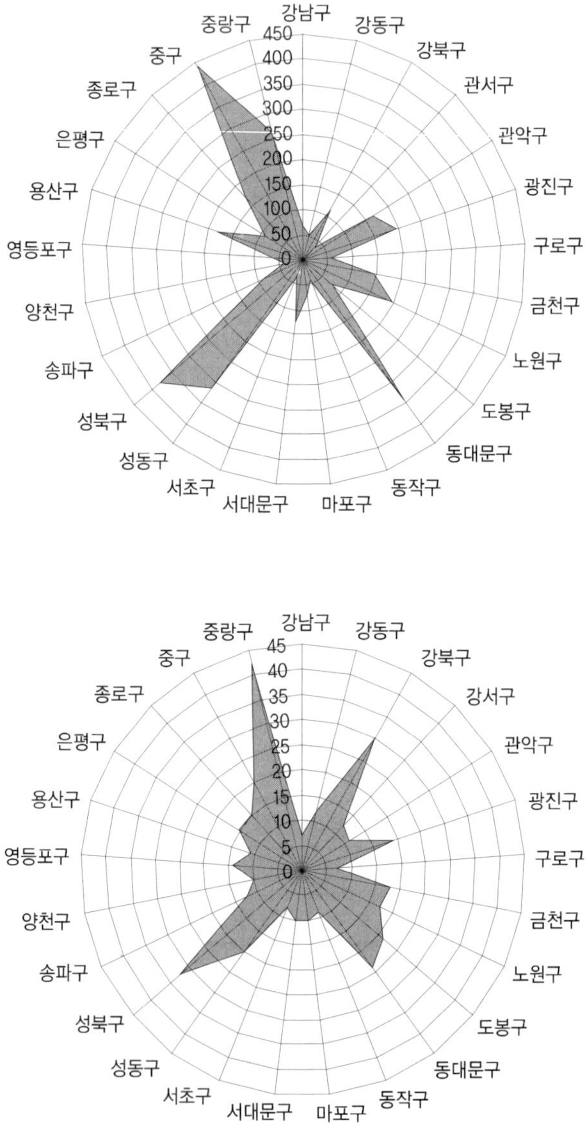

이곳은 2001년 서울시와 몽골의 수도인 울란바토르의 지원으로 '울란바토르 문화진흥원'이 개원되는 등 도시 차원에서 교류가 활발해졌다. 결혼이주민은 2008년 12월 현재 총 406명으로 이들은 일반 거주지역보다 훨씬 다양한 지역에 흩어져 분포하여 그 거주 집중도가 훨씬 낮다. 이는 몽골인 결혼이민자의 많은 수가 여성이고 이들이 한국인 남성의 거주지역에서 살아가는 현실을 반영한 것으로 이해할 수 있다.

동대문구 광희동 벌우물길은 중앙 아시아촌 또는 키릴문자지역으로 불리는데 이 한가운데 '뉴 금호타워' 빌딩은 '몽골타워' 또는 '서울에 떠 있는 몽골섬'이라는 별칭이 있을 정도로 강력한 커뮤니티(*community*)를 형성한다. 몽골마을은 상권 중심의 커뮤니티 형태를 보이는데, 보따리 장사로 시작된 한국과 몽골 사이의 무역으로 상점과 사무소가 입점하기 시작하면서 10층 건물 전체가 몽골인이 운영하는 음식점, 무역회사, 운송회사, 식료품점 등으로 이루어져 있다. 건물 주변에는 한국계 러시아인들이 운영하는 음식점 등이 곳곳에 발견되고 몽골 타워 내에서는 한국어는 거의 찾아볼 수 없고 몽골어·러시아어 능 키릴문자가 대부분이다. 주말이 되면 서울 시내 및 서울 인근지역에 거주하는 몽골인들로 가득 차 전화카드 등을 구입하려는 사람들의 줄을 쉽게 볼 수 있으며, 몽골 신문과 몽골 방송의 비디오테이프 등을 구할 수도 있다.

키릴문자 지역에 있으면서도 주변과 분리된 상권을 형성하며 건물 자체가 정보교환의 장이 된다. 이는 각 층에 어지럽게 붙어 있는 몽골어로 쓰인 구인·구직 공고나 게시판 등을 통해 확인할 수 있다. 또한 단순히 물건을 사고파는 장소가 아니라 몽골인이 운영하는 미용실, 환전소, 사진관 등도 입점해 있어 저렴한 가격에 몽골식 문화생활을 그대로 영위하는 장이 되고 있다. 이는 다른 문화형 마을이 '한국인→외국인', 또는 '외국인→외국인/한국인' 상권을 형성하는 데 비해 강력한 '외국인→외국인' 상권을 확립함으로써 지역사회와 소통하지 않는 상권 중심의 문화형 마을을 형성한다.

(4) 이슬람마을

용산구 이태원동은 예전부터 이국적인 거리경관을 형성해 왔다. 반포로 4거리부터 예전 한남 면허시험장에 이르는 1.4km구간에는 거리간판이 영어, 일본어, 중국어로 표기되어 있으며, 기타 외국인 관련시설인 외국의류 전문점, 환전소, 외국 전문서점, 음식점 등이 들어서 있다. 이처럼 다문화적 공간인 이태원에서 특히 주목할 수 있는 외국인마을은 이슬람마을이다.

1976년 한국이슬람교 중앙회 성원이 건립된 이래 한국에는 약 8만여 명의 외국인 이슬람교도들이 전국적으로 8개 이슬람 성원에서 종교 활동을 하는 것으로 추정된다(한국이슬람교중앙회, 2006). 이슬람교 예배가 시작되는 금요일 오후가 되면 400~500여 명의 국내외 이슬람교도들이 예배를 드리기 위해 성원주변으로 모여든다. 주말이 되면 인근지역에서 온 외국인 이슬람교도들이 많이 모이는데 이들은 대부분 파키스탄, 방글라데시, 인도네시아 등 동남아지역 출신으로 매우 다양한 인종적·언어적 특징을 보인다. 이들의 다양한 인종적·언어적 특징으로 인해 주로 한국어와 영어를 혼용해서 소통한다. 산업연수생의 경우 영어보다는 한국어에 능한 경우가 많아서 성원 주변에 한국어로 대화하는 외국인들을 쉽게 찾을 수 있다.

〈그림 4-5〉와 〈그림 4-6〉은 주말에 이태원을 찾는 이슬람교도 중 다수를 차지하는 인도네시아인과 방글라데시인의 인구분포를 보여준다. 이들은 주로 이태원을 중심으로 거주하기보다는 일자리가 있는 서울 시내의 다른 지역 또는 안산의 '국경 없는 마을' 등을 포함한 수도권의 외국인노동자 집중거주지역에서 생활하며 주말이 되면 이태원에 모여 종교활동과 정보교환의 장을 형성한다.

〈그림 4-5〉 인도네시아인 거주분포

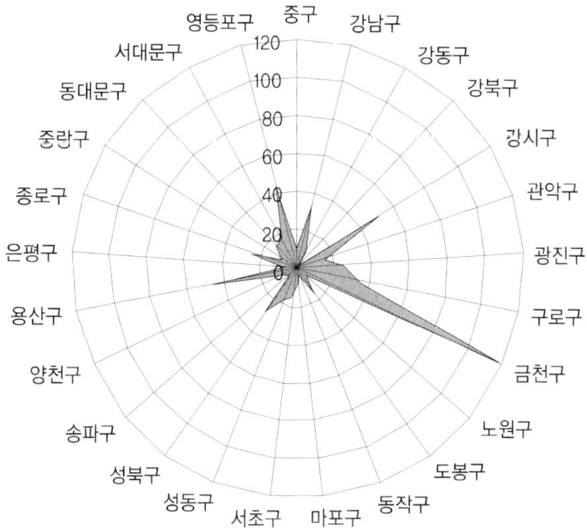

〈그림 4-6〉 방글라데시인 거주분포

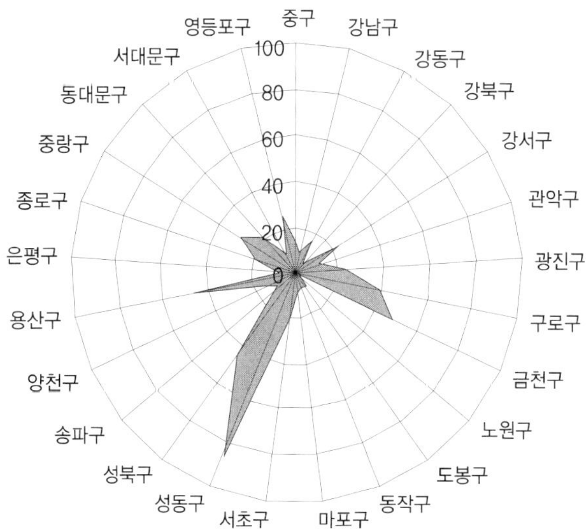

주변의 상권 역시 이태원 모스크를 중심으로 형성되어있는데, 이슬람의 전통적인 도축의식인 할랄(*Halal*, 이슬람 율법에 따른 도축)이 행해진 고기를 파는 정육점이 사원 옆에 있을 정도로 이슬람 종교의식과 관련된 음식점, 상점 등이 곳곳에 흩어져 있다. 주말이 되면 이슬람권 국가들의 물건을 파는 노점상들이 보이기도 하지만 대규모라고 볼 수는 없다. 오히려 한국인이 운영하거나 외국인 주방장을 고용한 이슬람권 음식점들이 이 문화형 마을을 형성하며, 한국어와 영어를 혼용하는 언어적 특성을 바탕으로 한국인과 타국의 관광객에게도 이국적인 문화를 느낄 수 있는 명소로 소개되는 곳이 많이 있다.

특히, 이슬람 사원을 중심으로 아랍어, 이슬람 문화, 사상, 종교 등에 대한 강좌를 한국어로 제공하고, 인근 초등학생들을 초청하여 이슬람에 대한 올바른 이해를 위한 교육 프로그램들을 진행함으로써 지역사회와의 소통을 위해 노력한다는 것은 주목할 만하다. 이슬람 마을은 종교시설을 중심으로 하며, 주거를 배제하여 금요일 오후부터 주말 동안이라는 특정시간 동안 형성되었다 사라지는 문화형 마을의 형태를 띤다. 종교활동과 함께 상권의 발달을 관찰할 수 있고, 그 지역 거주 주류민과의 문화적 공유는 이 마을의 개방적인 문화적 특징을 보여준다고 하겠다.

(5) 화교마을 1 (리틀 차이나타운)

서대문구 연희동은 교육시설을 둘러싸고 자연스럽게 거주단지가 형성된 지역으로 한성화교중고등학교를 중심으로 한 화교 집단거주지역이다. 서대문구에 거주하는 화교는 2,423명으로 서울 거주 화교의 20% 정도를 차지한다(〈그림 4-7〉). 한성화교중고등학교가 명동에서 이사오면서 화교마을이 형성되다가 1997년 경제위기 이후 이 지역 화교인구가 급증했다. 교육시설을 중심으로 형성된 거주지역 형태로 서울 거주 학령기 화교의 30%이상이 이 지역에 거주하며 이 비율은 인

〈그림 4-7〉 서울 내 화교의 거주지역 분포

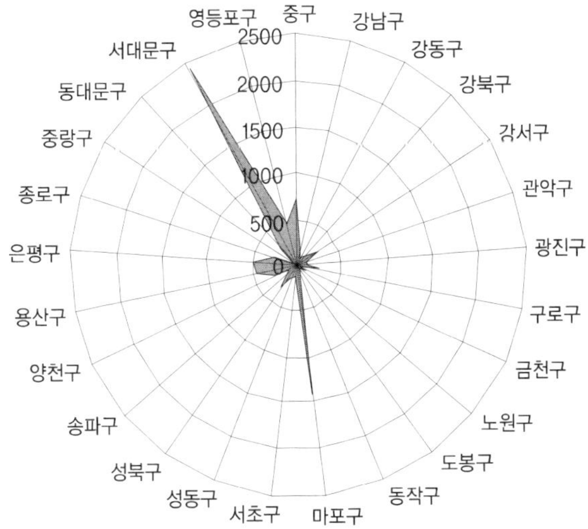

〈그림 4-8〉 화교 연령별 분포 서울 전체와 서대문구 · 마포구 비교

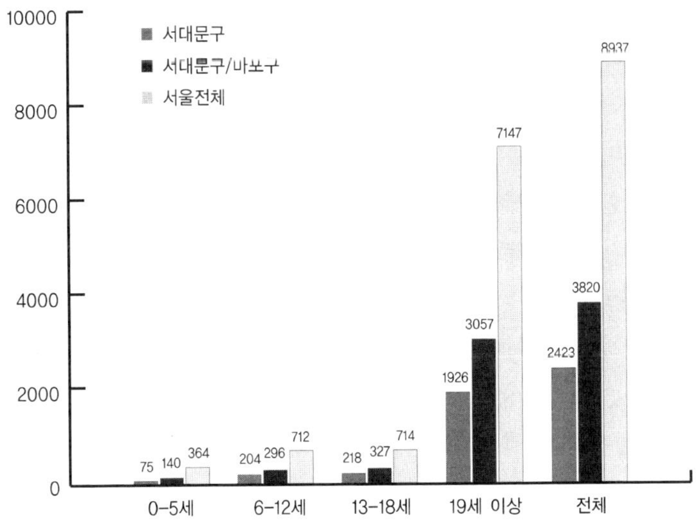

접지역인 마포구와 합하면 더욱 커진다(〈그림 4-8〉).

화교들은 주로 요식업을 중심으로 경제활동을 하며, 최근 중국관광객의 증가로 결혼식장, 중국 한의원과 외국인 인삼판매점, 도자기 전문점 등이 발달하였다. '향원', '중국원', '향토미식원' 등의 대형음식점과 '화교웨딩타운' 등이 최근 설립되어 연희동과 마포구 연남동 간의 이면도로를 중심으로 상권이 형성되고 있다.

2002년 월드컵 기간중 특별관광지구로 지정되어 중국인 관광객들을 겨냥한 각종 중국문화축제가 있었으나 현재는 거의 없다. 음식점의 간판과 메뉴는 거의 중국어로 되어 있으나, 한국에서 오랫동안 정착해 살아간 화교들은 한국어와 중국어를 혼용하며, 중국음식점을 중심으로 한국인들에게도 중국 전통의 맛으로 잘 알려져 있다. 주로 화교 소유의 상점이 화교와 한국인 고객 그리고 최근 들어 급증하는 중국관광객을 대상으로 하는 상권이 형성되어 '외국인→한국인/외국인/관광객'의 형태를 띤다. 즉, 리틀 차이나타운은 교육시설을 중심으로 주거집중지역이 나타나며, 주변 요식업을 중심으로 한 상권이 형성되면서 지역사회와 소통하는 양상을 보이는 주거복합형 마을의 모습을 보인다.

(6) 일본마을(리틀 도쿄)

1965년 한일 국교 정상화 이후 한국에 거주하기 시작한 일본인들은 1970년대 외인 아파트 입주를 기점으로 크게 증가하였다. 동부이촌동으로 알려진 이촌 1동은 서울에서 가장 오래된 외국인 거주 마을이다. 현재 서울에는 7천여 명의 일본인이 거주하며, 이 중 1,720명이 용산구에, 이 중 1,408명이 이촌 1동에 거주한다(〈그림 4-9〉).

이촌 1동은 이태원, 한남동과는 분리된 조용한 주거단지로 외국인들이 많이 거주하는 서울 속의 외국인촌으로 불리기도 한다. 실제 용산구청 홈페이지는 주변에서 일본인 마을 이외에도 '저먼 타운'(German

〈그림 4-9〉 서울 내 일본인 거주 분포

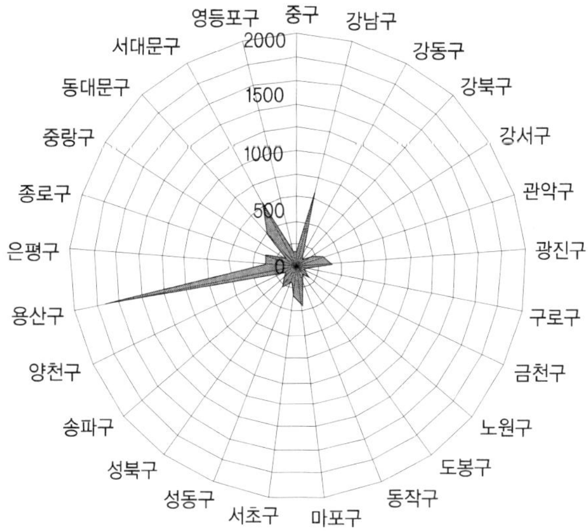

〈그림 4-10〉 서울 내 거주 일본인 연령 분포 비교

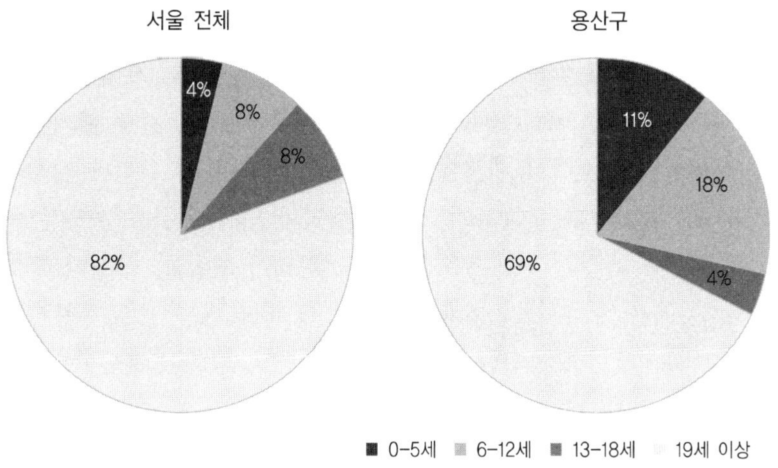

Town)을 소개하기도 하는 등 다양한 인종과 국적을 망라한 외국인 거주지로 알려져 있다.

이 중에서 리틀 도쿄는 교육부 인가 외국인 학교는 없으나 일본인 유치원이 있으며, 일본어로 예배를 볼 수 있는 교회 등 교육과 종교 시설이 갖추어져 있다. 일본인 유치원으로 인해 미취학 연령층의 비율이 서울 전체에 비해 높은 편이며(〈그림 4-10〉), 따라서 '젊은 엄마'를 위한 서비스 공간의 확보를 필요로 한다. 그리하여 일본인 전용창구가 있는 은행, 미용실, 음식점, 세탁소 등 거의 모든 서비스 시설이 일본어로 통용 가능하며, 100% 일본 물건만 취급하는 상점도 존재하는 등 다양한 방식의 서비스 시설들이 존재한다.

가장 오래된 외국인 거주지역이지만 일본인의 민족성과 맞물려 외형상으로 이국적 특징을 크게 발견하기는 어렵다. 그러나 엄마들이 일본에서처럼 자전거로 거리를 누비는 광경이나 한국어와 일본어가 혼재되어 있는 음식점 간판 등에서 서울 속의 작은 일본을 경험할 수 있다. 이 지역의 상권은 일본인 음식점 주인도 다수 있는 '외국인/한국인 → 외국인/한국인' 형태를 보인다.

리틀 도쿄는 오랜 기간 동안의 주거경험을 바탕으로 유치원 등 교육시설과 일본어 예배를 볼 수 있는 교회를 비롯한 각종 편의시설 및 상권이 들어오면서 형성된 주거복합형 마을이다. 그러나 서래마을이나 화교거리와는 달리 주거지역 자체의 역사가 길고 조용한 마을 구성원의 특성상 외형적인 특성을 발견하기 어렵고, 관광지로 발전하지는 않았으나 공간 자체의 문화적 공유는 매우 높은 수준에서 이루어지는 것으로 보인다.

(7) 화교마을 2(중화 거리)

중구 명동의 중국대사관(구 대만 대사관) 앞거리는 화교 상권의 흔적이 남아 있는 중국인/화교마을이다. 과거 대만 대사관 시절부터

〈그림 4-11〉 서울 내 중국인 거주분포

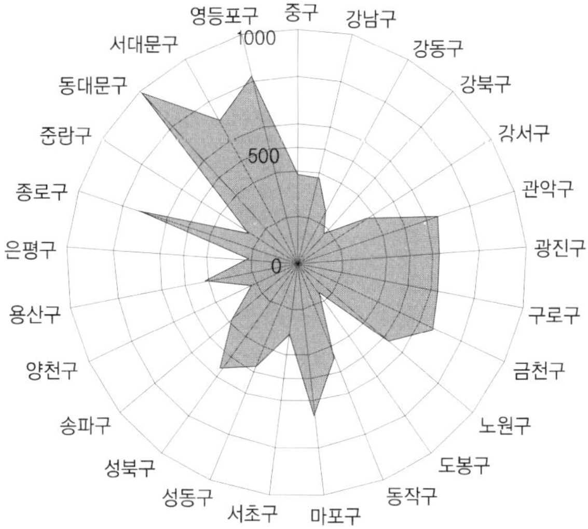

있었던 상권을 중심으로 한 문화형 마을의 형태를 보인다. 서울 내 중국인은 11,912명으로 25개 자치구에 고루 분포하며(〈그림 4-11〉), 인구 구성상 학령기 인구는 거의 없고 대부분이 성인이며, 일자리를 중심으로 거주한다.

중국대사관의 대민업무 분산으로(광화문 교보문고 쪽으로 이동) 평일 낮에는 마을 구성원보다는 중국인 관광객과 한국인들이 다수를 이룬다. 그러나 주말이면 중국인들이 전화카드나 생활용품을 사기 위해 모여든다. 대부분 중국어와 한국어를 혼용하는데 중국에 관심이 있는 한국인들과 오랜 역사를 가진 상점과 음식점, 가건물 노점상이 조화되어 잡화점·음식점 밀집 지역을 형성하였다. 특히, 100년 전통의 한국한성화교소학교 담벼락의 잡화상을 중심으로 정보와 상품 교류가 이루어지는데, 특이할 점은 이곳의 물건들은 거의 수입에 의존하기 때문에 상품가격이 환율에 따라 변한다는 점이다. 현재는 조선족 마을, 대림동 조선족 밀집지역 등이 생겨나면서 상품의 거래가 활발한 편은 아니지만, 50년 전통의 중국 서적 전문점인 '중화 서국' 등 중국문화를 체험할 수 있는 장소로 한국인에게 잘 알려져 관광 및 정보수집의 공간으로 활용된다.

명동의 중화거리(화교마을)는 상권을 중심으로 한 문화형 마을의 형태를 보이지만, 몽골마을이나 조선족마을과 같이 강력한 지역공동체를 형성하지는 않다. 오히려 중국인 문화공동체의 역할과 함께 한국인이 도심 한복판에서 '중국문화'를 체험할 수 있는 공간으로서의 기능을 수행하여 앞서 언급한 두 마을보다는 개방적이면서도 '화교→화교/중국인/한국인/중국인 관광객'의 상권 구성에서 오는 보다 강한 중국적 문화의 색채를 띤다.

(8) 이탈리아마을(클럽 이탈리아)

현재 서울에 거주하는 이탈리아인은 모두 104명으로 이들은 용산구와 강남구와 중구에 집중적으로 거주한다(〈그림 4-12〉). 이들은 거주 외국인의 수가 적은 집단임에도 불구하고 강력한 종교적 유대감을 바탕으로 문화형 마을을 형성한다.

이들은 주로 한남동의 프란체스코 성당(Franciscan Catholic Church)에 다니는데, 이 성당에서 운영하는 프란체스코 국제유아원(Franciscan International Nursery School) 지하에서 매주 일요일 미사 이후 클럽 이탈리아 모임을 갖는다. 약 30~40여 명의 이탈리아인들이 매주 모여 이탈리아의 문화와 음식을 나눈다. 이들은 이탈리아 문화원과 공조하여 언어교육 프로그램, 미술 전시회, 이탈리아 음식 소개, 영화와 다큐멘터리 상영 등 문화 예술행사를 기획하여 조직하면서 한국인들과의 소통을 위해 노력한다.

클럽 이탈리아는 다른 문화형 마을들과는 달리 마을을 임의로 '구성'했다는 점에서 주목해야 한다. 이들은 거주지나 상권을 중심으로 발생한 문화형 마을들과는 달리 소수의 인원이 클럽 형태의 개방적인

〈그림 4-12〉 서울 내 이탈리아인 거주분포

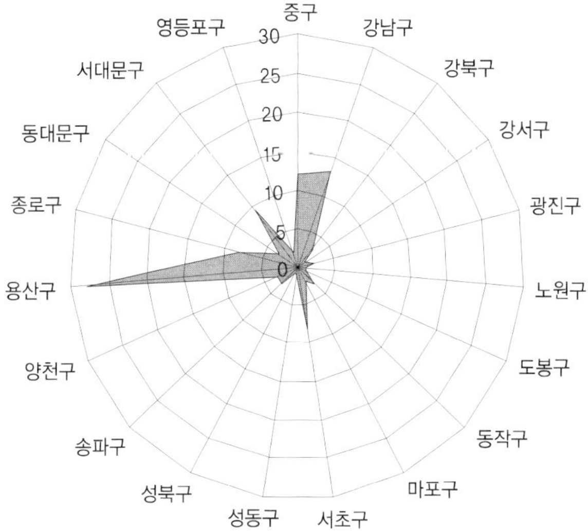

집단을 구성함으로써 스스로의 문화적 정체성을 지키면서 자국 문화원과 함께 한국인 사회와 소통하려는 노력을 한다는 점에서 다른 문화형 마을과 차별화된다.

(9) 필리핀마을(혜화동 일요 장터)

1992년 자양동 성당에서 필리핀인들을 위한 미사를 제공하면서 필리핀마을은 시작되었다. 1995년 혜화동 성당으로 미사를 옮기면서 일요 장터가 시작되었는데 서울 및 인근지역에서 약 2천여 명의 필리핀인들이 모여 매주 일요일 오후 '작은 마닐라'를 이룬다. 서울 거주 필리핀인은 모두 3,973명으로 집계되는데 이들은 주로 성동구와 성북구·용산구를 중심으로 거주하며, 학령기 인구는 거의 없다(〈그림 4-13〉).

강력한 종교적 공동체 의식을 바탕으로 한 필리핀마을은 일요일 오후 미사 직후 트럭 노점상들이 필리핀 관련제품을 판매하며 종교

〈그림 4-13〉 서울 내 필리핀인 거주분포

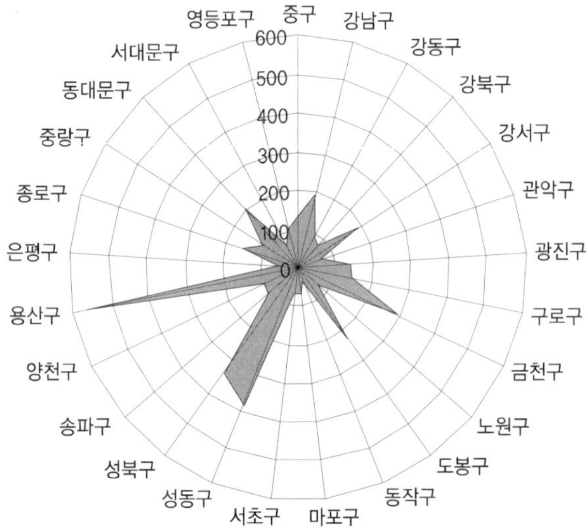

와 상권이 결합되어 주거지역과 분리된 이슬람 문화형 마을과 유사한 형태를 보인다. 양념·야채·잡화부터 필리핀 드라마 테이프에 이르기까지 다양한 물품을 판매하는 작은 트럭들의 행렬을 볼 수 있으며, 이 장터는 비단 물건을 사고파는 장소가 아니라 서울에 거주하는 필리핀인들에게 정보제공의 장이자 타갈로(필리핀 고유어)와 영어를 사용하여 고향의 향수를 느끼게 하는 공간으로 자리 잡았다. 또한 한국사회에서 생존하기 위하여 직장에 대한 정보를 나누기도 한다. 그러나 이슬람 문화형 마을과는 달리 폐쇄적인 경향을 보이는데 이는 불법체류자 신분에 따른 경계와 지역사회와 소통채널의 부재에 따른 것으로 보인다. 이슬람 성원을 중심으로 한 이슬람 문화를 알리려는 노력과 '한국인→외국인'의 상권구조를 가진 이슬람 문화형 마을과 달리 필리핀마을은 '필리핀 문화'를 한국사회에 알리려는 소통 노력이 약하고 '외국인→외국인' 형태의 폐쇄적이고 임시적인 상권을 구성한다. 즉, 이 마을은 한국인을 대상으로 한 관광과 소통을 위한 장소라기보다는, 외국인들의 생존을 위한 시·공간으로 구성되었다고 보인다.

3) 외국인마을의 사회조직적 특성

외국인마을들이 어떻게 형성되었는가를 알아보기 위해 국외 문헌에서 나타난 외국인마을의 경제적·문화적 조직과 더불어서, 서울 특유의 구심점이 있는지 알아보기 위하여 질문에 답 문항을 제시하지 않는 열린식 질문을 하였다.

외국인마을들에서 주도적으로 나타난 사회조직은 ① 상권, ② 교육기관, ③ 종교기관의 순으로 나타났다. 이 절에서 상권은 모든 외국인마을들에서 나타나는 가장 중요한 사회조직이었으며, 이는 국외의 연구결과와 비슷한 양상이었다. 또한 외국인 집단이 한국에 체류한 역사가 오래될수록 교육기관이 외국인마을의 핵심을 이룬다는 것을 알 수 있다. 이는 교육기관이 존재하기 위해서는 인적·물적인 자원이 확보되어야 하고, 학령인구가 적정 수 이상 확보되어야 하며, 또한 한국의 여러 법적 지원이 있어야 하기 때문일 것이다. 종교기관의 경우는 외국인의 유입기간이 오래되었다고 모두 있는 것이 아니라 종교생활이 외국인들의 생활에서 차지하는 중요성에 따라서 생성된 것으로 보인다.

외국의 문헌연구에서 외국인 유입 초기에 나타난다고 하는 경제권을 중심으로 형성되는 외국인집중거주지역은 서울의 경우 외국인 유입의 역사가 비교적 긴 화교마을, 일본마을과 프랑스마을의 경우에 나타났다. 아직 이들 외국인들의 한국 유입 역사가 국외 연구에서 나타난 결과보다 짧기 때문에 외국인집중거주지역이 소멸되지 않았다고도 할 수 있겠으나, 아래의 연구결과에서 보여주듯이 한국사회의 다문화주의가 아직 미성숙하여 외국인들이 자연스럽게 주류사회에

흡수되어 살아가기에는 어려움이 있기 때문일 것이다.

최근의 외국인 유입과 그에 따라서 한국인들이 느끼는 다문화사회에 대한 여러 조사연구 결과를 보면, 한국인들은 과거 10년에 비해 외국인노동자에 대해 다문화적 거부감이 대체적으로 줄어든 반면, 불법체류 외국인에 대해서는 본국 송환을 강력하게 지지하는 등 일관성이 적은 태도를 보였다(오계택, 2007). 또한 외국인에 대해서 비교적 관대한 태도를 보이는 것으로 나타났지만, 이는 구체적인 경험을 통해서 다문화적인 태도를 갖게 되었기보다는 외국인 이주자에 대해 '일반적인 선의의 표현' 정도라는 비판적 연구결과도 있다(황정미, 2007). 즉, 외국인들에 대한 구체적이고 직접적인 경험이 상대적으로 적은 상황에서 한국인들이 외국인들에 대해서 추상적으로는 관대한 반면, 실제적인 여러 상황에서는 그렇지 못하다는 것이다. 이를 유추해보면 외국인들이 한국에 대거 유입된 지 거의 20년이 지났음에도 불구하고 아직은 한국인이 성숙한 다문화적 태도를 보인다고 할 수 없으며, 이에 따라 오래된 외국인 집단들도 외국인마을을 벗어나지 않는 것으로 보인다.

본 연구에서 외국인마을들의 형성과 사회조직적 특성을 살펴보니 외국인마을들을 다음의 두 부류로 정리해 볼 수 있었다. ① 상시적으로 존재하는 '주거형 마을'과, ② 한시적으로(그러나 규칙적이며 정기적으로) 나타났다가 사라지는 '문화형 마을'이다. '문화형 마을'은 비록 외국인들이 주거를 함께하는 공간은 아니지만 주기적으로 모여서 그들의 문화를 공유하는 공간이기 때문에 이렇게 명명하였다(김은미·김지현, 2006). 이러한 문화형 외국인마을은 비이민국가인 한국에서 관찰되는 특이한 현상으로 국내외를 막론하고 축적된 연구결과가 거의 없다. 간혹 홍콩의 상류층 가정에 고용된 외국인 보모들이 주말에 홍콩 도심에서 모인다는 언론의 보도들이 있으나, 이에 대한 체계적인 연구는 거의 없다. 따라서 서울에서 관찰된 외국인문화형

〈그림 4-14〉 서울 내 외국인 거주인구 분포와 각 구별 외국인 거주인구 비율

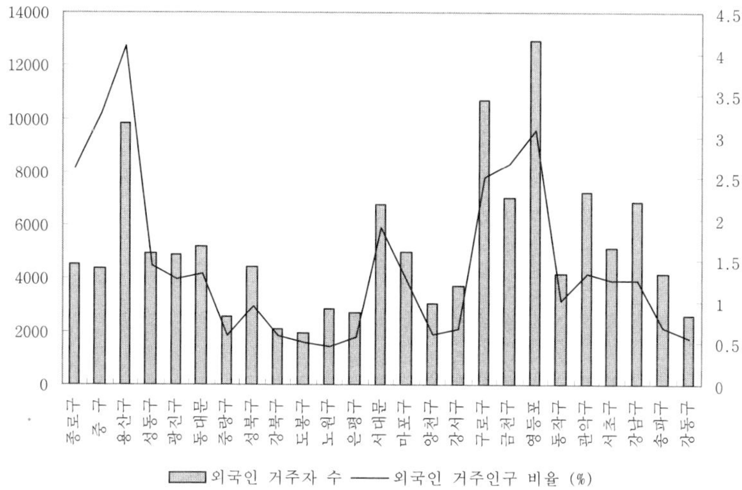

* 출처: 서울시, 2006, 〈서울시 주민등록인구통계〉.

마을에 대한 연구는 외국의 이민사회 및 다문화사회 연구에 시사하는 바가 크리라고 본다.

한국에 정착한 시섬이 비교적 짧은 외국인노동자가 중심이 된 동남아시아 출신 외국인과 조선족들은 경제권을 중심으로 문화형 마을들을 형성하였다. 한국 내 유입의 역사가 짧은 경우, 자본금의 부족으로 인해 상권을 형성하더라도 주거의 구입이나 세입까지는 하지 못한다. 따라서 외국인노동자들은 같은 출신국의 외국인들을 대상으로 상권을 형성하며 문화를 공유하지만 같은 지역에서 주거까지는 집중적으로 하지 못하는 것으로 보인다.

서울에 거주하는 외국인의 지역적 특성은 〈그림 4-14〉의 서울 내 외국인 인구의 주민등록상 거주 분포와 각 구별 외국인 거주인구의 비율을 통해 살펴볼 수 있다. 주로 중구·종로구·용산구·영등포구·구로구가 2.5%이상의 외국인 인구비율을 보이는데 이는 서울의

〈표 4-14〉 서울의 외국인 거주분포

구 분	전 체	국적별 외국인 인구(상위 5위)				
		1위	2위	3위	4위	5위
서울전체	175,036	중국동포 (105,178)	중국 (14,122)	미국 (11,890)	타이완 (8,974)	일본 (6,864)
종로구	5,897	중국동포 (2,334)	중국 (933)	미국 (539)	타이완 (263)	일본 (257)
중구	5,699	중국동포 (2,499)	타이완 (709)	중국 (478)	몽골 (363)	미국 (270)
용산구	10,988	중국동포 (2,585)	일본 (1,673)	미국 (1,561)	필리핀 (557)	중국 (493)
성동구	6,458	중국동포 (3,513)	중국 (596)	필리핀 (387)	베트남 (352)	몽골 (304)
광진구	7,098	중국동포 (4,630)	중국 (856)	미국 (324)	일본 (306)	몽골 (137)
동대문구	6,852	중국동포 (3,783)	중국 (1,184)	일본 (335)	타이완 (231)	몽골 (228)
중랑구	3,326	중국동포 (2,159)	중국 (314)	몽골 (179)	필리핀 (117)	베트남 (115)
성북구	5,668	중국동포 (2,175)	중국 (913)	미국 (456)	필리핀 (317)	타이완 (266)
강북구	2,634	중국동포 (1,651)	중국 (195)	미국 (151)	타이완 (102)	베트남 (89)
도봉구	2,221	중국동포 (1,131)	필리핀 (221)	중국 (195)	미국 (158)	일본 (87)
노원구	3,583	중국동포 (1,636)	중국 (627)	미국 (328)	일본 (151)	몽골 (135)
은평구	3,360	중국동포 (1,799)	타이완 (498)	일본 (276)	중국 (247)	미국 (140)
서대문구	7,632	타이완 (2,414)	중국동포 (1,819)	중국 (890)	미국 (819)	일본 (576)
마포구	6,466	중국동포 (2,781)	타이완 (1,417)	중국 (697)	미국 (377)	일본 (352)
양천구	3,889	중국동포 (2,368)	미국 (356)	타이완 (284)	중국 (239)	일본 (108)
강서구	4,900	중국동포 (2,685)	중국 (391)	타이완 (278)	미국 (267)	필리핀 (191)
구로구	16,954	중국동포 (14,933)	중국 (637)	타이완 (232)	필리핀 (153)	일본 (122)

〈표 4-14〉 계속됨

구 분	전 체	국적별 외국인 인구(상위 5위)				
		1위	2위	3위	4위	5위
금천구	10,746	중국동포 (8,404)	중국 (736)	베트남 (313)	필리핀 (303)	태국 (145)
영등포구	21,118	중국동포 (18,242)	중국 (817)	타이완 (468)	미국 (388)	베트남 (157)
동작구	6,396	중국동포 (4,948)	중국 (504)	미국 (247)	일본 (131)	타이완 (129)
관악구	10,778	중국동포 (8,331)	중국 (770)	미국 (311)	일본 (242)	베트남 (199)
서초구	5,704	중국동포 (2,188)	미국 (1,462)	프랑스 (416)	중국 (309)	일본 (252)
강남구	7,694	중국동포 (2,830)	미국 (2,076)	일본 (702)	중국 (423)	캐나다 (299)
송파구	5,522	중국동포 (3,463)	미국 (683)	중국 (381)	일본 (146)	캐나다 (115)
강동구	3,443	중국동포 (2,291)	중국 (297)	미국 (203)	일본 (109)	베트남 (109)

* 출처: 서울시, 2006, 〈서울시 주민등록인구통계〉.

외국인 집단이 경제 생활권을 중심으로 거주하는 것을 보여준다. 서울 거주 외국인의 국적별·지역별 분포는 〈표 4-14〉를 통해 좀더 상세히 살펴볼 수 있다.

〈표 4-14〉에서 보는 바와 같이 중국동포와 중국 국적의 외국인 유입이 많아 서대문구를 제외하면 거의 모든 구에서 중국동포가 가장 많이 거주하는 것을 알 수 있다. 그러나 서대문구의 경우 연희동을 중심으로 형성된 화교마을 주변에 외국인 거주 인구가 집중되어 대만 국적의 화교들이 많이 살고 있음을 알 수 있다. 또한 금천구, 중랑구 등의 외국인 인구 구성과 서초구, 강남구, 송파구 등의 인구 구성이 차이를 보이면서 외국인 집단들이 유입의 경로 — 즉, 다국적기업의 임직원인지 혹은 한국의 중소기업의 산업연수생 — 에 따라서 거주지

역이 다르며 계급적으로도 다르게 나타난다고 보겠다. 또한 유입의 경로에 따라 출신국도 상이함을 알 수 있는데, 이를 종합하면 다국적 기업의 임직원을 중심으로 한 미국 및 북서부 유럽 지역의 외국인들은 서울 내의 상류층이 상대적으로 많이 거주하는 3대 강남 지역에 — 즉, 강남구, 서초구, 송파구 — 집중적으로 거주하며, 외국인근로자들은 서울 내 중소기업이 몰려있는 구로구, 영등포구에 집중적으로

〈표 4-15〉 서울 내 외국인마을 현황

마을 명칭	위치	생성시기	규모
조선족마을 (옌벤 거리)	구로구 가리봉동	1990년대 후반	구로구 내 약 15,000명 거주 가리봉동 주변 약 12,000명 거주
이슬람마을	용산구 이태원동	1980년대 초반	주말 이슬람 인구 400~500명
화교마을 1 (리틀 차이나타운)	서대문구 연희동 마포구 연남동	1997년 이후 급증	약 2,500명 거주
프랑스마을 (서래 마을)	서초구 방배4동	1980년대 후반	약 500명 거주
일본마을 (리틀 도쿄)	용산구 이촌1동	1970년대 초반	약 1,300명 거주
몽골마을 (몽골 타워)	동대문구 광희동	1990년대 후반	주말 몽골인구 300~400명
화교마을 2 (중화 거리)	중구 명동	1970년대	-
이탈리아마을 (클럽 이탈리아)	용산구 한남동	2000년대 초반	주말 이탈리아인 인구 30~40여 명
필리핀마을 (혜화동 일요장터)	종로구 혜화동	1995년 이후	주말 필리핀 인구 200여 명

* 출처: 김은미 · 김지현, 2008.

〈표 4-16〉 외국인마을의 주요 사회 조직

	마을 명칭	마을 특성	외국인/문화권	집중 거주	상권	종교 기관	교육 기관
1	조선족 마을	거주형	중국 동포	○	○	○	
2	이슬람 마을	문화형	이슬람		○	○	
3	화교 마을 1	거주형	화교/중국	○	○		○
4	프랑스 마을	거주형	프랑스	○	○		○
5	일본 마을	거주형	일본	○	○	○	○
6	몽골 마을	문화형	몽골		○		
7	화교 마을 2	문화형	화교/중국		○		
8	이탈리아 마을	문화형	이탈리아			○	○
9	필리핀 마을	문화형	필리핀		○	○	

거주하는 것으로 나타났다. 따라서 외국인들의 거주지역 분포도 서울 내에 존재하는 계급별 거주지역 분포와 유사한 현상을 나타냄을 알 수 있다.

이 책의 외국인마을 연구결과를 정리하면 다음과 같다. 〈표 4-15〉는 외국인마을들의 위치, 생성시기와 규모를 나타내고, 〈표 4-16〉은 외국인마을들의 주요 사회 조직적 구심점과 그에 따른 마을 특성을 종합적으로 정리한 것이다.

3. 외국인마을에서 한국인의 태도***

제 2 절에서 살펴본 서울 속의 작은 외국인마을들은 이미 우리 사회가 다문화사회로 되어가는 것을 부인하기 어렵게 한다. 한국에 거주하는 외국인들의 출신국가나 기능에 따라 집중거주지역이 생겨나면서, 이 집중거주지역 주변의 사람들은 이제 단순히 여행자들로만 보던 외국인, 미디어를 통해서만 접촉해왔던 외국인이 아닌 일상생활에서 함께 생활하면서 나의 주변 사람으로 만나게 되는 외국인을 경험하게 되는 것이다.

이에 이 절에서는 외국인마을에서 만나는 한국사람들이 외국인과 어떻게 소통하는지에 관해 연구한 결과의 분석을 통해 한국사회가 다문화사회로 가기 위해 어느 정도 준비되어 있는지 살펴보고자 한다. 서울시민 전체를 본 연구와 달리 외국인마을만을 대상으로 집중적인 연구를 한 것은 외국인마을별로 특정 외국인의 집중거주의 특성에 따라 그 마을에서 거주하거나 또는 대부분의 시간을 보내는 사람들이 특정 외국인을 중심으로 접촉하기 때문에 그 소통의 형태를 달리 보이는지 살펴보기 위함이었다.

따라서 외국인마을 선정 역시 〈표 4-17〉과 같이 서울을 4개 권역으로 나눈 후, 해당 구 중에서 2절에서 논의되었던 마을 중 1개 마을을 선정하였다. 마을을 선정한 후, 9월과 10월에 마을별로 거리와 상점 등을 돌아다니면서 각 100명, 총 400명을 조사하였다.

*** 이 절에서는 김은미 · 양옥경 · 이해영이 서울시정개발연구원으로부터 받은 2007년도 과제《서울시 다문화 발전을 위한 사회소통과 적응연구》중 1:1 서면설문 내용의 결과를 중심으로 정리하였다. 따라서 이 절에 제시된 표들은 보고서의 표들을 재구성한 것들이다. 이에 관한 자세한 사항은 보고서(시정연 2007-PR-20), 46~85쪽을 참고할 것.

〈표 4-17〉 권역별 분포

단위: 명(%)

권역	해당구	마을명	인원
강남동부권	서초구	프랑스마을	100(25.0)
강남서부권	구로구	조선족마을	100(25.0)
강북동부권	중구*	몽골마을	100(25.0)
강북서부권	용산구	이슬람마을	100(25.0)
합 계			400(100)

* 주: 동대문구를 지정했어야 하나 동대문구와 가까운 광희동에 몽골 타워가 있어 중구를 강북동부권으로 편입하여 조사함.

설문은 다문화사회 인식을 비롯하여 외국인에 대한 이미지, 호감, 느낌, 사회적 거리감 등에 대해 진행되었으며, 외국인과의 의사소통 방식과 소통 및 교류를 위한 나의 노력 등에 관한 질문을 포함했다.

1) 외국인의 이미지

외국인마을에서 만난 사람들은 일반인의 답변과는 다른 유형의 대답을 하였다. '외국인'하면 가장 먼저 떠오르는 사람으로 백인·흑인·조선족과 같은 인종이나 민족의 개념을 다 버린 기능별 유형을 제시한 것이다. 〈표 4-18〉과 같이 외국인노동자가 241명(60.9%)으로 가장 많았고, 외국기업의 주재원이 52명(13.1%), 외국인유학생이 51명(12.9%) 등의 순이었다. 일반적으로 떠올리는 이미지와 항상 만나면서 갖게 되는 이미지의 차이를 두드러지게 보여주는 결과이다.

마을별 차이가 있는지를 알아본 결과 '외국인노동자'라는 응답은 조선족마을에서 가장 높게 나타났으며, 그 다음으로 몽골마을과 이슬람마을 순으로 나타났다. 이에 반하여 프랑스마을에서는 '외국인노동자'는 25.3%로 외국기업주재원이나 외국인유학생보다 낮게 나타났다. 마을별로 자주 만나게 되는 외국인의 이미지를 일반적인 외국인의 이미지와 동일시한다는 것을 보여주는 결과인 것이다.

그럼에도 불구하고 외국인마을 사람들은 외국인을 구별하는 식별 기준으로 피부색 또는 모발색을 가장 많이 지적하였다. 다시 인종이나 종족의 개념으로 돌아간 것이다. 〈표 4-19〉를 보면, 피부색이나 모발색 등으로 구분한다는 응답이 68.1%로 가장 많았고, 그 다음으로는 외국어 사용, 옷차림새, 특정분야에 종사, 기타의 순이었다.

〈표 4-18〉 외국인마을별 외국인 이미지

단위: 명(%)

외국인 이미지	전체	프랑스마을	조선족마을	몽골마을	이슬람마을
외국인노동자	241(60.9)	25(25.3)	82(82.8)	71(71.7)	63(63.6)
외국기업주재원	52(13.1)	32(32.3)	2(2.0)	13(13.1)	5(5.1)
외국인유학생	51(12.9)	27(27.3)	6(6.1)	8(8.1)	10(10.1)
주한외교사절	19(4.8)	10(10.1)	1(1.0)	3(3.0)	5(5.1)
결혼이주여성	14(3.5)	2(2.0)	6(6.1)	3(3.0)	3(3.0)
기타	19(4.8)	3(3.0)	2(2.0)	1(1.0)	13(13.1)
합 계	396	99	99	99	99

* 주: $X^2 = 125.900$ (p =.000)

〈표 4-19〉 외국인마을별 외국인 식별 기준

단위: 명(%)

식별 기준	전체	프랑스마을	조선족마을	몽골마을	이슬람마을
피부색·모발색 등	265(68.1)	78(78.8)	33(35.1)	79(81.4)	75(75.8)
외국어 사용	78(20.1)	15(15.2)	41(43.6)	7(7.2)	15(15.2)
옷차림새	29(7.5)	2(2.0)	14(14.9)	7(7.2)	6(6.1)
특정분야에 종사	9(2.3)	3(3.0)	1(1.1)	3(3.1)	2(2.0)
기타	8(2.1)	1(1.0)	5(5.3)	1(1.0)	1(1.0)
합 계	389	99	94	97	99

* 주: $X^2 = 75.168$ (p =.000)

마을별 차이가 있는지 살펴본 결과 몽골마을의 경우 81.4%가 피부색과 모발색 등으로 외국인을 구별한다고 응답하였으며, 프랑스마을과 이슬람마을도 이와 유사하였다. 반면, 조선족마을의 경우 외국어 사용을 43.6%로 응답함으로 다른 외국인마을과의 차이를 보였다. 피부색이나 모발색 등 우리와 비슷한 중국동포를 많이 접촉하는 마을의 특성을 보여주는 것이라 하겠다.

2) 외국인과의 사회적 거리감

지리적 거리감에 있어 외국인마을 사람들은 일반인들보다 조금 더 높은 점수를 보였다. 특히 같은 동네에서 이웃주민으로 함께 사는 것에 대해 훨씬 높은 점수를 보였는데 이는 자신이 직접 경험한 내용이 관념적 생각보다 더 강하게 작용함을 보여주는 것이라 하겠다.

각 마을별 사회적 거리감은 마을에서의 개인적 경험에 따라 지리적 거리감과 정확한 반비례 관계를 보이지는 않았다. 〈표 4-20〉을 보면, 사회적 거리감에 대한 마을별 차이로는 프랑스마을에서 가장 낮은 점수를 보였으며, 조선족마을에서 가장 높은 점수를 보였다. 그 다음으로는 몽골마을, 이슬람마을이 순이었는데 거리감의 점수 차이가 꽤 크게 나타났다. 이 같은 차이는 관계적 거리에서도 동일한 추이를 보이는 것으로 나타났다. 내 자녀와의 결혼 가능성에 대해 부정적 입장을 상당히 높게 보인 것이다.

〈표 4-21〉에서는 외국인을 결혼이주여성과 노동자로 구분하여 사회직 거리김을 살펴보았다. 사회적 기리감의 추이는 일반 외국인, 결혼이주여성, 외국인노동자, 모두에게서 동일하게 보였다. 그러나 일반 외국인, 결혼이주여성, 외국인노동자의 순으로 점점 더 사회적 거리감을 낮게 보였다. 결혼이주여성의 경우 이미 우리 사회에서 가족을 이루고 2세를 출산하며 한국사회의 구성원으로 생활하는 데도

불구하고 우리나라에 사는 것이나 우리 동네에 사는 것과 같은 지리적 거리감 뿐 아니라 결혼이라는 관계적 거리감에서 비교적 높은 거리감을 그대로 유지했다.

그리고 이 같은 태도는 마을별로 큰 차이를 보였다. 마을별 차이는 결혼이주여성과 외국인 노동자를 나누어서 분석하였다. 〈표 4-22〉는 결혼이주여성에 대한 각 마을별 사회적 거리감을 보여준다. 대체적으로 조선족마을에서의 거리감이 높은 반면 이슬람마을에서 거리감이 낮게 나타났다. 그러나 문제는 프랑스마을에 있었다. 다른 마을들은 꾸준히 비슷한 양상을 보였지만 프랑스마을의 경우 〈표 4-20〉에서 보여주었던 일반 외국인에 대한 거리감에 비해 결혼이주여성에게 거리

〈표 4-20〉 외국인마을별 외국인에 대한 사회적 거리감

사회적 거리감	전체	마을	빈도	평균	표준편차	F 값
우리나라에 사는 것	2.44 (0.830)	프랑스마을	99	2.09	0.744	15.319 (p=.000)
		조선족마을	100	2.84	0.775	
		몽골마을	100	2.46	0.717	
		이슬람마을	100	2.37	0.906	
서울에 사는 것	2.47 (0.858)	프랑스마을	99	2.15	0.800	13.932 (p=.000)
		조선족마을	99	2.89	0.844	
		몽골마을	99	2.45	0.760	
		이슬람마을	99	2.39	0.867	
우리 동네에 사는 것	2.66 (0.986)	프랑스마을	97	2.16	0.886	17.352 (p=.000)
		조선족마을	98	3.12	0.987	
		몽골마을	98	2.70	0.864	
		이슬람마을	99	2.64	0.974	
내 자녀와 결혼하는 것	3.38 (1.059)	프랑스마을	100	3.04	1.014	6.170 (p=.000)
		조선족마을	99	3.67	1.059	
		몽골마을	97	3.43	0.989	
		이슬람마을	98	3.38	1.089	

〈표 4-21〉 외국인마을별 결혼이주여성 및 노동자에 대한 사회적 거리감

사회적 거리감	결혼이주여성	외국인노동자
	평균(표준편차)	평균(표준편차)
우리나라에 사는 것	2.53(0.714)	2.70(0.809)
서울에 사는 것	2.55(0.735)	2.78(0.812)
우리 동네에 사는 것	2.68(0.795)	2.97(0.886)
가족구성원과 결혼하는 것	3.44(0.962)	3.78(0.946)

〈표 4-22〉 외국인마을별 결혼이주여성 사회적 거리

사회적 거리감	전체	마을	빈도	평균	표준편차	F 값
우리나라에 사는 것	2.53 (0.714)	프랑스마을	100	2.53	0.731	3.876 (p=.009)
		조선족마을	100	2.71	0.769	
		몽골마을	100	2.52	0.577	
		이슬람마을	100	2.37	0.734	
서울에 사는 것	2.55 (0.735)	프랑스마을	100	2.52	0.717	6.140 (p=.000)
		조선족마을	100	2.79	0.832	
		몽골마을	99	2.52	0.612	
		이슬람마을	100	2.36	0.704	
우리 동네에 사는 것	2.68 (0.795)	프랑스마을	100	2.62	0.763	4.708 (p=.003)
		조선족마을	100	2.91	0.866	
		몽골마을	99	2.68	0.726	
		이슬람마을	99	2.51	0.774	
내 자녀와 결혼하는 것	3.44 (0.962)	프랑스마을	99	3.57	0.894	4.864 (p=.002)
		조선족마을	96	3.68	1.010	
		몽골마을	98	3.31	0.890	
		이슬람마을	100	3.23	0.993	
내 자녀와 같은 학교에 다니는 것	2.63 (0.830)	프랑스마을	100	2.59	0.712	3.580 (p=.014)
		조선족마을	100	2.53	0.900	
		몽골마을	97	2.62	0.723	
		이슬람마을	99	2.64	0.800	

감을 너무나 크게 보이기 때문이다. 특히 결혼이주여성의 자녀와 같은 학교에 다니게 되는 것에 대해서도 중간보다는 낮지만 꽤 높은 거리감을 보이는 것으로 나타났다.

외국인노동자에 대한 사회적 거리감은 결혼이주여성보다 더 높게 나타났다. 〈표 4-23〉에서 보여주듯이 우리나라에 살거나 서울에 사는 것과 같이 지리적 거리가 있거나 직장이나 학교를 통해 관계를 맺게 되는 경우의 사회적 거리감은 마을별로 차이를 보이지 않은 반면, 우리 동네에 살거나 결혼을 통해 우리 가족이 되는 것과 같은 관계적 거리감은 마을별로 큰 차이를 보였다.

가족원으로 받아들이는 것을 비롯한 사적 관계를 유지하는 관계적 거리에 있어서 거리감을 높게 나타낸 것이다. 즉, 외국인노동자와 내가 결혼하는 것에 대해서는 3.94점으로 매우 높은 거리감을 보였으며, 나의 자녀와 외국인노동자가 결혼하는 것도 3.78점으로 높은 거리감을 보였다. 특히 프랑스마을과 조선족마을에서 높은 거리감을 보였는데 자신과의 결혼에 대해서는 4점을 넘는 매우 높은 거리감을 보여주었다. 반면 지리적 거리감의 추이는 다른 경우와 비슷하였다. 특기할 사항은 외국인 노동자들과 함께 직장생활 하는 것과 이들의 자녀와 자신들의 자녀를 같은 학교에 다니게 하는 것에 대한 거리감인데, 모두 꽤 높게 나타났다는 것이다. 글로벌화 및 다문화 수용에서 가장 중요한 동료관계의 허용이 이렇게 낮게 나타난 것은 아직도 이들을 진정한 교류를 할 수 있는 사람으로 받아들이지 못한다는 것을 표현한 것이라 하겠다.

이 같은 사회적 거리감을 보이는 사람들이 이들 외국인에 대해 느끼는 관념적 느낌[5]은 어떠한지 살펴본 결과 〈표 4-24〉와 같이 나타

5) 외국인에 대해 보이는 느낌은 느낌변별척도를 사용하여 측정하였다. 원척도에서는 13개의 형용사를 긍정과 부정의 짝으로 사용하였으나, 이 연구에서는 편견조장의 우려로 인하여 긍정적 표현의 9개 형용사만을 사용하여 5

〈표 4-23〉 외국인마을별 외국인노동자에 대한 사회적 거리감

사회적 거리감	전체	마을	빈도	평균	표준편차	F 값
우리나라에 사는 것	2.70 (0.809)	프랑스마을	100	2.62	0.736	1.648 (p=.178)
		조선족마을	99	2.85	0.837	
		몽골마을	100	2.68	0.803	
		이슬람마을	100	2.64	0.847	
서울에 사는 것	2.78 (0.812)	프랑스마을	100	2.71	0.808	2.313 (p=.076)
		조선족마을	99	2.96	0.880	
		몽골마을	100	2.76	0.754	
		이슬람마을	100	2.69	0.787	
우리 동네에 사는 것	2.97 (0.886)	프랑스마을	99	2.99	0.851	3.031 (p=.029)
		조선족마을	99	3.17	0.948	
		몽골마을	99	2.81	0.804	
		이슬람마을	98	2.91	0.909	
내 자녀와 결혼하는 것	3.78 (0.946)	프랑스마을	100	3.96	0.852	3.227 (p=.023)
		조선족마을	98	3.89	0.920	
		몽골마을	96	3.66	0.960	
		이슬람마을	100	3.62	1.013	
나와 결혼하는 것	3.94 (0.949)	프랑스마을	100	4.03	0.904	2.869 (p=.036)
		조선족마을	100	4.12	0.944	
		몽골마을	99	3.82	0.929	
		이슬람마을	100	3.79	0.988	
나와 같은 직장에 다니는 것	2.90 (0.869)	프랑스마을	100	2.95	0.925	1.088 (p=.354)
		조선족마을	98	2.97	0.863	
		몽골마을	100	2.77	0.767	
		이슬람마을	97	2.90	0.909	
내 자녀와 같은 학교에 다니는 것	2.84 (0.894)	프랑스마을	100	2.90	0.900	1.539 (p=.204)
		조선족마을	99	2.91	0.870	
		몽골마을	99	2.68	0.827	
		이슬람마을	99	2.86	0.968	

점 척도로 동의여부를 측정하였다. 점수가 높을수록 동의에 가깝다. 더 자세한 사항은 서울시정개발연구원, 2007, 《서울시 다문화 발전을 위한 사회소통과 적응연구》, 16쪽을 참고하길 바란다.

났다. 전체 평균 3.0점으로 5점 만점의 중간점수를 나타냈으며, 합리-비합리요인이 3.15점으로 가장 높게 나타났고, 우수-열등요인이 2.81점으로 가장 낮게 나타났다. 합리-비합리요인에서는 개방적이라는 응답이 가장 높아 3.50점이었으며, 우수-열등요인에서는 깨끗하다가 2.59점으로 가장 낮았다. 합리적이다, 사회적이다, 친절하다, 유능하다 등의 항목이 중간점수인 3점을 넘긴 항목들이다.

각 요인들마다 마을별로 큰 차이를 보였다. 〈표 4-25〉를 보면 매력-거부 요인의 경우 조선족마을이 평균 2.70점으로 긍정적인 응답보다 부정적 응답이 많은 것으로 분석되었으며, 우수-열등 요인의 경우 프랑스마을이 평균 3.13점으로 다른 마을 점수보다 높게 나타났다. 합리-비합리 요인의 경우 프랑스마을이 평균 3.36점으로 가장 높게 나타났다. 모든 요인들에 있어 조선족마을이 가장 낮은 점수를 나타냈으며, 프랑스마을이 가장 높은 점수를 나타냈다.

〈표 4-24〉 외국인마을의 외국인에 대한 느낌

외국인에 대한 느낌		평균	표준편차
매력-거부	인간적이다	2.89	0.758
	사회적이다	3.13	0.821
	친절하다	3.05	0.890
	합 계	3.03	0.686
우수-열등	유능하다	3.03	0.696
	풍요롭다	2.81	0.887
	깨끗하다	2.59	0.814
	합 계	2.81	0.667
합리-비합리	순수하다	2.73	0.851
	합리적이다	3.21	0.918
	개방적이다	3.50	0.978
	합 계	3.15	0.669

〈표 4-25〉 외국인마을별 외국인에 대한 느낌

외국인 느낌	마을	빈도	평균	표준편차	F 값
매력-거부	프랑스마을	95	3.22	0.517	12.235 (p=.000)
	조선족마을	96	2.70	0.753	
	몽골마을	96	3.04	0.656	
	이슬람마을	97	3.16	0.680	
우수-열등	프랑스마을	98	3.13	0.517	21.871 (p=.000)
	조선족마을	97	2.42	0.723	
	몽골마을	96	2.88	0.594	
	이슬람마을	99	2.81	0.624	
합리-비합리	프랑스마을	100	3.36	0.491	13.693 (p=.000)
	조선족마을	100	2.81	0.755	
	몽골마을	95	3.23	0.612	
	이슬람마을	99	3.20	0.665	

〈표 4-26〉 외국인마을의 각 요소별 느낌

외국인에 대한 느낌		결혼이주여성	외국인노동자
		평균(표준편차)	평균(표준편차)
매력-거부	인간적이다	3.08(0.747)	3.00(0.736)
	사회적이다	2.84(0.760)	2.81(0.707)
	친절하다	3.12(0.758)	2.90(0.819)
	합 계	3.01(0.755)	2.90(0.644)
우수-열등	유능하다	2.78(0.737)	2.76(0.758)
	풍요롭다	2.35(0.784)	2.18(0.717)
	깨끗하다	2.77(0.718)	2.41(0.777)
	합 계	2.63(0.746)	2.45(0.615)
합리-비합리	순수하다	3.11(0.792)	2.99(0.818)
	합리적이다	2.88(0.734)	2.82(0.779)
	개방적이다	3.06(0.808)	2.91(0.849)
	합 계	3.01(0.077)	2.91(0.644)

〈표 4-26〉에서는 외국인을 결혼이주여성과 노동자로 구분하여 보았다. 결혼이주여성의 경우, 총 평균 2.94점으로 총 평균 2.94점으로 중간정도를 보여주었는데, 매력-거부요인과 합리-비합리요인이 3.01점으로 동일하였으며, 우수-열등요인이 2.63점으로 낮았다. 매력-거부요인에서의 친절하다가 3.12점으로 가장 높게 나타났으며, 합리-비합리의 순수하다도 3.11점으로 그 다음으로 높게 나타났다. 외국인 신부에 대한 사회의 편견적 사고의 영향인지 풍요롭다가 2.35점으로 가장 낮았다.

반면, 외국인노동자에 대한 느낌은 총 평균 2.75점으로 부정적인 편이라 할 수 있다. 합리-비합리요인이 가장 높아 2.91점이었으며, 항목별로는 인간적이라는 느낌이 3.0점으로 가장 높았다. 우수-열등요인이 가장 낮아 2.45점이었으며, 풍요롭다는 항목이 2.18점으로 가장 낮았다.

3) 교류와 소통

외국인마을에서 한국사람들이 얼마나 자주 외국인들을 만나는지를 알아본 결과, 거의 매일 만난다는 응답이 68.6%로 매우 높게 나타났다. 주 2~3회 만난다는 응답도 17.6%로 높게 나타났으며, 주 1회도 7.3%로 높게 나타났다. 즉, 거의 모든 사람들이 최소한 주 1회 이상은 외국인을 만나는 것으로 나타났다.

이 같은 만남의 빈도는 마을별로 큰 차이를 보였다. 조선족마을의 경우 '거의 매일'이라는 응답이 85.9%로 어떤 마을보다 가장 높게 분석되었으며, 프랑스마을에서 가장 낮아 '거의 매일'이라는 응답이 48.0%에 불과하였다.

〈표 4-27〉 외국인마을별 외국인을 만나는 빈도

단위: 명(%)

외국인을 만나는 빈도	프랑스마을	조선족마을	몽골마을	이슬람마을	합 계
거의 매일	48(48.0)	85(85.9)	59(59.6)	81(68.6)	273(68.6)
주 2-3회	27(27.0)	7(7.1)	24(24.2)	12(12.0)	70(17.6)
주 1회	14(14.0)	5(5.1)	6(6.1)	4(4.0)	29(7.3)
월 1~2회	9(9.0)	1(1.0)	6(6.1)	2(2.0)	18(4.5)
년 1~2회	2(2.0)	0(0.0)	1(1.0)	1(1.0)	4(1.0)
없음	0(0.0)	0(0.0)	1(1.0)	0(0.0)	1(0.3)
기타	0(0.0)	1(1.0)	2(2.0)	0(0.0)	3(0.8)
합 계	100	99	99	100	398

＊주: $X^2 = 55.739 (p = .000)$

〈표 4-28〉에서는 이렇게 자주 만나는 외국인들과 어떻게 의사소통하는지를 알아본 결과 지역마다 의사소통하는 방법에 차이를 보였다. 프랑스마을의 경우 영어를 69.1%로 가장 많이 사용하였으며, 한국어(32%), 몸짓(29.9%)의 순서로 타나났다. 반면, 조선족마을의 경우 한국어가 71.4%로 가장 많이 사용하는 언어로 나타났으며, 몸짓이 19.4%로 그 다음으로 사용하는 방법으로 나타났으며, 아예 만남을 피하는 경우도 19.4%로 다른 지역에 비해 높게 나타났다. 영어를 사용하는 경우가 7.1%에 불과하여 그 다음으로 영어사용이 낮은 몽골마을의 30.1%와 비교하더라도 매우 낮았다.

〈표 4-29〉에서는 이렇게 다양한 방법으로 의사소통하는 외국인마을 사람들은 외국인과의 의사소통 정도를 3점 만점에 1.85점으로 꽤 높게 평가하였다. 완벽하지 못하지만 어느 정도 할 수 있다는 것이다. 이들 중에는 의사소통을 전혀 하지 못한다고 대답한 사람들도 98명에 달해 전체 마을사람들의 4분의 1정도는 의사소통에 문제를 드러냈다.

〈표 4-28〉 외국인마을별 외국인과 의사소통하는 방법

단위: 개(%)

의사소통 방법	프랑스마을	조선족마을	몽골마을	이슬람마을	합 계
영어	67(69.1)	7(7.1)	28(30.1)	55(55.0)	157(40.5)
기타외국어	5(9.3)	7(7.1)	7(7.5)	21(21.0)	40(11.3)
한국어	31(32.0)	70(71.4)	46(49.5)	43(43.0)	190(49.0)
몸짓	29(29.9)	19(19.4)	31(33.3)	39(39.0)	118(30.4)
만남 피함	16(16.5)	19(19.4)	14(15.1)	11(11.0)	60(15.5)
합 계	148	122	126	169	565

* 주: 중복응답

〈표 4-29〉 외국인마을별 외국인과 의사소통 정도

마을	빈도(명)	평균	표준편차	F 값
프랑스마을	100	2.06	0.583	13.850 (p=.000)
조선족마을	100	1.58	0.589	
몽골마을	100	1.85	0.435	
이슬람마을	100	1.91	0.534	
합 계	400	1.85	0.564	

〈표 4-30〉 외국인마을별 외국인과의 의사소통 기대방식

단위: 명(%)

의사소통하는 방법	프랑스 마을	조선족 마을	몽골 마을	이슬람 마을	합 계
외국인이 한국어와 한국문화 배워야 함	26(26.0)	34(34.0)	34(34.0)	30(30.0)	124(31.0)
우리가 외국의 언어와 문화 배워야 함	7(7.0)	5(5.0)	11(11.0)	17(17.0)	40(10.0)
외국인과 한국인이 서로 언어와 문화 공유	65(65.0)	57(57.0)	52(52.0)	52(52.0)	226(56.0)
기타	2(2.0)	4(4.0)	3(3.0)	1(1.0)	10(2.5)
합 계	100	100	100	100	400

* 주: X^2 = 13.819 (p =.129)

마을별로 의사소통의 정도가 상당히 다른 것으로 나타났다. 프랑스마을에서의 의사소통이 가장 잘되어 다른 마을에 비해 의사소통의 문제가 심각하지 않았다. 반면, 조선족마을이 평균 1.58점으로 외국인과 의사소통 정도가 가장 낮게 분석되었다.

〈표 4-30〉에서는 일반인들에 비해 더 자주 외국인을 접촉하는 외국인마을 사람들이 외국인들과 원활한 의사소통을 하기 위해 어떤 방법을 기대하는지에 대해 물었다. 결과는 서로의 언어와 문화를 공유하는 것(56.0%)으로 나타났다. 배제모형보다는 통합모형에 가까운 결과를 보여준 것이다. 그러나 31%는 외국인이 한국어와 한국문화를 배워야한다는 데에 동의했다. 그리고 이것은 지역별로 차이를 보이지 않았다. 아직도 30% 정도는 동화주의를 고집한다는 것이다.

서로가 문화와 언어를 공유해야 한다는 높은 의지를 보여줌과 동시에 우리나라에서 살기 위해 외국인들도 우리나라의 언어와 문화를 배워야 한다는 생각을 강하게 보이는 것이다. 그렇다면 이 같은 문화공유를 위해 마을사람들은 어떤 노력을 해야 한다고 생각하는가? 그리고 이 같은 노력이 각 마을별로 어떻게 다르게 나타나는가?

〈표 4-31〉에서 보여주듯이, 이는 마을간 차이를 보였다. 프랑스마을의 경우 외국여행 및 체류를 통해 외국인의 문화를 이해하려는 노력을 한다는 응답이 30.2%로 가장 높았던 반면, 다른 마을들은 이 방법이 매우 낮게 나타났다. 조선족마을의 경우에는 노력한 적이 없음이 30.2%로 가장 높았고, 몽골마을의 경우 방송매체(24.7%)와 인터넷(23.7%)이 높았으며, 이슬람마을의 경우 외국인과의 직접적인 만남(22.2%)이 가장 높게 나타났다.

일반인들에 비해 외국인과의 만남을 통한다는 등의 적극적 교류의 노력이 더 많이 보였다. 이는 마을에서 외국인을 자주 쉽게 접할 수 있기 때문인 것으로 보인다. 그러나 다른 한편으로는 노력한 적 없다는 등의 부정적 응답 역시 일반인들에 비해 높게 나타났기 때문에 자주 접

〈표 4-31〉 외국인마을별 외국인문화 이해 노력

단위: 명(%)

외국인문화 이해 노력	전체	프랑스 마을	조선족 마을	몽골 마을	이슬람 마을
방송매체를 통해	74(19.7)	13(13.5)	20(20.8)	23(24.7)	18(20.2)
인터넷을 통해	69(18.4)	19(19.8)	12(12.5)	22(23.7)	16(17.8)
외국인과의 만남을 통해	69(18.4)	11(11.5)	23(24.0)	15(16.1)	20(22.2)
외국여행 및 체류를 통해	50(13.3)	29(30.2)	6(6.3)	6(6.5)	9(10.0)
책을 통해	30(8.0)	10(10.4)	5(5.2)	9(9.7)	6(6.7)
노력한 적 없음	77(20.5)	13(13.5)	29(30.2)	16(17.2)	19(21.1)
기타	6(1.6)	1(1.0)	1(1.0)	2(2.2)	2(2.2)
합 계	375	96	96	93	90

* 주: $X^2 = 49.816 (p = .000)$

촉하는 것 자체로는 긍정적 영향을 유도한다고 보기에 한계가 있다.

이 같은 노력에 덧붙여 문화교류센터를 설치하고 이 센터를 통해 교류하는 것에 대해 대부분 필요성에 공감하였다. 외국인마을에서는 90%에 가까운 숫자가 외국인과 서울시민의 문화 이해 및 교류를 위해 문화교류센터와 같은 시설이 필요하다고 답하였다. 이 같은 결과는 마을별 차이를 보였는데, 이슬람마을에서 가장 높은 동의를 한 반면, 조선족마을에서는 가장 낮게 동의하였다.

단지 10%에 불과하지만, 외국인의 적응을 돕는 센터의 필요성에 대해 '아니요'라고 응답한 44명의 경우 외국인이라는 이유로 문화이해교류센터 설치를 반대하는 빈도가 높았다(〈표 4-32〉). 생활상에 큰 어려움이 있을 것 같지 않기 때문에 반대하는 경우는 단지 4명(9.3%)에 그쳤다. 반면, 외국인의 문제는 외국인이 스스로 해결해야 한다고 생각하는 경우가 34.9%로 가장 높았고, 외국인은 세금을 내지 않기 때문에 센터까지 세워서 도와줄 필요가 없다는 이유가 20.9%로 두 번째로 높았으며 우리나라 국민이 아니라는 이유도 14%에 달했다.

〈표 4-32〉 문화이해교류 센터가 불필요한 이유

단위: 명(%)

'불필요' 응답 이유	빈 도	비 율
외국인 스스로에서 해결해야 하는 것임으로	15	34.9
세금을 내지 않음으로	9	20.9
우리나라 국민이 아님으로	6	14.0
배려할 필요성을 전혀 느끼지 못함으로	5	11.6
외국인은 생활상 큰 어려움이 없음으로	4	9.3
기타	4	9.3
전 체	44	11.1

4) 다문화사회 인식

이처럼 활발한 교류와 소통이 일어나는 외국인마을에서는 한국사회가 다문화사회가 되는 것에 대해 현재도 그렇고 또 앞으로도 그렇게 되어야 한다는 생각이 많았다.

외국인과의 접촉도 많고(92%), 의사소통도 잘되고(75.5%), 외국인을 이해하려는 노력도 많이 하지만(78.9%) 아직도 현재 한국사회가 다문화사회라고 인식하지는 않는 것으로 나타났다. 다만, 한국사회가 앞으로 다문화사회가 될 것이라는 전망에 대해서는 대부분 동의하였다. 또한 다문화사회가 되어서는 안 된다는 부정적 인식에 있어서도 일반인보다는 조금 낮은 8.8%에 그쳤다.

이렇게 한국사회가 다문화사회로 이동하는 데, 마을별로 외국인에 의한 지역발전에 대한 생각은 매우 중요하다. 따라서 〈표 4-34〉에서는 외국인이 함께 거주하여 지역이 발전하는지에 대해 물었으며, 마을에 따라 다른 답을 하였다. 프랑스마을에서는 66.7%가 '예'라고 대답하여 가장 높은 긍정적 답변을 보였다. 반면 조선족마을은 '아니요'가 82.3%로 나타나 4개 마을 중 가장 부정적인 견해를 보였다. 몽골마을과 이슬람마을에서도 '아니요'가 상대적으로 높게 나타났다. 각 마을별로 거주 외국인이 누군가에 따라 다른 답을 한 것이다.

그렇다면 각 지역별 발전을 위해 필요한 프로그램은 무엇일까? 〈표 4-35〉를 보면, 이에 관해 마을별로 다른 답을 보였다. 프랑스마을과 이슬람마을에서는 외국인-한국인 공동의 지역발전프로그램을 가장 높은 비중으로 꼽았고, 몽골마을에서는 외국인의 한국생활적응 프로그램을 가장 높은 비중으로 지적했으며, 공동의 지역발전프로그램은 24.0%에 머물렀다. 기업중심의 외국인이 거주하는 프랑스마을의 경우 공동발전의 욕구가 다른 마을에 비해 높았다. 반면, 다른 마을들의 경우 외국인들이 한국사회에 적응할 것을 요구하는 비율이 높았다.

〈표 4-33〉 다문화사회 인식

단위: 명(%)

다문화사회 인식	빈도(비율)
현재 그렇다고 생각 한다	70(17.5)
현재는 아니지만, 앞으로 그렇게 될 것 같다	190(47.5)
현재는 아니지만, 앞으로 그렇게 되어야 한다	105(26.3)
현재도 아니고, 앞으로도 그렇게 될 것 같지 않다	24(6.0)
현재도 아니고, 앞으로도 그렇게 되어서는 안 된다	8(2.0)
모름/무응답	3(0.8)
합 계	400(100)

〈표 4-34〉 외국인마을별 외국인 거주로 인한 지역발전 인식

단위: 명(%)

지역발전여부	프랑스마을	조선족마을	몽골마을	이슬람마을	합 계
예	64(66.7)	17(17.7)	33(35.9)	46(48.4)	160(42.2)
아니요	32(33.3)	75(82.3)	59(64.1)	49(51.6)	219(57.8)
합 계	96	96	92	95	379

* 주: $X^2 = 50.182 (p = .000)$

〈표 4-35〉 외국인마을별 지역사회 발전을 위한 프로그램 제안

단위: 명(%)

지역발전 프로그램	프랑스 마을	조선족 마을	몽골 마을	이슬람 마을	합 계
한국생활적응 프로그램 (외국인)	27(27.6)	44(35.9)	41(42.7)	29(29.3)	141(35.9)
외국다문화이해 프로그램 (한국인)	14(14.3)	13(17.3)	23(24.0)	18(18.2)	68(17.3)
다문화 관광 자원화 프로그램	9(9.2)	6(8.9)	8(8.3)	12(12.1)	35(8.9)
외국인-한국인 공동 지역발전 프로그램	47(48.0)	32(35.6)	25(24.0)	38(38.4)	140(35.6)
기타	1(1.0)	5(2.3)	1(1.0)	2(2.0)	9(2.3)
합 계	98	100	96	99	393

* 주: $X^2 = 25.421$ (p =.013)

지금까지 제 4장에서는 대한민국에서 한국인이 외국인과 더불어 살아가기 위한 다양한 모습들을 살펴보았다. 한국과 특히 수도 서울은 세계화의 진행에 따라 빠른 속도로 세계화되어가는 모습을 보였다. 한국사람들은 외국인과 교류하고 소통하기 위해 다양한 통로를 통해 노력하며, 이들을 이해하고 받아들이려고 노력하는 중이다. 특히 조선족마을, 중국마을, 일본마을, 필리핀마을, 몽골마을, 프랑스마을, 이탈리아마을, 이슬람마을 등 다양한 국적과 인종, 그리고 종교와 같은 문화에 의한 세계의 마을들이 한국에 뿌리를 내리고 있었다. 그리고 각 마을마다 한국사람들은 마을 속 외국인들을 더욱 이해하려는 노력을 하고 있었다. 한국사회를 다문화사회로 인식하면서 다문화사회 한국의 발전을 위해 노력하고자 하는 한국인들의 모습이었다.

제 5 장

한국인과 더불어 살아가기

아직도 한국을 단일민족국가라고 생각하는 사람들이 63.6%(여성가족부, 2007)를 차지하는 한국에서 외국인으로 살아간다는 것은 쉬운 일이 아닐 것이다. 외국인이 이미 100만 명이 넘어섰고, 외국인 배우자도 4만 명 가까이 되어가는 시점에서 이들이 한국에서 한국인과 더불어 함께 살아가는 것이 어떤 의미인지 파악하는 것은 한국이 다문화사회로 가기 위해 필요한 과업이다. 여성가족부(2007)의 조사에 의하면 한국인들은 83.1%가 결혼이주여성의 사회적응을 위해 정부가 예산배정을 늘려야 한다는 등 정부의 다양하고 적극적인 개입(66.8%)을 지지했고, 탈법적 결혼중개방지(29.4%), 사회인식개선(45.2%), 조기정착을 위한 교육 및 상담(51.3) 등을 필수 정책과제로 지적했다.

이에 이 장은 2개의 절로 나누어, 1절에서는 한국인들의 이 같은 생각이 결혼이주여성들에게 어떻게 받아들여져서 이들의 한국생활에 반영되는지, 이들이 한국에서 살면서 경험하는 다양한 상황들을 분석해 보았다. 결혼이주여성들이 갖는 강점과 장점을 비롯하여 이들이 경험하는 한국사회에의 적응 스트레스나 우울감 등을 살펴보았으며, 이들의 한국 사회문화에 대한 적응수준, 부부생활을 비롯한 가족생활, 그리고 사회생활을 살펴보았다. 2절에서는 이들의 자녀들이 경험하는 학교생활과 가족생활에 관해 살펴보았다.

1. 결혼이주여성*

이 절에서는 결혼이주여성이 한국에서 외국인이자 또 동시에 한국인으로서 살아가면서 겪는 다양한 경험들을 담아보았다. 1990년대 이전까지 우리 사회에서 국제결혼은 한국 여성이 미국이나 일본으로 결혼 이주를 떠나는 것이 대부분이었다(송성자, 1974; 박종삼, 1982). 그러나 1992년 한중수교 이후 조선족 여성과 한국인 남성과의 결혼이 등장하였으며, 2년 이상 한국에 거주하며 혼인을 유지한 외국인 배우자에 한해 국적을 취득하도록 한 국적법 개정(1998년)과 고용허가제(2002년)의 도입은 우리보다 사회경제적 수준이 낮은 중국과 동남아시아 외국인과의 결혼을 본격적으로 증가하게 하였다. 또한 제도적 변화 이외에도 전 세계의 경제·정보의 통합과(Robinson, 2007; 김현미, 2006; 김정선, 2004; 김은실, 2004) 국내 출산력 상승 및 농촌지역 미혼남성의 배우자 공급의 어려움(김두섭, 2006; 박재규, 2006) 등도 최근 결혼이민자의 증가를 설명하는 주요원인으로 설명된다.

통계청 인구동태통계에 따르면, 2007년 국제결혼 신고건수는 38,491건으로 전체 결혼의 11.1%를 차지하며, 이 비율은 2005년 13.6%보

* 이 절은 양옥경이 서울시정개발연구원으로부터 받은 2006년도 과제 〈다문화가족 지역정착을 위한 사회적 지원방안연구〉(시정연 2006-PR-27)의 내용을 발췌하여 정리, 재분석한 것이다. 따라서 이 절에서 제시된 표들은 보고서의 표들을 그대로 재인용하였거나 재구성하여 인용한 것들이다. 이에 관한 자세한 사항은 보고서 46~191쪽을 참고하길 바란다.

〈표 5-1〉 국제결혼 성별 추이

연도	총 결혼 건수	국제결혼		외국인 아내		외국인 남편	
		건수	비율(%)	건수	비율(%)	건수	비율(%)
1990	399,312	4,710	1.2	619	0.2	4,091	1.0
1995	398,484	13,494	3.4	10,365	2.6	3,129	0.8
2000	334,030	12,319	3.7	7,304	2.2	5,015	1.5
2001	320,063	15,234	4.8	10,006	3.1	5,228	1.6
2002	306,573	15,913	5.2	11,017	3.6	4,896	1.6
2003	304,932	25,658	8.4	19,214	6.3	6,444	2.1
2004	310,944	35,447	11.4	25,594	8.2	9,853	3.2
2005	316,375	43,121	13.6	31,180	9.8	11,941	3.8
2006	332,752	39,690	11.9	30,208	9.1	9,482	2.8
2007	345,600	38,491	11.1	29,140	8.4	9,351	2.7

* 출처: 통계청, 각 년도, 〈인구동태〉.

〈그림 5-1〉 국제결혼 성별 추이

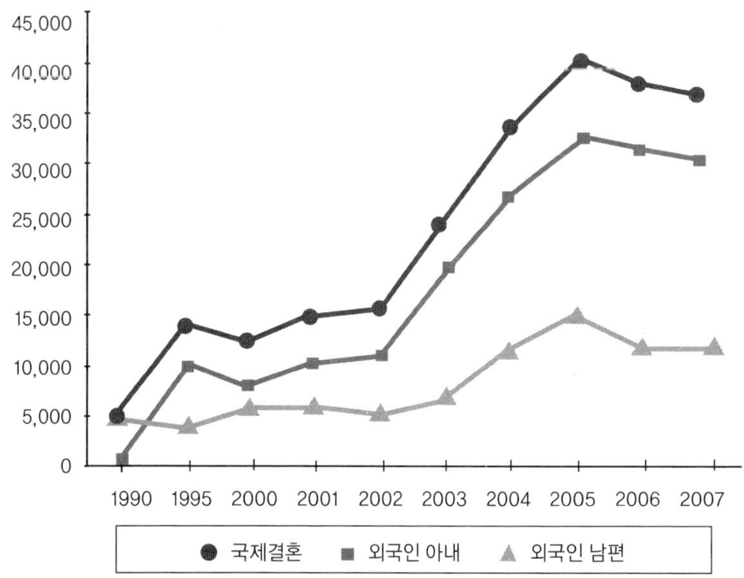

다 다소 감소한 것이다(〈표 5-1〉). 한국사회에서 국제결혼은 이제 '일반적' 현상이 되었다고 해도 과언이 아니다. 그 중에서도 국제결혼의 여성화 현상이 뚜렷하게 나타나 한국인 남성이 외국인 여성과 결혼하는 경우가 전체 국제결혼의 약 75%를 차지한다.

〈표 5-2〉 결혼이주여성의 거주지별 분포

	전 체		도 시		농 촌	
	인원(명)	비율(%)	인원(명)	비율(%)	인원(명)	비율(%)
전국	66,912	100.0	49,755	100.0	17,157	100.0
서울특별시	16,454	24.6	16,454	33.1	0	0.0
부산광역시	3,753	5.6	3,693	7.4	60	0.3
대구광역시	1,857	2.8	1,708	3.4	149	0.9
인천광역시	4,114	6.1	4,028	8.1	86	0.5
대전광역시	1,426	2.1	1,426	2.9	0	0.0
광주광역시	1,301	1.9	1,301	2.6	0	0.0
울산광역시	996	1.5	756	1.5	240	1.4
경기도	16,681	24.9	12,630	25.4	4,051	23.6
강원도	2,142	3.2	866	1.7	1,276	7.4
충청북도	2,176	3.3	880	1.8	1,296	7.6
충청남도	3,047	4.6	874	1.8	2,173	12.7
전라북도	2,955	4.4	1,406	2.8	1,549	9.0
전라남도	3,250	4.9	764	1.5	2,486	14.5
경상북도	2,892	4.3	1,013	2.0	1,879	11.0
경상남도	3,288	4.9	1,584	3.2	1,704	9.9
제주도	580	0.9	372	0.7	208	1.2

* 주: 도시는 동 지역, 농촌은 읍·면 지역임.
출처: 통계청, 2005, 〈인구동태〉.

1994년도까지만 해도 한국남성과 외국여성의 결혼이 한국여성과 외국남성의 비율보다 낮았으나, 1995년부터 반대현상이 나타나기 시작해 현재까지 유지된다. 그 이유는 한국사회에서 결혼의 주변부로 밀려난 남성들이 결혼을 목적으로 이주하는 중국, 베트남, 필리핀, 태국, 몽골 등의 여성들을 배우자로 맞이하여 국제결혼을 하는 사례가 증가한 것과 밀접한 관련이 있다고 하겠다(전북발전연구원, 2005). 심지어 그 폭은 2003년도에 이르러 가파르게 증가한 것을 〈그림 5-1〉을 통해 알 수 있다.

〈표 5-2〉를 보면, 이들은 전국에 흩어져 거주하게 되는데 서울특별시와 경기도에 각 4분의 1씩 거주하는 것으로 알려져 있다. 인천까지 합한다면 서울, 수도권에 55.5%로 절반이 넘는 수가 거주하는 것이다. 도시·농촌의 비율로 보면 도시에 75%가 농촌에 25%가 거주하는 셈이다. 그럼에도 불구하고 지금까지 결혼이주여성에 관한 연구는 농촌지역을 중심으로 이루어졌다. 이는 거주인구 대비 결혼이주여성의 비율이 높았던 것이 이유였다. 그러나 이들의 숫자만 놓고 본다면 이제는 수도권을 중심으로 하는 도시지역 결혼이주여성에 관한 연구도 본격화되어야 한다.

결혼이주여성의 문화적 차이로 인한 갈등은 지역별로 대동소이할 것이라는 의견들이 있으나, 도시와 농촌의 문화가 다르고 이들이 경험하는 어려움을 해결하기 위한 지역사회 자원이 다를 것이란 것이 통념적 상식이라면 도시지역에 맞는 결혼이주여성에 관한 연구가 있어야 할 당위성이 존재한 것이다.

이에 이 절에서는 결혼이주여성이 낯선 한국, 특히 서울에서 어떻게 생활하는지에 대한 기존의 연구결과[1]를 재분석하면서, 남편 및

1) 이에 관한 자세한 사항은 양옥경, 2007, 〈다문화가족 지역정착을 위한 사회적 지원방안연구〉(시정연 2006-PR-27)를 참고할 것.

남편의 가족들과의 관계에서 겪게 되는 이중의 어려움을 살펴보고 그 가운데서도 자신의 강점을 인식하고 자신의 삶을 추구해가는 모습과 이들을 지원·지지해주는 사회제도들의 현주소를 함께 살펴보고자 한다. 서울에서 생활하는 결혼이주여성에 대해서는 결혼생활을 6개월 이상 유지하고 있는 결혼이주여성을 대상으로 2006년 10월부터 12월까지 의도적 표집과 눈덩이표집을 사용하여 표집한 304명에게 서면설문으로 진행했으며 7개 국어(중국동포를 위한 한국어 포함)로 제작된 설문지를 사용했다. 이 설문지들* 가운데 한국어 설문지는 〈부록 1〉에 수록되어 있다.

1) 결혼이주여성의 이해

(1) 일반적 특성

결혼이주여성의 출신국별 분포는 〈표 5-3〉과 같이 베트남, 중국, 중국(동포), 일본, 필리핀, 몽골, 태국의 순이었으며, 기타 출신국에는 인도네시아, 캄보디아, 우즈베키스탄, 과테말라, 대만이 포함되었다. 이들 중 한국국적을 취득한 경우는 28명(9.2%)으로 상당히 낮았는데, 이는 결혼기간과 한국거주기간이 모두 3년 미만인 경우가 과반수인 것과 관련이 있다고 할 수 있다.

〈표 5-4〉에서 보듯이 결혼이주여성은 20대와 30대가 주를 이루었으며 40대는 약 13%였고 20세 이하도 6.3%로 10대 후반의 여성들도 결혼을 통해 한국으로 이주하는 것을 알 수 있었다. 50대 이상은 아주 소수였다. 최연소자는 18세, 최고령자는 62세이었으며, 평균연령은 31.45세였다. 반면, 남편의 연령대는 30대가 전체의 48%로 가장 많았으며, 최연소자의 연령은 25세, 최고령자의 연령은 69세였다. 이와 같은 이주여성 남편의 평균 연령은 이주여성의 평균 연령인 31.4세보다 10세가량 높은 것으로 국제결혼이주의 경우 20, 30대

의 젊은 여성이 나이 차이가 많은 30~40대의 한국남성과 결혼하는 사례가 빈번한 것을 뒷받침해주는 결과라 할 수 있겠다.

〈표 5-3〉 결혼이수여성의 출신국별 분포

출신국	빈도(명)	비율(%)
중국(동포)	45	14.8
중국	67	22.0
일본	43	14.1
필리핀	22	7.2
베트남	85	28.0
몽골	19	6.3
태국	14	4.6
기타	9	3.0
합 계	304	100.0

〈표 5-4〉 결혼이주여성 및 남편의 연령

연 령	결혼이주여성		남편	
	빈도(명)	비율(%)	빈도(명)	비율(%)
20세 이하	19	6.3	-	-
21~30세 이하	134	44.1	19	6.3
31~40세 이하	103	33.9	146	48.0
41~50세 이하	39	12.8	104	34.2
51세 이상	4	1.3	28	9.2
무응답	5	1.6	7	2.3
합 계	304	100.0	304	100.0
비 고	최소값: 18세 최대값: 62세 평균연령: 31.45세		최소값: 25세 최대값: 69세 평균연령: 41.08세	

이같이 나이차가 많이 나고 상대적으로 젊은 여성들은 주로 필리핀과 베트남, 몽골 등에서 왔으며, 특히 베트남의 경우 전체 응답자의 약 20%가 20세 미만이었다. 20대와 30대의 경우는 모든 출신국별로 공통으로 가장 많은 비율로 나타났으며, 40대 이상의 경우는 중국(동포), 중국, 일본, 태국 등이었다. 베트남과 몽골의 경우 40대 이상은 단 한 명도 없는 것으로 나타났다. 20세 이하는 베트남, 몽골, 필리핀의 순서로 많았으며 51세 이상은 일본과 중국(동포)의 여성들이었다. 연령과 상관이 있는 이들의 학력은 고졸이 대부분이었다. 다음으로는 대졸, 중졸, 초졸의 순이었으며, 무학의 경우도 있었고, 대학원이상의 고학력자도 소수 포함되어 있었다.

결혼이주여성들의 결혼상태는 비록 소수였지만 사실혼도 있었고 별거도 있었다. 〈표 5-5〉에서 보면, 결혼기간은 1~3년 미만이 가장 많았다. 1년 미만인 경우도 24.3%로 나타나, 최근 2~3년 동안 한국인 남성과 외국인 여성간의 국제결혼건수가 통계적으로 급증한 사실을 잘 반영하는 것으로 볼 수 있겠다. 결혼기간이 3~5년 미만과 5~10년 미만인 자는 각각 18.4%, 11.8%이었으며, 10년 이상 동안 결혼생활을 유지해온 경우도 총 14명으로 전체의 4.6%에 달했다.

〈표 5-6〉을 보면, 결혼이주여성 가운데 직업이 있는 경우는 전체의 약 4분의 1이었다. 직업별로는 가사도우미나 간병인 또는 식당 등에서 일하거나 공장근로자로 일하는 경우가 가장 많았으며, 판매직과 서비스직에 종사하기도 하였다. 사무직이나 공무원으로 일하는 경우는 매우 드물었으며, 자신의 강점을 활용하여 통역 또는 번역일에 종사하는 경우, 학교의 방과 후 교실 특별교사 또는 학원강사로 일하는 경우도 있었다.

〈표 5-7〉에서 보면, 직업을 통해 자신만의 수입을 갖는 경우 월 50만~100만 원 미만을 버는 사람들이 가장 많았으며, 100만~150만 원 미만으로 버는 경우도 많았다. 반면 월수입이 50만 원 미만에 해

당하는 경우도 비교적 많았다. 이는 대다수 결혼이주여성들이 직업을 통해 수입을 갖는다 하더라도 월수입 수준이 150만 원 미만으로 그다지 높지 않다는 것을 알 수 있는 결과이다.

〈표 5-5〉 결혼이주여성의 결혼기간

결혼기간	빈도(명)	비율(%)
1년 미만	74	24.3
1~3년 미만	117	38.5
3~5년 미만	56	18.4
5~10년 미만	36	11.8
10년 이상	14	4.6
무응답	7	2.3
합 계	304	100.0
평균: 35.71개월 (표준편차: 39.81개월)	최소: 2개월	최대: 255개월

〈표 5-6〉 결혼이주여성의 직업

직 업	빈도(명)	비율(%)
있음	71	23.8
가사도우미, 간병인 및 식당업무	15	21.3
공장근로자	15	21.3
판매종사자	3	4.3
가게·식당운영	2	2.9
서비스종사자	3	4.3
번역 및 통역가	2	2.9
사무직원	5	7.1
공무원·사업가·전문가·기타	15	21.5
강사(특별교사·학원강사)	10	14.2
없음	227	76.2
합 계	298	100

반면, 〈표 5-8〉에서 보면 이들의 가족 총 평균 월수입은 조금 높았다. 100만~200만 원 미만이 가장 많았으며, 100만 원 미만으로 경제적인 형편이 매우 열악한 경우도 있었다. 가족의 월수입이 300만 원 이상인 경우는 12%로 단지 소수의 결혼이주여성 가정만이 경제적으로 안정된 생활을 하는 것으로 추정된다.

〈표 5-7〉 취업 결혼이주여성의 월수입

월수입	빈도(명)	비율(%)
50만 원 미만	12	16.9
50만~100만 원 미만	28	39.4
100만~150만 원 미만	24	33.8
150만~200만 원 미만	2	2.8
200만~250만 원 미만	3	4.2
350만~400만 원 미만	1	1.4
무응답	1	1.4
합 계	71	100.0

〈표 5-8〉 결혼이주여성 가족의 월수입

가족 월수입	빈도(명)	비율(%)
100만 원 미만	27	8.9
100만~200만 원 미만	80	26.3
200만~300만 원 미만	58	19.1
300만~400만 원 미만	24	7.9
400만~500만 원 미만	6	2.0
500만 원 이상	7	2.2
잘 모르겠다	63	20.7
무응답	39	12.8
합 계	304	100.0

가족의 월평균 수입이 어느 정도인지 알지 못하는 경우도 20.7%로 꽤 높았으며, 무응답도 12.8%로 다른 질문 항목에 비해 높게 나타났다. 이 두 항목을 합하면, 가족의 경제적 상황에 관해 정확히 알지 못하는 사례가 33%로 매우 빈번하였는데, 한 가정의 주부인 결혼이주여성에게 가족의 경제권을 제공하지 않음은 물론 총 수입액조차 알지 못하게 한다는 것을 알 수 있었다. 이는 결혼이주여성을 결혼생활의 동반자로, 아내로, 가정의 주부로 인정하지 않음을 보여주는 것이라 하겠다.

(2) 개인적 특성

대부분의 연구에서 결혼이주여성을 이해하는 데에는 객관적 자료를 사용한다. 주로 출신국, 연령, 학력, 결혼동기 등이 여기에 포함된다. 반면 이들의 내면적 특성에는 별로 관심을 보이지 않아왔던 것으로 보인다. 따라서 여기서는 결혼동기, 한국어능력 등 뿐 아니라 결혼이주여성이 경험하는 행복감이나 우울감, 자신감이나 자아존중감 등과 같은 것을 살펴보고자 한다.

결혼이주여성의 결혼 동기는 '남편과의 행복한 결혼생활을 기대하는 마음'이었다. 대부분의 한국여성들과 전혀 다를 바 없는 당연하고 순수한 동기인 것이다. 설령 경제적으로 어려움을 겪어 한국으로 결혼하러 오기로 결정했다 하더라도 이들이 원하는 것은 경제적인 안정이나 한국에서 일하거나 살 수 있는 기회 포착의 목적보다는 평범하고 행복한 결혼생활에 대한 욕구였던 것이다. 이들을 모두 돈 때문에 결혼하러 온 신부들로 매도하는 것은 이들이 결혼생활과 삶에 대해 가지는 꿈과 목표를 무시하는 처사라 하겠다.

〈표 5-9〉 결혼이주여성의 결혼동기

결혼동기	빈도(명)	비율(%)
남편과의 행복한 결혼생활	254	83.6
경제적 안정	16	5.3
한국에서 일할 수 있는 기회	11	3.6
한국에서 살 수 있는 기회	10	3.3
모국으로부터 벗어날 수 있는 기회	2	0.7
기타	4	1.3
무응답	7	2.3
합 계	304	100.0

자아존중감[2]은 정신건강과도 관련이 깊은 것으로 결혼이주여성이 자신에 관해 긍정적으로 평가할 때 한국에서의 결혼생활 및 지역사회생활에 적응하고 정착해나가는데 큰 힘이 될 수 있는 개인의 내적 자원이다. 이들 결혼이주여성은 2.85점으로 중간보다 조금 높은 수준을 보여주었다. 이들은 특히 '나는 내가 가치 있는 사람이라고 느낀다', '나는 나 자신에 대해 긍정적인 태도를 가지고 있다' 등 자신의 존재에 대한 긍정적 가치감을 측정한 항목들에 3점 이상의 높은 점수를 주었다. 반대로 '나는 내가 쓸모없는 사람이라고 느낀다', '나는 내가 실패자라고 생각하는 경향이 있다' 등 자신의 존재에 대해 부정적인 평가를 하는 항목에서는 낮은 점수로 나타나 응답자들이 자신에 대해 가지는 자아존중감의 수준이 결코 낮지 않은 편임을 알 수 있다.

2) 자아존중감은 로젠버그(1979)가 개발한 자아존중감척도(*Self-Esteem Scale*)를 사용하였으며, 4점 리커트 척도를 사용하였음. 점수가 높을수록 자아존중감이 높은 것임.

〈표 5-10〉 결혼이주여성의 자아존중감

자아존중감	평균	표준편차
대체로 나는 나 자신에게 만족한다	2.81	0.8045
때때로 나는 내가 잘하는 것이 하나도 없다고 생각한다*	2.33	0.8705
나는 나 자신이 많은 좋은 자질들을 가지고 있다고 느낀다	2.88	0.8053
나는 대부분의 다른 사람들처럼 일을 잘 할 수 있다	3.03	0.8481
나는 자랑스러워할 것이 별로 없다고 느낀다*	2.17	0.8129
나는 때때로 내가 쓸모없는 사람이라고 느낀다*	1.94	0.7983
나는 내가 가치 있는 사람이라고 느낀다	3.07	0.7763
나는 내가 나 자신을 좀더 존중할 수 있었으면 좋겠다*	3.07	0.8259
전체적으로 나는 내가 실패자라고 생각하는 경향이 있다*	1.87	0.8033
나는 나 자신에 대해 긍정적인 태도를 갖고 있다	3.06	0.7951
전체 평균	2.85	0.3621

* 주: 전체 평균산출 시 역산하여 계산한 문항임.

이렇게 높은 긍정적 자아존중감을 가진 결혼이주여성은 한국생활에 적응해 나가는 데에서 분명 강점을 가질 것이다. 그리고 이 강점을 발견하여 자원으로 활용하는 것은 결혼이주여성 본인과 남편을 비롯한 가족에게, 이들과 함께 사회를 이루어나가는 우리들 모두에게 바람직한 일일 것이다. 이들이 한국생활에 적응하는 데 있어 자신의 강점으로 지적한 것은 자신의 능력에 대한 자신감, 성실성, 삶에 대한 목표의식, 그리고 긍정적 사고방식 등이었다. 이러한 결과는 국제결혼을 통해 외국으로부터 한국사회로 유입되는 여성들의 경우 삶에 대한 긍정적 태도와 성실성, 그리고 한국에서 성공하고 잘 살고 싶은 마음 등 삶에 대한 뚜렷한 목표의식을 가진 자가 많음을 보여주는 것이라 할 수 있다.

〈표 5-11〉 결혼이주여성의 강점 인식

한국생활 적응에서의 본인의 강점	빈도(명)	비율(%)
나의 능력에 대한 자신감	128	42.1
성실성	126	41.4
삶에 대한 목표의식	105	34.5
긍정적 사고방식	103	33.9
적극성	82	27.0
신앙·종교적 믿음	69	22.7
한국사회에 대한 사전지식	35	11.5
전문적 지식 및 기술	26	8.6
기타	12	3.9

한국생활 적응에 신앙이나 종교적 믿음이 자신의 강점으로 작용한다고 응답한 자는 22.7%, 적극성이 자신의 강점이라고 응답한 자는 27%로 신앙과 믿음, 적극성 등도 결혼이주여성의 강점의 중요한 부분을 차지하는 것으로 보고되었다. 이에 비해 '한국사회에 대한 사전지식'이나 '전문적 지식과 기술' 등은 각각 11.5%, 8.6%로 다른 영역에 비해 낮게 나타나 결혼이주여성이 한국사회로 유입될 때 한국사회에 대한 사전지식이나 전문적 지식과 기술 등을 갖춘 자가 많지 않음을 알 수 있었다.

이와 같은 개인적 강점들은 결혼이주여성들이 한국에서 건강한 가족생활을 영위하고, 지역사회 내의 다양한 사람들과도 활발한 교류를 맺으며 한국사회에 잘 정착하도록 하는데 큰 도움을 줄 수 있다. 그러므로 이주여성들의 이러한 개인적 자질들이 더 개발되고 발휘될 수 있도록 지원해주는 것이 필요할 것이다.

이렇게 자아존중감도 높고 자기 강점도 잘 인식하는 결혼이주여성이 한국에서의 삶에서 느끼는 전반적인 만족도는 10점 만점에서 6.76점으로 중간보다 조금 높은 수준으로 나타났다(양옥경, 2007: 172

~173). 한국에서의 전반적 삶의 수준이 만족스럽지 못함을 말해준다. 삶의 만족을 구성하는 개념에는 결혼과 가족생활뿐 아니라 경제적 여건, 의식주 생활에 대한 만족, 사회적 지위에 대한 만족 등의 여러 가지 측면이 포괄적으로 고려되는 것이므로 이러한 결과는 결혼이주여성이 결혼생활 자체에 대해서는 어느 정도 만족하더라도 한국에서 자신이 처한 경제적 여건 및 의식주 생활, 사회적 지위 등 한국에서의 삶 전반에 대해서는 비록 편차가 있겠지만 불만족한 부분이 상당히 많을 수 있음을 유추해볼 수 있게 하는 것이다.

결혼이주여성의 정신건강은 우울감[3]을 통해 살펴보았다. 이들의 우울감 평균은 1.78점으로 낮게 산출되었다. 미래에 대해 희망적으로 느끼거나 행복했으며 생활이 즐거웠다고 느꼈다. 그럼에도 불구하고 이들은 일반한국인의 우울증상 절단점인 21점을 기준으로 할 때 26.9%가 우울집단에 속하는 것으로 나타났다(양옥경 · 김연수, 2007). 이는 보건복지부의 2005년도 조사에서 5.3%가 우울증상을 보인다는 조사결과보다 훨씬 높은 것으로 우울증상에 대한 심각한 대처가 필요함을 보여주는 것이다. 이들이 주로 우울하게 느끼는 내용들은 하는 일마다 힘들게 느껴지는 것과 내 인생이 실패작이라는 생각이 드는 등 삶에서 느끼는 부정적 감정들에 관한 것이었다. 이들의 우울증상에 영향을 미치는 요인으로는 사회적응스트레스와 가정폭력경험, 자아존중감, 가족관계, 사회적 지지, 한국어능력 등이 제시되었다(양옥경 · 김연수, 2007: 102).

결혼이주여성의 한국어 능력은 말하기, 듣기, 읽기, 쓰기의 4영역 모두 보통보다 낮은 수준인 것으로 나타났다(양옥경, 2007:68). 이는 객관적으로 테스트를 할 수 없어 전적으로 본인의 판단에 의존하여

---

3) 우울감은 총 20문항으로 구성된 4점 리커트 척도의 한국판 CES-D를 사용하였음. 점수가 높을수록 우울감이 높은 것임.

평가하였는데, 가장 자신 있어 하는 영역은 읽기였으며, 가장 어려워하는 영역은 말하기였다. 이러한 결과는 결혼이주여성의 한국어 독해능력이 좋은 것을 의미하기보다는 단순히 글자를 읽을 수 있는 능력을 다른 영역보다 조금 높게 평가한 경향이 있는 것으로 해석된다.

〈표 5-12〉 결혼이주여성의 우울감

우울감	평균	표준편차
평소에는 아무렇지도 않던 일들이 귀찮게 느껴졌다	1.76	0.7700
입맛이 없었다	1.76	0.7658
가족이나 친구가 도와주더라도 울적한 기분을 떨쳐버릴 수가 없었다	1.72	0.8066
다른 사람들만큼 능력이 있다고 느꼈다*	2.32	0.9584
무슨 일을 하든 정신을 집중하기가 힘들었다	1.65	0.7641
우울했다	1.66	0.8221
하는 일마다 힘들게 느껴졌다	1.62	0.7897
미래에 대하여 희망적으로 느꼈다*	2.56	1.0555
내 인생은 실패작이라는 생각이 들었다	1.40	0.7391
두려움을 느꼈다	1.44	0.7132
잠을 잘 이루지 못했다	1.75	0.9178
행복했다*	2.78	1.0108
말수가 줄었다	1.74	0.8567
세상에 홀로 있는 듯한 외로움을 느꼈다	1.67	0.8514
사람들이 나에게 차갑게 대하는 것 같았다	1.44	0.7231
생활이 즐거웠다*	2.68	0.9751
갑자기 울음이 나왔다	1.78	0.8742
슬픔을 느꼈다	1.74	0.8101
사람들이 나를 싫어하는 것 같았다	1.32	0.6254
도무지 무엇을 시작할 기운이 나지 않았다	1.64	0.7662
전체 평균	1.78	0.4688

* 주: 전체 평균 산출 시 역산하여 계산한 문항.

〈표 5-13〉 결혼이주여성의 가족대화 언어

가족대화 시 사용언어	빈도(명)	비율(%)
한국어	195	64.1
한국어와 모국어를 함께 사용	54	17.8
한국어와 영어를 함께 사용	28	9.2
모국어	18	5.9
영어	7	2.3
무응답	2	0.7
합 계	304	100.0

또한 말하기 능력에 대해 다른 영역보다 낮게 평가한 것은 한국어로 말해야 하는 상황에 노출되는 것이 다른 영역보다 더 빈번하게 일어나게 되므로 능력의 부족함을 더 느끼게 되는 가능성이 있는 것으로 평가된다.

이런 상황에서 결혼이주여성들은 다수가 한국어로 가족들과의 대화를 나눈다고 답하였다. 한국어와 모국어를 함께 섞어서 사용하는 경우도 있었고, 한국어와 영어를 함께 사용하는 경우도 있었다. 가족 대화 시 결혼이주여성이 모국어를 사용하는 경우는 5.9%, 영어를 사용하는 경우는 2.3%로 소수만이 이에 해당하였다. 즉 대다수의 결혼이주여성이 가족 내에서 한국어를 사용하거나 한국어가 부족한 경우 한국어와 모국어를 함께 사용하는 것을 알 수 있었다.

2) 결혼이주여성의 문화적응과 문화적응스트레스

(1) 문화적응

결혼이주여성은 결혼생활에의 적응 못지않게 남편의 문화에 대한 적응이 큰 과제로 주어지게 된다. 하나의 문화권에서 다른 문화권으로 이동해서 살게 되면서 여러 가지 변화를 겪게 되고 또 그 변화에 순응하면서 살게 되는 것이다. 이들 결혼이주여성들은 모국의 문화적 가치와 특성을 유지하면서도 주류사회의 문화를 받아들이는 통합유형에 가장 높은 점수를 보여 바람직한 모습을 보인다고 하겠다.

문화적응 유형[4] 가운데 동화영역은 모국문화에 대한 정체감을 유지함 없이 한국사회와 문화에 일방적으로 흡수되는 측면을 측정한 것으로 결혼이주여성의 동화성향은 중간보다 낮은 2.61점이었다. 동화영역을 측정한 항목들 가운데 가장 높은 점수로 나타난 것은 '집에 있을 때 대개 한국말을 사용한다'로 3.51점이었다. 이는 결혼이주여성의 경우 가족원이 모두 한국인이므로 한국어로만 의사소통이 가능

〈표 5-14〉 결혼이주여성의 문화적응 유형: 동화

	한국에서의 문화적응	평균	표준편차
동화	1. 나는 모국어보다 한국어로 글쓰기를 더 잘한다	2.05	1.1364
	5. 나는 집에 있을 때 대개 한국말을 사용한다	3.51	1.1704
	9. 만약 내게 시를 쓰라고 한다면, 나는 한국어로 쓰는 것을 더 좋아할 것이다	2.24	1.2276
	13. 나는 모국사람들보다 한국사람들과 더 잘 어울린다	2.54	0.9893
	17. 나는 한국사람들이 모국사람들보다 나를 더 잘 이해한다고 느낀다	2.75	1.1160
	20. 나는 모국사람들보다 한국사람들에게 나의 감정을 이야기 하는 것이 더 쉽다	2.85	1.1976
	23. 나는 모국사람들보다 한국사람들과 사귀는 것이 더 편안하다	2.34	0.9704
	26. 학교나 직장에 있는 대부분의 나의 친구들은 한국인이다.	2.64	1.1665
	평 균	2.61	0.6452

4) 문화적응 유형은 Barry(2001)가 개발한 The East Asian Acculturation Measure를 수정보완한 총 28문항의 5점 리커트 척도로 측정하였음. 동화, 통합, 주변화, 분리의 4개 유형으로 나뉨.

〈표 5-15〉 결혼이주여성의 문화적응 유형: 통합

	한국에서의 문화적응	평균	표준편차
통합	3. 나는 농담할 때 한국어와 모국어를 둘 다 사용한다	2.69	1.2323
	7. 나는 모국어로 생각하는 만큼 한국어로도 잘 생각할 수 있다	2.93	1.2433
	11. 나는 한국인 친구와 모국인 친구가 모두 있다	3.63	1.0886
	15. 나는 한국사람들과 모국사람들 모두 나를 귀중히 여긴다고 느낀다	3.56	0.9824
	18. 나는 한국사람이든 모국사람이든 누구와 함께 있어도 매우 편안하다	3.55	0.9927
	평 균	3.27	0.7081

한 사례가 대부분이기 때문인 것으로 볼 수 있다. 가장 낮은 점수로 나타난 것은 '나는 모국어보다 한국어로 글쓰기를 더 잘한다'로 2.05점이었다. 동화영역을 측정한 항목으로 '모국사람보다 한국사람과 더 잘 어울린다', '친구의 대부분이 한국사람이다' 등의 질문에서도 2.54점, 2.64점 등으로 긍정보다는 부정에 가까운 응답이 더 많았다.

통합영역은 모국문화에 대한 정체감을 유지하면서 한국사회와 문화에 대한 정체감도 함께 지니는 것으로 문화적응 유형의 4가지 영역 중 가장 지향해야 할 유형으로 평가되는 영역이다. 결혼이주여성의 통합영역은 3.27점으로 4가지 문화적응 유형 가운데 가장 높은 점수로 산출되었다. 통합영역을 질문한 항목들 중 평균점수가 가장 높은 항목은 '한국인 친구와 모국인 친구가 모두 있다'로 3.63점이었다. '한국사람과 모국사람 모두 나를 귀중히 여긴다'와 '나는 한국사람이든 모국사람이든 누구와 있어도 편안하다'의 항목도 각각 3.56점, 3.55점으로 높은 수준으로 나타났다. 이에 비해 한국어와 모국어를 모두 잘 사용할 수 있는 능력을 측정한 항목은 2점대로 다소 낮은 수준으로 산출되었다.

〈표 5-16〉 결혼이주여성의 문화적응 유형: 분리

	한국에서의 문화적응	평균	표준편차
분리	2. 내가 듣는 대부분의 음악은 모국음악이다	2.85	1.1742
	6. 나의 가장 친한 친구들은 모국사람이다	3.76	1.1285
	10. 나는 모이는 대부분의 사람들이 모국사람인 모임에 가는 것을 더 좋아한다	3.17	1.1995
	14. 나는 한국사람들보다 모국사람들이 나를 더 동등하게 대해준다고 느낀다	2.87	1.1990
	21. 나는 한국사람들과 함께 있을 때보다 모국사람들과 함께 있을 때 더 편하다	3.24	1.1377
	24. 연애는 동일 인종끼리 해야 한다	1.97	1.1436
	평 균	2.98	0.6722

이처럼 통합영역의 점수가 다른 문화적응 유형과 비교할 때 높게 나타난 것은 통합영역을 측정한 질문들이 결혼이주여성이 한국인 및 모국인과 모두 사귐을 갖는지, 함께 있을 때 편안한지 등 사교적 관계를 측정한 항목들이 많았기 때문으로 볼 수 있다. 특히 이 연구에 응답한 결혼이주여성이 지역사회 내에서 이주여성을 대상으로 한 프로그램에 참여하고 있었던 경우가 많아 한국인 및 모국인 집단과 모두 활발한 교류가 있는 자들이 많았던 것이 이들의 통합영역 문화적응 유형이 높은 점수로 나타난 원인 중 하나로 분석된다. 결혼이주여성이 모국문화의 정체감을 상실한 채 한국문화에 무조건적으로 동화되는 것보다는 통합의 형태로 모국문화와 한국문화에 대한 정체감을 함께 유지하는 것이 보다 바람직한 문화적응 유형에 속한다. 그러므로 이 결과만 본다면 지역사회 내에서 활발하게 활동하는 결혼이주여성들의 문화적응은 긍정적인 방향으로 나아가고 있었다고 말할 수 있다.

분리영역의 점수는 2.98점으로 중간보다 약간 낮은 수준이었다. 분리영역은 결혼이주여성이 한국사회와 문화에 대한 정체감을 형성하지 못하고 모국인들과만 교류하며 모국에 대한 문화적 정체감이 지배적인 성향을 의미하는 것이다. 분리영역을 측정한 항목들 가운데 '나의 가장 친한 친구들은 모국사람이다'가 3.76점으로 가장 높은 점수를 보였다. 다음으로는 '한국사람과 있을 때보다 모국사람과 있을 때 더 편안하다'가 3.24점, '모국사람 모임에 가는 것을 더 좋아한다'가 3.17점으로 높게 나타나 결혼이주여성이 한국인보다 모국인 친구를 더 가깝고 편안히 여기는 성향이 많음을 볼 수 있었다.

주변화영역은 결혼이주여성이 모국문화에 대한 정체감뿐 아니라 한국사회와 문화에 대한 정체감도 형성하지 못한 상태로 사회적 관계로부터 소외되고 단절되는 특성을 측정한 것이다. 이 연구에서 결혼이주여성의 주변화영역 점수는 2.28점으로 문화적응의 4가지 유형 가

〈표 5-17〉 결혼이주여성의 문화적응 유형: 주변화

	한국에서의 문화적응	평균	표준편차
주변화	4. 일반적으로 나는 한국사람이든 모국사람이든 누구와도 사귀기 어렵다	2.36	1.2228
	8. 나는 때때로 한국사람이나 모국사람이나 모두 나를 좋아하지 않는다고 느낀다	1.95	0.9628
	12. 나는 한국인이나 모국인 누구도 나를 이해하지 못한다고 생각할 때가 있다	2.26	1.0613
	16. 나는 때때로 사람들과 의사소통하는 것이 어렵다고 느낀다	2.85	1.1162
	19. 나는 때때로 친구사귀는 것이 어렵다고 느낀다	2.60	1.1162
	22. 나는 때때로 한국사람이나 모국사람이나 모두 나를 받아들이지 않는다고 느낀다	1.88	0.7640
	25. 나는 때때로 한국사람이나 모국사람 모두 신뢰하기 어렵다고 느낀다	2.20	1.0178
	27. 나는 종종 한국사람들이나 모국사람들 모두 나를 이해하는데 어려움을 느낀다고 생각한다	2.30	1.0308
	28. 나는 다른 사람들과 함께 있을 때 편안하지 않다	2.10	1.0548
	평 균	2.28	0.5771

〈표 5-18〉 결혼이주여성의 직업유무에 따른 문화적응의 차이

구분	직업	빈도(명)	평균	표준편차	t 값
동화	있음	71	2.71	0.6886	1.363
	없음	227	2.59	0.6302	(p =.174)
통합	있음	71	3.43	0.7350	2.127
	없음	227	3.22	0.6888	(p =.034)
분리	있음	71	2.89	0.6228	-1.292
	없음	227	3.01	0.6883	(p =.197)
주변화	있음	71	2.22	0.6316	-1.018
	없음	227	2.30	0.5634	(p =.310)

운데 가장 낮았다. 주변화영역을 측정한 항목 가운데 가장 높은 점수로 나타난 문항은 '때때로 사람들과 의사소통하는 것이 어렵다고 느낀다'와 '때때로 친구사귀는 것이 어렵다고 느낀다'였다. 반면 가장 낮은 점수로 나타난 항목은 '한국사람이나 모국사람 모두 나를 받아들이지 않는다고 느낀다'와 '한국사람이나 모국사람 모두 나를 좋아하지 않는다고 느낀다'로 부정적 반응이 강하게 나타났다.

이 같은 결과는 이 연구의 대상자였던 서울시 거주 결혼이주여성 대다수가 한국생활에서 의사소통을 하거나 친구를 사귀는 데 다소 어려움은 경험하지만 사람들이 자신을 받아들이지 않거나 좋아하지 않는다고 느껴 사회적 관계로부터 자신을 소외시키고 단절시키는 경향은 매우 낮은 것을 의미한다.

결혼이주여성의 문화적응 유형이 연령대별로 차이가 있는지 살펴보았으나 차이가 발견되지 않았다. 반면 직업유무에 따라서는 통합영역에서만 차이가 발견되었다. 이들 가운데 직업이 있는 경우 전업주부로 생활하는 경우보다 통합영역의 점수가 더 높은 것으로 나타나났는데, 이러한 결과는 이주여성이 직업을 갖고 생활할 경우 한국말을 사용하거나 한국친구와 사귀게 되는 등 한국문화에 적응하게

될 가능성이 더 높아지는 것과 관련이 있는 것으로 해석된다. 즉, 이들의 취업과 이를 통한 직업생활이 이주여성의 한국에서의 건강한 문화적 적응에 도움이 되는 것을 알 수 있다.

(2) 문화적응스트레스

결혼이주여성이 한국생활을 하는 가운데 경험하는 문화적응스트레스[5]는 매우 심각한 것으로 알려져 있다. 타문화에 대한 차별, 문화적 충격 등을 비롯하여 본인이 느끼는 두려움, 향수병 등이 있을 것으로 예측되었다. 그러나 연구결과는 그렇게 심하게 스트레스를 경험하는 것으로 나타나지는 않았다. 전체 문화적응스트레스 점수는 2.30점으로 낮게 산출되어 응답자들이 스스로 인식하는 문화적응스트레스의 정도가 심각한 수준은 아닌 것으로 파악되었으며, 지각된 차별감이 2.24점, 향수병이 2.86점, 지각된 증오감이 2.02점, 두려움이 2.10점, 문화충격이 2.41점, 죄책감이 2.0점, 그리고 기타 영역이 2.44점으로 나타났다.

하위영역 가운데 가장 높은 점수를 보인 영역은 향수병으로, 결혼을 이유로 한국에 들어온 이주여성들이 모국과 모국의 가족 및 친지들을 그리워하는 마음이 상당히 많은 것을 알 수 있었다. 다음으로 높은 점수를 나타낸 영역은 문화충격으로 결혼이주여성들이 한국에 들어와 음식에 적응하거나 새로운 문화에 적응하는 과정에서 어려움을 경험하거나 여러 가지 압박감을 느끼는 정도가 다른 영역에 비해 다소 높은 편으로 나타남을 볼 수 있었다.

---

5) 문화적응스트레스는 산두와 아스라바디(1994)가 개발한 문화적응스트레스 척도를 번안한 총 36문항의 5점 리커트 척도로 측정하였음. 지각된 차별감, 향수병, 지각된 증오심, 두려움, 문화충격, 죄책감, 기타의 7개 하위영역으로 나뉨.

〈표 5-19〉 결혼이주여성의 문화적응스트레스

문화적응스트레스	평 균	표준편차
지각된 차별감	2.24	0.7765
향수병	2.86	0.8504
지각된 증오감	2.02	0.7539
두려움	2.10	0.7393
문화충격	2.41	0.8619
죄책감	2.00	0.8516
기타	2.44	0.6866
전체 평균	2.30	0.6073

이에 비해 결혼이주여성이 사회적 상황에서 자신이 차별을 받는다고 느끼거나 불공평한 대우를 받는다고 느끼는 등의 한국사회의 생활에서 인식하는 지각된 차별감은 낮게 나타났다. 또한 한국사람들이 자신을 미워하고 자신이 속한 모국문화의 가치를 비웃는다고 인식하는 등의 지각된 증오감의 수준은 역시 비교적 낮은 것으로 분석되었다. 이는 이주노동자로 한국에 들어온 사람들이 경험하는 사회적 차별감의 경험과 비교해 볼 때 결혼을 통해 한국에 들어온 이주여성의 경우 실제 한국생활에서 피부로 느끼는 차별감의 경험이 다소 낮은 것으로 볼 수 있는 결과이다. 결혼이주여성이 한국사회에서 생활할 때 자신의 신변상의 안전에 대한 두려움을 느끼거나 모국에 두고 온 가족에 대한 죄책감을 느끼는 정도도 낮았다.

결혼이주여성의 문화적응 스트레스로 기타 영역에 해당하는 질문에는 '나의 조국사람들이 이곳에서 열등하게 취급받는데 분노를 느낀다', '이 곳 사람들이 내 문화의 가치를 이해하지 못할 때 마음이 상한다' 등이 포함되었는데 이 2개 항목은 전체 문화적응 스트레스를 측정한 36개 항목 가운데 각각 3.11점, 3.06점으로 가장 높은 점수를 보인 항목이었다. 기타 영역에 속하는 다른 질문으로 '나는 나의

〈표 5-20〉 문화적응 스트레스의 하위 항목

문화적응 스트레스		평균	표준편차
지각된 차별감	3. 나는 사회적 상황에서 다르게 취급받는다	2.40	1.2293
	9. 다른 사람들은 나에 대해 편견을 가지고 있다	2.13	1.0472
	11. 이곳에서는 나에게 많은 기회들이 수어지지 않는다	2.58	1.2893
	14. 나는 이곳에서 불공평한 대우를 받는다고 느낀다	2.29	1.1671
	17. 나는 이곳에서 대접받을 만큼 받고 있지 못하다	2.13	1.0836
	23. 이곳에서는 나의 조국 사람들이 차별받는다	2.59	1.2136
	26. 나는 나의 인종 때문에 다르게 취급받는다	2.09	1.1018
	29. 나는 나의 피부색 때문에 다르게 취급받는다	1.69	0.8910
	평 균	2.24	0.7765
향수병	1. 고향에 대한 그리움이 나를 괴롭힌다	2.78	1.1329
	6. 나는 친숙하지 않은 환경에서 사는 것이 슬프다	2.18	1.1053
	21. 나는 나의 조국과 그곳 사람들이 그립다	3.68	1.1251
	35. 나는 친척들을 남겨두고 떠나온 것이 슬프다	2.76	1.3234
	평 균	2.86	0.8504
지각된 증오심	4. 다른 사람들은 내 문화의 가치에 대해 비웃는다	2.23	1.1323
	15. 이곳 사람들은 나에 대한 미움을 비언어적으로 표현한다	1.91	0.9984
	20. 이곳 사람들은 내 문화의 가치를 높이 평가하지 않는다	2.33	1.0995
	24. 이곳 사람들은 나에 대한 미움을 행동으로 표현한다	1.83	0.8857
	33. 사람들은 나에 대한 미움을 말로 표현한다	1.72	0.8595
	평 균	2.02	0.7539
두려움	7. 나는 내 문화적 배경이 다르기 때문에 나의 개인적 안전에 두려움을 느낀다	2.23	1.0428
	18. 나는 사람들에 대한 두려움 때문에 자주 이사를 다닌다	1.67	0.8890
	27. 나는 이곳에서 안전하지 못하다고 느낀다	1.91	1.0029
	31. 나는 두려움 때문에 대개 외부활동을 피한다	1.86	0.9732
	평 균	2.10	0.7393

〈표 5-20〉 계속됨

	문화적응 스트레스	평균	표준편차
문화충격	2. 나는 새로운 음식에 적응하는 것이 불편하다	2.22	1.1633
	13. 이곳으로 이주한 후 나는 많은 압박들을 느낀다	2.55	1.2521
	22. 나는 새로운 문화의 가치에 적응하느라 불편하다	2.45	1.1009
	평 균	2.41	0.8619
죄책감	10. 나는 가족과 친구들을 남겨두고 떠나온 데 죄책감을 느낀다	2.22	1.1490
	34. 나는 내가 다른 생활방식으로 여기에서 살아가고 있는 것에 대해 죄책감을 느낀다	1.78	0.9284
	평 균	2.00	0.8516
기타	5. 나는 한국말로 의사소통하려면 긴장된다	2.74	1.2230
	8. 나는 사회적 활동에 참여하는 데 주저함을 느낀다	2.42	1.1940
	12. 나는 나의 조국사람들이 이곳에서 열등하게 취급받는 데 분노를 느낀다	3.11	1.4033
	16. 이곳 사람들이 내 문화의 가치를 이해하지 못할 때 마음이 상한다	3.06	1.2382
	19. 나는 나의 문화적 배경 때문에 열등하게 느낀다	1.96	1.0421
	25. 나는 나의 문화적 배경 때문에 이사회에서의 나의 지위가 낮다고 느낀다	2.11	1.0527
	28. 나는 이곳에서 사회에 대한 소속감을 느끼지 못한다	2.25	1.2030
	30. 나는 내 조국 사람들의 문제를 생각할 때 슬픔을 느낀다	2.69	1.2761
	32. 나는 내가 다른 출신국이기 때문에 사람들이 나와 사귀려 하지 않는다고 느낀다	1.83	0.8988
	36. 나는 이곳에 남아야 할지 고국으로 돌아가야 할지 결정할 수 없어서 나의 미래가 걱정된다	2.30	1.2563
	평 균	2.44	0.6666
문화적응스트레스 전체 평균		2.30	0.6073

문화적 배경 때문에 열등하게 느낀다'와 '나는 내가 다른 출신국이기 때문에 사람들이 나와 사귀려 하지 않는다고 느낀다' 등의 점수는 2점보다 낮은 1.96점, 1.83점으로 한국사회에서 자신의 출신국적 배경이 다름으로 인하여 느끼는 열등감이나 차별감은 비교적 낮은 것으로 분석되었다. 그 외 '한국말로 의사소통하려면 긴장된다', '사회활동에 참여하는 데 주저함을 느낀다', '이 곳에서 사회에 대한 소속감을 느끼지 못한다' 역시 중간보다 낮게 스트레스를 경험하는 것으로 나타났다.

〈표 5-21〉 결혼기간에 따른 문화적응스트레스

구 분	결혼기간	빈도(명)	평균	표준편차	F 값
지각된 차별감	2년 미만	149	2.21	0.8095	.860 (p=.424)
	2~5년	103	2.33	0.7647	
	5년 초과	45	2.18	0.6857	
향수병	2년 미만[a]	149	3.03	0.8188	12.401 (p=.000)
	2~5년[b]	103	2.87	0.7811	
	5년 초과[c]	45	2.33	0.8921	
지각된 증오심	2년 미만	149	2.05	0.7628	.517 (p=.597)
	2~5년	103	2.00	0.7656	
	5년 초과	45	1.92	0.5672	
두려움	2년 미만[a]	148	2.19	0.7576	3.722 (p=.025)
	2~5년[b]	103	2.09	0.7177	
	5년 초과[c]	45	1.85	0.7124	
문화 충격	2년 미만	148	2.47	0.8480	.721 (p=.487)
	2~5년	103	2.38	0.8885	
	5년 초과	45	2.32	0.8542	
죄책감	2년 미만[a]	149	2.10	0.8388	5.100 (p=.007)
	2~5년[b]	103	2.00	0.7982	
	5년 초과[c]	45	1.65	0.8449	
기 타	2년 미만	149	2.46	0.7008	1.083 (p=.340)
	2~5년	103	2.51	0.6769	
	5년 초과	45	2.33	0.6468	

그러나 이 같은 스트레스도 결혼기간이 길어짐에 따라 점차 감소하는 것으로 나타났다. 특히, 향수병, 두려움, 죄책감 등의 스트레스는 결혼기간에 따라 그 수준이 현저히 감소하였다. 5년을 초과한 집단에서 스트레스가 가장 낮았는데, 이는 오랫동안 생활하면서 결혼생활에도 적응하고 한국생활과 문화에도 적응하면서 주변에서 친구도 사귀는 등 향수병을 달래주고 두려움을 없애주는 경험을 하는 것 때문으로 해석된다.

결혼이주여성의 문화적응은 문화적응스트레스의 영향을 받는다. 동화의 경우 스트레스와 큰 관계가 없으나, 통합의 경우 문화적응스트레스와 부적상관관계가 있다. 문화에 적응하는 데 스트레스를 많이 경험하면 통합에 걸림돌이 되는 것이다. 이는 분리 및 주변화 유형과의 관계에서 증명된다. 분리의 경우 문화적응스트레스의 수준이 증가할수록 결혼이주여성들은 스스로를 주류문화로부터 분리하는 것을 알 수 있다. 또한 주변화의 경우가 가장 높게 나타났는데 문화적응스트레스의 수준이 높아질수록 주변화의 성향도 높아짐이 확인할 수 있었다.

3) 결혼이주여성의 가족생활

결혼이주여성은 대부분 남편과 2인 가구를 이루고 살거나 자녀와 함께 살고 있었다. 남편과 자신 사이에 낳은 자녀와 함께 살거나, 남편과 남편의 전 배우자 자녀를 양육하며 함께 사는 경우, 남편과 이주여성 자신의 전 배우자와의 자녀를 양육하며 함께 사는 경우, 남편과 이주여성 자신의 전 배우자와의 자녀와 함께 사는 경우까지 모두 합하면 부부, 또는 부부와 자녀로 이루어진 핵가족의 비율은 71.7%가 된다. 시부모가 함께 사는 경우는 20%가 넘었으며, 남편의 형제자매까지 함께 사는 경우도 2%가 넘었다. 이에 반해 결혼이주여성

〈표 5-22〉 결혼이주여성의 가족유형

가족유형	빈도(명)	비율(%)
나, 남편	125	41.1
나, 남편, 나와의 자녀	79	26.0
나, 남편, 남편의 전 배우사 자녀	9	3.0
나, 남편, 나의 전 배우자 자녀	5	1.6
나, 남편, 시부모	37	12.2
나, 남편, 나와의 자녀, 시부모	20	6.6
나, 남편, 시부모, 남편 형제자매	5	1.6
나, 남편, 나와의 자녀, 남편 형제자매	1	0.3
나, 남편, 나와의 자녀, 시부모, 남편 형제자매	1	0.3
나, 남편, 친정부모·친정형제자매	2	0.7
기타	19	6.3
무응답	1	0.3
합 계	304	100.0

의 친정 부모나 형제자매가 현재 함께 동거하는 경우는 총 2명으로 극히 소수에 불과하였다.

(1) 가정생활에서의 어려움

이렇게 전형적인 핵가족이 대부분을 차지하는 결혼이주여성의 가족에서 이들이 가정생활에서 경험하는 가장 큰 어려움은 '한국어 의사소통'이었다. 가족과의 가치관이나 생활습관 차이도 타 영역에 비해 어려움을 많이 경험하는 내용으로 인지되었다. 은행업무 보기, 세금 및 관리비 내기 등 집안일을 처리하는 것에 대한 어려움은 2.59점으로 중간보다는 낮은 수준이지만 한국의 지역사회 생활에 익숙하지 않은 다수가 이를 어려움으로 인식하는 것으로 보고되었다.

특히 이 영역은 한국에 들어와서 생활한 기간이 짧은 결혼이주여성일수록 더 어려움을 느낄 수 있는 영역이며, 지역사회 내의 다양한

〈표 5-23〉 결혼이주여성의 가정생활의 어려움

가정생활에서의 어려움	평균	표준 편차
나는 한국어 의사소통에 어려움을 느낀다	3.00	1.1727
나는 은행업무보기, 관리비 및 기타 세금내기 등의 일을 처리하는 데 어려움을 느낀다	2.59	1.3443
나는 가족들과 가치관 차이로 어려움을 느낀다	2.58	1.1292
나는 가족들과 생활습관 차이로 어려움을 느낀다	2.58	1.1671
나는 남편과 가사분담에 대한 의견차이로 어려움을 느낀다	2.33	1.1453
나는 한국음식 적응에 어려움을 느낀다	2.18	1.1463
나는 한국식으로 가사일을 수행하는 데 어려움을 느낀다(식사준비, 빨래, 청소 등)	2.11	1.1364
전체 평균	2.49	0.7767

기관들을 활용할 수 있는 독립 능력과도 관련된 부분이므로 이에 대한 어려움을 해소할 수 있도록 지원과 관심이 더욱 필요한 영역이다. 가정생활과 관련된 어려움 가운데 어려움을 느끼는 수준이 가장 낮은 것은 한국음식에 적응하는 것과 한국식으로 가사일을 수행하는 것이었다. 전반적으로 이들이 가정생활에서 경험하는 다양한 어려움들에 대한 점수는 중간보다 낮은 수준이었다.

가정생활에서의 어려움을 시부모와의 관계, 남편과의 관계, 아동양육으로 세분하여 알아보았다. 시부모가 있는 사람들을(262명) 대상으로 시부모와의 관계에서 어려움을 경험하는지를 질문한 결과 104명만이 어려움이 있다고 답하였으며, 가장 큰 어려움은 의사소통(55.8%)이었다. 이는 보건복지부 실태조사(2005)에서 응답자의 절반 이상인 57.7%가 시부모와의 관계에서 한국어 의사소통의 어려움을 느낀다고 응답한 것과도 일치되는 결과이다.

그 다음으로 경험하는 어려움은 생활습관 및 생활방식의 차이, 사고방식 및 가치관의 차이 순서로 높게 나타났다. 또한 가사일을 처

〈표 5-24〉 결혼이주여성의 시부모와의 관계 어려움

시부모와의 관계 어려움	빈도(명)	비율(%)
어려움이 있음	104	39.7
의사소통의 어려움	58	55.8
생활습관, 생활방식의 차이	45	43.3
사고방식, 가치관의 차이	41	39.4
가사일을 처리하는 방식의 차이	24	23.1
시부모부양과 수발	13	12.5
나에 대한 인격적 무시와 비난	10	9.6
기타	10	9.6
어려움이 없음	134	51.1
무응답	24	9.2
합 계	262	100.0

리하는 방식의 차이도 시부모와의 관계에서 자주 어려움을 야기하는 항목으로 선택하였는데, 이를 통해 결혼이주여성이 가사일을 수행하는데 시부모의 간섭이나 지도를 받는 사례가 많은 편임을 유추해볼 수 있었다. '인격적 무시와 비난', '시부모 부양과 수발' 등도 시부모와 관련된 어려움으로 지적되었으며 각각 10% 정도가 이를 경험한다고 하였다.

(2) 남편의 지지

결혼이주여성이 결혼생활 및 한국생활 정착에 있어 남편으로부터 받는 지지는 중간 이상 수준으로 나타났다. 이는 일반적으로 알려진 것보다 높은 수준이었다. '남편은 내가 한국에 대해 잘 모를 때 자세히 설명해준다'와 '남편은 한국생활 적응과정을 함께해주고 지지해준다'가 가장 잘해주는 지지의 내용이었다. 각각 3.82점, 3.79점으로 높게 평가되었다. 또한 '남편은 기쁠 때나 힘들 때 내 곁에 있어 준다'와 '남편은 나의 기분을 즐겁게 해주려고 노력한다' 등 부부관계에서 친밀감을 바탕으로 한 지지도 높게 평가된 지지의 내용이었다.

결혼이주여성의 남편이 여성을 배우자로서 존중하고 인정하는지를 파악하기 위해 이들의 의견존중이나 모임에의 동반 등에 대해 알아보았다. '남편은 친척의 결혼식, 장례식 등 가족모임에 나와 함께 간다', '남편은 의사결정 시 나의 의견을 존중한다' 등에서 남편이 이주여성을 배우자로서 존중하는 정도가 중간 이상 수준임을 알 수 있었다. 그러나 이에 비해 '남편이 여성결혼이민자를 위한 다양한 모임에 대한 정보를 제공'해 주거나 '모임에 함께 참여'하는지의 여부를 묻는 질문에서는 중간보다 낮은 수준으로 나타났다. 이는 두 가지 차원에서 해석된다. 하나는 결혼이주여성을 위한 지역사회 내의 다양한 서비스와 프로그램에 대한 정보가 남편에게도 부족하다는 것이며, 다른 하나는 이러한 정보를 이주여성 배우자에게 전해주는 데에 있어

〈표 5-25〉 결혼이주여성의 남편의 지지

한국생활 정착에 있어서의 남편의 지지	평 균	표준편차
나의 남편은 나의 기분을 즐겁게 해주려고 노력한다	3.67	1.3039
나의 남편은 한국생활 적응 과정을 함께해주고 지지해준다	3.79	1.2741
나의 남편은 기쁠 때나 힘들 때나 내 곁에 있어준다	3.80	1.2363
나의 남편은 내가 한국문화를 잘 몰라서 실수할 때 나를 무시하거나 비난하지 않는다	3.36	1.5514
나의 남편은 내가 한국에 대해 잘 모를 때 자세히 설명해준다	3.82	1.2456
나의 남편은 친척의 결혼식, 장례식 등 가족모임에 나와 함께 간다	3.70	1.3277
나의 남편은 의사결정 시 나의 의견을 존중한다	3.52	1.2842
나의 남편은 내가 시댁과의 갈등 시 나의 편을 들어준다	3.12	1.3708
나의 남편은 여성결혼이민자를 위한 다양한 모임들을 소개해준다	2.54	1.3641
나의 남편은 여성결혼이민자를 위한 다양한 모임들에 나와 함께 참여한다	2.40	1.2827
전체 평균	3.37	0.9572

남편의 적극적 역할이 부족하다는 것이다. 일반적으로 남편의 지지가 높게 나타나므로 남편에게 각종 서비스 정보제공도 해주고 남편 역할도 안내하여 남편이 적극적 지지자의 역할을 할 수 있도록 할 필요가 있다.

또한 이들은 아내의 모국문화를 이해하려는 노력을 하지 않는 것으로 나타났다. 아내의 모국문화를 이해하려고 노력하거나, 문화적 차이로 인한 갈등 시 남편이 아내를 이해하려는 노력을 하는 등 이해는 하지만, 아내의 모국의 사회적 상황과 전통문화, 예술문화 및 역사에 대해 관심을 갖는 등 적극적인 노력을 하는 것은 상대적으로 낮게 나타났다.

그러다보니 부부간 서로의 이해 수준이 달라 결혼이주여성은 폭력을 경험하기도 한다. 남편으로부터 폭력을 경험한 적이 있는 자는 19.7%이며, 폭력의 유형별로는 언어적 폭력이 78.3%로 가장 높게

〈표 5-26〉 결혼이주여성 남편의 노력

남편의 아내의 문화 이해 노력	평 균	표준편차
나의 남편은 나의 모국어를 배우고자 노력한다	2.78	1.3307
나의 남편은 나의 모국의 사회적 상황에 대해 궁금해 하고 자주 질문한다	2.78	1.1620
나의 남편은 나의 모국의 전통문화에 대해 관심을 갖는다(도덕, 관습, 전통 등)	2.85	1.1956
나의 남편은 나의 모국의 예술문화에 대해 관심을 갖는다(음악, 영화 등)	2.69	1.1951
나의 남편은 나의 모국의 역사에 대해 관심을 갖는다	2.71	1.2261
나의 남편은 문화적 차이로 인한 갈등발생 시 나를 이해하려고 노력한다	3.44	1.3622
전체적으로 볼 때, 나의 남편은 나의 모국문화를 이해하려고 많이 노력한다	3.25	1.3435
전체 평균	2.93	1.0045

〈표 5-27〉 결혼이주여성 남편의 폭력

남편의 폭력	빈도(명)	비율(%)
경험한 적 있음	60	19.7
언어폭력	47	78.3
신체폭력	19	31.7
성적폭력	3	5.0
경험한 적 없음	214	70.4
무응답	30	9.9
합 계	304	100.0

나타났고, 신체적 폭력은 31.7%, 그리고 성적폭력은 5%의 비율로 가장 낮게 나타났다.

이와 같은 폭력의 유형별 빈도를 전체 응답자를 기준으로 하여 백분율을 재산정해 본 결과 총 응답자 304명 가운데 언어적 폭력을 경험한 자는 전체의 15.5%, 신체적 폭력을 경험한 자는 6.3%, 성적폭력을 경험한 자는 1%로 각각 산출되었다. 이는 결혼이주여성을 대상으로 한 전국 실태조사(보건복지부, 2005)에서 부부폭력 가운데 언어폭력을 경험한 사람이 31%, 신체적 폭력을 경험한 사람이 10~14%의 비율로 나타난 것보다 절반 정도의 낮은 수치를 보이는 것이다.

그리고 이 폭력은 이혼이나 별거를 고려하는 데 있어 꽤 의미 있는 원인 제공자의 기능을 하는 것으로 보인다. 결혼이주여성이 남편과의 결혼생활에서 이혼 또는 별거를 고려한 적이 있는지의 여부를 살펴보면 이혼이나 별거를 생각해본 적이 있다고 응답한 자가 전체의 27%였다. 이는 결혼이주여성을 대상으로 한 전국 실태조사(보건복지부, 2005)에서 응답자 중 이혼을 고려해본 적이 있다고 응답한 자가 전체 응답자의 34%로 나타난 것보다 7%정도 낮은 수치였다. 이는 보건복지부(2005) 조사에서는 연구대상자에 도시지역과 농촌지역이 모두 포함된 데 비해 이 연구에서는 도시지역 중에서도 서울지역

〈표 5-28〉 이혼 또는 별거에 대한 고려

이혼 또는 별거 고려	빈도(명)	비율(%)
생각해 본적 있음	82	27.0
배우자와의 성격차이	40	48.8
배우자의 폭력	17	20.7
배우자의 경제적 무능력	15	18.3
배우자와의 생활방식 및 문화적 차이	31	37.8
무관심	20	24.4
기타	7	8.5
생각해 본적 없음	214	70.4
무응답	8	2.6
합 계	304	100.0

에서 생활하는 결혼이주여성만을 연구대상자로 제한하였다는 점에서 그 차이의 원인을 찾을 수 있을 것이다. 반면 이혼이나 별거를 고려해본 적이 없다고 응답한 자는 70.4%로 이혼이나 별거를 고려한 적이 있는 자보다 2.6배 정도 높았다.

이들이 지적하는 이혼·별거 고려 원인은 배우자와의 성격차이가 가장 많았으며 배우자와의 생활방식 및 문화적 차이가 그 다음이었다. 결혼생활을 유지하는 데 가장 큰 어려움을 야기하는 요소로 배우자의 성격 및 문화적 차이가 큰 비중을 차지함을 확인할 수 있었다. 남편의 폭력 또는 무관심에 응답한 자는 이혼 또는 별거를 고려한 적이 있는 총 82명 가운데 각각 17명, 20명으로 전체의 20.7%, 24.4%로 나타나 결혼이주여성 가족에서 폭력과 무관심이 부부관계에서 이혼이나 별거를 고려하도록 하는 심각한 문제가 될 수 있음을 시사해주었다. 그 밖의 이혼이나 별거를 고려하는 원인으로 배우자의 경제적 무능력도 포함되었는데 응답자의 18.3%가 이를 이혼이나 별거를 고려하는 원인으로 인식하여 부부관계에서 남편의 경제적 능력이 행복한 결혼생활을 유지하는 데 중요한 측면이 될 수 있음을 보여주었다. 그럼에도 불구하고 모든 원인들 중 가장 낮은 비율을 보이는 것은 이들의 이혼의 문제가 경제적인 것보다는 두 사람 사이의 본질적 관계에 기인함을 나타내는 것이라 하겠다.

자녀양육은 모든 어머니에게 끝없는 기쁨이자 또한 부담으로 다가온다. 그런데 자녀양육에 대한 경험도 없고 정보도 없으며 문화도 다른 결혼이주여성에게 자녀양육은 기쁨보다 부담이 더 큰 게 사실이다. 가장 많은 어려움을 경험하는 내용은 '자녀에게 한국말 가르치기'로 이는 체계적으로 한국말을 배우거나 익힌 경험이 없으며, 한국말이 능숙하지 못한 결혼이주여성에게 심각한 문제가 되는 어려움이다. 이는 결혼이주여성에 대한 체계적인 한국어교육이 자녀양육에도 필수적으로 중요한 부분이 됨을 시사해준다.

〈표 5-29〉 결혼이주여성의 자녀양육의 어려움

자녀양육 및 교육에서의 어려움	빈도(명)	비율(%)
자녀에게 한국말을 가르치기 어려움	55	61.1
학습지도와 관련한 어려움	45	50.0
적절한 양육 및 교육법을 모름	36	40.0
자녀양육을 도와줄 사람이 없음	35	38.9
남편과의 양육방식의 차이	25	27.8
자녀와 의사소통의 어려움	16	17.8
시부모의 자녀양육에 대한 간섭	15	16.7
자녀를 맡길 적합한 보육시설 부족	13	14.4
자녀의 친구 및 교우관계 지도의 어려움	13	14.4
자녀에 대한 사회적 편견과 차별	10	11.1
자녀와의 사고방식 및 가치관의 차이	7	7.8
자녀가 나를 엄마로서 존중하지 않음	5	5.6
남편의 전 배우자가 낳은 자녀가 나를 엄마로 인정하지 않음	6	6.7
남편의 전 배우자가 낳은 자녀가 나를 싫어하고 무시함	4	4.4
기타	6	6.7

다음으로 높게 나타난 자녀양육의 어려움은 '학습지도와 관련한 어려움'이었으며, 그 다음은 자녀지도와 관련된 어려움으로 '적절한 자녀양육 및 교육법을 모름'이었다. 결혼이주여성의 나이가 어리고 자녀양육이 처음인 경우 적절한 자녀양육 방법 및 교육법을 알지 못하여 경험하는 어려움이 높으며, 자녀의 학습지도와 관련된 어려움은 자녀가 성장하여 학령기로 접어들수록 더욱 증가할 수 있는 어려움이다.

'자녀양육 시 도와줄 사람이 없음'으로 인한 어려움도 꽤 높은 비율을 차지하였는데, 주변에 도움을 줄 사람이 없는 경우 결혼이주여성이 경험하는 자녀양육으로 인한 어려움이 가중되는 것을 알 수 있다. '자녀양육 시 남편과의 양육방식 차이' 및 '시부모의 자녀양육에 대한 간섭'도 어려움으로 지적되었는데 결혼이주여성이 자녀양육에 있어 남편과 시부모와 의견이 다를 때 가족 내 자녀양육과 관련된 갈등이 야기될 수 있음을 시사해주는 것이라 하겠다.

반면 결혼이주여성들은 자신의 자녀를 양육할 때 자신의 모국문화, 전통, 언어 등을 가르치며 모국과의 관계를 가르치고 있었다(양옥경, 2007: 152). 이들은 자녀에게 모국과 모국에 있는 친지들에 관한 이야기를 해주거나 자녀가 모국에 있는 친정식구들과 연락을 주고받을 수 있도록 하고 있었다. 자녀에게 모국을 방문하도록 하거나, 자녀를 여러 문화에 익숙하도록 키우려고 노력하며, 자신의 자녀를 한국문화뿐 아니라 자신의 모국문화에도 익숙한 다문화적인 강점을 지닌 자녀로 양육하고자 하는 의지를 갖고 있었다. 그럼에도 불구하고 이들은 실제 자녀양육 과정에서는 한국사회에서 자신의 자녀가 차별당하지 않을지 걱정하였다.

(3) 가족관계

언어나 문화의 차이로 인해 결혼이주여성의 가족관계가 일반적인 가족들이 보여주는 정서적인 친밀과 수용을 나누는 관계로 유지하는

데 어려움이 있을 수 있다고 사료되어 이들이 스스로 인지하는 가족관계[6]의 내용과 정도를 살펴보았다.

〈표 5-30〉 결혼이주여성의 가족관계

	가족관계	평균	표준편차
정서친밀	1. 우리 가족은 가족끼리 대화가 잘된다	3.63	1.2057
	2. 우리 가족은 각자의 친한 친구들을 서로 잘 안다	3.33	1.2870
	3. 우리 가족은 문제를 함께 잘 해결하려고 노력한다	3.65	1.2468
	4. 우리 가족은 서로에 대해 잘 알고 있다	3.51	1.2604
	5. 우리 가족은 각자의 감정에 대해 가족들에게 마음을 열고 허심탄회하게 이야기 한다	3.49	1.2350
	6. 우리 가족은 도움이 필요할 때 언제든지 서로 도움을 청할 수 있다	3.60	1.2253
	7. 우리 가족은 여가시간을 함께 보내기를 좋아한다	3.52	1.2494
	8. 우리 가족은 서로 친밀하게 느낀다	3.74	1.2239
	9. 우리 가족은 서로 솔직하고 정직하다	3.67	1.2782
	10. 우리 가족은 서로 지지해주고 격려해준다	3.64	1.2213
	11. 우리 가족은 서로에게 생각과 느낌을 표현할 수 있다	3.57	1.2573
	평 균	3.59	1.0476
수용존중	12. 가족의 일을 계획할 때 우리 가족 모두에게 발언권이 있다	3.64	1.2452
	13. 우리 가족은 서로를 있는 그대로 인정한다	3.78	1.2115
	14. 우리 가족은 각각 자신의 행동에 책임을 진다	3.71	1.2358
	15. 우리 가족은 가족들 간의 서로 다른 의견을 존중한다	3.70	1.2525
	16. 우리 가족은 서로의 감정을 존중한다	3.81	1.2056
	17. 우리 가족은 규칙이나 기준을 고집하지 않는다	3.38	1.3014
	평 균	3.67	1.0777
전체 평균		3.62	1.0233

6) 가족관계는 양옥경(2001)이 개발한 가족관계척도를 사용하였으며, 정서친밀영역의 11문항과 수용존중영역의 11문항만을 활용하였고, 총 17문항 5점 리커트 척도로 측정하였음.

정서친밀영역과 수용존중영역으로 측정한 결과 전체 가족관계 점수는 3.62점으로 중간 이상의 높은 점수로 나타나 이들이 인지하는 가족관계는 좋은 것으로 파악되었다. 하위영역별로는 가족간의 정서적 친밀성과 의사소통의 개방성, 상호 협력성, 여가시간 공유 등을 주 내용으로 하는 정서친밀영역의 점수가 3.59점이었으며, 서로에 대한 인정과 수용, 의견의 존중 등을 중심 내용으로 하는 수용존중영역의 점수는 정서친밀영역보다 다소 높은 3.67점으로 나타났다. 정서친밀영역을 구성하는 문항들 가운데는 '우리 가족은 서로 친밀하게 느낀다'와 '우리 가족은 문제를 함께 해결하려고 노력한다' 등이 각각 3.74점, 3.65점으로 높은 점수를 보였다. 수용존중영역 가운데 가장 높게 나타난 항목은 '우리 가족은 서로의 감정을 존중한다' 3.81점, '우리 가족은 서로를 있는 그대로 인정한다' 3.78점으로 가족 내에서 서로의 감정을 존중해주고 상대방을 있는 모습대로 인정해주는 관계가 잘 형성되어 있는 것으로 평가되었다.

결혼이주여성의 이와 같은 가족관계 점수는 같은 척도를 사용하여 서울지역 일반 기혼여성을 대상으로 한 연구들에서 나타난 가족관계 점수와도 크게 차이가 없었다. 서울지역 기혼여성의 가족관계 점수는 개발 당시 연구에서는 정서친밀영역 3.43, 수용존중영역 3.45였으며(양옥경, 2001: 136~137), 다른 연구에서는 각각 3.75점과 3.76점으로 나타났고(김연수, 2002: 110), 또 다른 연구에서는 3.75점과 3.78점으로 나타났다(양옥경 · 이민영, 2003: 17~18). 따라서 서울지역에서 이주여성을 대상으로 서비스를 제공하는 기관을 이용하거나 지역사회 내에서 교회나 모국친구 등과 연계를 맺고 활동적으로 생활하는 결혼이주여성의 가족관계는 국내의 다른 일반 가족의 가족관계와 친밀성이나 수용 및 존중성에 있어 큰 차이를 보이지 않고 좋은 관계를 유지하는 사례가 많은 것으로 파악되었다.

결혼이주여성의 결혼생활에 대한 전반적인 만족도를 알아본 결과 이들의 결혼생활 만족도는 7.33점으로 만족하는 수준이 중간 이상으로 대체로 높게 나타났다(양옥경, 2007: 126). 이는 결혼이주여성실태조사(보건복지부, 2005) 자료에서 결혼이주여성의 부부관계 만족도를 조사한 결과 '대체로 만족'이 34.3%, '매우 만족'이 20.6%로 부부관계에 만족하는 비율이 과반수를 차지하였으며, 부부관계 만족도를 5점 척도로 측정한 결과 평균이 3.69점으로 중간 이상 수준으로 만족도가 나타난 것과도 일관되는 결과라 할 수 있다.

4) 결혼이주여성의 사회생활

(1) 사회적 지지

결혼이주여성의 사회적 지지망을 알아보기 위해 한국생활 적응에 도움을 주는 사람이나 단체에 관해 살펴본 결과 결혼이주여성의 한국생활에 가장 많은 도움을 주는 사람은 남편이었다. 시부모로부터 도움을 받는 경우도 18.8%로 꽤 높게 나타났으며, 시동생이나 시누이 등 친척으로부터 도움을 받는다고 응답한 경우도 23.4%로, 시댁으로부터의 지지가 높게 나타났다. 결혼이주여성의 연령 등의 특성대로 시부모보다는 시동생이나 시누이 등이 결혼이주여성의 한국생활 적응에 도움을 주는 비율이 더 높게 나타난 것은 고무적이라 하겠다.

가족 이외의 이들에게 지지를 주는 사람들은 모국인 친구(36.2%)였으며, 한국인 친구로부터 도움을 받는 경우는 14.1%에 불과하였다. 한국에서 생활하는 결혼이주여성에게 도움을 주는 사회적 지지망에 모국인 친구보다 한국인 친구의 비율이 훨씬 더 낮게 나타난 것이다. 이들에게는 사회적 관계망을 형성하는 모국 친구들이 84.9%나 되었다(양옥경, 2007: 166). 한국에 들어올 때부터 먼저 한국으로 이주해 있는 모국친구가 있는 경우도 있지만, 한국에 거주하는 기간 동안 모국으로부터 결혼이주를 통해 한국에 들어온 친구를 새로 사귀

〈표 5-31〉 한국생활적응에 도움을 주는 사람과 단체

	한국생활적응에 도움을 주는 사람이나 단체	빈도(명)	비율(%)
사람	남편	233	76.6
	모국인 친구	110	36.2
	시동생, 시누이 등 친척	71	23.4
	시부모	57	18.8
	한국인 친구	43	14.1
	이웃주민	22	7.2
	직장동료	11	3.6
단체 및 기관	교회, 성당, 절 등 종교단체	61	20.1
	이주여성상담센터 및 사회복지기관	28	9.2
	자조집단	8	2.6
	동사무소	1	0.3
	기타	18	5.9

게 되는 경우도 많다.

직장동료가 도움을 준다는 경우는 3.6%로 매우 낮았는데 이는 결혼이주여성 중 직업을 가진 사람이 단지 23.4%인 점을 감안할 때 이해가 되는 부분이다. 그럼에도 불구하고 3.6%는 다소 낮은 수치인 것으로 파악되어 직장동료의 사회적 지지자로서의 역할이 매우 미약한 수준임을 알 수 있었다. 이웃주민이 사회적 지지를 제공한다는 경우는 7.2%로 역시 낮은 수준으로 나타나 결혼이주여성이 지역사회 내에서 이웃과 활발한 교류를 하지는 않는 것으로 보였다.

사회적 지지를 제공하는 기관이나 단체 중 가장 많은 결혼이주여성들이 도움을 받았다고 응답한 기관은 교회, 성당, 절 등 종교단체로 20.1%에 달했다. 이주여성상담센터나 사회복지기관으로부터 도움을 받는다고 응답한 자는 9.2%였다.

결혼이주여성 자조집단으로부터 한국생활 적응에 도움을 받는다는 사람은 전체의 2.6%에 불과하였는데 이는 결혼이주여성을 대상으로

〈표 5-32〉 결혼이주여성의 사회적 지지

주변 사람들로부터 받는 사회적 지지	평균	표준편차
내가 필요할 때 주변에 도움을 줄 수 있는 사람이 있다	3.59	1.1629
나는 기쁨과 슬픔을 함께 나눌 수 있는 사람이 있다	3.78	1.1788
나에게는 진정한 위안을 주는 사람이 있다	3.83	1.1667
나에게는 나의 기분에 관심을 두는 사람이 있다	3.74	1.2062
전체 평균	3.72	1.0586

한 자조집단 모임이 지역마다 활성화되지 못하여 이를 이용하는 사람들이 소수에 그칠 수밖에 없도록 제한적일 수밖에 없는 현 실정을 반영하는 결과이다. 따라서 지역사회내의 복지관이나 결혼이민자지원센터 등을 기반으로 하여 결혼이주여성 자조집단이 국적별로 활발히 운영될 수 있도록 사회적 지원이 필요할 것으로 보인다.

이렇게 지지를 준다고 말한 사람들로부터 받는 사회적 지지의 수준[7]은 〈표 5-32〉에서 보듯이 3.72점으로 중간 이상의 높은 지지였다. 가장 높은 지지를 받는 영역은 위안을 주는 것이었으며 기쁨과 슬픔을 함께 나누고 기분을 헤아려 주는 것 등이 그 다음이었다.

(2) 사회복지서비스 활용

결혼이주여성의 사회복지제도 및 서비스를 이용한 경험은 전반적으로 매우 낮았다. 그나마 그 이용도 한국어교육과 문화교육, 그리고 의료 및 보건관련서비스 등에 집중되어 있을 뿐 다른 서비스의 이용은 매우 낮게 나타났다. 직접적인 경제적 지원 및 원조를 받는 복지제도로 국민기초생활보장이나 긴급복지지원제도는 이용 경험이 있는 자가 각각 6.6%, 1.6%로 소수만이 혜택을 받은 적이 있는

7) 사회적 지지는 지멧 등(1988)이 개발한 지각된 사회적 지지척도를 사용하였으며, 총 4문항 4점 리커트 척도로 측정하였음.

것으로 나타났다. 이는 이들 가운데 가족 월수입이 100만 원 미만으로 경제적으로 매우 열악한 상태에 있는 자가 전체의 8.9%, 100만~200만 원 미만인 자가 26.3%를 차지하는 것을 고려해볼 때 경제적 어려움이 예상되는 결혼이주여성의 가족 중 국가로부터 제공되는 복지혜택을 받은 경험이 있는 자의 비율이 낮은 것으로 볼 수 있다. 따라서 국민기초생활보장이나 긴급복지지원제도와 같은 복지제도의 지원대상이 되는 결혼이주여성 가족이 이러한 복지제도를 잘 활용할 수 있도록 제도에 대한 홍보와 적극적 연계가 필요할 것으로 사료된다.

〈표 5-33〉 결혼이주여성의 사회복지제도 및 서비스 이용도

이용했던 사회복지제도 및 서비스	명(%)
한국어교육	162(53.3)
건강보험	113(37.2)
한국문화교육(언어 · 풍습 · 음식 등)	76(25.0)
의료급여	75(24.7)
어떠한 서비스도 이용한 적이 없다	34(11.2)
국적취득 관련 정보제공 및 원조	27(8.9)
국민기초생활보장	20(6.6)
기타 필요한 정보제공 및 원조(법률, 의료, 취업 등)	17(5.6)
보육서비스	14(4.6)
직업훈련 및 알선	12(3.9)
가족상담 및 프로그램	12(3.9)
신체적 보호 및 거주지제공	9(3.0)
정신건강상담	8(2.6)
고용보험	7(2.3)
산재보험	7(2.3)
가정폭력상담	6(2.0)
긴급복지지원제도	5(1.6)
기타	9(3.0)

의료서비스 이용과 관련된 결혼이주여성의 복지제도 이용경험을 살펴보면 건강보험을 이용한 경우가 전체의 37.2%, 의료급여서비스를 이용한 경우가 24.7%로 나타나 다른 복지제도와 비교해 보았을 때 의료서비스에 대한 이용도가 상대적으로 높은 것으로 파악되었다. 그러나 전 국민을 대상으로 건강보험제도가 적용되는 현시점에서 건강보험이나 의료급여 등의 제도를 한 번도 이용한 적이 없는 결혼이주여성도 전체의 과반수 정도를 차지하는 것으로 나타났다. 이것으로 의료서비스 이용 시 건강보험이나 의료급여 중 어느 쪽으로도 혜택을 받지 못하는 결혼이주여성에 대한 제도적 지원이 필요한 실정임을 알 수 있었다.

복지제도 가운데 직장에 소속된 자가 실직이나 사고를 당했을 때 경제적 지원이나 치료비 등의 혜택을 받을 수 있는 고용보험과 산재보험의 경우 결혼이주여성의 이용 경험은 각각 2.3%씩으로 매우 낮은 것으로 분석되었다. 이는 이들의 23.4%만이 직업 활동에 종사하고 있을 뿐 아니라, 직업활동에 종사하는 자의 다수가 가사도우미나 식당·가게 등에서 일하는 단순노무직에 종사하여 실제적으로 고용보험이나 산재보험을 이용할 수 있는 경우가 많지 않은 현실과 관련이 있는 결과로 보아야 할 것이다.

결혼이주여성이 이용한 복지서비스 가운데 가장 높은 빈도를 차지하는 프로그램은 한국어교육으로, 이들의 53.3%가 한국어교육을 받은 경험이 있는 것으로 나타났다. 또한 한국의 언어, 풍습, 음식 등 한국문화에 대한 교육을 받은 경우도 25%로 높은 비율로 나타났다. 아동양육과 관련된 서비스인 보육서비스는 4.6%가 이용 경험이 있었으며, 직업훈련 및 알선서비스와 가족상담서비스에 대한 이용도는 각각 3.9%씩으로 소수만이 이를 이용한 적이 있는 것으로 나타났다. 따라서 자녀를 양육하거나 가족문제와 관련된 도움이 필요한 경우와 직업훈련 및 연계서비스를 필요로 하는 더 많은 결혼이주여성들이 이러한 프로그램을 이용할 수 있도록 홍보활동이 필요함을 알 수 있었다.

결혼이주여성의 국적취득관련 서비스 이용도는 8.9%, 법률, 의료, 취업 등 기타 필요한 정보제공 및 원조서비스에 대한 이용경험은 5.6%로 보육서비스나 직업훈련서비스 이용도보다는 높은 이용률을 보였지만 전체적으로 낮은 이용도를 보이는 것으로 분석되었다. 가정폭력상담서비스 이용도는 2%, 신체적 보호 및 거주지 제공 서비스 이용도는 3%였다. 이들 중 어떠한 서비스도 이용한 경험이 없는 경우는 11.2%로 나타나 다양한 사회복지제도 및 서비스를 이주여성들이 이용할 수 있도록 프로그램 내용과 이용절차 및 방법에 대한 교육과 적극적인 홍보가 필요한 실정으로 파악되었다.

이들의 서비스 이용률이 이렇게 낮은 이유는 서비스 이용 시 어려움이 있기 때문으로 파악되었다. 〈표 5-34〉에서 살펴보면, 가장 큰 어려움으로 의사소통이 지적되었는데 '기관의 직원과 한국어로 의사소통이 안 되어서'가 28%로 나타났다. 이는 특히 한국어가 서툰 결혼이주여성의 경우 사회복지기관을 찾아간다 하더라도 그곳의 직원과 의사소통이 잘 안 되는 문제로 필요한 서비스를 선택하고 이용하는 데 어려움을 경험할 수밖에 없는 우리 사회의 현 실정을 잘 반영하는 결과라 할 수 있다. 그러므로 결혼이주여성을 대상으로 사회복지서비스를 제공하는 기관에는 결혼이주여성의 모국어를 사용할 수 있는 사회복지전문가 또는 통역사를 배치하여 결혼이주여성이 의사소통의 어려움으로 인해 필요한 사회복지서비스를 이용하지 못하는 일이 없도록 정책적 및 제도적 차원에서의 지원이 요청된다 하겠다.

다음으로 많이 경험하는 어려움은 '서비스기관을 찾아가기 어려워서'(20.4%), '나에게 맞는 적합한 서비스를 찾기 어려워서'(14.1%)였다. 이는 서비스 이용에 대한 욕구는 있으나 기관이 위치해있는 소재지를 잘 모르거나 자신의 상황에 맞는 이용 가능한 사회복지서비스

〈표 5-34〉 사회복지서비스 이용 시 어려움

사회복지서비스 이용 시 어려움	빈도(명)	비율(%)
기관의 직원과 한국어로 의사소통이 안 되어서	85	28.0
서비스기관을 찾아가기 어려워서	62	20.4
나에게 맞는 적합한 서비스를 찾기 어려워서	43	14.1
기관의 직원이 결혼이민자에 대한 서비스 내용과 절차를 잘 알지 못하여서	26	8.6
서비스 이용절차가 복잡하고 어려워서	25	8.2
기관의 직원이 결혼이민자를 한국사람과 다르게 차별적으로 대우하여서	11	3.6
가족이 복지시설 이용을 반대하여서	10	3.3
서비스를 받는다는 것 자체가 심리적으로 불편하게 느껴져서	6	2.0
기타	26	8.6

가 있다는 것을 알지 못하는 경우로 결혼이주여성 응답자가 사회복지서비스 이용과 관련된 정보가 매우 부족함을 알 수 있었다.

그 다음의 이유로는 '기관의 직원이 결혼이민자에 대한 서비스 내용과 절차를 잘 알지 못하여서'와 '서비스 이용 절차가 복잡하고 어려워서' 등이 나타났다. 이는 사회복지기관에 종사하는 직원이 결혼이주여성이 이용할 수 있는 지역사회 내의 사회복지서비스 및 프로그램에 대한 보다 충분한 이해가 필요하며, 이를 위한 직원교육 등이 이루어져야 할 필요성을 보여주는 결과라 할 수 있다. '기관의 직원이 결혼이민자를 한국사람과 다르게 차별대우하여서'는 3.6%, '가족이 복지시설 이용을 반대하여서'는 3.3%, '서비스를 받는 것 자체가 심리적으로 불편하게 느껴져서'에 응답한 자는 2%로 매우 소수만이 해당하는 것으로 분석되었다.

그렇다면 이들이 가진 서비스 욕구는 무엇인가? 〈표 5-35〉에서 살펴보면, 가장 많은 빈도는 역시 '한국어교육'과 '한국음식 만들기 교육'이었다. 이는 결혼이주여성들이 한국에서 가족생활에 적응하는 데 가장 시급하게 필요성을 느끼는 욕구가 일상생활과 밀접한 관련이

〈표 5-35〉 결혼이주여성의 복지 및 사회적 서비스에 대한 욕구

복지 및 사회적 서비스에 대한 욕구	평균	표준편차	순위
경제적 지원(생계비 등)	3.30	1.3093	21
건강보험혜택 및 의료비 지원	3.95	0.9971	3
주택지원(영구임대주택 등)	3.56	1.3011	13
직업훈련 및 알선	3.74	1.1572	7
국적취득지원서비스	3.58	1.3078	12
법률관련 정보서비스	3.65	1.1570	9
개인 및 가족상담서비스	3.39	1.1568	18
가정폭력 관련 상담 및 서비스	2.77	1.3975	25
자녀양육지원(보육서비스)	3.81	1.2303	6
자녀교육지원(학습지도서비스)	3.89	1.1905	4
부모역할교육	3.56	1.2492	13
부부관계 향상 프로그램	3.30	1.2750	21
가족관계 향상 프로그램	3.31	1.2469	20
노부모부양 및 수발지원 서비스	3.32	1.3352	19
한국어교육	4.12	1.1004	2
한국음식 만들기 교육	4.14	.9833	1
한국 전통문화 및 예절교육	3.86	1.0411	5
한국인 멘토 연결 프로그램	3.54	1.1368	16
모국문화 가족에게 알리기	3.23	1.1252	23
모국문화 한국 지역사회에 알리기	3.18	1.0989	24
여성결혼이민자 자조모임 지원	3.63	1.0762	10
여가활동 참여기회 제공(영화, 음악회 등)	3.55	1.0912	15
문화체육시설 이용 지원	3.42	1.1204	17
지역사회 내 편의시설(은행·시장·도서관 등) 이용 지원	3.67	1.1219	8
결혼이민자에 대한 지역사회 내 인식개선 캠페인	3.60	1.0879	11
전체 평균	3.58	0.7409	-

있는 한국어로 말하고 듣기와 한국음식 만들기인 것을 간접적으로 말해준다. '한국전통문화 및 예절교육'에 대한 욕구도 평균 3.86점으로 5번째로 순위로 나타났는데, 결혼이주여성들이 언어와 음식뿐 아니라 한국문화와 예절을 습득하고자 하는 욕구가 높음을 알 수 있다. 현재도 가장 높은 빈도로 사용하는 서비스임에도 불구하고 욕구도 역시 높게 나타나 이들이 한국어로 의사소통하고 한국문화를 향유하는 데에 얼마나 간절한 희망을 가졌는지 알 수 있다.

다음으로 높은 욕구를 나타낸 분야는 자녀양육 및 의료서비스 이용에 관한 것이었다. 자녀 학습지도 서비스를 포함한 '자녀교육지원 서비스'에 대한 욕구는 3.89점으로 높았으며, 보육서비스인 '자녀양육지원 서비스'에 대한 욕구도 3.81점으로 높게 나타나 결혼이주여성들의 자녀양육과 교육에 대한 관심 및 지원에 대한 욕구가 매우 높은 것으로 분석되었다. 또한 결혼이주여성 응답자의 건강보험 및 의료비 지원 혜택에 대한 욕구도 3.95점으로 높게 나타났다. 의료서비스에 대한 욕구는 질적인 삶을 영위하는데 필요한 기본적 욕구의 하나로 결혼이주여성이 건강상 문제가 생겼을 때는 언제라도 치료를 받을 수 있도록 건강보험이나 의료급여 중 어느 하나의 제도권에 포함되어 혜택을 받을 수 있는 정부 차원에서 제도적 지원이 필요한 부분이라 보인다.

결혼이주여성의 '직업훈련 및 알선'에 대한 욕구는 3.74점으로 한국에서 직업을 갖고자 하는 욕구 수준도 높은 것으로 분석되었다. 선행연구를 통해 제시된 바에 의하면 모국에 있는 가족들을 경제적으로 지원하기 위한 목적으로 한국인 남편과 결혼한 사례도 상당수인 것으로 알려져 있는데 이러한 욕구를 가진 결혼이주여성의 경우에는 '직업훈련 및 알선' 서비스에 대한 욕구 수준이 다른 집단보다 더욱 높을 것으로 추정된다. '국적취득지원 서비스' 및 '법률관련 정보 서비스'에 대한 욕구 수준은 각각 3.58점, 3.65점으로 이들이 인식하는 국적취득을 위한 지원과 기타 한국생활과 관련된 법률관련 정보를 제공받기 원하는 욕구도 높은 편인 것으로 파악되었다. 그러므로 이들이 국적취득에 관한 정보 및 한국생활의 다양한 측면에서 법률적 문제가 파생되었을 때 법률적 자문과 도움을 받을 수 있는 법률서비스제공 기관의 선정 및 이를 담당하는 전문가 집단과의 연계가 필요함은 자명하다 하겠다.

기본적 생활과 관련된 서비스로 생계비 등 '경제적 지원'에 대한 욕구와 영구임대주택 제공 등 '주택지원'에 대한 욕구도 높게 나타나 경제적 지원과 주택지원에 대한 욕구 수준도 높은 편임을 알 수 있었다. 가족 내에서 부모역할이나 가족원 간의 원만한 관계를 형성하고 유지하는데 도움을 받을 수 있는 복지서비스에 대한 욕구로는 '부모역할교육'이 가장 높았으며, '가족관계 향상 프로그램', '부부관계 향상 프로그램' 순으로 나타났다. 시부모 부양과 관련된 복지서비스에 대한 욕구로 '노부모부양 및 수발지원 서비스'에 대한 욕구, '개인 및 가족상담서비스'에 대한 욕구도 높게 나타났다. 가족과 관련된 복지서비스 욕구 가운데 '가정폭력 관련 상담서비스'에 대한 욕구는 2.77점으로 다른 복지서비스에 비해 욕구 수준이 낮은 것으로 파악되었다. 이는 이 연구에서 응답자의 특성이 가정폭력을 경험한 적이 있는 자의 비율보다 경험하지 않은 자의 비율이 훨씬 높게 나타난 것과 관련 있는 결과로 보아야 할 것이다.

결혼이주여성의 한국사회 적응을 돕기 위한 '한국인 멘토(*mentor*) 연결 프로그램'에 대한 욕구는 3.54점, 결혼을 통해 한국에 들어온 이주여성들 간의 친목과 사회적 지지를 위한 프로그램인 '여성결혼이민자 자조모임 지원'에 대한 응답자의 욕구는 3.63점으로 높게 나타났다. 이에 비해 결혼이주여성이 모국의 문화를 한국 가족이나 지역사회에 알릴 수 있는 프로그램에 대한 욕구는 '모국문화 가족에게 알리기'의 경우 3.23점, '모국문화 한국 지역사회에 알리기'의 경우

3.18점으로 낮은 편으로 나타났다. 한국의 가족들이나 한국의 사회가 이 여성들의 모국의 문화나 현재 사회상황에 대해 관심을 보이지 않는다고 생각하기 때문으로 파악된다.

이 외의 사회적 서비스 및 한국생활 적응을 위한 지원 프로그램에 대한 욕구로는 영화, 음악회 등 '여가활동 참여 기회 제공'이 3.55점, '문화체육시설 이용 지원'이 3.42점, 은행, 시장, 도서관 등 '지역사회 내 편의시설 이용 지원'이 3.67점, 그리고 '결혼이민자에 대한 지역사회 내 인식개선 캠페인'이 3.6점으로 각각 나타나 결혼이주여성의 지역사회 내 문화 및 편의시설 이용지원에 대한 욕구 수준이 높은 것으로 파악되었다.

2. 다문화가정** 자녀

지금까지는 결혼이주여성이 한국에서 살아가면서 겪는 다양한 경험을 살펴보았다. 이제부터는 이들의 자녀를 비롯한 외국인근로자 자녀들이 한국에서 살아가면서 겪는 다양한 경험들을 살펴보고자 한다. 이 절에서는 이들을 다문화가정 자녀라고 통칭하기로 하고, 결혼이주여성을 포함한 국제결혼가족과 외국인근로자 자녀들이 한국에서 생활하는 실태 등을 살펴볼 것이다.[8)]

1990년대 중반부터 국제결혼이 급속도로 증가하면서 학령기를 맞이

** '다문화가정'이라는 용어는 2004년 4월 한 시민단체가('건강가정시민연대') 국제결혼가정, 혼혈인 가정 등 차별성을 지닌 용어 개선을 위해 사용을 권장하면서 사용된 것으로, 우리와 다른 민족·문화적 배경을 지닌 사람들로 구성된 가정을 통칭하는 개념으로 최근까지 그 범주에 관한 명확한 구분 없이 사용되고 있다.

8) 2006년 5월 교육인적자원부가 〈다문화가정 자녀교육 지원대책〉을 수립할 당시에는 국제결혼가정 자녀와 외국인근로자 자녀를 정책대상으로 했다.

하는 그 자녀들의 수 역시 매년 증가하였다. 그러나 국제결혼을 통한 이민자 자녀에 관한 연구가 시작된 것은 비교적 최근의 일로 아직은 연구 초기단계라고 할 수 있다. 국제결혼가족의 자녀교육과 관련된 연구로는 코시안 아동의 성장과 환경에 관한 사례연구(오성배, 2005)가 수행된 바 있으며, 국제결혼 가족을 조사하면서 간접적으로 자녀의 교육과 양육의 어려운 점을 규명한 연구(정기선 외, 2007; 설동훈 외, 2006) 등이 수행된 바 있다. 반면, 외국인근로자 자녀에 관한 연구는 이들이 한국에서 겪는 교육 문제 및 부모의 불법체류로 인하여 학교권 밖에 방치되면서 제기되는 인권의 측면에서 주로 접근했다(노충래 외, 2006; 김정원 외, 2005; 장혜경, 2004; 설동훈 외, 2003).

한편, 국제결혼가족 자녀와 외국인근로자 가족 자녀들을 대상으로 이들의 실태를 조사한 연구(조영달, 2006; 조혜영 외, 2007)가 최근 수행되었는데, 이 연구들은 다문화가정 자녀의 학교생활만을 집중 조명했거나, 심층면접을 통한 질적 연구방법을 활용하여 다양한 영역의 실태를 보여주지 못하는 한계를 갖는다. 이렇듯 지금까지의 국제결혼가족과 외국인근로자 가족의 자녀들에 관한 선행연구에서는 주로 이들의 교육의 기회 측면에서 학교별 입학 및 졸업 방식의 편차, 모국어와 모국문화에 대한 학습기회 부족, 따돌림에 관한 문제점이 지적되었다. 그리고 부모 입장에서 교육열이 높은 한국에서 자녀양육에 대한 어려움, 자녀에 대한 학습지원 미흡 등 여러 문제점이 지적되었다.

이에 이 절에서는 다문화가정 자녀가 가장 많은 경기도에 거주하는 초등학교 5학년부터 중학교에 재학중인 다문화가정 자녀 전수조사를 실시한 연구결과[9]를 재분석하면서 이들의 학교생활, 가정생

---

9) 이 절은 경기도교육청과 경기도가족여성개발원이 2007년도에 실시한《다문화교육 정책방안 연구》중 다문화가족 자녀의 실태부분을 인용하면서 재분석한 것으로, 이에 관한 자세한 사항은 경기도교육청 · 경기도가족여성개발원《다문화교육 정책방안 연구》(2007)를 참고할 것.

활, 주변인과의 관계, 자아관, 다문화 가족 자녀의 실태와 어려운 점 등을 살펴보고자 한다.

1) 다문화가정 자녀 현황

(1) 국제결혼가정 자녀

2007년 4월 현재 전국 초·중·고에 재학중인 국제결혼가정 자녀는 13,445명으로 최근 2년간 2.2배라는 급속한 증가율을 보였다. 지역별로는 2007년 4월 현재 경기도가 2,870명으로 가장 많으며, 전라남도와 서울, 경상남도 순으로 나타난다. 또한 국제결혼가족 자녀들

〈표 5-36〉 국제결혼가족 학생현황

단위: 명

시/도	2005년 10월				2006년 4월				2007년 4월			
	초	중	고	합계	초	중	고	합계	초	중	고	합계
전국	5,332	583	206	6,121	6,795	924	279	7,998	11,444	1,588	413	13,445
서울	555	108	25	688	756	148	77	981	1,040	234	73	1,347
부산	203	36	11	250	306	37	21	364	391	67	25	483
대구	133	15	9	157	158	22	10	190	283	33	8	324
인천	243	25	19	287	207	25	14	246	421	54	20	495
광주	117	8	2	127	118	8	7	133	279	32	11	322
대전	82	14	17	113	129	24	11	164	191	30	9	230
울산	10	-	-	10	75	15	5	95	177	22	4	203
경기	1,259	176	45	1,480	1,454	338	60	1,852	2,283	460	127	2,870
강원	288	14	2	304	398	40	10	448	729	67	11	807
충북	253	19	7	279	331	23	6	360	642	66	15	723
충남	312	24	9	345	464	53	15	532	950	131	35	1,116
전북	475	29	13	517	679	45	11	735	970	99	10	1,079
전남	550	28	9	587	878	54	15	947	1,361	101	17	1,479
경북	411	30	27	468	432	40	13	485	651	53	18	722
경남	394	56	7	457	357	49	4	410	968	125	27	1,120
제주	47	1	4	52	53	3	-	56	108	14	3	125

* 출처: 교육인적자원부, 각 년도, 〈다문화가정 자녀현황〉.

은 대부분 초등학교에 재학중이며, 초등학교 고학년보다는 저학년에 많이 분포하는데, 2007년 4월 현재 초등학생이 85.1%로 가장 많고, 중학생 11.8%, 고등학생 3.1%로 나타났다. 이러한 현상은 1990년대 중반부터 증가하기 시작한 국제결혼이민자들의 자녀가 2000년대 초반부터 학령기에 진입한 것에 기인한다.

2007년 4월 현재 초·중·고에 재학중인 전체 국제결혼가정 학생의 부모 출신국별 분포는 일본이 가장 많은 것으로 나타났고, 중국, 필리핀, 베트남 순이다. 전체 국제결혼가족 학생 13,445명 가운데 6,261명의 부모 출신국이 일본으로 전체의 46.6%를 차지했고, 다음으로 중국 23.6%(3,172명), 필리핀 14.4%(1,938명)를 차지했다.

〈표 5-37〉 시·도별 국제결혼가정 부모 출신국별 현황

단위: 명

시/도	부모 출신국별													
	일본	중국/중국동포	미국	필리핀	베트남	태국	러시아	몽골	인도네시아	남부아시아	중앙아시아	유럽	기타	합계
서울	686	258	42	133	40	15	14	40	13	23	12	31	40	1,347
부산	144	109	13	71	25	2	36	2	14	13	10	7	37	483
대구	157	72	5	53	10	2	1	0	0	3	0	5	16	324
인천	22	103	8	106	119	34	11	26	28	8	16	8	6	495
광주	170	67	3	52	12	3	1	4	0	2	0	2	6	322
대전	114	33	18	22	10	3	10	2	4	3	2	2	7	230
울산	91	34	1	27	31	0	1	3	0	0	3	2	10	203
경기	1,465	501	51	371	104	40	52	58	21	117	17	18	55	2,870
강원	383	199	6	139	29	17	3	1	0	4	4	1	21	807
충북	348	226	5	91	18	7	3	8	0	4	3	6	4	723
충남	511	345	13	125	46	12	5	5	0	5	6	3	40	1,116
전북	524	328	2	171	14	12	4	6	2	3	3	2	8	1,079
전남	749	352	1	286	42	25	2	2	5	1	0	3	11	1,479
경북	324	214	5	96	35	14	4	2	5	1	4	2	16	722
경남	507	316	7	176	35	23	10	3	2	1	1	4	35	1,120
제주	66	15	4	19	4	0	1	0	0	0	0	2	1	112
전국	6,261	3,172	184	1,938	574	209	158	162	94	188	81	98	313	13,432

* 출처: 교육인적자원부, 2007, 보도자료.

(2) 외국인근로자 가족 자녀

2007년 4월 현재 일반 학교에 재학중인 외국인근로자 자녀는 초·중·고생 전체 1,209명으로 전년도와 비교하여 45%가량 증가하였으며, 지역적으로는 서울시와 경기도에 집중적으로 거주한다. 전체 학생 가운데 초등학생이 62.5%(755명)로 가장 많고, 중학생 32.3%(391명), 고등학생 5.2%(63명) 순으로 나타났다.

2007년 4월 현재 초·중·고에 재학중인 전체 외국인근로자가족 학생의 부모 출신국별 분포는 몽골이 가장 많으며, 일본, 중국, 필리핀이 그 뒤를 잇는다. 전체 학생 1,209명 가운데 329명의 부모가

〈표 5-38〉 시·도별, 학교급별 외국인근로자가정 학생현황

단위: 명

시/도	2006년 4월				2007년 4월			
	초	중	고	합 계	초	중	고	합계
전국	606	193	37	836	755	391	63	1,209
서울시	184	88	11	283	199	233	36	468
부산시	16	2	2	20	43	13	3	59
대구시	15	1	2	18	28	1	-	29
인천시	46	6	2	54	97	6	2	105
광주시	1	2	2	5	7	1	-	8
대전시	23	4	1	28	25	6	-	31
울산시	12	-	-	12	2	-	-	2
경기도	168	42	7	217	204	97	11	312
강원도	1	2	-	3	28	4	4	36
충청북도	14	11	7	32	23	12	1	36
충청남도	79	20	-	99	17	1	1	19
전라북도	4	-	-	4	3	1	-	4
전라남도	2	-	-	2	1	-	-	1
경상북도	8	4	1	13	14	1	1	16
경상남도	30	11	2	43	64	15	4	83
제주도	3	-	-	3	-	-	-	-

* 자료 : 교육인적자원부, 각 년도, 〈다문화가정 자녀현황〉.

몽골 출신으로 전체의 27.2%를 차지했고, 다음으로 일본 21.3% (258명), 중국 15.0% (181명) 순서를 보인다.

〈표 5-39〉 외국인근로자가정 부모 출신국별 현황

단위: 명

시/도	부모 출신국별													
	일본	중국/조선족	미국	필리핀	베트남	태국	러시아	몽골	인도네시아	남부아시아	중앙아시아	유럽	기타	계
서울	106	55	21	3	4	1	7	214	6	6	13	5	27	468
부산	8	8	6	6	1	0	4	2	2	6	6	1	9	59
대구	5	5	0	3	1	0	0	1	0	6	0	0	8	29
인천	3	27	1	18	23	4	6	5	6	5	6	1	0	105
광주	0	5	0	0	0	0	1	0	0	0	0	0	2	8
대전	10	5	0	0	0	0	1	1	0	3	0	0	11	31
울산	0	0	0	0	0	0	0	1	0	0	0	0	1	2
경기	47	35	16	31	2	2	11	103	3	30	11	3	18	312
강원	8	14	1	3	4	1	1	0	0	1	1	0	2	36
충북	9	19	1	1	1	0	0	1	0	0	1	1	2	36
충남	4	3	4	1	0	0	0	2	2	2	0	0	1	19
전북	0	1	0	0	0	0	0	0	0	0	0	0	3	4
전남	1	0	0	0	0	0	0	0	0	0	0	0	0	1
경북	5	4	0	1	2	0	0	0	0	0	0	0	4	16
경남	62	5	0	2	0	0	0	0	1	2	1	0	10	83
제주	0	0	0	0	0	0	0	0	0	0	0	0	0	0
전국	258	181	50	69	38	8	30	329	20	58	39	11	87	1,209

* 출처: 교육인적자원부, 2007, 보도자료.
〈2007년 다문화가정 자녀의 교육지원 계획〉 발표.

2) 다문화가정 자녀의 특성

(1) 개인적 특성

다문화가정 자녀들은 남녀 동일한 비율로 조사되었으며, 초등학생과 중학생 역시 동일한 비율로 조사되었다. 이들의 부모구성은 어머니가 외국출신이고 아버지가 한국인인 경우가 82% 정도로 가장 많았고, 아버지가 외국출신, 어머니가 한국출신인 경우가 13.5%, 부모가 모두 외국인인 경우가 4.7%였다. 이 중 75.6%가 부모 중 한 사람이 일본인이나 중국인 경우였으며, 부모 모두 외국출신이거나 부모 중 한 사람이 일본이나 중국 이외의 나라에서 온 경우는 24.4%에 불과했다.

〈표 5-40〉 다문화가정 자녀의 일반적 특성

구 분		빈도(명)	비율(%)
성별	남학생	394	49.4
	여학생	403	50.6
	합 계	797	100.0
학력	초등학생	398	49.9
	중학생	400	50.1
	합 계	798	100.0
부모 구성	부모 모두 외국	37	4.7
	외국(부)-한국(모)	650	13.5
	한국(부)-외국(모)	107	81.9
	합 계	794	100.0
부모의 출신국적	일본/중국	600	75.6
	기 타	194	24.4
	합 계	794	100.0

* 주: 부모의 출신국적에서 '일본/중국'은 부모 중 한 명이 일본 혹은 중국이고 한 명은 한국일 경우에 해당하며, 그 이외의 모든 경우(부모 모두 외국출신이거나 부모 중 한 명이 일본 혹은 중국 이외의 출신인 경우)는 '기타' 국적으로 분류함.

〈표 5-41〉에서 보면 이들은 대부분 한국에서 태어났으며 약 4분의 1 정도는 한국 이외의 나라에서 태어났다. 부모의 출신국적에 따라서는 부모 중 한 명이 일본이나 중국인 경우 한국에서 태어난 경우가 더 많았다.

〈표 5-42〉에서 보면 이들이 한국어로 일상대화를 하는 데 있어서는 어려움이 전혀 없다는 응답이 대부분이었다. 이는 한국에서 태어난 경우가 76% 정도였던 결과를 감안하면, 한국에서 태어난 다문화

〈표 5-41〉 다문화가정 자녀의 출생지

단위: % · 명

구 분	부모의 출신국적		전 체
	일본/중국	기타	
한국	82.4	55.7	75.9
기타	17.6	44.3	24.1
합계	100.0	100.0	100.0
사례 수	596	192	788

* 주: $\chi^2 = 56.38$, $p < .001$

〈표 5-42〉 한국어로 일상대화 시 어려움 정도

단위: % · 점 · 명

구 분	부모의 출신국적		전 체
	일본/중국	기타	
전혀 없다	85.8	72.4	82.6
약간 있다	11.9	25.0	15.0
매우 많다	2.3	2.6	2.4
합 계	100.0	100.0	100.0
평균*	1.17	1.30	1.20
표준편차	0.43	0.51	0.46
사례 수	599	192	791

* 주: 3점 척도로 점수가 높을수록 어려움이 많음. ($t = 3.33$, $p < .001$)

〈표 5-43〉 다문화가정 자녀의 자아존중감

단위: % · 점 · 명

구 분	평균	표준편차	빈도
나에 대해 자랑할 것이 많음	2.73	0.73	795
내가 쓸모 있는 사람이라고 느낌	3.04	0.67	791
나는 다른 사람들처럼 가치 있는 사람임	3.05	0.67	795
나에게는 좋은 자질과 능력이 많다고 생각함	2.83	0.74	797

* 주: 4점 척도로서, 점수가 높을수록 자아존중감이 높음.

가정 자녀들이 어린 나이에 언어를 쉽게 습득할 수 있는 환경으로 인하여 일상대화를 하는 데 있어서 어려움은 없는 것으로 추측할 수 있다. 한국어로 일상대화를 할 때의 어려움 정도는 부모의 출신국적에 따라 차이가 있었는데, 일본이나 중국인 자녀의 경우가 그렇지 않은 경우보다 어려움이 더 없다고 응답하였다.

이들의 자아존중감은 비교적 높은 것으로 나타났다. 〈표 5-43〉을 보면, 스스로를 가치 있는 사람(3.05), 쓸모 있는 사람(3.04)으로 인식하는 정도가 높았으며, 좋은 자질과 능력이 많고(2.73), 자랑할 것이 많은 사람(2.83)으로 인식했다.

〈표 5-44〉에서 보면 이들의 미래에 대한 희망정도는 '희망적이다'라는 응답이 85.8%로, 대체로 희망적으로 생각하는 것으로 나타났다. 학력별로는 초등학생이 중학생에 비해 자신의 미래에 대해 더 희망적이었다. 이는 공부에 대한 부담이 커지고 진로문제에 대한 고민이 시작되는 중학생 시기의 사춘기적 특성이 잘 반영된 결과라 하겠다.

종합해 보면, 초등학생과 중학생인 다문화가정 자녀들은 한국어사용에도 문제가 없으며 자아존중감도 높고 미래에 대해서도 희망적인 것으로 나타나, 이들의 개인적 성향으로 볼 때, 이들의 미래는 밝다고 하겠다.

〈표 5-44〉 다문화가정 자녀의 미래에 대한 희망 정도

단위 : %, 명

구 분	초등학생	중학생	전 체
매우 비관적이다	0.8	1.3	1.0
비관적이다	8.6	17.6	13.1
희망적이다	62.1	63.0	62.5
매우 희망적이다	28.5	18.1	23.3
합계	100.0	100.0	100.0
평균 *	3.18	2.98	3.08
표준편차	0.61	0.64	0.63
사례 수	396	397	793

* 주: 4점 척도로 점수가 높을수록 희망이 큼. ($t = 4.62$, $p < .001$)

(2) 학교생활

다문화가정 자녀들은 대부분 학교에서 생활하는 데 있어 어려움을 경험하는 것으로 나타났다. 학교생활에서의 어려움으로 가장 많이 꼽은 것은 '학교공부를 따라가기가 힘들다'(24.1%)는 것이었고 그 다음으로 '숙제하는 데 어려움이 많다'(13.0%)는 것이었다. 또한 '준비물을 잘 챙겨오지 못한다'(8.8%)를 다음 순위로 꼽았다. 반면 친구들과 잘 어울리지 못한다, 친구들이 놀리고 괴롭힌다, 선생님이 불친절하거나 나를 차별한다는 등의 학교친구나 교사와의 관계에 관한 어려움은 10% 미만으로 상대적으로 낮았다. 이는 여성가족부(2007)의 조사결과인 93.2%가 결혼이주여성 자녀와 자신의 자녀가 어울리는 것을 개의치 않겠다는 것과 비슷한 결과이다.

이러한 결과는 다문화가정 학생들이 소외나 놀림·차별 등 친구 및 교사와의 관계에서 오는 정서적인 문제보다는 학교공부나 숙제 및 준비물 등 개인적이고 실질적인 문제로 인한 어려움에 더 많이 직면한다는 것을 말해준다. 특히, 숙제를 하는 등 학교공부를 따라가는 데에 어려움이 많은 것으로 지적하여 학교공부에 대한 부담이

크게 작용하는 것을 알 수 있다.

그렇지만 〈표 5-46〉을 보면, 이들은 한국어가 부족해서 학교수업이나 교과서를 이해하는데 어려움이 있는 것은 아니라는 것을 알 수 있다. 학교수업에서 한국어로 이해함에 있어 어려움이 전혀 없다는

〈표 5-45〉 다문화가정 자녀의 학교생활의 어려움

단위: 명 · %

구 분	사 례	
없다	238	37.3
있다	400	62.7
학교공부 따라가기 힘듦	154	38.5
숙제하는데 어려움이 많음	83	20.8
준비물을 잘 챙겨오지 못함	56	14.0
학교친구들과 친하게 어울리지 못함	31	7.6
학교친구들이 놀리고 괴롭힘	21	5.3
선생님이 불친절하고 나를 차별함	1	0.3
기 타	54	13.5
합 계	638	100.0

〈표 5-46〉 학교수업에서의 한국어 어려움 정도

단위: % · 명

구 분	부모의 출신국적		전 체
	일본/중국	기타	
전혀 없다	83.6	70.5	80.4
약간 있다	14.1	25.9	17.0
매우 많다	2.3	3.6	2.7
합계	100.0	100.0	100.0
평균*	1.19	1.33	1.22
표준편차	0.44	0.54	0.48
사례 수	597	193	790

* 주: 3점 척도로 점수가 높을수록 어려움이 많음. (t = -3.33, P 〈 .001)

〈표 5-47〉 다문화가정 자녀의 학교중단 충동 이유

단위: % · 명

구 분	초등학생		중학생		전 체	
놀림을 받기 때문에	25	32.5	14	10.8	39	18.8
차별과 불공평 때문에	5	6.5	2	1.5	7	3.4
공부하기 싫어서	18	23.4	65	50.0	83	40.1
경제적으로 어려워서	12	15.6	11	8.5	23	11.1
공부가 어려워서	22	28.6	54	41.5	76	36.7
선생님 또는 아이들이 싫어서	13	16.9	12	9.2	25	12.1
사례 수	77		130		207	

* 주: 중복응답임.

응답이 80% 정도였고, 어려움이 약간 있거나 많다는 응답은 19.7%에 불과하였다. 학교수업이나 공부를 하는데 있어서는 일상대화보다 약간 더 어려움을 겪고는 있었지만 심각한 수준은 아니었다. 이러한 결과는 부모의 출신국적에 따라 차이가 있어, 부모 중 한 명이 일본인이나 중국인 경우 어려움이 더 적은 것으로 나타났다.

앞서 지적한 것처럼, 이렇게 학교 공부가 힘들다면 혹시 학업을 중단해야겠다는 충동을 경험한 적이 있는지, 있다면 그 이유는 무엇인지 알아야 할 필요가 있다. 학업중단 충동을 경험한 적이 있는 비율은 전체 응답자의 27% 정도였고, 중학생의 경우(33.7%)가 초등학생(20.2%)보다 더 많은 충동을 느끼는 것으로 나타났다.

그만두고 싶은 충동을 느낀 적이 있는 학생을 대상으로 그 이유를 물어본 결과, 〈표 5-47〉에서 나타난 것처럼 가장 큰 이유는 공부하기 싫어서(40.1%)였고 그 다음은 공부가 어려워서(36.7%)로, 공부에 있어서 많은 스트레스가 학교를 그만두고 싶은 충동까지 일으키는 것으로 나타났다. 그러나 학교를 그만두고 싶은 충동을 느끼게 하는 이유는 초등학생과 중학생에 따라 현저한 차이가 있었다. 중학생의 경우 위에서 언급한 공부 관련 스트레스가 각각 50.0%와

41.5%로 가장 큰 이유인 반면, 초등학생은 놀림을 받기 때문에(32.5%) 그만두고 싶은 충동이 생긴다는 응답이 가장 많았고 그 다음이 공부가 어려워서(28.6%), 공부하기 싫어서(23.4%) 순이었다.

비교적 낮은 수치이긴 했으나 52명(8.1%)이 친구들과의 어려움을 호소했다. 그렇다면 학교에서 친구들에게 놀림이나 차별 및 따돌림을 어느 정도 경험하는지, 그 이유는 무엇인지, 그리고 어떻게 대응했는지를 알아보았다. 우선, 놀림이나 따돌림을 경험한 비율은 15.6%로 나타났으며, 초등학생의 경험률이 20.2%로 중학생 11.1%

〈표 5-48〉 놀림 · 차별 및 따돌림의 이유

구 분	빈도(명)	비율(%)
엄마 혹은 아빠가 외국인이기 때문에	44	36.1
특별한 이유 없이	32	26.2
말 · 대화가 잘 안통해서	17	13.9
나의 태도와 행동이 달라서	15	12.3
외모가 달라서	8	6.6
기타	17	13.9
전체	122	100.0

* 주: 중복응답임.

〈표 5-49〉 놀림 · 차별 및 따돌림에의 대응방식

구 분	빈도(명)	비율(%)
참는다	10	35.7
무시한다	34	30.4
선생님이나 부모님에게 이야기한다	12	10.7
바로 항의한다	11	9.8
폭력을 쓴다	5	4.5
시간이 지난 후 감정을 표현한다	5	4.5
기타	5	4.5
전체	112	100.0

보다 2배 정도 더 높았다. 이는 앞서 학교를 그만두고 싶은 충동이 드는 이유에서 초등학생의 경우 '놀림을 받기 때문에'를 가장 많이 꼽은 결과와 같은 맥락이다.

놀림·차별 및 따돌림의 이유로는 부모가 외국인이기 때문인 것이 가장 많았으며 특별한 이유를 알지 못하고 차별과 놀림을 당해온 경우도 32명이나 되었다. 이에 대한 대응방식으로, 참거나(35.7%) 무시한다(30.4%)는 응답이 약 66% 정도로 대부분을 차지하였다. 다음으로는 선생님이나 부모님에게 이야기한다거나 바로 항의한다는 대답이 뒤를 이었고, 폭력을 쓴다는 응답도 4.5%로 나타났다. 즉 다문화가정 자녀들은 놀림과 차별 및 따돌림이 발생했을 때, 반응의 강도가 비교적 크고 직접적인 폭력을 쓰거나, 바로 항의하거나 하는 등의 비율은 매우 낮고, 참거나 무시하는 등 거의 무반응의 상태를 보이는 비율이 높다는 점을 알 수 있다.

〈표 5-50〉에서는 이들의 담임교사는 어떻게 이들을 대하는지, 교사들의 관심과 배려의 내용과 수준이 나타나 있다. 다문화가정 학생들은 자신들의 담임교사가 자신에게 친절하며, 관심을 갖고 배려해 주는 것으로 인식하였으며, 교사에 의한 부당대우나 차별은 거의 경험하지 않는 것으로 나타났다. 수업시간에 선생님 말씀을 잘 이해하지 못할 때(25.2%)도 있지만, 질문을 하면 친절하게 답해 주신다고 응답한 경우가 87.9%로 매우 높았다. 또한 응답자의 51.0%는 선생님께서 반 친구들에게 나와 친하게 지내라고 말씀하신다고 하였으며, 27.8%는 나의 부모님 나라에 대하여 반 친구들에게 말씀해 주신다고 응답하였다. 반면, 담임선생님이 나에게 더 불친절하고 차별한다는 문항에는 97% 정도가 그렇지 않다고 응답하여, 교사의 부당대우나 차별은 거의 경험하지 않음을 알 수 있다. 그러나 수업시간에 선생님 말씀을 잘 이해하지 못할 때가 많다는 문항에 그렇다고 응답한 경우는 25.2%로 다문화가정 자녀의 약 25%는 수업 시간의

〈표 5-50〉 교사의 관심과 배려

단위: %

구 분	전혀 그렇지 않다	그렇지 않다	그렇다	매우 그렇다	합계
수업시간에 선생님 말씀을 잘 이해하지 못할 때가 많다	24.9	49.9	22.4	2.8	100.0
선생님은 질문을 하면 친절하게 대답해 주신다	3.2	9.0	56.7	31.2	100.0
선생님은 가끔 반 친구들에게 나의 부모나라에 대해 설명해 주신다	31.3	40.9	24.3	3.5	100.0
선생님은 반 친구들에게 나와 친하게 잘 지내라고 말씀하신다	19.4	29.7	36.9	14.1	100.0
선생님은 다른 친구들보다 나한테 더 불친절하게 대하며 차별하신다	73.2	24.0	2.4	0.4	100.0

〈표 5-51〉 다문화가정 자녀의 학교생활 만족도

단위: %·명

구 분	초등학생	중학생	전체
매우 불만족	0.5	1.5	1.0
불만족	1.5	2.5	2.0
보통	22.2	32.7	27.5
만족	40.4	44.5	42.4
매우 만족	35.4	18.8	27.1
합계	100.0	100.0	100.0
평균*	4.09	3.77	3.93
표준편차	0.82	0.84	0.84
사례 수	396	398	794

* 주: 5점 척도로 점수가 높을수록 만족도가 높음. ($t = 5.43$, $p < .001$)

〈표 5-52〉 다문화가정 자녀의 관계 만족도

구 분	평 균	표준편차
담임선생님	3.41	0.64
같은 반 친구들	3.36	0.67

어려움을 호소하고 있었다.

〈표 5-51〉에서는 이렇게 다양한 어려움을 경험하는 다문화가정 자녀들의 학교생활 만족도는 만족한다는 응답이 70%(평균 3.93) 정도로 비교적 높은 것으로 나타났다. 초등학생의 만족도가 중학생의 만족도보다 높았는데 이는 학년이 높아질수록 공부와 시험에 대한 부담이 증가한다는 것과 청소년기에 나타나는 여러 가지 복합적인 심리적 특성이 반영되어 나타난 결과로 볼 수 있다.

학교생활에서의 이 같은 만족도는 학교에서 같은 반 친구들 및 교사와의 관계에 대한 만족도에 기인한다. 〈표 5-52〉에서 살펴보면, 담임교사와의 관계를 묻는 질문에서는 4점 만점에서의 3.41점으로, 담임교사와의 관계에서 만족도가 매우 높았다. 같은 반 친구와의 관계에서의 만족도 역시 만족도가 매우 높았다.

3) 다문화가정 자녀의 가족생활

다문화가정 자녀들의 가족구조는 〈표 5-53〉과 같이 부모와 함께 사는 핵가족이 77.6%로 가장 많았다. 이는 앞서 결혼이주여성의 경우와 비슷한 결과였다. 부모와 조부·조모와 함께 사는 확대가족은 14.4%였고, 조손가족을 포함한 기타 가족구조는 8.1%였다. 부모의 출신국적에 따라서 부모 중 한 명이 일본이나 중국 출신인 경우가 부모 모두 외국출신이거나 부모 중 한 사람이 일본이나 중국이 아닌 기타 국적의 경우에 비해 핵가족이 많고 확대가족과 기타 가족이 적었다.

〈표 5-53〉 다문화가정 자녀의 가족구조

구 분	부모의 출신국적(%)		전체(%)
	일본/중국	기타	
핵가족	80.5	68.6	77.6
확대가족	13.5	17.0	14.4
기타	6.0	14.4	8.1
합계	100.0	100.0	100.0
사례 수	599(명)	194(명)	793

* 주: $\chi^2 = 16.80$, $p < .001$

〈표 5-54〉 외국인 부모에 대한 인식

단위: %

구 분	전혀 그렇지 않다	그렇지 않다	그렇다	매우 그렇다	합계	평균*	표준편차
부모가 외국인이라서 말이 잘 안 통함	69.2	24.7	4.7	1.5	100.0	1.38	.65
부모가 외국인이라서 공부도움을 못 받음	58.7	30.0	8.5	2.8	100.0	1.55	.76
부모가 외국인이라서 자랑스러움	5.2	18.6	45.3	30.9	100.0	3.02	.84
부모가 외국인이라서 외국문화를 배울 기회 많음	3.3	13.3	42.5	40.9	100.0	3.21	.79
부모 나라 말도 잘할 수 있음	14.0	29.6	36.1	20.3	100.0	2.63	.96
집에서 가족들과 주로 한국말로 대화함	1.4	7.2	29.9	61.5	100.0	3.52	.69
외국인 부모는 당신 나라에 대해 자주 이야기해 주심	7.4	30.3	44.3	18.0	100.0	2.73	.84
친구들한테 부모가 외국인이라는 것을 알리기 싫음	32.7	39.2	19.1	8.9	100.0	2.04	.94

* 주: 4점 척도로 점수가 높을수록 각 항목에의 동의정도가 높음.

〈표 5-54〉에서는 외국인부모를 둔 다문화가정 자녀들이 외국인 엄마 혹은 아빠로 인하여 생활하는 데 있어서 가질 수 있는 불편함, 장점, 자긍심 등에 대하여 알아보았다. 말이 잘 안통하고 공부도움을 못 받는다고 불편함을 표현한 경우는 각각 6.2%, 11.3%로 낮게 나타났으나, 친구들에게 엄마나 아빠가 외국인이라는 것을 알리기 싫어하는 경우는 28.0%로 비교적 높게 나타났다. 한편, 엄마 혹은 아빠가 외국인이라서 자랑스럽다(76.2%)거나 외국문화를 배울 기회가 많다거나(83.4%), 부모님 나라 말도 잘 할 수 있다(56.4%)는 외국인 부모에 대한 자긍심을 표현하는 비율도 높게 나타나 고무적이었다.

외국인 부모에 대한 인식은 부모의 출신국적이나 자녀의 학력에 따라 차이가 있었다. 〈표 5-55〉를보면, 부모가 외국인이라 말이 잘 안 통한다거나 공부도움을 못 받는 등 부정적인 인식은 부모가 일본 혹

〈표 5-55〉 외국인 부모에 대한 부모 출신국별, 학교급별 인식 차이

단위: 점・명

구 분		부모 출신국				자녀학력			
		일본 중국	기타	전체	T값	초등 학생	중학생	전체	T값
부모가 외국인이라 말이 잘 안 통함	평균	1.34	1.53	1.38	$t=-3.19$ $p<.01$	1.33	1.44	1.38	$t=-2.24$ $p<.05$
	표준편차	0.60	0.75	0.65		0.60	0.69	0.65	
	사례 수	597	194	791		396	399	795	
부모가 외국인이라 공부 도움을 못 받음	평균	1.49	1.76	1.55	$t=-3.87$ $p<.001$	1.48	1.63	1.55	$t=-2.67$ $p<.01$
	표준편차	0.71	0.89	0.76		0.72	0.80	0.76	
	사례 수	599	194	793		397	400	797	
부모가 외국인이라 외국문화 배울 기회 많음	평균	3.24	3.10	3.21	$t=2.21$ $p<.05$	3.22	3.20	3.21	n. s.
	표준편차	0.76	0.89	0.79		0.80	0.78	0.79	
	사례 수	598	193	791		396	399	795	
집에서 가족들과 주로 한국말로 대화함	평균	3.56	3.38	3.52	$t=2.85$ $p<.01$	3.61	3.43	3.52	$t=3.65$ $p<.001$
	표준편차	0.64	0.82	0.69		0.68	0.69	0.69	
	사례 수	596	193	789		395	398	793	

* 주: 4점 척도로 점수가 높을수록 각 항목에의 동의정도가 높음.

〈표 5-56〉 가정의 화목도, 부모에 대한 원망 및 가출충동

단위: %

구 분	평균	표준편차
우리 집은 화목함	3.32	0.65
우리 부모님은 자주 다투시는 편임	1.77	0.76
부모님이 원망스러울 때도 있음	1.92	0.85
집이 싫어서 가출하고 싶은 충동이	1.73	0.87

*주: 4점 척도로 점수가 높을수록 각 항목에의 동의정도가 높음.

은 중국출신 이외의 기타 국적 자녀에게서 더 높게 나타났으며, 초등학생보다 중학생에서 더 높게 나타났다. 반면, 부모가 외국인이라 외국문화를 배울 기회가 많다는 긍정적 인식에서는 부모가 일본이나 중국 출신국적 자녀에게서 더 높게 나타났다. 한편, 집에서 주로 한국말로 대화하는 경우도 부모가 일본이나 중국 출신 자녀와 초등학생에서 평균적으로 더 높은 비율을 보였다.

〈표 5-56〉에서 외국인 부모에 대해 자긍심을 갖는 다문화가정 자녀들의 가정 화목도를 알아본 결과, 대다수가 자신의 집이 화목하다고 생각하는 것으로 나타났다. 한편, 부모의 부부관계를 묻는 질문에서는 '우리 부모님은 자주 다투시는 편이다'에 그렇다는 응답이 15.9%로 나타났다. '부모님이 원망스러울 때가 있다'는 문항에 대하여는 그렇다는 응답이 26.5%로 부모에 대한 원망 정도는 그리 높지 않은 보통인 것을 알 수 있었다. 이러한 결과는 가출충동에도 영향을 미쳐, '집이 싫어서 가출하고 싶은 충동이 생길 때가 있다'는 문항에 전체의 19.6%가 응답하였다. 이는 전체의 5분의 1에 해당하는 것으로 이에 대한 대책이 필요함을 말해준다.

이 장에서 살펴보았듯이 결혼이주여성 본인이든 아니면 이들의 자녀를 포함하는 다문화가정 자녀들이든 아직 이들을 완전히 받아들일 준비가 덜 된 한국사회에서 살아간다는 것은 확실히 쉬운 일은 아닌 것으로 보인다. 그럼에도 불구하고 이들은 긍정적 사고를 갖고 희망을 잃지 않으며 한국사회에 적응하고 맞추면서 통합하여 살아가려고 노력하였다. 그 과정에서 우울감도 경험하고 폭력도 경험하고 따돌림도 경험하면서 학업을 중단하거나 이혼을 생각하기도 하지만, 결국은 가족 안에서 가족으로서의 의미를 찾으며 정착하려고 하는 것이다. 그리고 이러한 과정에서 결혼이주여성은 남편의 지지를 가장 큰 지원으로 꼽았으며, 고국 친구들이 좋은 지원망이 됨을 지적하였다. 이들의 자녀들 역시 교사와의 좋은 관계가 이들의 정서적 정착에 큰 지원이 되는 것으로 나타났으며, 학교생활에 만족하고 가족이 화목하다고 생각하면서 생활하고 있었다.

제 6 장

한국의 다문화 지원 체계

이 장에서는 우리나라의 외국인 관련법과 제도 및 다문화 지원 현황을 간략히 살펴보고자 한다. 그간의 외국인 관련법, 제도, 그리고 다문화 지원에 대한 대내외적인 배경, 특성 및 문제점을 이해하여 그 흐름을 파악하기로 한다. 사람의 이동은 어느 시대나 국가에서나 널리 있어왔던 일이지만, 근대 민속국가(*nation-state*)의 수권이 강조되면서 이민(*immigration*)과 시민권(*citizenship*)이라는 규제로써 자국의 국경을 보호하고 외부인의 출입과 정주화를 통제하여 왔다(Sassen, 1996; Castells, 1997; Willis, Yeoh and Fakhri, 2004). 한 국가의 이민법 역사를 이해하는 것은 그 국가가 지닌 인종이나 계급에 대한 관점을 분석하는 데 있어 중요한 배경이 된다(Vellos, 1997). 따라서 외국인에 대한 법과 제도를 살펴보는 것은 그 국가의 외국인 정책의 중심을 이해하는 길이며, 다문화 의식을 측정하는 척도이자 다문화주의 실현의 중요한 단계이며 수단이 되는 것이다.

이 장에서는 급속히 증가하는 외국인들을 대상으로 각 지방자치단체에서 산발적으로 제공하는 여러 다문화관련 지원 현황을 살펴보기로 한다. 이들 서비스는 분명 필요에 의해 제공되지만, 다문화주의에 대한 범정부적인, 혹은 사회 전체적인 비전과 계획이 없는 상태에서는 오히려 부작용도 있을 수 있기 때문에, 과연 어떠한 지원이 어떠한 큰 틀에서 이루어지는가를 살펴볼 것이다.

1. 법과 제도

세계화 시대는 물자, 자본, 기술 등의 막대한 교류를 가져왔는데 물자나 자본의 교류가 교통과 통신의 발달로 그 어느 시대보다 비용 효과적이고 개방화된 것에 비해 인간의 이동은 반대의 경향을 보였다. 즉, 국가마다 이민제도를 강화하여 전문기술을 지닌 사람들에게만 정착의 특혜를 부여함으로써 공정성과 인권에 대한 문제점도 야기하는 것이다(Spellman, 2002). 특정 국가에서 받아들이고 싶은 인력은 환영하고 그렇지 않은 인력에 대해서는 강하게 배제하는 현상이 더욱 두드러지게 나타남을 의미한다.

그간 서양의 대표적인 이민국가에서도 이민법과 제도에 대한 많은 연구가 그 사회와 외국인 커뮤니티를 이해하는 방법의 하나로 사용되었다. 이 같은 연구는 크게 두 부문으로 나눌 수 있는데, 우선 첫째, 이민의 역사를 통해 변화해온 이민법을 다룬 연구들(Tucker, Keely and Wrigley, 1990; Gibney, 1988; Nanuy, 1984; Fawcett and Carino, 1987; Castles and Miller, 2003)과 그 국가가 선택한 이민제도와 경제성장, 이민자의 특성, 내국인의 이민자에 대한 관점, 외국인 거주형태 등과의 연관성을 분석한 것들이 그것이다(Hing, 1993; Cohen and Layton-Henry, 1997; Nanuy, 1984; Castles and Miller, 2003).

이민의 역사를 통해 본 이민법과 제도들에 관한 연구는 주로 서구의 이민국가인 미국, 캐나다, 호주 등의 사례를 다루는데 우리나라의 경우와 마찬가지로 그 국가가 처한 국내외적인 상황에 따라서 자국의 외국인 관련법과 제도를 정비해왔음을 알 수 있다. 미국의 예를 들자면 식민지 정착의 시대에는 이민자들이 자유롭게 들어와 정착하였지만 유색인종이 이민 오면서부터 외국인 관련법이 그 틀을 형성하기 시작하였다. 건국 초기에는 국가 건설을 위한 노동력의 필요성 때문에 이민자들을 흔쾌히 받아 들였지만 사회 내에서 점차 자유로운 이민에 대한 불만이 생기자 특정 그룹의 이민을 제한하는 열망을 반영하여 범죄자 등 특정 그룹을 처음으로 제한하는 법이 1875년에 미국 국회를 통과하게 되었다(Vellos, 1997). 이 법은 중국 등의 이민자들과 유럽 이민자들 간의 잦은 갈등이 일어나자 1882년에 제정된 중국인 제외법(*Chinese Exclusion Act*) 등을 다루었는데 이는 미국 내 처음으로 인종에 근거해서 제한된 이민법이 제정된 예이다. 하지만 그 후 국내외적인 사회적·정치적 상황이 변함에 따라 인종에 근거하여 차별화되었던 이민 정책이 시민권을 가진 이민자들의 가족·친지 초청의 기준을 가장 우선시 하게 되는 변화를 가져오기도 했다. 호주나 캐나다 등도 초기의 인종 제한적인 이민 제도에서 후에는 사회경제적 계급으로 차별화된 이민법을 제정하게 되었다(Carens, 1988; Bauer, Lofstrom and Zimmermann, 2000). 또 국가별로 국적을 부여하는 기준을 크게 '혈통주의'(*ius sanguinis*), '출생지주의'(*ius soli*), 또는 '거주지주의'(*ius domicili*)에 따라 유형화하기도 한다(Castles and Miller, 2003; 설동훈, 2000).

두 번째 부문은 이민제도가 이민자의 규모뿐만 아니라 이민자들의 특성, 거주 형태, 경제에 미치는 영향 등을 경제·사회학적으로 분석한 연구들이다(Hing, 1993; Cohen and Layton-Henry, 1997; Nanuy, 1984; Castles and Miller, 2003). 미국의 예를 들자면 1965년 포괄적이고 개방적인 이민법이 시행되기 전까지 아시아계 이민자들이 대부분 단순기능 노동자였다면 이 법 시행 후의 아시아계 이민자들의 다수가 전문인력이었다는 것은 주목할 만하다(Fawcett and Carino, 1987; Hing, 1993). 또한, 유럽의 경우 부족한 노동력을 임시적으로 보완할 목적으로 1945이후 실시되었던 독일의 노동자초청제도(*Guest Worker System*)가 결사적인 국가적 노력에도 불구하고 노동자와 그 가족들이 함께 정착하는 현실을 맞이하게 된 것도 대표적 연구의 예 중 하나이다(Castles, 2000; Castles and Miller, 2003; Massey et al. 1998).

우리나라의 경우에도 다양한 목적과 배경을 가진 외국인들의 출입 및 정주를 시대의 흐름과 현실적 상황에 맞게 가장 효율적인 방법으로 조절하고자 관련법과 제도를 정비해왔다. 여기서 외국인 '법'은 사법부에 의해 구속력을 가지는 반면 정책이나 제도는 사회구조의 규범과 체계를 일컫는다. 따라서 외국인 관련법과 제도는 대한민국으로 이주하고자 하는 외국인에 대해 일시적·영구적 사회구성원 자격을 부여하거나, 국내에서 살아가는 데 필요한 제반 환경의 조성에 관한 사항을 정치, 경제, 사회, 문화 등의 종합적인 관점에서 다룬다고 할 수 있다(외국인정책위원회, 2009).

우리나라의 외국인에 대한 법과 제도는 미국, 호주, 캐나다, 및 유럽 등 서구에서 19세기 후반에 실시했던 인종에 근거한 차별적인 이민제도의 기간은 없었지만 현재 대부분의 이민국가에서 보여주는 사회경제적 지위와 계급에 근거를 둔 제도를 실시하여 왔다고 볼 수 있다. 즉, 외국인 인력 정책이 외국인 전문인력, 외국인 단순기능인력, 그리고 외국국적 동포를 중심으로 실시되어 왔는데 일정한 자격, 활동경력, 학력, 기술, 재능, 투자 능력 등을 갖춘 외국인 전문인력에 대해서는 거주 자격과 영주 자격 취득과정에서 혜택을 주었다. 따라서 정부가 외국인에 대해 어떤 법과 제도를 실시할 것인지 문제시하고 고민했던 부문은 외국인 단순 기능인력의 문제에서 출발했다고 볼 수 있다. 우리나라 외국인 관련법과 제도는 궁극적으로 1980년대 말에서 1990년대 초, 산업의 발달, 고학력으로 인한 내국인의 3D업종의 기피 현상 및 저출산, 고령 인구에 따른 경제활동인구의 감소로 기인한 중소기업의 인력난이 심화됨에 따라 대거 유입된 이주 노동자와 관련된 이주 노동자 관리 정책으로부터 시작되었다. 한국정부는 이들 이주 노동자들이 일정 규모를 형성한 1992년경에야 이들을 노동자가 아닌 '연수생'이라는 명목으로 관리하는 '산업연수생제도'라는 공식 제도를 도입하게 된다.

그러나 이들 연수생을 부족한 중소기업의 노동력으로 충당하면서도 외국인노동자 자체는 받아들이지 않겠다는 이중적 의지를 가진 이 '산업연수생제도'에 의해 노동자가 한 사업장에 고정 근무해야 한다는 제약과 3년이라는 시간적 제약을 받게 된다. 결국 노동자들이 사업장을 이탈하고 주어진 시간에 중개인의 빚을 갚지 못함으로써 본국으로 돌아가지 못해 수많은 '등록되지 않은' 불법 노동자들을 양산하게 되는 현실적 모순에 직면하게 된다(Gray, 2006).

정부는 이어서 독일, 싱가포르 등의 선진국들이 도입하여 실시하는 '고용허가제도'를 '산업연수생제도'와 병행하여 실시하다가 2007년에는 산업연수생제도를 완전 폐지하고 단순노무인력제도를 '고용허가제'로 일원화하게 되었다. 이 같은 외국인노동자 관련제도의 변화에는 정부의 불법 노동자 문제 등의 현실적인 고충으로 인한 절박함이 그 배경에 있기는 하였지만 인권시민단체, NGO, 종교단체 등의 영향과 무엇보다 당시 세계적으로 형성되어 가던 인권(*human rights*) 문제에 대한 대내외적인 압박이 크게 작용했던 것으로 보인다.

유입되는 외국인의 유형이 종래 단순기능 분야 종사자 중심에서 결혼이민자, 유학생, 난민 등으로 다양화되고 특히 국제결혼가정이 우리 사회에 원만하게 뿌리를 내리는 것이 당사자들만의 책임이 아니라는 인식과 이들의 적응이 사회통합의 문제와 직결된다는 인식에 따라 2000년대부터는 정부, 학계, 그리고 사회적으로 '다문화사회'에 대한 담론이 폭넓게 형성되어 가기 시작했다. 이 흐름을 타고 2006

년에는 '혼혈인 및 이주자의 사회통합 기본 방향' 및 '여성결혼이민자 가족의 사회통합 지원 대책' 등이 마련되었다.

한편, 1980년대 말부터 시작된 단순노동인력 부족을 중국과 러시아 등 동북아지역 동포들이 크게 해소하는데 기여했음에도 불구하고 이들이 선진국 동포들에 비해 고국의 재외동포 정책에서 상대적으로 소외받아온 것을 인정하여 정부에서는 이들의 출입과 고용확대를 지원하는 '방문취업제'를 2007년부터 실시하게 되었다.

이처럼 대내외적인 환경의 변화와 다문화사회에 대한 인식이 확대되면서 그간 법무부, 외교통상부, 여성가족부(현재의 여성부) 등으로 흩어져 있던 외국인 관련 업무를 종합적・거시적으로 연계하는 '재한외국인 처우 기본법'이 입법되어 마침내 2007년 7월 18일 시행되기에 이르렀다. 다음은 각 법과 제도의 주요 내용이다.

1) 국적법

국적법은 한 국가 국민의 국적 취득과 상실에 대하여 규정한 법률로써 우리나라는 1948년 대한민국 정부 수립 이후 제정되었다. 한국의 국적법은 부계혈통주의를 원칙으로 했었다. 그러나 최근 국제결혼의 증가 등으로 인해 법무부는 국적법을 개정하기에 이르렀고, 1997년 11월 18일 전면적으로 개정되어 1998년 6월 14일부터 시행되었다(이혜경, 2007).

개정된 국적법의 내용 가운데 국제결혼과 관계가 있는 것은 두 가지로, 첫 번째는 국제결혼가정 자녀의 국적이 부계혈통주의로부터 부모양계주의로 바뀐 것이고, 두 번째는 국제결혼으로 인한 국적 취득의 내용에서 남녀차별적인 요소를 폐지한 것이다(이혜경, 2007).

첫 번째 변화를 자세히 살펴보면, 과거에는 국제결혼가정에서 자녀 출생 시 아버지가 한국인인 경우에만 자녀의 한국 국적 취득이 가능하였으나, 개정된 법에서는 어머니가 한국인이고 아버지가 외국인인 경우에도 자녀의 한국 국적 취득이 가능해진 것이다. 이로써 과거 남녀차별적인 국적 취득의 요소가 폐지되었다.

두 번째는 과거에는 외국인 여성은 한국인 남성과 결혼하는 즉시 한국 국적을 취득할 수 있었으나, 외국인 남성은 결혼 후 국내 체류 기간이 2년이 지나야 한국에의 귀화를 신청할 수 있었다. 이는 남녀차별적 요소가 강하다고 할 수 있다. 이에 대해 법무부가 1998년에 개정한 국적법을 보면, 남녀차별적 요소를 폐지하여 외국인 남성과 여성 모두 한국인과 결혼한 후 국내체류 기간이 2년이 지난 후에야 귀화를 신청할 수 있게 되었다. 이 변화는 한편으로는 남녀차별적인 요소를 개선한다는 취지도 있으나, 그 이면에는 중국 동포를 위시한 외국인 여성의 위장결혼을 막는다는 의도가 더 강했다는 비판을 면치 못하였다(이혜경, 2007).

그러나 1998년 국적법이 개정된 이후, 결혼 2년 안에 이혼을 하게 되는 경우, 한국국적 취득의 요건을 갖추지 못하는 문제가 생기게 되었다. 특히 남편의 사망, 실종 또는 남편의 귀책사유에 따라서 부득이하게 이혼을 신청하게 되면 국적취득이 불가능해지는 경우가 생기게 된다. 이에 따른 민원사례가 빈발하자, 법무부는 2003년 12월 국적법 상 간이귀화 요건을 완화하였다. 이에 따르면, 남편이 사망하거나 실종되었을 경우, 남편의 귀책사유에 의해 이혼이나 별거를 하였을 경우, 또는 미성년 자녀를 돌봐야 하는 경우 등에 한하여 2년이 안되었을 경우에도 귀화를 신청할 수 있도록 하였다(이혜경, 2007). 그러나 이러한 경우에도 이혼을 신청하는 여성이 남편의 귀책사유를 직접 증명해야 하는 어려움이 있다. 그 후 국적법의 부분개정으로 2005년부터는 결혼이민자가 영주권을 신청할 수 있게 되었다.

2) 재한외국인 처우 기본법

21세기의 변화하는 국내외적 상황과 배경 속에서 참여정부는 국민과 재한 외국인이 서로를 이해하고 존중하는 사회 환경을 조성하기 위해 2006년 5월 26일 제1회 외국인정책회의에서 '외국인 정책 기본 방향 및 추진체계'를 확정하였으며, 그 후속 조치의 일환으로 '재한외국인 처우 기본법'을 마련하게 되었다. 이 법은 2007년 5월 17일 공포되어 동년 7월 18일 시행되었으며 이 법의 제정으로 그간 각 부처에서 개별적·단편적으로 시행하던 외국인 관련 정책을 종합적·거시적으로 수립하기 위한 추진체계를 마련하였으며 재한 외국인에 대한 조기 사회적응을 지원함으로써 국가 발전과 사회통합에 크게 기여하게 되었다. 또한, 이 법은 외국인정책 수립 및 추진 체계, 재한 외국인 등의 처우, 국민과 재한 외국인이 더불어 살아가는 환경 조성 등에 관한 내용을 규정한다(법무부, 2007).

이 법령의 제정으로 한국정부는 지속적으로 증가하는 외국인 정책을 좀더 종합적으로 시행할 수 있는 발판을 마련하였으며, 외국인 인권 존중과 사회통합을 통하여 한국사회를 '외국인과 더불어 살아가는 열린사회'로 만든다는 취지와 외국인도 자신의 능력을 충분히 발휘하고 국적과 인종을 떠나 서로 이해하고 존중하는 상생의 사회를 만든다는 취지로 제정된 법이다.

이 법의 주요 내용은 첫째, 법무부가 5년마다 기본 계획을 수립하고, 중앙행정기관 및 지방자치단체는 기본 계획을 바탕으로 연도별 계획을 수립하도록 하며, 둘째, 국무총리를 위원장으로 하는 '외국인 정책위원회'를 구성하여 외국인 정책에 관한 주요 사항을 심의 조정한다는 것이며, 셋째, 결혼이민자 및 그 자녀, 영주권자, 난민지위를 인정받은 자 등 정주하는 외국인들의 사회적응 교육을 지원하고, 이들에 대한 불합리한 차별방지와 인권옹호를 위해 정부가 교육·홍보 기타 필요한 노력을 포함한다(법무부, 2007).

실제로 이 법안을 근거로 법무부는 재한 외국인의 우리 사회 적응을 실질적으로 지원하고 법·제도 개선 등을 통해 외국인과 더불어 사는 사회를 조성하기 위해 정부 합동고충상담회를 2007년 11월 20일부터 29일까지 전국 11개 지역에서 6개 중앙부처와 11개 지방자치단체와 함께 열었다. 이 법은 나아가 외국인의 사회적응을 돕기 위해 한국어와 문화 교육을 외국인에게 지원해 주는 것은 물론이고 한국 국민에게도 다문화적 이해를 촉진시킨다는 내용을 포함하여 한국민-외국인 양방소통을 중시한다는 것이 이전의 외국인 관련법령에서 다루지 않은 새로운 내용이라 주목할 만하다.

무엇보다 이 법의 시행을 계기로 도마 위에 오른 문제는 우리 사회와 민족의 뿌리 깊은 단일민족 사상과 순혈 주의이다. 2005년 말 파리교외의 이민자 밀집지역에서 청년 2명이 경찰의 검문을 피하려다가 감전사한 사건을 계기로 촉발된 프랑스 소요 사태라든가 국내에서는 한국계 미식축구 스타 하인스 워드의 한국방문으로 결혼이주여성이나 이민자와 한국인 사이에서 태어난 다문화가정 자녀(혼혈인) 문제가 화두가 되어 외국인 처우와 사회적응 문제, 그리고 뿌리 깊은 인종 편견 등이 담론화되면서 사회공감대를 형성하게 되었다. 또한, UN 인종차별철폐위원회가 인종차별금지조항과 관련해 2007년 8월 우리 정부가 제출한 통합 이행보고서에 대해 심사한 뒤 발표한 권고사항 중 한국에서 '단일민족'을 강조하는 것이 국제적 기준으로 볼 때 인종 차별적 행위에 해당할 수 있으므로 정부가 다른 인종, 국가 출신에 대한 차별을 근절하기 위해 앞장서야 한다는 권고 내용은 사회에 큰 파장을 일으켰다. 주요 언론은 이를 통해 다문화에 대한 사회적 담론을 이끌어 내었고 여론조사 등이 시행되기도 했다.

한편, 논란의 여지가 있는 부분은 법 적용 대상의 이분화라는 지적을 들 수 있다. 재한외국인 처우 기본법의 제 2조에서 '재한외국인'

을 '대한민국의 국적을 가지지 아니한 자로서 대한민국에 거주할 목적을 가지고 합법적으로 체류하고 있는 자'로 정의하면서 법의 적용 대상을 합법 외국인으로 국한하고 불법 체류 외국인에 대해서는 아예 언급조차 하지 않음으로써 이들이 법의 적용 대상에서 배제되었다는 점이다(윤인진, 2008; 엄한진, 2006). 다시 말해, 법의 적용 대상을 합법 외국인과 불법 외국인으로 이분화하여 관리 통제한다는 측면과, 다문화를 표방하지만 결국은 외국인의 상당수를 차지하는 미등록 외국인근로자를 배제하는 결과를 가져와 아직도 정부의 외국인 정책은 외국인에 대한 하나의 관리 기제로 보인다는 점이 그것이다(윤인진, 2006).

'재한외국인 처우 기본법'에 매년 5월 20일을 '세계인의 날'(Together Day)로 지정한 바 있는데 그 첫 번째 세계인의 날 기념식 행사가 2008년 5월 20일 서울 올림픽공원에서 개최되었다. 이날 한승수 국무총리는 축사에서 우리나라가 세계 10위권 경제대국이 되고, 지구촌의 평화와 번영에 기여하는 나라로 발전하는 데 기여한 재한외국인들의 역할을 치하하였으며 '재한외국인 처우 기본법'을 통해 서로의 문화를 이해하고 존중하면서 살아가는 아름다운 공동체를 만들기에 최선을 다 할 것을 정부 차원에서 재확인하고 재한외국인들도 사회의 똑같은 구성원으로서 법과 질서를 지키며 사회적 책무를 다해주기 바란다고 호소한 바 있다.

3) 산업연수생제도

1992년부터 도입된 '산업연수생제도'는 외국의 단순기능인력의 도입을 원칙적으로 금지하되, 개발도상국과의 경제 협력 도모 등을 위하여 '연수생'이라는 명목으로 외국 근로자를 현지에서 선발하여 국내 기업에 투입하는 제도이다. 이 제도가 도입되기 전에는 외국인의 국내 취업이 해당직종의 전문성과 특수성으로 인해 국내에서 인력을 구하기 어려운 특정직종의 전문기술인력에 한하여 허용되었었다. 따라서 이 현지 선발노동자들은 정규 노동자의 범주에 속하지 못하고 공식적으로는 '연수생'의 신분으로 근로기준법 등 각종 노동 관련법의 보호를 받지 못했다. 또한, 이 제도는 연수생이 한 사업장에 고정 근무해야 하는 점, 선발 과정 및 본국에 임금 송금 문제의 불투명성 그리고 기술 전수 등의 지정된 연수 시간 없이 이들은 실질적으로는 노동력으로 활용하는 편법적 행태 등으로 인해 국내외적으로 많은 비판을 받아왔다. 또한 이들 외국인노동자의 빈번한 사업장 이탈로 많은 '등록되지 않은 노동자'가 증가하게 된 것도 사회문제로 이어졌다.

유네스코와 UN 인종차별철폐위원회는 이 제도 자체가 잘못되었다기보다는 등록되지 않은 외국인이 증가함에 따라 발생되는 임금체불 · 노동사고 · 부당 해고 · 작업장에서의 성적학대 등의 인권 침해가 빈번하게 자행되는 점이 우려된다고 공식적 보고서를 통해 지적하기도 했다. 설동훈(2003)은 한국의 '산업연수생제도'가 일본의 기능실습제도를 복사하되, 그 중 일부조항을 사용자에게 일방적으로 유리하도록 변형시킨 제도이며 명분과 실제가 일치하지 않는 표리부동한 제도라고 비판하기도 했다.

4) 고용허가제도

'산업연수생제도'로는 합법적으로 외국 인력을 활용할 수 없고 연수생을 근로자로 편법 활용하거나 불법 체류자를 고용할 수밖에 없는 현실적 문제에 대해 국내 안팎의 비판에 직면한 정부는 2004년부터 '고용허가제'를 도입하여 기존의 '산업연수생제도'와 병행하게 되었다. '고용허가제'는 국내인력을 구하지 못하는 우리기업이 정부(노동부)로부터 고용허가서를 발급받아 합법적으로 외국 인력을 근로자로 고용할 수 있는 제도이다. 즉, 국가가 외국인노동자에게 취업사증(또는 취업허가)을 발급하고, 그들을 고용하는 사용자에게 '고용허가'를 발급하여 외국 인력을 체계적으로 관리하는 방법으로 독일, 싱가포르 등 선진 국가들이 널리 실시하는 제도이다(설동훈, 2003).

'고용허가제'의 주요 내용으로는 내국인 고용기회를 보장하면서 외국 인력을 활용할 수 있으며, 이를 위해 내국인 구인노력을 의무화하고, 송출비리 방지 및 외국 인력의 선정 및 도입 절차의 투명화를 위해 송출국과 정부 간 양해각서(MOU)를 체결하여 공공부문에서 외국인근로자의 선정 및 도입을 담당하며 사업주의 수요에 맞는 적격자 즉, 근로자의 기능 수준이나 한국어 능력 등을 충족하는 노동자를 선정할 수 있도록 한다는 것이다. 하지만 우리 정부는 독일의 경우처럼 외국인근로자의 장기간 활용을 요구하는 사용자의 의견을 국가가 수용함으로써 외국인근로자의 정주화가 사회문제가 될 것을 우려하여 단순기능 외국 인력의 체류 기간을 3년으로 제한한다.

UN 인종차별철폐위원회도 고용허가제 도입을 환영하면서, 이 제도가 외국 노동자의 취업을 합법화하고 기존의 산업연수생제도에서 자행되었던 인권유린 등의 문제가 해소시킬 것으로 기대했다. 또한 외국인노동자들이 공식 노동자의 신분을 보장받으면서 근로기준법이나 최저임금제, 산업안전보건법 등을 내국인과 똑같이 적용받을 수 있는 근거를 마련했다고 환영했다.

그러나 UN 인종차별철폐위원회는 2007년 8월, 한국이 제출한 제13~14차 보고서를 검토한 후 이 제도의 여러 가지 문제점에 대해 지적 한 바 있다. 우선 3년이라는 제한된 고용 가능 기간이 현실적으로 너무 짧아 불법 체류자를 양산하는 데 기여할 수 있으며, 여전히 존재하는 숙련과 비숙련근로자에 대한 차별이 우려된다고 지적하기도 했다. 덧붙여 이 유엔 인권위원회는 2007년 2월 발생한 여수 출입국 화재 사고, 외국인노동자의 근로 시간 및 임금 차별, 그리고 노동조합 가입금지 등의 사례를 들어 좀더 적극적인 외국인노동자 정책의 시행을 촉구한 바 있다.

5) 다문화가정과 결혼이주여성에 대한 지원책

우리 사회는 다출신국・다인종사회로 빠르게 변모하고 있음에도 '단일민족'의 자긍심에 기반한 뿌리 깊은 '순혈주의'로 인하여 다문화가정의 자녀 및 이주자들의 차별을 대물림하고 그들의 인권을 침해하고 있다. 이는 국제사회에 인권 후진국이라는 오명을 자초함은 물론이고 장기적으로는 사회 불안 요인으로 작용할 수 있다. 이러한 문제의식에 기초하여 우리 정부는 2006년 4월 26일 대통령 주재로 국정과제회의를 개최하여 '혼혈인 및 이주자의 사회통합 기본 방향'과 '여성결혼이민자 가족의 사회통합 지원대책'을 확정하였다(여성가족부, 2006). 그러나 이 법에서도 아직은 '혼혈인'이라는 표현에 담긴 편견에 대한 인식이 부족한 것이 여실히 드러난다. 보다 근본적인 다문화주의에 기반을 둔, 결혼이주여성과 다문화가정에 대한 지원책이 향후에 수립되어야 할 것이다. 이 책에서는 '혼혈인'이라는 표현대신 '다문화가정 자녀'라고 쓰겠으나, 법이나 제도나 정책에 명기된 '혼혈인'이라는 표현은 그대로 표기하였다.

먼저 '혼혈인 및 이주자의 사회통합 기본 방향'은 우리 사회의 다문화가정 자녀 및 이주자 정책이 차별해소를 통한 인권 신장 및 사회통합을 넘어 보다 장기적이고 거시적인 차원에서 미래 한국사회의 문화・외교・경제인력 양성의 전략으로 접근할 필요가 있다는 점에서 '아시아를 선도하는 다문화 인권 국가 구현'을 비전으로 둔다. 또한, 이를 위한 3대 주요 추진 과제로 ① 법・제도적 기반 구축, ② 사회적 인식 개선, ③ '맞춤형 지원 대책' 마련을 설정하였다.

우선, 기본법으로서 '차별금지법'을 조속히 제정하고, 모성보호법과 병역법령의 개정을 추진하며, 둘째로는 우리 사회의 뿌리 깊은 '순혈주의 정서'를 극복하고 국민들의 '다문화 감수성'을 함양하기 위한 사회적 인식 개선을 적극 추진하기로 하였다. 여기에는 사회교육을 통한 국민의 인식 개선을 위해 이주 노동자 관련 담당 공무원들의 직장직무 교육 시 다문화인권교육을 교과목에 편성하고, 이주노동자 다수 고용사업체 직원들에 대한 교육을 강화하며, '외국인의 날' 지정과 '다문화 홍보대사' 위촉 등의 다양한 홍보 실시가 포함된다. 또한, 다문화가정 자녀 및 이주자들의 유형별로 가장 시급한 욕구(*need*)를 찾아주는 '맞춤형 지원 대책'을 위해 '국적취득가능여부'와 '거주지'를 기준으로 ① 국내혼혈인, ② 국외혼혈인, ③ 국내외국인으로 유형화하고 차별화된 지원 서비스를 제공하는 것이 주요 내용이다.

한편 '여성결혼이민자 가족의 사회통합 지원대책'의 주요 내용은 다음과 같다(빈부격차차별시정위원회, 2006).

① 국제결혼중개업을 관리하는 내용을 담은 법률의 제정
② 가정폭력피해자의 안정적인 체류지원 강화 및 인권 증진을 위해 혼인파탄입증책임을 완화하고 외국인전용쉼터를 확대
③ 여성 결혼이민자의 한국사회 조기적응 및 정착 지원을 위해 EBS 언어문화교육 프로그램 등 운영
④ 다문화교육 기반 구축 및 아동의 학교생활 지원을 위해 교과서에 다문화 요소 반영 및 여성결혼이민자 교육 지원 시스템 구축
⑤ 여성 결혼이민자에 대한 기초 생활 보장 및 보건 서비스 지원
⑥ 정책에 다문화 관점 확산 및 다양한 문화가치관의 공존 지원
⑦ 여성결혼이민자 가족에 대한 포괄적 지원 체계 구축

다문화가정에 대한 여러 지원제도가 복지부, 여성가족부, 교육과학기술부 등의 주관 아래 새로 만들어졌다. 결혼이주여성에게 한국어교육과 한국문화이해 프로그램을 통해 증가하는 결혼이주여성들이

한국사회에 잘 적응하도록 지원하고, 임신·출산 지원과 육아 교육을 통해 그들의 모성보호와 그 자녀들의 건강권을 보호하는 것을 목적으로 하는 국제결혼이주여성지원센터를 여성가족부에서 운영하였다. 또한, 국제결혼중개업 관리제도, 직업윤리 및 인권보호 등 중개업자에 대한 전문지식 및 윤리의식 향상교육을 실시하고 중개업자의 허위·과장광고 금지, 손해배상 책임, 외국현지법령 준수 등 의무규정의 위반사항에 대한 제재 강화를 내용으로 하는 '결혼중개업의 관리에 대한 법률'을 2007년 12월 14일에 제정하여 공포하였다(여성가족부, 2007).

결혼이주여성을 대상으로 한 지원센터인 결혼이민자가족지원센터는 과거 여성가족부 소속이었다가, 이명박 정부 출범이후 여성가족부가 여성부가 되면서 '가족'을 담당하게 된 보건복지가족부로 이관되었다. 이 센터는 현재 보건복지가족부의 저출산고령사회정책국 내 다문화가족과에 소속되어 있으며 명칭만 다문화가족지원센터로 바뀌어 운영중이다. 2009년 현재 다문화가족지원센터는 전국에 5개소, 100개의 센터가 운영중이다. 다문화가족지원센터에서는 다문화가족 구성원을 위한 사회적응교육, 상담, 직업교육 등 서비스 제공을 통해 다문화가족의 한국사회 조기 적응 및 안정적 가족생활을 지원한다. 기본사업으로는 한국어교육, 다문화사회이해교육, 가족교육, 상담, 취·창업 지원사업 등이 있고, 기타사업으로는 통·번역서비스, 자원봉사단(멘토링 등) 운영 등이 있다. 이 외에도 다문화 인식개선사업, 홍보사업 등 지역사회 특성 및 수요를 감안하여 실시하거나, 센터의 필요에 의해 실시하는 사업도 있다(보건복지가족부, 2008).

이명박 정부에서는 국무총리를 위원장으로 하는 외국인정책위원회에서 범정부적 외국인 정책을 체계화시키고 있는데 2008년부터 2012년까지의 5개년 계획을 담은 '제1차 외국인 정책기본계획'을 2009년에 확정하여 발표했다(외국인정책위원회, 2008). 여기에는 기술혁신과

고부가가치 산업 육성 등 우리 경제에 필요한 우수인재에 대한 개방을 확대하는 한편, 일정 수준 이상의 기능을 보유한 외국인에게도 국내 정주를 허용하여 심각한 숙련기능공의 인력난 해소에도 노력하겠다는 내용과 결혼이민자 등에게 표준화된 사회통합 프로그램을 이수하게 하고, 지자체를 중심으로 학교, 지방문화원, 사회복지법인, 사회단체 등 지역 자원을 적극 활용하여 수요자 중심으로 지원서비스가 제공될 수 있도록 하겠다는 내용이 포함되어 있다. 또한 엄격한 단일국적주의를 완화하여 비자발적 이중 국적자와 최우수 외국인재에 대해 제한된 범위 내에서 이중국적 보유를 허용하는 방안을 추진한다는 내용도 담겨 있는데, 그 주요 내용은 외국 출생·해외입양 등에 의한 이중 국적자와 과학·문화 등의 분야에서 탁월한 능력을 보유한 자 등에 대해 이를 제한적으로 허용하겠다는 것이다. 다만, 국민의 부정적 정서를 해소하기 위해 국내에서 병역 등 국민으로서의 모든 의미를 이행하도록 법제화하겠다고 밝혔다(외국인정책위원회, 2008). 여성결혼 이민자 가족의 사회통합 지원대책 내용의 대부분이 여기에 포함되어 있으므로 현 정부에서는 '외국인정책위원회'가 이를 통합하는 것으로 보인다(외국인정책위원회, 2008).

그러나 아직 풀어야 할 중요한 과제는 UN 인종차별철폐위원회에서 밝혔듯이 한국정부 및 사회에서 별다른 의식 없이 사용되는 '혼혈인'이라는 차별적 용어의 사용금지와 대체 용어의 보급이다(UN CERD, 2007). '혼혈인'이라는 표현은 순혈주의에 기반한 용어로서 순혈인을 우세한 개념으로 보는 차별적이고 배타적인 용어의 예이다. 따라서 여성부를 비롯한 한국정부 모든 부서에서 혼혈인 혹은 혼혈가정 대신에 다문화가정 자녀 혹은 다문화가정이라는 표현을 쓰기를 제안한다.

6) 통합 고용허가제

한편, 그간 정부가 '고용허가제'와 병행해 오던 '산업연수생제도'를 2007년부터는 완전히 폐지하고 '고용허가제'로 일원화하여 외국 인력의 도입과 관리가 원칙적으로 공공부문에 의해 이루어지게 되었으며, 외국인근로자는 국내 취업에 따른 비용부담이 줄고 권익보호가 한층 강화되어 일손이 부족한 중소기업 등이 합법적이고 안정적으로 외국 인력을 활용할 수 있는 길을 더욱 넓히게 되었다.

〈그림 6-1〉 이주노동자 정책의 변화

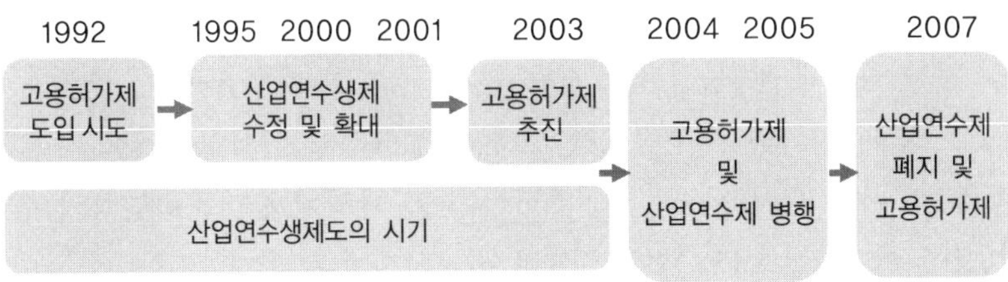

* 출처: 이선옥, 2007 재구성.

7) 외국적 동포* 방문 취업제

한편, 출입국 및 취업 등의 혜택에서 그간 소외 받아 온 외국적 동포에 대해 자유로운 왕래를 보장하고 취업기회를 확대한 '방문 취업제'가 2007년 3월 4일부터 본격 시행되었다. '방문 취업제'는 중국 및 구소련지역 거주 동포 등에 대해 5년 유효한 복수비자를 발급, 1회 입국하여 최대 3년간 계속 체류·취업할 수 있는 제도로 이들이 모국에서 선진기술 습득 및 경제적 능력을 함양함으로써 귀환 후의

* 법무부에서 '외국국적 동포'를 지칭하는 개념으로 사용하는 공식단어임.

안정적인 정착을 지원하기 위한 것이다. 또한 국내 호적이나 친인척이 없는 무연고 동포들도 일정한 요건에 해당하는 경우 방문취업(H-2) 사증발급 대상에 포함시켜 입국을 허용하고 취업활동범위도 32개 업종으로 대폭 확대하였다.

지금까지 살펴본 우리나라의 외국인 관련법과 제도는 초기에는 단순기능노동인력의 수급과 통제를 위한 제도로 시작했으나 점차 동포, 혼혈인 및 이주자, 그리고 여성결혼이민자 및 그 가족을 아우르는 통합적이고 포용적인 사회를 구축하고자 하는 실질적인 방향으로 변화되었음을 알 수 있다. 특히, 사회통합 차원에서 외국인 처우 기본법이 입법, 시행되는 것은 큰 의미가 있으며, 이주민의 통제뿐만 아니라 정착을 위해 보다 실질적 지원, 특히 경제적 자립을 도울 수 있는 프로그램과 한국민-이주민 양방 소통의 중요성을 인식하고 당사자 및 가족 뿐 아니라 지역사회 주민, 나아가 온 국민에게 다문화교육의 필요성이 인식되는 것은 매우 중요한 진전이라고 하겠다. 또한, 외국인법과 제도가 이처럼 시대에 맞추어 그 모습을 바꿀 수밖에 없었던 것은 서구 이민국가에서 나타난 것처럼 어떤 도덕적인 기준에 의해서라기보다는 시대의 상황 및 불가피성에 의해 변화하였다는 점을 지적하지 않을 수 없다. 우리나라의 산업연수생 제도는 취지에서 보면 독일의 노동자초청제도(*Guest Worker System*)와 유사한데, 정주화를 막고자 노력했음에도 불구하고 이들 노동자 및 그 가족의 유입으로 궁극적으로는 더 다양한 다문화사회가 되었음을 상기 할 때 향후 우리나라의 다문화사회에 대한 준비와 대책이 절실함을 알 수 있다.

그럼에도 불구하고 우리나라의 외국인 법과 제도가 가진 다문화사회 또는 다문화주의 정신에 대해 다음과 같은 중대한 한계점이 있음을 지적하지 않을 수 없으며 향후 한국의 외국인 법과 제도가 나아가야 할 방향에 대해 언급하는 것으로 이 절을 마무리하고자 한다.

앞서 제3장 '다문화사회의 목표'에서 다루었던 다문화사회의 목표와 정책을 바탕으로 볼 때 우리 정부는 다문화주의와 사회통합을 동시에 표방하는데 여기에 개념의 혼란과 정책간의 모순이 있다. 한 예로 법무부 출입국외국인정책본부는 2008년 6월 '다문화사회통합프로그램 구축 방안 마련을 위한 공청회'를 개최하였는데 여기서 다문화의 개념을 '다문화사회란 언어 · 종교 · 관습 · 가치관 · 국적 · 인종 · 민족 등 다양한 문화적 배경을 지닌 이민자 등이 사회구성원으로 참여하여 이루어진 사회를 일컬음'이라고 명시하면서(법무부 출입국외국인정책본부, 2008) 막상 이민자들의 기본 소양 함양 부족이라든가 사회 부적응을 우려하는 데 집중하고 있다. 또한, 사회통합을 재한외국인 처우 기본법 제1조에서 명시한 '출생국가의 문화 · 가치와 우리나라의 문화 · 가치를 접목'하는 통합이 아닌 한국사회로의 일방적인 동화를 강요하여 혼란을 준다. 따라서 정부가 국민의 다문화사회 이해 부족을 우려하고 탓하기 전에 시간이 걸리더라도 한국사회가 궁극적으로 추구해야 할 다문화주의에 대한 정부 차원의 정확한 개념 정리와 비전이 무엇보다 선행되어야 한다. 또한 최근 매스컴 등을 통해 소개되는 다문화가정에 대한 온정주의적 발상이 현실적인 다문화 지원 체계와는 거리가 있음을 감안할 때, 정부는 명확하고 포괄적인 다문화사회에 대한 비전을 지방자치단체에 분명히 전달하여 일치시켜야 진정한 다문화사회가 뿌리 내릴 수 있음을 주목해야 한다.

우리 정부가 내세우는 동화주의와 다문화주의가 혼재된 정책은 매우 혼란스러운 발상이며, 지금껏 이민을 허용하지 않은 차별배제모형의 한국사회가 지향해야 할 점이 향후 궁극적으로 다문화주의라면 이를 위한 단계적인 법과 제도를 실현하는 것이 바람직할 것이다.

초기 우리나라의 외국인 관련법과 제도가 외국인노동자들을 단속하고 규제하는 목적을 가지기도 하였으나 이는 예측하지 못한 외국인 유입 규모에 대처하는 최선의 정책으로 이해될 수 있다. 더욱이 우리나라의 외국인 유입 역사가 본격화된 것은 1990년 이후이며, 다문화사회의 논의가 시작된 것이 2000년 무렵인 것을 감안하면 매우 짧은 시간에 엄청난 변화의 소용돌이 속에서 복잡한 문제를 풀어야 하는 정부의 고민이 있었을 것으로 보인다. 또한, 다문화사회 담론이 본격화된 것은 결혼이민여성들이 급증하고 이들의 자녀가 우리 사회의 집중 조명을 받기 시작하면서부터이다. 즉, 다문화주의가 결혼이민여성이라든가, 하인즈 워드를 화두로 한 혼혈인 중심인 것을 보면 아직도 우리 사회는 혈통주의를 벗어나지 못하는 이중 잣대의 다문화주의를 표방한다고 할 수 있다. 사실 우리 사회에는 결혼이민자의 2배가 넘는 단순기능노동자들이 새로운 유형의 정주 이민자로 등장했음에도 불구하고 이들은 혈통과 관계가 없는 뜨내기로 인식되어 다문화주의의 테두리 밖에 머무는 실정이다. 따라서 정부는 진정한 우리 사회의 다양성을 포용할 수 있는 큰 그림을 국민들에게 제공하여야 할 것이다.

앞서 제3장에서도 논의 했듯이 이민사회가 아닌 민족 국가로서 백만 이상의 외국인이 거주하는 시대가 도래한 것은 지대한 국가적 도전이다. 이러한 점에서 볼 때 우리 정부에서 다문화주의를 표방한다는 것은 매우 획기적이고 혁신적인 일이다. 그러나 아직 다문화주의의 정확한 개념 바탕 위에서 일관성과 계획성을 갖춘 정책이 미흡하여 국민에게 혼란을 주는 것으로 보인다. 특히 최근 국내 경제 상황이 악화되어 국민들이 갖가지 어려움을 겪는 시대에 자칫하면 외국인 정책이 특혜 정책으로 비춰질 수 있다는 점에서 정부에서는 국민의 동의가 함께하는 정책과 법을 순차적이고 단계적으로 개진해야 진정한 세계화 시대의 세계적 다문화국가가 될 수 있음을 잊지 말아야 할 것이다.

2. 다문화 지원 현황

1) 다문화 지원 현황**

한국의 다문화지원기관은 전국적으로 총 705개에 이른다. 물론 외국인의 산포와 접근 거리를 고려할 때 지원기관의 수가 충분하다고는 말하기 어렵다. 더욱이 기관 프로그램의 활성화 정도도 기관마다 질적·양적 차이가 크다. 각종의 기관 목록과 다문화지원기관의 인터넷 홈페이지, 정부기관의 홍보물 및 안내자료, 김은미·양옥경·이해영(2007) 등과 2009년 1월 연구자의 조사 결과를 바탕으로 종합해 보면, 행정 구역별 다문화지원기관의 수는 〈표 6-1〉과 같다. 면적 비례로 보았을 때 다문화지원기관은 서울 지역이 가장 많은 분포를 보인다.

이 절에서는 현재 서울의 각종 기관에서 운영하는 다문화지원기관에 대한 실태조사를 실시하고 성공적인 사례와 한계점을 분석해 보았다. 서울은 경기권과 더불어 체류외국인 수가 가장 높은 지역이다. 한국의 체류외국인의 약 29.9%가 서울에 거주한다. 교육과학기술부 정보자료실에 게시된 다문화가정 자녀 현황[1]을 보면 2007년 외국인 근로자 자녀는 38.7%가, 국제결혼 자녀는 10%가 서울에 거주한다. 또한 출입국 외국인 정책본부에 의하면 2007년 현재 전체 결혼이주여성 중 서울에 거주하는 결혼이주여성은 23.3%이며, 남성을 포함한 서울에 거주하는 국제결혼자는 25.5%이다. 출입국 외국인 정책본부에 근거하여 산출해 보면,[2] 2007년 현재 서울에 거주하는 외국인근

** 이 절은 김은미·양옥경·이해영이 서울시정개발연구원으로부터 받은 2007년도 과제 《서울시 다문화 발전을 위한 사회소통과 적응연구》(시정연 2007-PR-20) 중 일부 절을 수정 보완하여 수록하였다.

1) 교육과학기술부의 다문화가정 자녀 자료는 교육과학기술부(http://assembly.mest.go.kr/) 참조.

2) 서울에 거주하는 외국인근로자 비율은 출입국·외국인정책본부(http://www.

〈표 6-1〉 지역별 다문화지원기관의 수

지역	기관 수	지역	기관 수
서울	107	충청도	98
부산	26	전라도	112
대구	13	경기도	93
대전	17	경상도	122
인천	9	강원도	55
광주	22	제주도	10
울산	17	합 계	705

로자는 전체 외국인근로자의 대략 26.1%로 추정된다.[3] 이러한 자료는 서울이 다출신국·다인종 사회로 빠르게 진행되고 있는, 한국 내 대표적인 도시임을 보여 준다. 서울의 다문화 지원 현황을 파악하는 것은 우리 사회의 다문화 현주소를 파악하고 앞으로의 발전적 방안을 모색하고 제안함에 매우 중요한 출발점이 될 것이다.

2009년 1월 현재 서울 시내 다문화기관은 총 107개 기관으로, 관민기관(문화관광체육부 지원 국어문화원, 보건복지가족부의 다문화가정지원센터 등)[4]이 40개 기관, 공공기관(구청과 동사무소, 시청, 공공기관 등)이 27개 기관, 시민단체가 21개 단체, 종교단체가 16개 기관, 학교가 3개교가 있다.[5]

---

immigration.go.kr) 자료에 제시된 전체 외국인근로자 수를 서울 체류외국인 중 체류 자격이 출입국·외국인정책본부 자료 상 근로자로 분류된 경우로 나누어 산출하였다.

3) 서울시 자료(http://www.seoul.go.kr)에 근거하여 총 체류외국인근로자 중 합법체류자만으로 계산하면 31.49%가 서울에 거주한다.

4) 관민기관이란 관에서 민간에 위탁하여 서비스를 운영하는 기관을 말하며, 건강가정지원센터, 지역사회 종합복지관 등이 이에 속한다. 한편 공공기관은 관에서 직접 운영하는 기관으로 동사무소, 구청 등이 이에 속한다.

5) 목록은 〈부록 4〉에 제시되어 있다.

전체적으로 서울시의 다문화 지원 현황을 관민기관과 공공기관이 가장 많은 수를 차지했고, 시민사회단체, 종교단체, 학교의 순서로 나타나 역시 공공기관이나 관 주도의 지원 현황을 보였다. 그러나 등록 인원을 보면, 각 기관에 등록되어 있는 외국인근로자와 결혼이주여성은 동사무소와 건강가정지원센터 등에는 10~30명 정도가 등록된 것으로 조사되는 반면, 지역사회복지관이나 시민단체에는 150~500여 명의 외국인이 등록되어 있어 규모 면에서 큰 차이를 보였다.

〈표 6-2〉 외국인마을과 다문화지원기관의 위치

구	외국인마을	다문화지원기관 목록
구로구	조선족마을	구로구청, 구로구 건강가정지원센터, 구로 6동 주민자치센터, 한국이주노동자복지회, 화원종합사회복지관, 한국외국인근로자지원센터, 외국인노동자의 집·중국동포의 집, 중국동포교회, 서울조선족교회
용산구	이슬람마을 일본마을 이탈리아마을	용문동 주민자치센터, 한강로2동 주민자치센터, 용산구 건강가정지원센터, 청년여성문화원, 온누리 교회
서대문구	화교마을 1	서대문구청, 이대 국어문화원, 한국이주노동자건강협회, 서대문구 건강가정지원센터, 외국인 이주노동자 대책협의회, 다문화열린사회
서초구	프랑스마을	서초구청, 사랑의 교회, 서울교대 다문화교육연구원
동대문구	몽골마을	동대문구청, 동대문구 다문화가족지원센터, 푸른시민연대
중구	화교마을 2	중구 건강가정지원센터, 유락종합사회복지관, 외국인노동자인권문화센터, 유네스코한국위원회, YWCA
종로구	필리핀마을	국어단체연합 국어상담소, 종로구 건강가정지원센터, 서울외국인노동자센터, 한국이주여성인권센터, 새 세상을 여는 천주교여성공동체부설센터

서울의 다문화지원기관들은 그 수도 많았고, 〈표 6-2〉에서 보듯이, 제4장에서 고찰된 외국인마을이 위치하는 곳에 설치되어 있어 예상보다 서울의 다문화 지원 현황은 외형적으로는 긍정적이다.

그러나 엄밀한 의미의 '다문화기관'이라기보다는 '다문화 서비스를 지원하는 기관'이라는 말이 적합한 기관들이 다수 포함되어 있었으며, 많은 경우 다문화가정 지원 센터의 기능을 하였다. 서울의 다문화지원기관은 위의 마을별로 제공되는 프로그램에 약간의 차이를 보인다. 아래에서는 마을별 특성에 따른 다문화지원기관의 운영 프로그램을 간략하게 살펴보았다. 대표적인 조선족 거주지역인 구로구에서는 프로그램 주 대상자가 외국인근로자이다. 따라서 이들을 위한 한국어교육, 기술교육, 안전교육, 상담, 의료, 문화체험 등 다양한 프로그램을 제공하고 있었다. 몽골인 마을이 있는 중구에서는 주 서비스 대상자가 결혼이주여성과 외국인근로자이며, 프로그램은 구로구와 비슷하게 다양하게 지원되었다. 이는 중구에 외국인근로자가 근무하는 공장, 사무실이 많고, 지리적으로도 서울의 중심에 위치해 타 지역에서 프로그램을 이용하러 오는 외국인이 많기 때문이었다. 이슬람마을이 있는 용산구는 한국과는 다른 문화적인 특성 때문인지 한국문화체험, 다문화체험 프로그램이 눈에 띈다. 프랑스인 마을이 있는 서초구의 경우는 다른 지역과는 조금 다른 특성을 지닌다. 서초구에서는 한국어교육 프로그램을 운영하는 기관은 없었고, 오히려 동사무소에서 한국인을 대상으로 하는 프랑스어 강의가 있었다. 다문화 관련 프로그램으로는 한국음식을 만드는 한국문화체험 프로그램이 유일하였다.

다음으로는 서울의 다문화지원기관에서 제공하는 각종의 교육 프로그램과 서비스 프로그램, 그리고 각종의 행사에 대하여 심층적으로 분석해 보았다. 이를 위하여 각 기관을 방문 조사하여 운영 사례를 분석하였다. 서울 소재 100여 개의 다문화지원기관 중 프로그램

수, 프로그램 활성화 정도, 등록 외국인 수를 기준으로 한국외국인근로자지원센터, 한국이주노동자복지회, 성동외국인근로자센터, 유락종합사회복지관, 다문화열린사회와 아동·청소년을 대상으로 다문화교육을 실시하는 재한몽골학교, 보광초등학교 등 2개의 학교를 선정·분석하였다.[6]

(1) 다문화지원기관의 각종 프로그램

조사 결과 서울의 다문화지원기관에서 운영되는 프로그램은 대상자에 따라 성인을 위한 프로그램과 아동·청소년을 위한 프로그램으로 구분해 볼 수 있으며, 내용에 따라 크게 교육 프로그램과 서비스 프로그램, 문화행사 프로그램 등으로 나눌 수 있다. 교육 프로그램은 한국어교육, 컴퓨터교육, 금융교육, 법률교육, 기술교육 등 한국생활에 필요한 지식과 정보를 제공받는 프로그램이고, 서비스 프로그램은 각종의 생활상담 및 적응을 위한 프로그램, 의료 및 음식 지원 등을 포함한다. 문화행사 프로그램은 주로 한국을 이해시키는 목적으로 운영되는 한국문화체험[7]과 문화 간 소통에 초점을 두고 진행되는 다문화체험 프로그램,[8] 한국인과 외국인을 대상으로 한 다문화 캠페인 등이 있다. 각각의 상세 프로그램은 〈표 6-3〉, 〈표 6-4〉와 같다.

---

6) 일차적으로 외국인근로자센터의 서비스 담당자들에게 프로그램이 성공적으로 운영되는 여러 기관을 추천받았다. 그 후 추천받은 기관들을 중심으로 문헌 조사 및 전화 조사를 실시하여 7개 기관을 선정하였다. 선정된 각 기관은 평균 2시간 정도로 심층적 면담을 실시하였는데, 내용, 운영방식, 참여실태, 기대효과, 운영에서의 한계점 등에 대한 조사와 더불어 뉴스레터, 홍보지 등 관련 자료들을 프로그램 분석에 활용하였다.

7) 한국문화체험은 주로 외국인을 대상으로 하여 한국문화를 체험하고 한국을 이해할 수 있도록 하는 일방향의 프로그램이다.

8) 다문화체험 프로그램이란 외국인과 한국인이 함께 여러 나라의 문화를 체험하고 서로의 문화를 이해하고 소통하는 양방향의 프로그램을 말한다.

〈표 6-3〉과 〈표 6-4〉에서 볼 수 있듯이 서울의 다문화 프로그램 조사 결과, 프로그램 제공 빈도별로 보았을 때, 가장 높은 순위를 차지한 프로그램은 한국어교육이었으며, 성인 대상 프로그램에서는 생활상담, 한국문화체험, 의료지원, 사회적응, 컴퓨터교육 등이 다음 순서로 나타났다. 아동·청소년을 대상으로 한 프로그램에 비해 성인을 대상으로 한 프로그램이 더 다양하고 많았으며 특히 상대적으로 한국 적응을 위한 프로그램이 많았다.

〈표 6-3〉 다문화지원기관의 성인 대상 프로그램

프로그램		다문화지원기관의 수
교육 프로그램	한국어	66
	컴퓨터	18
	태권도	2
	미술	3
	노래	6
	문화예절	8
	국악	2
	금융	2
	법률	3
	취업	7
	기타	9
서비스 프로그램	상담	55
	의료지원	27
	음식제공	6
	다문화가정모임	11
	사회적응	21
문화행사 프로그램	한국문화체험	43
	다문화체험	12
	캠페인	4

〈표 6-4〉 아동 · 청소년 대상 프로그램

프로그램		다문화지원기관의 수
교육 프로그램	한국어	9
	컴퓨터	2
	편견해소교육	7
	뮤지컬	1
서비스 프로그램	탁아	5
	학습지원	2
	사회적응	2
문화행사	한국문화체험	5
	다문화체험	4

위와 같은 서울의 다문화 서비스 프로그램에 대하여 외국인마을에 거주하는 서울 시민은 어떻게 생각하는지 조사해 보았다. 조사결과는 〈표 6-5〉와 같다(김은미 · 양옥경 · 이해영, 2007: 80). 물론 이 자료는 외국인을 대상으로 한 것이 아니며, 서울 시민이 필요하다고 생각하는 프로그램이다. 그러므로 조사된 자료는 외국인의 요구와 차이가 있을 수 있다. 그러나 다문화교류를 위해 외국인마을에 거주하는 서울 시민이 어떤 프로그램을 원하는지는 주목할 필요가 있다.

〈표 6-5〉를 보면 외국인 적응지원 프로그램뿐만 아니라 서울 시민을 위한 지원 프로그램에 대한 욕구도 높다는 것을 알 수 있다. 서울 시민 지원 프로그램에서는 외국어교육이 21.6%로 가장 높았고, 외국문화체험, 외국인과 함께하는 지역행사, 편견해소교육 등이 필요한 프로그램으로 나타났다. 서울 시민이 생각하는 외국인 적응지원 프로그램 중에서는 한국어교육이 25.8%로 욕구가 가장 높았고, 한국문화교육이 17.7%로 그 다음을 차지하여 서울의 다문화 지원기관의 제공 프로그램과 일치하는 결과를 보였다.

<표 6-5>의 결과를 서울의 다문화지원기관에서 제공하는 프로그램들과 비교해 보면 높은 빈도로 나타났던 서울 시민을 위한 지원 프로그램인 외국어교육과 외국문화체험을 시행하는 기관은 거의 찾아볼 수 없으며, 외국인과 함께하는 지역사회행사와 편견해소교육도 그 빈도가 매우 낮게 나타났다. 이를 통해 서울의 다문화지원기관들

<표 6-5> 외국인마을의 외국인과 서울시민의 문화교류센터 지원 프로그램

대상	프로그램	빈도	비율
외국인 적응 지원프로그램	한국어교육	203	25.8
	한국문화교육	139	17.7
	사회적응지원	95	12.1
	취업・기술교육	70	8.9
	의료지원	65	8.3
	지역주민과 함께하는 지역사회행사	60	7.9
	취업・주택 알선 등 정착지원	52	6.6
	(긴급상황 시) 통역・번역지원	42	5.3
	법률 및 가정 상담지원	29	3.7
	법률교육	20	2.5
	유・청소년 생활지원	11	1.4
	기타	1	0.1
서울시민 지원 프로그램	외국어교육	156	21.6
	외국문화체험(요리 강좌 등)	109	15.1
	외국인과 함께하는 지역사회행사	102	14.1
	편견해소교육	102	14.1
	외국인과 함께하는 클럽활동	71	9.8
	유・초・중・고등학교 다문화교육 특별활동	54	7.5
	시민 대상 다문화이해교육	52	7.2
	다문화 도서실/자료실	36	5.0
	다문화가정을 위한 특별 프로그램	31	4.3
	기타	8	1.1

이 서울시민과 체류외국인 간의 소통에 중점을 두기보다는 체류외국인에 대한 일방적인 지원 혹은 한국으로의 동화에 중점을 둔다는 것을 알 수 있다.

아래에서는 서울의 다문화지원기관들의 각종 프로그램을 종류별로 살펴보면서 다문화 주의에 기반 한 프로그램의 활성화 정도를 가늠해보도록 하겠다.

① 교육 프로그램

■ 한국어교육

한국어교육은 외국인근로자와 결혼이주여성, 다문화가정 자녀들이 한국에서 생활하고 의사소통을 하는데 필수적인 프로그램이다. 한국어가 미숙한 경우 작업 현장이나 일상생활에서 겪는 문제를 해결하기 어렵고 차별받기 쉬우므로 한국생활 적응과 차별 개선을 위해 한국어교육이 필요할 것이다. 양옥경(2007: 181)에 따르면 한국어교육 서비스는 결혼이주여성이 이용한 복지서비스 중에서 가장 많은 빈도(53.3%)를 차지하였으며, 이들의 서비스 욕구조사 결과에서도 가장 높게 나타난 항목이었다는 점은 주목된다.

현재 대부분의 기관에서 외국인근로자 및 결혼이주여성의 편의를 위해 한국어교육 서비스를 제공하지만, 학습자의 특성과 요구를 충분히 반영하지 않은 교육이 실시되는 문제점이 있다. 이를 개선하기 위해 우선적으로 노력해야 할 것은 학습자의 특성에 맞는 교재를 제작하여 보급하는 것과 대부분의 자원봉사자인 교사들을 대상으로 한 훈련이다. 다문화가정에서 한국어교육은 한국생활을 하는데 불편함이 없도록 하기 위한 교육이다. 따라서 학습자가 일상생활에서 가장 많이 접하는 상황을 수업 내용으로 구성하고 그에 맞는 교재와 부교재를 사용해야 할 것이다. 또한 한국어교육을 받고자 하는 학생은 넘쳐나는 데 비해 한국어교사는 대부분 자원봉사자로 충당하여 전문적인 능력을 가진 교사가 부족한 실정이다. 자원봉사 교사의 경우 전문적 훈련이 부족한 경우가 대부분이고, 한 학기를 꾸준히 진행하지 못하는 경우도 잦아 프로그램 운영에 어려움을 더하고 있다.

■ 컴퓨터교육

컴퓨터교육은 주 1회, 초급 단계만 있는 곳이 대부분이다. 대다수의 외국인들은 인터넷 이용하기(초급 수준)를 배우는 단계에서 그쳐 중·고급 단계를 수강하는 사람의 수는 매우 적었다.

한국생활을 위해 컴퓨터교육이 필요하고 다문화지원기관들은 이를 제공하지만 오히려 외국인들의 호응도는 낮게 나타났다. 그 이유는 학습 내용, 방법, 시간 등 학습자의 요구를 수용하지 못해서일 가능성이 크다. 이는 한국외국인근로자지원센터의 컴퓨터교육 프로그램이 활성화되어 있는 것을 통해서 알 수 있었다. 한국외국인근로자지원센터에는 약 140명이 등록되어 있으며, 입문·초급·중급·PC 정비반으로 나뉘어 수업이 이루어졌다. 이 센터의 PC 정비반은 수강 학생이 10명 이내로 학생들의 요구에 바로 접근할 수 있다는 장점을 가졌다. 또한 이 기관에서는 프로그램 수강 후 시험을 보고 자격증을 취득하려는 학생도 있다는 점에서 학생들의 요구 수준을 맞춘 교육의 필요성을 절감할 수 있다.

■ 태권도교육

태권도교육을 운영하는 곳은 그리 많지 않았다. 유락종합사회복지관의 경우, 태권도 반을 2반으로 운영하였으나 외국인근로자들의 호응이 적어 1개 반 10명으로 축소하여 운영하였다. 태권도 교실을 꾸준히 수강한 경우, 승급심사를 받아 자격증을 취득할 수 있다. 한국외국인근로자지원센터는 수업이 주말에 있으며, 토요일에 약 10명, 일요일에 약 20명이 참여하였다. 유락종합사회복지관과 마찬가지로 처음에는 3개 반(초 · 중 · 고급)으로 교육을 실시하였으나 외국인들의 호응도가 적어서 1개 반으로 통합하여 운영하였다. 프로그램 개선을 위해서는 역시 학습자의 요구에 대한 철저한 분석이 요구된다고 할 수 있다.

■ 미술 및 노래, 뮤지컬교육

미술교육과 노래교육, 뮤지컬교육은 최근 들어 개설되었다. 기관 조사를 시작한 2007년 7월 당시에는 1개 기관에서만 실시되거나 한국어수업 중에 한 번씩 특강으로 다뤄지는 실정이었으나, 이 책의 저술을 위한 추가 조사를 실시하였더니 정규 프로그램으로 운영되는 것으로 나타났다.

한국이주노동자복지회의 경우, 특강으로 미술교육을 실시하였는데 반응이 좋아서 프로그램을 운영하게 되었으며 현재는 여성가족지원센터에서 강사를 파견하고 학습자는 주로 결혼이주여성으로 약 10명이 참여한다고 했다. 미술 활동을 통해서 말로 표현할 수 없는 자신들의 고충과 스트레스를 발산, 해소하고 결혼이주여성들 간의 친밀감을 형성한다는 점에서 긍정적인 효과가 있다.

노래교육 역시 특강 형식의 프로그램에서 신설된 프로그램이다. 수강자들은 수업 중 한국 노래를 배우고 발표하는 시간을 가져 간접적으로는 한국문화도 접하고 한국어도 배울 수 있기 때문에, 수강자들의 호응이 높았다. 한편, 금천구건강가정지원센터에서는 청소년을 위한 프로그램으로 뮤지컬교육을 실시하여 청소년들의 안정과 적응에 도움을 주었다.

■ 문화예절

문화예절 프로그램은 이 책의 제5장 〈표 5-35〉에서 볼 수 있듯이 학습자의 학습 요구가 높은 항목이다. 현재 8개 기관에서 한국문화와 예절에 대한 프로그램이 운영중이다. 강동구청 가정복지과에서는 '행복한 가정 만들기'라는 프로그램을 실시하여 결혼이주여성과 한국인 시어머니가 함께 한복 예절, 차례상 차리기, 한지 공예, 김치 담그기, 한국음식 만들기, 고궁 나들이 등을 할 수 있도록 돕는데, 결혼이주여성과 한국인 어머니 모두에게 좋은 반응을 얻었다고 한다.

■ 금융 및 법률교육

금융 및 법률교육은 모두 특강 형식으로 진행되었다. 금융교육은 한국외국인근로자센터와 한국이주여성인권센터에서 특강이 실시되었는데 한국외국인근로자센터의 특강 당시, 100여 명의 외국인근로자가 참여하여 꽤 큰 호응을 얻었다고 한다.

법률교육은 한국외국인근로자지원센터, 한국이주여성인권센터, 푸른시민연대 등에서 특강 형식으로 진행되었으며 노동법 및 고용관리법, 출입국 관련법, 생활법률, 성교육, 생활적응 교육, 산업안전관리교육 등을 실시하였다. 특히 외국인근로자가 한국생활에서 많이 이용하게 되는 노동법 및 고용관리법, 출입국 관련법 강의에 높은 호응도를 보였다.

■ 취업교육

취업교육은 특강 형식으로 운영되었으며 과거에는 정규 프로그램이 운영되었으나 폐강된 경우도 있었다. 동대문구 결혼이민자가정센터에서는 결혼이주여성이 자국의 문화와 언어를 가르칠 수 있도록 다문화 강사 양성교육이 실시되었고, 서울 외국인노동자센터와 한국이주노동자복지회에서는 외국인근로자의 취업교육으로 자동차 정비, 무역실무 교육 프로그램을 운영하였으나, 프로그램 운영이 제대로 이뤄지지 않아 폐강되었다. 실제 외국인근로자들은 공장 등에서 주 6

일 근무하기 때문에 일요일을 제외하고는 시간이 없는 상황이라 취업교육을 받기는 쉽지 않았다. 이들은 취업교육보다는 그 시간에 한국어교육을 받을 수 있기를 희망했다. 프로그램 제공자가 판단한 외국인근로자의 요구가 실제의 요구와 일치되지 않거나 일치되더라도 실효성을 높이기 위해서는 세심한 운영상 조정이 요구되기도 한다는 것을 기억해야 할 것이다. 설상가상으로 외국인근로자가 교육을 받으러 오는 중 출입국관리소 직원에게 붙잡히게 되는 외부적 요인으로 프로그램 호응도가 급격히 낮아지기도 했다.

■ 방과 후 학교

각 지역의 외국인근로자센터 등 일부 기관에서는 다문화가정 자녀들이 한국생활과 한국 학교에 적응하도록 돕기 위해 방과 후 학교 프로그램을 운영하였다. 가령, 성동구 외국인근로자센터의 '지구촌학교'가 대표적이다. 방과 후 학교에서는 다문화가정 자녀들을 대상으로 한국어교육, 컴퓨터 등 기타 과목과 학교생활 적응에 필요한 정체성교육, 환경교육, 성교육 등이 실시되었다.

■ 편견해소교육

편견해소교육은 보광초등학교, 경동초등학교, 재한몽골학교에서 실시되었다. 편견해소교육은 전교생과 교사, 학부모를 대상으로 실시되었는데, 이 프로그램을 통해서 교육 대상자들은 소통과 교류를 통해 더불어 사는 삶을 이해하고 수용할 수 있도록 유도되었다. 이 프로그램은 다문화 이해 교육에서 다문화주의적인 접근을 시도했다는 점에서 의의가 있다. 교육 대상자들은 다문화 이해 교육을 통해서 서울, 나아가서는 한국의 다문화적 가치를 발견하고, 편견과 차별 의식을 해소하며, 외국인과 그들의 문화와 존중하며 평등한 공존을 이루는 계기를 제공받을 수 있을 것이다. 이 프로그램이 가치관을 형성하는 시기에 있는 어린 학생들을 대상으로 한다는 점은 더욱 주목된다.

■ 기타

이 밖에 관악구청, 중랑구청, 송파구건강가정지원센터 등에서는 성인 외국인들을 대상으로 요리 강좌를 개설하였고 동작구건강가정지원센터, 자녀발달교육은 구로구건강가정지원센터에서는 비즈 강좌를 통해 외국인들의 교양 교육을 지원하였다. 또한 송파구청에서는 영어 구연동화 교육, 원어민 강사 교육을 실시하여 외국인들이 자신을 개발하고 사회적응을 할 수 있도록 지원하였다.

② 서비스 프로그램

■ 상담

많은 기관들에서 상담 프로그램이 운영되며, 대부분의 기관이 결혼, 가정생활 문제를 비롯하여 임금체불, 산업재해, 의료, 체류문제 및 인권·법률문제를 해결하는 데 도움을 줄 수 있도록 상담 프로그램을 제공하였다. 법률, 의료상담의 경우, 전문가를 통한 상담을 지원받았으나, 생활상담의 경우에는 상담전문가가 아닌 자원봉사자나 기관담당사가 상담하는 곳이 많았다.

한국외국인근로자지원센터는 10개국 언어 통역자 및 법률전문가를 상담요원으로 구성하여 임금체불, 산업재해, 사고, 폭행, 사기, 사망 등의 법률적인 문제와 한국생활 상담을 도와주고 있다. 한국이주노동자복지회는 상담전문가가 생활, 의료, 법률문제를 상담해주지만 언어의 문제가 해결이 되지 않아 장애를 겪었다. 유락종합사회복지관에서는 법률, 의료, 일상생활의 3가지 분야에서 상담이 이루어지는데 법률상담은 유락가족복지센터의 전문가와 연결하여 이혼, 성폭력, 임금 등의 문제를 해결하며, 몽골어, 베트남어를 지원하였다.

의료상담의 경우 외국인 전용병원(혜화동 라파엘 클리닉)과 연결하여 상담하였고, 일상생활상담에서는 기관의 지역복지 담당자가 자녀문제, 한국어 능력시험, 대학 진학, 비자문제 등을 상담해 주었다. 이러한 상담 프로그램들은 외국인들의 한국 적응과 서울살이를 구체적으로 돕는 역할을 할 수 있다는 점에서 활성화되기를 기대한다. 또한 한국어 수준이 낮은 외국인을 위해 다국어 지원 서비스가 제공될 수 있는 자원봉사시스템의 구축도 요구된다. 이러한 자원봉사자 지원 시스템 활용에 대해서는 아직은 시작단계에 불과하여 충분한 내용을 얻을 수는 없지만, 후술될 서울시의 서울글로벌센터의 기획도 참고해 볼 만한다.

■ 의료 및 음식지원

의료지원 서비스를 제공하는 기관은 현재 27개로 조사되었으며 대부분 지역 봉사단체와 연계하여 한 달에 1~2회 무료 한방·양방·치과 진료를 실시하였다. 또한 의료공제회 제도를 운영하여 외국인근로자 및 결혼이주여성의 치료비 부담을 줄이거나 보건복지부의 지원을 받을 수 있는 경우도 있었다. 한국이주여성인권센터와 한국이주노동자복지회, 서울YWCA 등 결혼이주여성의 수가 많은 기관에서는 출산과 산후조리를 돕고 신생아 양육을 지원하였다. 음식제공 서비스를 지원받는 기관도 있었는데, 지역사회에서 기증받은 음식물은 외국인근로자와 그 자녀들을 위한 간식으로 제공하였다.

■ 다문화가정 모임

서울의 일부 기관에서 다문화가정 모임을 운영하였다. 초기의 다문화가정 모임은 결혼이주여성들의 전체 모임이었으나, 국적이 다르고 말이 통하지 않아 국적별로 결혼이주여성의 모임이 생겨나면서 활성화되기 시작했다. 한국이주여성인권센터, 한국이주노동자복지회, 푸른시민연대에서는 국적별 결혼이주여성들의 다문화가정 모임을 만들어 서로가 정보를 공유하고 원만한 가정생활을 이루도록 지원하였다. 그러나 결혼이주여성들 중에서는 가족들의 비협조로 모임에 자주 나오지 못하는 경우도 많았다.

최근에는 결혼이주여성뿐만 아니라 남편들이나 가족들의 모임이 필요하다는 입장에서 한국이주노동자복지회에서는 필리핀여성 남편모임을, 녹번종합사회복지관에서는 다문화가정 아버지학교를 운영하고 있다.

■ 사회적응

사회적응 프로그램의 내용은 크게 두 가지로, 하나는 결혼이주여성을 대상으로 하여 지리정보, 교통정보, 정보검색, 장보기 등 일상생활을 훈련하는 프로그램이고 다른 하나는 1:1 멘토(가정생활 도우미) 제도를 통해 결혼이주여성이 한국생활에 적응할 수 있도록 도와주는 프로그램이다.

금천구청은 8개국 31명의 외국인과 지역주민 결연을 통해, 외국인의 한국생활을 돕고 외국인과 한국인이 서로의 문화를 이해하는 기회를 제공한다. 한국이주노동자복지회의 경우 '친정어머니 되어주기'라는 프로그램을 통해 지역주민과 결혼이주여성을 맺어주는데 호응도는 양극으로 나뉜다. 한국에서의 가정생활에 도움을 얻을 수 있는 장점을 가지고는 있으나 한국인 특유의 친절과 관심이 외국인들에게는 지나친 간섭으로 느껴지기도 했다. 이 밖에도 관악건강가정지원센터에서는 아동·청소년을 대상으로 집단 미술치료를 실시하였고, 마포구에서는 다문화가정 부모와 자녀 대상으로 집단 놀이치료를 실시하였다. 이 밖에 송파구청, 중랑구청, 마포구청에서 실시한 합동결혼식도 한국에서의 결혼생활과 가정생활을 돕는 취지에서 실시된 프로그램으로 볼 수 있다.

■ 탁아 서비스

결혼이주여성들의 사회 활동을 위하여 아이를 맡아 주는 탁아 서비스가 일부 기관에서 제공되었다. 탁아 서비스가 근로자여성을 위한 전일제가 아니라 한국어, 미술교육 등 기타 과목을 들으러 오는 결혼이주여성을 대상으로 한 1~2시간의 서비스이기 때문에, 사실상 탁아 서비스의 이용률이 높은 편은 아니다. 그러나 탁아 서비스의 필요성을 절박하게 느끼는 수요층이 있다는 것은 주목해야 할 것이다. 일부 기관 중 가령, 베들레헴 어린이집은 서울가톨릭사회복지회에서 운영하는 곳인데, 부모의 경제활동이나 이혼 등의 사유로 가정 내 양육이 어려운 다문화가정 자녀들을 위해 월요일부터 금요일 또는 토요일까지 24시간 돌봐주는 보육시설이다. 이와 같은 종일반 탁아 서비스는 이용자들의 요구를 충족시킬 수 있다.

탁아 서비스 제공의 어려움으로 기관에서는 자원봉사자에 의한 운영을 지적하였다. 탁아 서비스 제공 담당자를 자원봉사자로 충당하기 때문에 기관에서는 프로그램 운영에 어려움을 겪는다고 호소하는 것이다. 그러나 자원봉사자 활용 시스템의 구축은 매우 유용한 사회 인적 자원의 활용이라는 점에서 사회적으로 적극적인 노력이 요구된다.

③ 문화행사 프로그램

■ 한국문화체험

현재 많은 기관에서 연 1~2회 한국문화체험 프로그램이 운영된다. 한국문화체험은 주로 외국인을 대상으로 하여 한국문화를 체험하고 한국을 이해할 수 있도록 하는 일방향의 프로그램이다. 프로그램은 서울 혹은 한국의 관광명소 나들이, 한국음식 만들기, 한국명절 함께 보내기, 체육대회 등으로 외국인근로자와 그 가족을 대상으로 한다.

유락종합사회복지관은 외국인과 자원봉사자가 함께 보령 머드축제, 단양의 명소 나들이 등의 체험 행사를 실시해서 외국인들의 높은 호응을 얻었다. 영등포구는 결혼이민자 20명의 가족과 지역주민 20명이 한국 민속촌에서 전통혼례식과 민속놀이를 체험하는 행사를 가졌다. 성동외국인근로자센터, 한국외국인근로자지원센터 등 몇몇 기관에서는 명절에 고향에 가지 못하는 외국인근로자를 위하여 한국 명절 함께 보내기 행사가 운영된다. 이 날은 한국의 전통음식을 먹고 전통놀이를 하며 한국문화 나눔의 자리를 가진다. 한국외국인근로자지원센터는 추석을 맞아 외국인과 재외동포, 한국인 1,500여 명이 다함께 김밥말기 기네스북에 도전하는 프로그램을 가져서 화합의 자리를 마련하기도 하였다.

성동외국인근로자지원센터와 유락종합사회복지관에서는 연 1회 외국인근로자를 대상으로 한 체육대회가 진행되는데 유락종합사회복지관의 경우, 외국인근로자와 자원봉사자가 참여하는 행사로 지역주민과의 교류는 없어 외국인근로자 간의 단합이라는 차원에 머물러 있었다. 성동외국인근로자지원센터는 매년 5월 근로자의 날을 지정하여 체육대회를 개최하는데 외국인근로자와 지역주민 총 300~400명이 참여한다. 체육대회를 통해 외국인근로자와 지역주민은 서로 소통하는 계기를 마련하는 것으로 보인다.

현재 문화행사 프로그램의 대부분이 한국문화체험에 치중되어 있는 것은 문제이며 한국문화의 소개와 체험도 중요하지만 한국문화의 일방적 주입이 아닌 문화 간 소통의 관점에서 서로 나누고 이해하는 프로그램으로 구성되어야 한다. 그러므로 다문화지원기관의 문화행사의 대다수를 차지하는 한국문화체험 행사는 일방적 전달과 다소 동화주의적 입장을 취하는 듯한 운영방식에서 벗어나 소통과 교류를 근간으로 하는 다문화주의적 접근으로의 개선이 요구된다.

■ 다문화체험

비록 그 수는 적지만, 몇몇 기관에서 운영하는 다문화체험 프로그램은 위의 한국문화체험의 일방적 전달의 태도와는 다른 입장에 서 있는 프로그램으로 볼 수 있다. 즉, 다문화체험 프로그램은 외국인과 한국인이 함께 여러 나라의 문화를 체험하고 서로의 문화를 이해할 수 있는 장을 제공한다. 그러나 이들 프로그램도 대단위의 행사 프로그램이기 때문에 본격적인 의식 개혁을 위한 교육적 기능은 매우 약하다.

다문화열린사회에서는 2007년 8월 문화관광부 주최로 외국인근로자 108명, 한국인 72명을 선발, 다문화를 체험할 수 있는 캠프를 개최하였다. 이 캠프는 외국인근로자에게는 한국인과 생활하는 기회를 제공하고 한국인에게는 외국의 문화를 체험, 이해할 수 있는 기회를 제공하였다. 또한 다국적으로 이뤄진 조별 훈련으로 공동체의식을 기르고 편견 없이 소통할 수 있는 기회를 제공한다는 측면에서 긍정적이다. 그렇지만 한국어로 의사소통이 가능한 외국인근로자가 아니고는 다문화체험 캠프 참여가 어려울 수 있다. 강북구 건강가정지원센터는 외국인과 지역주민이 함께 전통예절, 다도문화 등 다양한 한국문화를 체험하고, 베트남, 중국 등 아시아 각국의 가족 문화를 엿보는 시간을 마련하여 서로 다른 문화를 이해하는 시간을 가지는데, 이들 행사도 역시 백화점의 진열상품 감상의 차원에 지나지 않았으며, 교육이나 계몽의 기능을 감당하기는 어려웠다.

아동·청소년을 대상으로 한 한국문화체험과 다문화체험 프로그램을 운영하는 기관은 각각 5개, 4개 기관이다. 한국문화체험은 성인을 대상으로 한 교육과 마찬가지로 일방적 전달을 위주로 구성되어 있었다. 가령, 서울의 관광지를 답사하거나 한국 전통놀이를 해보는 것이 주를 이루었다. 반면 다문화교육은 조금 더 다양한 유형으로 시행되었다. 지역특성상 외국인 아동이 많아 다문화시범학교로 지정된 경동초등학교와 보광초등학교는 전교생을 대상으로 하여 다문화교육이 시행되었다. 보광초등학교의 경우는 이슬람 사원 방문 등의 행사를 통해서 한 달에 2~3회 다른 나라 문화를 경험하게 하고, 수업을 통해서 학생들은 자신들이 체험한 것에 대하여 서로의 생각과 의견을 나누는 기회를 가질 수 있었다. 가치관을 형성하는 아동·청소년 시기에 다문화체험교육을 받은 아동들은 그렇지 않은 아동에 비해 자연스럽게 다문화를 이해하고 받아들일 수 있을 것이라는 점에서 이들의 다문화체험교육은 편견해소교육과 함께 주목되는 프로그램이라고 볼 수 있다.

■ 교류와 소통

진정한 교류와 소통에 있어 가장 중요한 것은 자문화에 대한 자긍심과 자신에 대한 긍정적 자아관을 가진 두 집단이 대등한 입장에서 서로를 잘 이해하는 것이다. 이렇게 볼 때 일방적인 문화 전달보다는 서로를 알아가려는 노력은 중요한 출발점이 될 것이다. 서울의 다문화지원기관에서 제공하는 프로그램은 매우 불충분하지만 이들 기관의 다문화적 접근 노력은 시작되었다고 할 수 있다.

한국인이 외국인근로자와 결혼이주여성, 다문화가정 자녀들과 함께 살아가기 위해서는 이들을 편견 없이 있는 그대로 받아들이는 것이 중요하다. 현재 일부 기관들에서는 시민들의 편견을 해소하고 인식을 변화시키려는 움직임이 있었다. 한국이주노동자복지회는 결혼이주여성에 대한 시민들의 인식변화를 위해 결혼이주여성들을 알리는 홍보물을 제작하였고, 결혼이주여성들이 가까운 지하철역 등에서 직접 홍보물을 배포하여 자존감을 느끼게 하였다.

재한몽골학교는 중곡복지관의 한국 아동들과 낙농체험학습을 함께 하여 몽골의 유목문화를 알리고, 나담축제나 몽골의 저명인사 초청 강연회를 통해 자긍심 함양과 정체성 교육의 기회를 마련한다. 학생들은 인근 초등학교 또래 집단과의 문화적 교류나 어려움에 처한 서울시민들을 돕는 활동을 통해 자신의 문화에 대해 스스로도 이해하고 또 서울시민들에게 자신을 이해시키며 서울에서 살아가는 한 사람으로서의 자신의 역할을 생각하게 된다. 보광초등학교에서도 전교생을 대상으로 다문화이해교육과 편견해소교육을 실시한다. 학생들은 다른 나라의 전통의상을 입어보고, 전통음식을 먹어보면서 다문화를 이해하는 기회를 가지며, 현지인 선생님과 함께 편견에 대해 이야기함으로써 외국인근로자와 결혼이주여성, 다문화가정 자녀를 함께 살아가야 할 사람으로 인식하게 된다. 서울시민과 서울의 체류외국인들이 서로를 이해하고 소통하기 위해서는 서로 함께 참여할 수 있는 프로그램이 필요하고, 그들이 지속적으로 교류할 수 있도록 하는 것이 중요하다.

한국외국인근로자지원센터의 구로 점프, 노래자랑, 미니월드컵 행사, 다문화열린사회의 다문화캠프와 다문화축제, 성동외국인근로자센터의 성동구민과 함께하는 체육대회, 바자회 '아시아 음식, 기념품, 사진전' 등은 외국인근로자 및 결혼이주여성과 다문화가정 자녀에 대한 편견을 없애고 서울시민과 외국인이 함께하는 교류의 기회를 제공할 수 있을 것이다. 그러나 이러한 행사가 일회성 행사로만 끝나서는 안 될 것이다.

(2) 다문화지원기관

여기서는 서울시 소재 다문화지원기관의 프로그램이 다문화사회로 가는 한국사회의 새로운 요구를 어느 정도 만족시키는지 살펴볼 것이다. 전술했듯이 프로그램의 수와 활성화 정도, 이용 외국인 수, 중요도 등을 고려해서 선정된 5개 기관 및 2개 학교의 사례들을 중점 기술하였다.

① 한국외국인근로자지원센터

한국외국인근로자지원센터는 노동부에서 설립, 한국산업인력공단에서 운영하는 기관으로 구로구 가리봉 1동에 위치한다. 등록자 수는 500여 명으로 교육 프로그램, 서비스 프로그램과 문화행사 프로그램이 있다. 한국외국인근로자지원센터가 위치한 곳은 지하철역에서 마을버스를 타고 몇 정거장을 이동해야 하므로 접근성이 좋지 않고, 육교 옆에 위치해 간판이 쉽게 보이지도 않았다. 그러나 들어서면 건물 입구와 엘리베이터에서 각 층별로 어떤 서비스가 제공되는지에 대한 위치 정보를 한눈에 확인할 수 있도록 안내판을 마련해 놓았고, 더욱이 중국어와 영어로 번역되어 있어 외국인에게 편의를 제공하였다.

이 기관에서 현재 시행되거나 과거에 시행되었던 교육 프로그램은 한국어교육, 컴퓨터교육, 태권도교육과 같은 정규 강의와 상시로 외부에서 지원을 받아 개설되는 국악, 법률, 금융 등의 특강이 있다.

한국어교육 프로그램에는 400~500명 정도의 외국인이 등록되어 있으며, 이중에 결혼이주여성은 약 60명 정도이고 외국인근로자의 수는 340명 정도가 된다. 수업은 20주가 1학기로 구성되어 있으며, 연 2학기로 운영하였다. 학급은 총 39개 반으로 한국어 실력에 따라 6단계로 나누어진 정규반과 고급 학습자를 위한 고급 문법반 및 한국교육과정평가원의 TOPIK(한국어능력시험) 준비반이 있다. 각 반의 정원은 10~15명 정도이다. 교재로는 대학의 한국어 수업을 수강하는 일반인을 대상으로 개발된 〈서강한국어〉를 사용하며 교사는 자원봉사자로 충당한다. 이들이 한국에 적응하고 소통할 수 있도록 이들만의 특수한 요구를 만족시키는 전문 교재의 부재는 교사 수급 문제와 더불어 대부분의 다문화지원기관에서 겪는 어려움 중 가장 큰 문제라고 할 수 있다. 여기서 사용되는 대학 교재들은 대부분 대학의 언어교육기관에서 한국어 수업을 듣는 외국인유학생, 일반인들을 대상으로 하기 때문이다.

컴퓨터교육 프로그램에는 약 140명이 등록되어 있으며, 입문·초급·중급·PC정비반으로 나누어져 있다. 주말에는 외국인근로자를 대상으로, 평일에는 결혼이주여성을 대상으로 수업이 진행된다. PC정비반은 외국인근로자의 귀환 교육을 목적으로 2007년 1학기 처음 개설되었다.

국악교육 프로그램의 경우 처음에는 정기 프로그램으로 계획되었으나, 학습자들의 관심도가 낮아, 현재는 특강으로만 운영된다. 최근 실시된 국악교육 특강 역시 홍보 부족과 한국 전통문화에 대한 관심 부족으로 호응이 낮았다. 제 5장 〈표 5-35〉에서는 결혼이주여성이 한국의 전통문화와 예절교육을 선호하는 것으로 나왔지만 실제 국악 교육 프로그램에 대한 선호도는 매우 낮았다. 결국 다문화지원 기관에서 제공하는 전통문화로서의 국악은 외국인들이 알기를 원하는 전통문화와 일치하지 않았다고 할 수 있다. 전통문화에 대한 요구가 있었다고 하더라도, 전통문화 항목 중 어떤 것을 선정하여 어떤 방식으로 가르치고 나누어야 하는지에 대해서도 동시에 고려되어야 할 것이다. 한국에서의 적응에 관심을 가지는 외국인들에게 현실 생활에 연계되지 않은 전통에 대한 교육은 학습에서 우선순위에 들기는 어렵다.

태권도교육에 대한 낮은 호응도도 국악교육의 낮은 호응도와 같은 차원에서 생각해 볼 수 있다. 일요일에 한 시간씩 진행되는 태권도 교육은 공간의 제약도 문제로 조사되지만 의외의 낮은 호응도를 보였다. 선호도 조사에서는 비교적 높은 정도의 선호도를 보였으나 실제로 낮은 호응도를 보인 교육에 대해서는 상세 교육 내용과 교육 방법에 대한 개선도 요구된다.

금융교육 특강은 외국인근로자가 금융 서비스를 이용하는 것을 돕고 한국 내의 생활을 지원하기 위한 프로그램으로, 100여 명의 외국인근로자가 참여하여 좋은 반응을 얻었다. 교육 내용은 금융기관 이용 및 환전·송금, 국내 보험 가입 및 보상 사례 등에 대한 실생활에 유용한 정보로 구성된 교육을 실시한다.

또 다른 특강인 법률교육 특강은, 외국인근로자들이 산업 현장에서 알아야 할 임금, 산재, 근로계약, 구제 절차의 4가지 주제로 4주간 특강이 진행되었다. 이와 더불어 부당한 처우 관련 사례를 나누고 의구심을 해결하는 등 서로의 경험을 나눌 수 있도록 계획되었다. 법률 특강이 실생활의 경험을 나누고 생활하는 데 필요한 것을 배운다는 점에서 처음에는 호응도가 매우 높았다. 그러나 법률 용어가 어렵다 보니 결국 한국어 구사 능력의 한계로 인하여 이를 배우고자 하는 학습자는 현격하게 줄었다.

그 밖에 학습자들의 요구에 따라 취업교육, 안전교육, 영양교육이 특강 형식으로 제공되었다. 영양교육은 한국의 음식문화와 식사 습관에 대한 이해를 돕기 위한 특강으로 진행되었으며, 한국음식 만들기, 김치박물관 체험하기 등 한국문화체험과 연계하여 진행되었다. 학습자의 요구가 있었던 행사이지만 소통과 교류의 관점이 아닌 일방적인 한국문화 전달의 방식을 취하여 앞서 지적한 바와 같은 문제가 있다.

서비스 프로그램으로는 상담, 의료지원, 다문화가정 모임, 탁아서비스가 있다. 상담 프로그램은 전문상담자가 담당하고 자원봉사로 참여하는 변호사의 자문을 받기도 한다. 또한 상담에 있어 베트남어, 중국어, 몽골어, 태국어, 스리랑카어, 파키스탄어, 러시아어, 우즈베키스탄어, 필리핀어, 영어 등 10개 언어가 통역 지원된다. 통역자는 해당언어 전공자나 베트남인 한국어 전공자 혹은 필리핀 결혼이주여성 등 한국어에 능통한 외국인으로 구성되는데 이들 통역자들은 기관에 상주하면서 도움이 필요한 외국인들을 지원하였다. 또한 12개 언어로 모국어 전화상담 서비스도 제공하였다.

한국외국인근로자지원센터에는 베트남 출신 결혼이주여성들의 모임이 있는데, 이 모임은 결혼이주여성들의 한국생활을 위한 정보 교류의 장으로 활용되었다. 또한 3개월에 1회 베트남 여성들의 남편들을 위한 모임도 운영되어 주목된다. 그리고 한국어교육, 컴퓨터교육 등을 위해 방문하는 결혼이주여성을 위해 평일 오전 주 2회, 주말 1회 놀이방이 운영된다. 그러나 아이들 수에 비해 아이들을 돌봐주는 자원봉사자는 1명에 불과하여, 매우 부족한 실정이다. 그 외에 한국외국인근로자지원센터에는 주 1회 무료진료 서비스 등 의료지원 프로그램도 제공하며 체력단련실이 있어 외국인들이 무료로 이용할 수 있도록 한다.

한국외국인근로자지원센터에서 실시하는 문화행사 프로그램으로는 한국문화체험 프로그램이 있다. 기관 내부 프로그램인 서울 명소 관광과 외부기관에서 지원을 받는 캠프 형식의 프로그램, 구로구와 함께하는 프로그램 등이 있었다. 서울의 다문화지원기관의 많은 프로그램들이 거의 한국문화의 일방적 전달에 치중하는 반면, 한국외국인근로자지원센터에서 실시하는 축제인 '구로 점프', 노래자랑, 미니월드컵 등은 비록 이벤트성 행사로만 진행되었으나 구로구민과 외국인이 교류하는 자리를 마련하였다는 점에서 주목된다.

기관에서는 학습자의 학습 요구에 맞는 교육 내용, 외국인들의 적응과 소통을 위한 각종 프로그램의 개설에 대한 요구가 있었다. 가령, 특강에서 호응이 좋았던 금융교육이나 필요하지만 어려운 법률상담 등을 이들에 맞게 쉽고 재미있게 제공하여 외국인들의 생활에 도움이 되어야 하며, 아울러 이들을 받아들이는 서울시민과의 교류의 장이 행사로만 끝나는 것이 아니라 지속적이고 자발적인 교류의 장이 되어야 할 것이다.

한국외국인근로자지원센터의 프로그램들은 비교적 다른 지원기관에 비해, 외국인근로자와 결혼이주여성의 다양한 요구를 충족시킨다고 할 수 있다. 그러나 자녀양육이나 학습 지도와 관련된 요구, 상호교류, 한국인의 차별적 태도와 인식의 개선과 관련된 요구는 충족시키지 못한다는 한계를 갖는다. 또한 외국인들이 한국에서 살아가는 데 도움이 될 수 있도록 제공되는 생활적응 관련 교육 프로그램들은 결국 한국어교육 서비스의 지원이 없을 경우 효과나 호응도는 기대하기 어렵다는 것을 확인할 수 있었다.[9] 프로그램이 외국인 학습자의 요구를 충족하기 위해서는 프로그램을 이용하는 외국인들의 요구가 무엇인지에 대한 철저한 분석을 토대로 학습 내용과 학습 방법이 구안되어야 할 것이다.

② 한국이주노동자복지회

서울 구로구 구로3동에 위치한 한국이주노동자복지회는 95년 노동부의 사단법인 인가를 받은 단체로, 한국산업단지공단 서울지사의 건물 4층과 5층을 사용한다. 이곳은 지하철역에서 멀지 않아 접근성이 좋으나 외부로 난 계단 때문에 불편하고, 아동 탁아의 경우 안전성에 각별한 주의가 필요하다.

한국이주노동자복지회에서는 교육・서비스・문화행사 등의 프로그램을 운영하였다. 교육 프로그램으로는 한국어교육, 컴퓨터교육, 미술교육, 노래교육과 리더십 교육 등이 제공되었다. 한국어교육은 결혼이주여성을 위한 평일반과 외국인근로자를 위한 주말 반으로 운영된다. 교사는 대학(원)생 및 주부 등 40여 명의 자원봉사자로 이루어진다. 교재는 시중에 나와 있는 교재가 이들 기관 학습자의 요구를 수용하지 못한다고 판단, 직접 만든 교재 《외국인근로자를 위한 한국어교재》를 사용하였으며 이들의 한국어교육을 위하여 작은 도서관

---

9) 이는 양옥경(2007: 188~189)의 결과, 결혼이주여성들에게 있어서도 한국에서의 적응과 소통을 위하여 한국어교육이 가장 높은 요구로 조사된 것과 맥을 같이 한다.

을 운영하였다.

컴퓨터교육을 받는 학생은 15명 정도이다. 정보통신부의 지원을 받아 컴퓨터 시설을 마련했으며, 대학원생 자원봉사자들이 교사로 활동한다. 미술교육은 최근 들어 결혼이주여성 학습자들이 증가하면서 개설된 수업으로 수 2회 시행되며 교사는 서울시에서 지원을 받아 미술협회에서 파견한다. 노래교육 역시 결혼이주여성을 위한 수업으로 최신가요, 트로트 등을 가르쳤다. 노래교육을 담당하는 교사는 여성가족부 지원센터에서 지원된다.

현재 한국이주노동자복지회에서 한국어교육 다음으로 호응이 좋은 교육 프로그램은 미술교육과 노래교육이다. 이 기관에서는 학습자들이 호응도가 높은 주제로 자연스럽게 한국어를 습득할 수 있는 방법을 개발하고자 시낭송대회도 개최하였으며, 최근에는 한국어로 진행되는 춤 수업도 운영하기 시작했다.

이 밖에 한국이주노동자복지회에서는 귀환 대비 교육의 일환으로 PC정비반과 리더십강화교육을 시도하였는데, PC정비반은 과거에 개설이 되었으나 지금은 폐강되었다. PC정비반은 초반에는 관심이 높았으나 한 외국인근로자가 교육을 받으러 오는 중에 출입국관리소 직원에게 잡혀간 이후, 호응도가 급격히 낮아져 현재는 운영이 중단되었다. 리더십강화교육은 개별 상담 방식으로 이루어지는 비공식적 프로그램인데, 본국으로 귀국 후, 통역관 및 관광 가이드로 훈련시키고자 추진하는 프로그램으로 다른 기관과 차별적인 취업 준비 프로그램이다.

기관 담당자도 지적하였듯이 한국어교사가 자원봉사자로 충당되면서 생기는 문제를 해결해야 하며, 특히 학생들 언어 능력의 특이성을 반영한 맞춤교육 프로그램 개발을 위한 노력이 요구된다. 아울러 기관 담당자는 한국이주노동자복지회에서 과거에 개설되었으나 현재는 운영하지 않는 PC정비반 등을 예로 들어, 외국인근로자를 대상으로 하는 취업교육의 필요성, 지속적인 교육을 위한 제반 환경과 제도 정비 등을 요구하였다. 현재 산업연수생의 85%가 한국에 대한 부정적인 이미지를 안고 고국에 돌아가는데, 외국인근로자들이 기술교육을 받은 후 고국에 돌아간다면 한국에서 배운 기술을 활용하고 긍정적인 교류를 기대할 수 있을 것이라는 지적도 있었다.

서비스 프로그램으로는 상담, 의료지원, 음식제공, 다문화가정 모임, 사회적응 프로그램 등이 있다. 상담은 자격증을 소지한 전문 상담자 2명이 담당한다. 현재 법무부에서 지정한 결혼이주여성의 고충상담소이기 때문에 상담 시에 상담일지를 기록하여 법정 문제가 발생할 경우 증거 자료로도 제출이 가능하다. 그 동안 통역 서비스가 지원되지 않아 상담에 어려움이 있었으나 한국국제노동재단의 통역상담을 소개하여 이 문제를 해결하였다. 이러한 프로그램은 외국인근로자의 한국 적응을 돕는 매우 실용적인 프로그램이다.

이주노동자복지회는 건강협회, 외국인전용의원과 함께 서울시에서 의료지원을 받는 서포터스 중의 하나로 적십자나 구로구청 보건소와 연결하여 외국인이 무료 치료를 받을 수 있도록 하였다. 또 근처에 도넛 공장이 있어 잉여 음식물을 지원받으며, 이것을 외국인들에게 제공하였다. 또한 사회적응 프로그램으로 백화점, 은행 등을 동행하여 결혼이주여성들이 한국생활을 익히는 서비스가 제공되었다. 현재 필리핀에서 온 결혼이주여성 모임과 남편들의 모임이 활발히 이루어지며, 이들 간의 정보교환이 원활하여 많은 도움을 주는 것으로 보인다. 이러한 프로그램은 제 5장의 〈표 5-35〉에서 보았듯이 결혼이주여성의 경우 수요가 높았던 것이다.

문화행사 프로그램으로는 외국인 대상의 한국문화체험과 서울시민을 대상으로 한 의식변화 캠페인이 실시되었다. 이러한 프로그램 역시 결혼이주여성들에게서 수요가 높았던 항목이라는 점에서 주목된다. 한국문화체험은 결혼이주여성을 대상으로 서울시 문화센터 봉

〈그림 6-2〉 게시판에 소개된 외국인근로자 통역지원센터와 무료진료 포스터

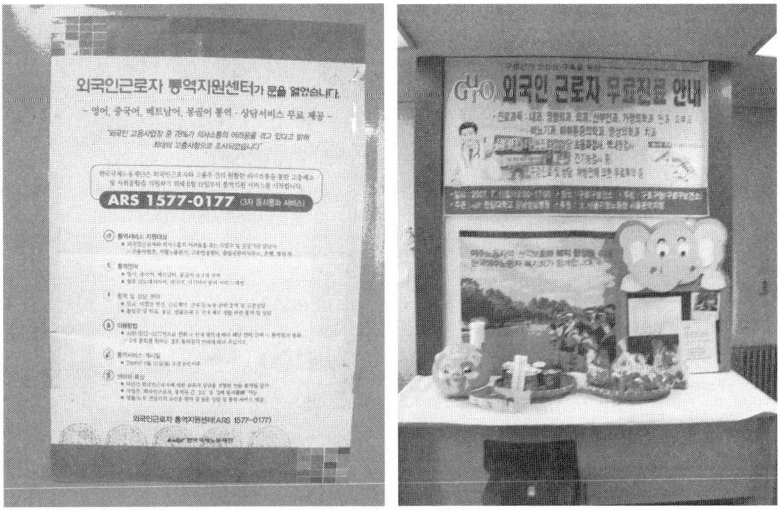

사팀과 연결하여 1 대 1 멘토링을 실시, 서울시 명소, 박물관 등 현장을 방문하는 형식으로 진행된다. 한국인과 함께하는 문화 프로그램으로 바자회, 전통 혼례식, 요리 교실, 친정어머니 되어주기 프로그램 등이 있는데 이러한 문화 교류도 역시 외국인의 한국생활 적응을 돕기 위해 필요한 프로그램이다. 그러나 이러한 프로그램은 이 책에서 여러 차례 지적되었듯이 일방적으로 주류 문화를 전달하는 태도를 바탕으로 한다는 점은 개선이 요구된다.

교류와 소통이라는 관점에서 보았을 때, 이 기관에서 실시하는 행사 중 가장 특별한 행사는 서울시와 한국이주노동자복지회가 함께 실시한 '친구가 되어주세요'라는 한국인 의식변화 캠페인이었다. 결혼이주여성 60명이 지하철 구로디지털단지역과 이마트 등 6곳의 장소에서 홍보물을 직접 배포하게 하였는데, 결혼이주여성에게는 자신들에 대해 알리고, 자존감을 높이는 기회가 되었다. 그리고 한국인들에게

는 그동안 가졌던 편견의 벽을 허무는 좋은 기회가 되었다.

한국이주노동자복지회의 가장 두드러진 특징은, 결혼이주여성들이 일반적으로 선호한 프로그램인 의료지원, 탁아 서비스, 상담과 상호교류 프로그램이 제공되며, 한국인의 차별적 태도와 인식의 개선과 관련된 요구를 반영한 프로그램을 개발하고, 외국인들이 한국에서 살아가는 데 도움이 될 수 있도록 개발된 생활적응 관련 프로그램을 제공한다는 점이다. 이에 더 나아가서 외국인근로자들의 귀국 대비 프로그램과 리더십 교육을 실시하였다는 점도 장점으로 들 수 있다. 한국이주노동자복지회는 한국인의 편견을 해소하고 외국인들이 한국에서 불편 없이 살 수 있도록 지원한다는 점은 높이 평가되지만, 대부분의 프로그램은 외국인의 한국 주류 문화에 대한 적응이 주요 관심사이고 프로그램 운영의 목적이었다는 점은 아쉽다. 우리 사회의 궁극적 목표가 소통과 교류, 더불어 살아가는 것에 있다는 점을 상기해 볼 때 더욱 적극적으로 서로의 문화를 교류할 수 있는 장이 마련되어야 할 것이다.

③ 성동외국인근로자센터

성동외국인근로자센터는 성동구 홍익동에 있으며, 지하철역에서는 조금 떨어진 골목 안에 위치한다. 이 센터에서는 성인은 물론 아동과 청소년을 위한 교육, 서비스, 문화행사 프로그램을 실시하였다. 등록된 외국인 수는 350여 명으로 추정된다. 성동외국인근로자센터에서는 인터뷰와 직접 조사에 한계가 있어, 인터넷을 통해 홍보되는 자료를 중심으로 정리하였다.

교육 프로그램으로는 한국어교육, 컴퓨터교육, 태권도교육이 있다. 한국어교육 프로그램은 연간 참가 인원이 300여 명으로 호응도가 가장 높았다. 주로 외국인근로자가 교육 대상이 되므로 주 1회 일요일에만 교육을 실시하였다. 학급은 학습자의 수준에 따라 기초

5개, 초급 6개, 중급 4개 등 총 15개의 반으로 편성되어 있으며, 각 반의 정원은 15~25명이다. 한국어 실력이 부족한 학생들이 공장 사정으로 수업에 빠지는 일이 많아 수업에 차질이 생기기도 하는 등의 문제가 있다. 한국어교사는 한국어교육을 전공하는 대학원생이나 교원양성과정 수료자로 구성된 자원봉사자들로 구성되어 있다. 연 2회 한국어 발표회를 열어 학생들은 자신의 한국어를 재점검하는 자리를 갖는다.

컴퓨터교육은 주 1회 실시되며 초·중·고급으로 나누어 수업을 진행한다. 결석 후 수업을 따라잡기가 어려워 중도 포기하는 문제가 발생하기도 한다. 이러한 문제는 한국외국인근로자지원센터의 프로그램들에서 나타난 문제와 동일하다. 학습 내용과 방법에 대한 외국인 학생들의 요구 조사와 이를 바탕으로 흥미를 유발할 수 있는 수업 구안이 절실하다.

서비스 프로그램은 상담서비스, 의료지원, 음식제공 등으로 구성된다. 상담서비스는 전문 상담가가 담당하며, 외국인이 상담하기를 원하는 주된 내용은 의료상담, 임금체불, 취업, 노동문제, 생활 지원 등의 순이다. 질적인 상담서비스를 제공하기 위해서 성동외국인근로자센터에서는 2006년 9월에는 상담원 교육을 실시하기도 하였다. 상담원 교육 프로그램은 한국인 자원 봉사자를 상담자로서 활용할 수 있도록 상담원을 단기 양성하는 과정으로, 상담을 원하는 외국인들의 요구에 맞추어 외국인 노동 현황과 노동법에 대한 내용을 교육 내용에 포함하여 교육되었다. 그러나 상담원 교육은 일회성에 그쳤다.

이 기관은 의료지원 프로그램으로 매년 1회 건강 검진을 실시하고, 매월 2회 무료진료 실시한다. 음식제공 프로그램에서는 주 2회 잉여 식품을 무상으로 지원받아 외국인근로자 및 다문화가정 자녀의 간식으로 제공한다.

성동외국인근로자센터의 문화행사 프로그램으로는 한국문화체험과 체육대회가 있다. 한국문화체험은 외국인 학생, 자원봉사 교사 등 총 320여 명이 참여, 한국문화를 체험하고, 매년 5월에는 성동구의 지원을 받아 성동구민과 함께하는 체육대회를 개최한다. 지역주민과 외국인 등 400여 명은 이 행사를 통해 만남의 기회를 얻게 된다. 또한 성동외국인근로자센터에서는 바자회 '아시아 음식, 기념품, 사진전'을 열어 각 나라의 문화를 알리고 이해하는 자리를 마련하였는데 이러한 행사는 서로의 문화에 대한 이해와 존중하는 태도를 이끌어내는 데 효과적이다. 다만 단순한 전시와 체험을 넘어선 역동적 교류의 장으로 활성화되면 이 자체로 충분한 다문화교육의 장이 될 수 있을 것이다.

또한 이 기관에서는 체력단련실을 개방하여 외국인근로자와 지역주민이 함께 이용할 수 있도록 하여, 이 센터가 주민과 외국이 함께하는 공간임을 인식시킨다는 점에서 흥미롭다. 더 나아가 성동외국인근로자센터에서는 외국인근로자를 환경도우미로 활동하게 하고, 외국인근로자 이미지 개선 홍보 포스터를 제작, 배포하는 등의 캠페인 활동을 펼치고 있었다. 이러한 활동들은 외국인근로자 스스로가 지역사회에 이바지하는 주민임을 인지시키는 기회를 제공할 수 있다.

성동외국인근로자센터에서는 성인을 위한 프로그램뿐만 아니라, 다문화가정 자녀들이 한국생활과 한국 학교에 잘 적응할 수 있도록 방과 후 학교를 운영하여 한국어, 미술, 영어, 과학 등을 가르치는 한편, 취미, 성교육, 환경교육, 인성교육, 공연관람, 태권도, 가정방문, 학부모교육 등 다양한 지원 프로그램을 운영한다. 2006년 10월에는 서울 경동초등학교의 방과 후 벽화 그리기 활동에 참여하여 좋은 반응을 얻기도 하였다.

성동외국인근로자센터의 프로그램들은 외국인을 교육받는 대상자로만 규정하지 않고 같은 공간을 공유하며 지역사회에 이바지하는 주민임을 인지시키기 위한 프로그램들을 제공한다는 점에서 의미가 있다고 할 수 있다. 그러나 다양한 외국인들의 요구에 맞추어진 다문화교육과 적극적인 사회적 소통과 교류를 위한 프로그램, 한국에서 살아가는 데 유용한 생활적응 서비스 등 프로그램의 다양화가 필요하다.

④ 유락종합사회복지관

유락종합사회복지관은 중구청에서 위탁을 받아 운영하는 기관으로 서울 중구 신당동에 위치하며, 약 200여 명의 외국인이 등록되어 있다.

현재 유락종합사회복지관에서 실시되고 있는 프로그램은 크게 교육, 서비스, 문화행사로 분류할 수 있다. 교육 프로그램에는 한국어교육, 컴퓨터교육, 태권도교육이 있다. 한국어교육 프로그램은 학습자 호응도가 가장 높고 규모면에서도 가장 크다. 학급은 학습자의 수준에 따라 기초·초·중·고급 12개 반으로 구성되어 있고, 학기말 숙달도 테스트를 통해 진급 여부가 결정된다. 2007년 조사된 바에 의하면, 교재는 초급반의 경우는 《이주노동자를 위한 한국어》를, 중급반의 경우는 《서울대 한국어》, 고급반은 《경희대 한국어》 또는 교사가 원하는 교재를 사용할 수 있다. 한국어교사는 한국어교육을 전공한 대학원생이나 교원양성과정 수료자로 구성된 자원봉사자들이다. 교사가 100% 자원봉사자들로 구성되어 있어 한 학기를 채우지 못하고 교체되는 경우도 빈발하는 등 전반적으로 교사의 수가 부족하여 교사 수급은 불안정한 실정이다.

이러한 수업의 불안정성은 누차 지적되었듯이 자원봉사자를 교사로 활용하는 모든 다문화지원기관이 가지는 공통의 문제이다. 다문화지원기관에 등록하는 외국인 학생들이 가장 원하는 학습 내용이 한국어라는 점을 감안해 볼 때 교사 수급에 대한 문제는 해결되어야 할 가장 중요한 사항이다.

컴퓨터교육은 주 1회 실시된다. 2007년 1월 학기에 초급과 중급 2개 반을 운영하였으나 학생 수가 줄어서 초·중급이 같은 반에서 컴퓨터 수업을 듣는다. 다문화지원기관의 많은 수가 컴퓨터교육을 실시하지만 호응도는 낮은 단계에 머물고 있다. 한국에서 생활의 편의를 위해서는 컴퓨터 사용 능력이 요구됨에도 불구하고 이러한 낮은 호응도는 수업 방식에 대한 재고를 요한다.

태권도교육은 컴퓨터교육과 마찬가지로 한국외국인근로자지원센터 등 여러 기관들에서 제공되는 주요 프로그램이면서도 호응도는 낮은 프로그램이다. 태권도교육 프로그램은 주 1회 실시되며 1개 반에서 10명의 학생이 수강하였다. 컴퓨터교육과 마찬가지로 2007년 1월 학기에는 태권도 반도 2반으로 운영하였으나 외국인근로자들의 호응이 적어 1개 반으로 축소하여 운영중이다. 기관에서는 외국인들의 한국문화에 대한 관심 부족과 여가 생활을 즐길 만한 시간이 부족한 것을 축소 이유로 본다.

유락종합사회복지관의 서비스 프로그램은 상담, 의료지원, 자녀탁아, 다문화가정모임 프로그램 등 실로 다양하였다. 상담은 법률, 의료, 일상생활의 3가지 분야에서 이루어졌다. 법률상담은 유락가족복지센터의 전문가와 연결하여 이혼, 성폭력, 임금 등의 문제를 해결하며, 몽골어, 베트남어를 지원한다. 의료상담은 외국인 전용병원(혜화동 라파엘 클리닉)과 연결하여 상담서비스를 제공한다. 일상생활상담에서는 기관의 지역복지 담당자가 자녀문제, 한국어 능력시험, 대학 진학, 비자문제 등을 상담해 준다. 자녀 탁아 서비스는 다른 기관에서와 마찬가지로, 매주 일요일 외국인근로자의 교육 시 아동보호 차원에서 이루어지는데 자원봉사자가 1명이기 때문에 봉사자가 부족한 실정이다. 2007년 조사 당시 다문화가정 모임은 베트남 결혼이주여성 20여 명을 대상으로 모임을 가졌으며, 남편들의 모임은 추진 중에 있으나 바쁜 시간, 무관심, 개인적 사정 등의 이유로 난항 중이었다. 다양한 시도와 프로그램 제공은 유락종합사회복지관의 장점이다. 그러나 이들 프로그램이 모두 외국인 학생들의 한국생활 적응에만 맞추어져 있다는 점에서 역시 다문화주의 관점으로의 전환이 요구된다.

한국문화체험은 연 3회 행사로 개최된다. 외국인과 자원봉사자가 한국의 명소를 관광하거나 체육대회에 참가하는 행사를 개최한다. 한국문화체험은 가족단위 참여가 가능하다. 2007년에는 보령 머드 축제와 단양 관광을 다녀왔는데, 외국인들의 호응이 아주 높았다. 그러나 체육대회나 농촌체험 행사 이외의 대부분의 문화체험 행사는 한국인과의 교류는 거의 없고 외국인근로자끼리의 단합에 그쳤다는 점에서 문제가 있다. 유락종합사회복지관에서 실시하는 흥미로운 행사로 외국인들이 한국 농가를 방문하여 농사일을 돕고 농촌을 체험하는 행사가 있었는데, 성동외국인근로자센터에서 시행된 환경도우미 활동을 통한 인식 개선 캠페인처럼 외국인근로자가 스스로 지역사회의 일원임을 인식하는 기회가 되었다는 점에서 의미 있는 프로그램이다.

⑤ 다문화열린사회

다문화열린사회는 문화관광부에서 예산지원을 받아 다문화캠프와 다문화축제를 기획·진행하는 단체로 서대문구에 있다. 다문화캠프는 이주민에게 한국인과 생활할 기회를 제공하고 서로 다른 문화를 이해하기 위하여 기획된 프로그램이다. 다문화캠프는 1년에 한 번 여름휴가 중에 4일 동안 진행되며, 비교적 고정관념과 편견이 적은 20~30대의 한국인과 이주민 160여 명을 대상으로 실시된다. 한국인은 인터넷을 통하여 모집하고 추첨을 통해 참가자를 선발한다. 상호교류의 관점에서 보면 매우 주목할 만한 행사였고 많은 사람들이 참여 의지를 보였다는 것도 고무적이다.

2007년 다문화캠프에서는 한국음식 뿐 아니라 베트남, 파키스탄, 필리핀, 방글라데시, 네팔 음식을 참가자들이 함께 준비하고 만들어 먹으며 서로의 문화에 대한 이해의 지평을 넓혔다. 이러한 행사를 통해 외국인과 한국 청년의 만남의 장을 제공할 수 있었다는 점에서 주목되는 행사였다.

그러나 이러한 교류 프로그램이 축제라는 이름 그대로 이벤트성 행사에 불과하다는 것은 아쉬운 점이다. 상호 문화의 교류가 자발적이고 지속적으로 이루어질 수 있도록 상시 제공되는 정규 교육 프로그램이 기획되어 우리 사회의 다문화 자원이 보존되고 교육에 활용되어야 할 것이다. 더욱이 문제는 주최 측의 기획 의도와 달리, 캠프에 참여한 한국인 중에는 미국, 유럽 등 선진국과의 문화 교류로 잘못 알고 오는 경우가 있었으며, 심지어는 영어를 연습하기 위한 목적을 가지고 참가하는 한국인도 있었다. 한국인의 선발 방식에도 문제가 있었겠으나 기본적으로 행사의 기본 취지와 정체성이 불분명하게 홍보된 것에 문제점이 있다. 외국인근로자의 경우, 지원 단체의 추천을 통해 선발하는데, 가능한 다양한 문화를 접할 수 있도록 다양한 국적을 가진 외국인을 선발하고자 하였으나 처음 기획 의도와는 달리 다양한 언어권의 참여자에 비해 통역 인력이 부족하여 참여자 간 의사소통의 문제가 가장 큰 문제로 드러났다고 한다. 또한 참여대상자를 고정관념과 편견이 적은 20~30대 한국인으로 한정한 것이 오히려 진정한 다문화 교류의 장을 마련함에 어려움이 있었을 것으로 판단된다. 나이의 벽을 없애고 서로 다른 문화를 이해하여 서로 소통을 할 수 있게 하는 캠프의 취지를 정확히 전달하는 것이 필요할 것이다.

다문화열린사회에서 개최하는 또 다른 행사인 다문화 축제(http://www.migrantsarirang.com)는 이주노동, 결혼이민 등 다양한 이유로 우

〈그림 6-3〉 2007년 6월 올림픽 공원에서 열린 다문화축제의 포스터

* 출처: 다문화열린사회.

리 사회에 이주해 들어온 이주민과 한국인이 함께 어울리며 즐기는 장을 제공하고자 기획되었으며, 2005년부터 1년에 1회 실시되었고 2007년에는 '꽃이 되다'라는 주제로 6월 3일에 올림픽공원에서 개최되었다. 다문화축제는 풍물 전시, 민속 공연, 음식, 전통 혼례식 등 각 참가국의 문화를 알리는 국가별 부스가 설치되었으며, 벼룩시장 형식으로 각국의 물건을 사고파는 열린 시장, 공연, 장기자랑, 전통 복장 퍼레이드, 전시, 어린이를 위한 공간 등 다양한 프로그램으로 구성되었다.

다문화열린사회의 다문화 캠프와 다문화 축제는 다양한 인종, 종교, 문화 간의 평등한 교류와 소통을 기반으로 한다는 점에서 다문화주의가 추구하는 가치와 일맥상통한다고 할 수 있다. 다문화 캠프와 축제에 참가한 외국인은 물론 한국인도 서로의 문화에 대한 새로

〈그림 6-4〉 다문화 축제에서 개장한 러시아지구마을의 축제 현장

* 출처: 다문화열린사회.

운 시각을 가질 수 있었다. 그러나 아쉬운 것은 이와 같은 문화행사뿐 아니라, 정기적이고 지속적인 다문화교육 프로그램이 부재한다는 것이다. 우리 사회가 다문화사회로 발전하기 위해서는 다양한 차원의 프로그램이 활성화되어야 할 것이다.

⑥ 재한몽골학교

재한몽골학교는 나섬공동체와 같은 종교단체의 후원을 받는 교육기관으로 전자의 기관에서는 아동, 청소년을 대상으로 정식 교육을 실시하며, 후자의 기관에서는 이주 노동자를 대상으로 주말 수업을 실시한다. 재한몽골학교는 1999년 설립되어 2005년 2월 서울시 교육청으로부터 인가를 받은 외국인학교이다. 재한몽골학교의 학제는 몽골의 학제를 따라 9학년까지 있으며, 초등학교 과정 1~4학년, 중학교 과정 5~9학년으로 구성되어 있다. 2008년 현재 총 85명이 재학

중이다.

한국어 수업은 매일 오전에 실시하며, 몽골어를 사용하는 다른 정규 수업과 달리 학년별이 아닌 수준별로 반을 나누어 수업을 한다. 재한몽골학교의 한국어 수업은 현재 6개의 반으로 나뉘어 주당 8시간에 걸쳐 실시된다. 가장 초급반인 가반의 경우 매개 언어가 중요하므로 몽골어를 할 수 있는 재한몽골학교의 몽골인 교사가 담당한다. 나머지 상위의 5개 학급은 2007년에 이르기까지 이화여자대학교 국제대학원 한국학과의 한국어교육 전공 국내 인턴십 프로그램에서 파견된 교사가 담당하여, 이전의 자원봉사자들에 의해 교수되었을 때와 비교했을 때 학생들의 언어 능력과 학습 태도에서 현격한 변화가 있었다(이해영, 2007: 487~490). 몽골학교의 한국어 프로그램은 한 학급당 두 명의 교사가 팀티칭을 통해 학급 운영, 학생 평가, 교수 자료 제작 등을 공동으로 진행한다.

교재는 교육과정평가원에서 발간한 어린이용 한국어 교재《한국어》3~8을 주교재로 하지만 이들의 언어적 능력과 학습 요구에 맞는 교재가 개발되어 있지 않아, 국어 교과서 일부와 자체 개발 부교재, 어린이용 도서 등을 활용한다. 그리고 여름방학 기간, 겨울 방학 기간에는 이주민 자녀의 한국어 취약점인 읽기, 쓰기 등을 보완할 수 있는 특강이 이루어지며, 한국어 수업 이외에 태권도교육, 미술교육, 경제교육 특강 등이 이루어진다.

몽골학교의 교육 프로그램 중에서 주목되는 것은 경동초등학교의 학부모와 교사, 학생을 대상으로 실시한 반(反) 편견교육이다. 2006년 6월에는 '경동초등학교 학부모 대상 반(反) 편견교육' 행사를 실시하였고, 2006년 11월에는 '경동초등학교 교사, 학부모, 학생 대상 반(反) 편견교육' 행사를 실시하였다. 이러한 편견해소교육은 한국인 가정의 아이들이 다문화가정 자녀들을 편견 없이 받아들일 수 있도록 도와줄 것이다.

실제로 우리의 다문화지원기관의 문제는, 외국인이 한국에 적응하도록 교육하고 돕는 것에만 주력하였다는 점이다. 이 책에서 주장하는 다문화주의적 접근은 쌍방향의 이해와 교육, 그리고 소통을 요구한다. 즉, 외국인이 우리 사회에 적응하여 한국에서 잘 살아가는 것도 중요하지만, 한국인도 또한 우리 사회에 있는 외국인과 더불어 살아가기 위해서 그들의 문화를 존중하고 인정할 수 있도록 교육되어야 한다. 그러한 관점에서 이와 같은 한국인 대상의 반편견 교육 프로그램은 주목되는 프로그램이다. 이 프로그램이 관련 교육청의 협조로 활성화된다면 다문화 열린사회로서의 서울, 그리고 한국을 발전시킬 수 있는 좋은 기회가 될 것이다.

몽골학교에서 제공하는 문화 프로그램은 몽골 학생들을 위한 한국문화체험프로그램, 교류와 소통을 위한 다문화체험 프로그램으로 나뉜다. 먼저 몽골 학생들을 위한 한국문화체험으로는 한국의 명절 체험, 예절 배우기, 전통악기 배우기 등의 프로그램이 있다.

또한 몽골학교에서는 수업 뿐 아니라 학생들이 몽골인으로서 자부심을 가지고, 한국생활 적응에 훌륭히 적응할 수 있도록 돕기 위한 다양한 과외 프로그램을 운영하여 주목된다. 가령, 몽골 교육부 법률고문의 방문, 몽골 울란바토르 시의회 의장단과 시장의 방문 및 대통령 영부인의 방문은 학생들이 몽골인으로서의 자부심을 느낄 수 있는 개회를 제공했다. 이러한 프로그램은 동화주의에 입각한 교육이나 일방적인 한국 적응 프로그램에 비해 다문화주의에 기반을 둔 프로그램이라고 할 수 있다. 학생들은 이 프로그램을 통해서 자신의 정체성과 자긍심을 일깨우는 교육을 함께한다는 점에서 진일보한 프로그램이라고 할 수 있다. 또한 이들의 한국 적응 훈련의 일환으로서 국가인권위원회 방문 행사도 의미 있는 행사였다.

몽골학교는 소통과 교류에 있어서도 몽골인으로서의 자긍심과 정체성교육에도 주력하였다. 몽골학교에서는 중곡복지관의 한국 아이들과 함께 낙농체험을 하면서 몽골학생들이 유목민족으로서의 자부심을 느낄 수 있도록 돕기도 하였다. 또한 '마음의 벽 허물기 행사', 국제 청소년 차문화 대전 참가, 광장중학교 학생들과의 육상 경기, 한국인 가정 홈스테이, 대한민국 아동총회 참석 등은 비록 일회성 행사일지라도 한국인 학생들과 몽골인 학생들의 소통과 교류를 돕는 좋은 프로그램이다. 그 외 국토 순례, 몽골문화 한마당 등 다양한 문화행사와 현대자동차, 울산 조선소, 포스코 등의 공장 견학을 통해 몽골 산업 발전에 도움이 되고자 하는 의식을 심어주었다.

몽골학교에서는 한 학기에 한 번 재한몽골학교 강당에서 자신이 받았던 차별 이야기하기, 몽골 전통 음식 만들기, 몽골 전통 옷 입기, 낙농체험하기 등의 다문화이해교육을 성동교육청과 연계할 계획이라고 한다. 이와 같이 서울의 한국학교와 연계한 다문화체험 및 이해교육이나 몽골 알리기 등의 교육은 비록 일회성 행사에 국한된 아쉬움은 있으나, 소통과 교류를 추구하는 프로그램이라는 점에서 주목된다.

또한 몽골학교는 서울시민과의 소통에 있어서 매우 적극적인 입장을 취해왔다. 가령, 몽골학교에서는 지역주민을 돕는 프로그램인 '광진구 독거노인과 은빛 축제 열린 잔치'를 워커힐의 후원을 받아 개최하였다. 그리고 한국인과 함께하는 활동으로 학생이 학교와 자매결연을 맺은 가정에서 방학 때 며칠간 지낼 수 있는 홈스테이를 주선하기도 하였다. 매년 7월에 열리는 '나담축제'와 '몽골문화 한마당'에서는 몽골의 전통춤과 영화, 음악 등 다양한 문화행사를 제공하여 서울시민과의 소통과 교류가 이루어진다.

재한몽골학교는 교육기관이라는 장점을 살려 다른 다문화지원기관에 비해 매우 체계적인 다문화교육을 실시한다. 다문화가정 자녀들을 위한 한국어교육도 체계적인 교육과정을 정비하고 교사를 관리해왔고, 일방적인 동화나 적응이 아닌 자신을 알리고 한국인과 소통하고 교류하는 다문화주의적 접근을 시도하였다. 특히 한국인의 편견 해소를 위한 프로그램은 다양한 인종, 종교, 문화 간의 평등성에 대한 가치관을 심어주는 계기가 될 수 있을 것으로 기대된다. 앞으로 몽골학교와 같은 다문화교육 프로그램이 교육청과 연계되어 전국 단위로 확산되고 더 나아가 각급학교의 정규 교육과정에 포함된다면 교육적 효과를 크게 기대할 수 있을 것이다.

다문화가정의 자녀들은 학교 교육의 장에서 다문화가정의 자녀에 대한 배려 부족과 학습에 필요한 한국어 실력 부족 등으로 인해 학습부진아나 지진아로 낙인이 찍힌다. 이와 함께 서로 상대 문화에 대한 인식 부족으로 인해 소수인 다문화가정의 아이들은 따돌림을 당하기도 하는 등 학교 부적응 현상이 발생된다. 다문화가정 자녀의 교육 환경 개선은 의욕적인 학교나 자원 봉사 단체의 노력만으로는 가능하지 않다. 이들의 교육은 우리 국민과 교육 종사자, 수혜자의 교육도 동시에 요구되며 궁극적으로 상호 이해를 이끌어 낼 수 있는 지원 체계 구축이 요구된다(이해영, 2007: 472).

⑦ 보광초등학교

용산구 이태원동에 위치한 보광초등학교는 2007년부터 다문화시범학교로 선정되었다. 학교 내의 다문화가정 자녀들이 한국생활과 한국 학교에 잘 적응하도록 돕기 위해 방과 후 학교 프로그램이 운영되는데, 방과 후 학교에서는 한국어교육, 태권도교육, 한국문화체험 등의 특별 수업이 실시되었다.

한국어 수업은 10명 이내의 학생들을 대상으로 학생이 원하는 시기에 수업을 듣고 그만둘 수 있도록 편성되어 있다. 인터뷰 결과, 2007년 9월 현재 보광초등학교에는 고정적으로 초급 3명, 중급 3명의 학생이 있었다. 교사는 원칙적으로는 한국어교원 자격증이 있는 전문교사가 투입되어야 하겠지만, 한국어교육의 비전문 교사인 초등학교의 교사가 수업을 진행하여 어려움을 호소했다. 오랜 기간 동안 이민자들을 수용하는 방법에 대한 고민을 해 온 외국의 경우, 해당 언어를 제 2언어로 가르치는 전문 교사를 양성하여 투입한다. 이를 우리나라의 경우와 비교해 볼 때 우리는 매우 소박하거나 비전문적임을 알 수 있다.[10] 앞으로 증가할 다문화가정의 자녀의 수를 생각해 볼 때 이에 대한 문제를 바로 인식할 필요가 있다.

교재는 초급의 경우 낱말 카드를 이용하여 수업을 진행하고, 중급의 경우는 초등학교 저학년 교과서를 사용한다. 수업은 주로 학생이 책을 읽고 친구들과 그 내용을 이야기하는 활동이나 받아쓰기 활동으로 진행된다. 한국어 반 운영 전 한국어 실력이 부족한 학생들이 친구들과 의사소통이 서툴러 답답해 하였으나, 한국어 반 운영 후 한국어에 자신감을 얻고 친구들과 잘 어울릴 수 있게 되었다고 한다.

보광초등학교의 교육 프로그램 중 상호 이해를 돕는 프로그램은 전교생을 대상으로 하는 다문화이해교육과 편견해소교육이다. 학생들은 수업 중에 다른 나라의 전통음식, 의상 등 문화와 지리적인 특성 등을 배우게 된다. 매우 바람직한 것은 특강 강사로 특정 국가 출신의 교사가 와서 수업을 진행하기도 한다는 것이다. 가령, 보광초등학교에서 실시한 다문화이해교육 시간에 외국의 지리와 문화를 현지인에게 배우는 기회를 가졌다. 이러한 방식은 다문화가정 자녀의 자긍심 고취와 직결된다는 점에서 의의가 있다.

학생들은 한 달에 2~3번 이슬람 사원 방문을 통하여 다른 나라의

10) 이제 막 시작한 해당 교원 양성에 대한 교육과학지식부의 고민은 다행스러운 일이기는 하지만 보다 전문성을 가진 기존의 인력 활용도 경제적이고 전문적인 해결책이 될 것이다. 교육과학지식부의 교사자격증 소지자 중 문화관광부장관 명의의 한국어교육자격증 소지자들이 상당 수 있어 이들을 교사로 활용하는 것도 하나의 방안이 될 것으로 기대된다.

문화를 살펴보고 배운 점을 이야기해보는 시간을 갖기도 했다. 또한 인도, 몽골, 이란 등 여러 나라 출신의 교사와 전통의상을 입고, 함께 이야기를 하는 시간을 가졌다. 이러한 시간들은 아이들에게 서울, 나아가서는 한국의 다문화적 가치를 이해하고 편견을 해소하는 기회로 작용될 것이다. 편견해소 교육은 아동뿐만 아니라 학부모를 대상으로도 실시되었는데 이 행사에 참여한 150여 명의 학부모들에게 긍정적인 반응을 얻었다. 보광초등학교의 다문화주의에 입각한 교육은 편견과 차별 의식을 해소하고 외국인과 그들의 문화를 존중하며 평등한 공존을 이루는 계기가 될 것이다.

한편, 보광초등학교에서는 다문화가정의 학부모를 위한 상담교육이 2007년 1학기에 면담이 1회 실시되었다. 그런데 다문화가정의 학부모들은 대부분 생업에 종사하기 때문에 의도한 만큼의 효과를 얻지는 못했다. 앞으로는 한국생활 적응과 정보 교환을 위해 학부모 모임을 어떠한 방식으로 활성화할 수 있는지에 대해 적극적으로 모색되어야 할 것이다.

2) 서울시

서울에 있는 다문화지원기관이 다문화가정, 결혼이주여성, 이주노동자의 서울살이를 돕는 서비스기관의 성격이 강한 반면, 서울시의 서울글로벌센터는 서울을 국제적 허브로 만들기 위한 서울시의 정책 비전에 의해서 설립되었다는 점에서 설립 목표와 지원 방향에 큰 차이를 가진다. 공공기관인 서울의 서울글로벌센터에 대한 사례 분석 이전에 서울글로벌센터가 설립되는 데 기반이 된 서울시의 글로벌 전략과 추진 계획을 살펴보기로 하겠다. 이 내용은 담당관의 면담, 기관 방문과 서울시의 〈매력적인 글로벌도시, 서울〉(서울시, 2008)과 같은 각종 보고서 자료를 참고하여 정리되었다.

(1) 서울시의 글로벌화 전략과 추진 계획

서울은 한국 체류외국인의 30% 이상이 거주할 정도로 급속히 다출신국·다인종 사회로 변화하고 있는 도시이다. 이러한 변화에 대해 서울시는 외국 투자자, 외국인근로자, 결혼이주여성 등 다양한 목적으로 서울에 거주하는 외국인에 대한 친화적 생활환경 조성을 위해, 2007년부터 '서울의 글로벌화 전략 및 추진계획'을 수립하여 추진하였다. 서울시가 제시한 글로벌화(*globalization*)의 개념은 '세계인이 쉽게 접근하여 입지할 수 있는 물리적 환경과 함께 영어와 같이 국제적으로 통용되는 언어로서 의사소통이 가능하고 안전하고 세계인 누구나 차별 없이 동등하게 대우받고 다양성과 창의가 존중되는 환경을 만들어가는 것'(서울시, 2008)이다. 이러한 개념 하에 서울시는 2010년까지 서울을 세계 10대 도시의 경쟁력을 갖춘 글로벌도시로 발전시킨다는 정책 비전을 제시하고, '세계를 서울로 이끄는 매력과 기회, 그리고 쉽게 접근할 수 있는 도시 조성, 세계인들이 불편 없이 활동할 수 있는 환경 조성, 세계인을 수용할 수 있는 다문화 존중 여건 조성'(서울시, 2008)을 목표로 다양한 사업들을 추진하고 있다.

서울시는 외국인들이 즐겨 찾는 곳을 글로벌 존으로 선정하여 관리하고 있다. 글로벌 존은 크게 '글로벌 비즈니스 존', '글로벌 빌리지 존', '글로벌 문화교류 존'으로 나누어져 있고 현재 15개 지역이 선정되어 있다. 글로벌 존을 이 책의 마을의 분포와 비교해 보면 〈표 6-6〉과 같다. 대부분의 마을에는 서울시로부터 글로벌 존으로 지정되었거나 해당 센터들이 설치되어 있었으나, 구로구의 조선족마을과 동대문구 몽골마을에는 서울시의 글로벌 존이 지정되지 않았다. 이들 마을의 외국인 집중 정도를 볼 때 지정 지역의 확장과 균형 있는 배치가 요구된다. 몽골마을이나 조선족마을의 경우는 서울시가 지정한 지역이 아니기 때문에 현재로서는 공기관이 아닌 〈표 6-2〉에 제시된 외국인마을별 다문화지원기관에 의존도가 과도하게 크다는 한계를 갖는

〈표 6-6〉 외국인마을 별 글로벌 존 지정 지역

구	외국인마을	글로벌 존 지정 지역
구로구	조선족마을	없음
용산구	이슬람마을, 일본마을, 이탈리아마을	이촌 글로벌 빌리지 센터(빌리지 존), 이태원·한남 글로벌 빌리지 센터(빌리지 존), 이태원(문화교류 존)
서대문구	화교마을1	연남 글로벌 빌리지 센터(빌리지 존)
서초구	프랑스마을	서래 글로벌 빌리지 센터(빌리지 존)
동대문구	몽골마을	없음
중구	화교마을2	서울글로벌센터, 시청 주변(비즈니스 존), 명동(문화교류 존), 남대문시장(문화교류 존), 동대문시장(문화교류 존)
종로구	필리핀마을	인사동(문화교류 존)

다. 다만 앞으로 서울시가 기획하는 '다문화 빌리지 존'이 구로구에 설립되면 이러한 문제가 해소될 것이다.

서울시의 첫 번째 글로벌 존은 '글로벌 비즈니스 존'으로, 서울에서의 비즈니스에 필요한 정보를 제공하고 비즈니스 환경을 개선하며 각종 서비스를 제공하여 서울에 있는 외국계 기업들의 활동 편의를 제공한다. 글로벌 비즈니스 존이 설치된 지역은 시청 인근 도심 지역, 강남구 무역센터와 GS 센터 인근, 여의도 지역, 상암 DMC(예정), 마곡지역(예정) 등 외국인 투자기업이 밀집되어 있는 지역이다. 글로벌 비즈니스 존으로 선정된 지역에는 순차적으로 비즈니스 존을 관리하고 지원할 지역 센터가 설치될 예정이며, 현재 도심 비즈니스 센터 역할은 서울글로벌센터가 담당한다. 서울시는 글로벌 비즈니스 존에서 외국 투자 기업과 외국인 비즈니스 활동이 활발히 이루어질 수 있는 비즈니스 환경을 조성할 예정이라고 한다.

서울시의 두 번째 글로벌 존은 '글로벌 빌리지 존'이다. 서울시는 외국인이 가장 밀집되어 있는 5개 지역을 글로벌 빌리지로 정하고,

서울을 외국인들이 고향처럼 느끼고 정착할 수 있도록 지원할 계획을 세웠다. 글로벌 빌리지는 현재 진행중인 사업 중에서 가장 가시적 성과를 나타내는 부분이라 할 수 있다. 현재 서울시는 2008년 7월 현재 이태원·한남동, 역삼동, 동부이촌동, 서래마을, 연남동에 5개의 글로벌 빌리지 센터를 세웠다. 글로벌 빌리지 센터는 구청 및 서울글로벌센터와 연계하여 행정서비스, 일상생활관련 정보제공, 상담 등을 실시함으로써 행정적 편의를 제공한다는 장점을 가진다. 또한 각 빌리지 센터에서는 행정 서비스뿐만 아니라 자체적으로 한국어교실을 운영하고, 한국인을 위한 외국어교실을 운영하여 문화 교류 기회를 제공한다. 빌리지 센터마다 지역적 특색에 맞는 외국어 강좌가 개설되어 있는데, 가령, 서래마을의 경우 프랑스어 강좌가 개설되어 있고, 연남동의 경우 중국어 강좌가 개설되어 있다. 이처럼 한국인을 대상으로 한 외국어 및 문화 교육과 같은 다문화교육은 제 4장 2절에서 외국인과 더불어 살아가기를 위한 한국인의 태도 조사 시에도 드러난 요구사항이었다.

한편, 글로벌 빌리지 존에는 지역의 특성에 맞는 이국적인 특화거리가 조성될 예정이다. 예를 들어 역삼동 특화거리, 서래마을 서래로, 연남동 차이나거리 등은 2009년에 완공될 예정에 있다. 이들 특화거리는 서울의 다문화적 자원들을 활용한 다문화교육에 기여할 수 있을 것이다.

현재 글로벌 빌리지 존으로 선정되어 있는 곳들은 OECD 국가 출신의 외국인들이 많이 거주하는 지역이라 저개발국 출신의 외국인근로자 등은 소외된 느낌을 지울 수 없다. 따라서 서울시에서는 외국인 근로자, 유학생들을 위한 글로벌 빌리지 존을 추가로 선정하고 이곳에 '다문화 빌리지 센터'를 설치, 운영할 계획이라고 한다. 2009년에는 중국동포들이 많이 거주하는 영등포에 다문화 빌리지 센터가 완공될 예정이며, 외국인근로자들이 많은 구로, 유학생 및 공관이 많은 성북에 추가로 다문화 빌리지 센터를 설립할 예정이라고 한다. 구로구에 다문화 빌리지 존이 설립되면 여러 가지 이유로 다양한 혜택에서 소외되기 쉬운 저개발국 출신의 외국인근로자와 결혼이주여성이 행정적 지원 등 공적인 도움을 받을 수 있을 것이다.

서울시의 세 번째 글로벌 존은 '글로벌 문화교류 존'이다. 글로벌 문화교류 존은 한국의 전통 및 현대문화와 외국문화가 교류되는 장으로 조성될 예정이며, 현재 단기 체류자인 외국인 관광객이 많이 찾는 명동, 남대문 시장, 동대문 시장, 인사동, 이태원이 지정되어 있다. 우선적으로 서울시는 2008년 현재, 명동지역에 '글로벌 문화교류관광정보센터'를 설치하여, 관광 및 쇼핑에 대한 정보, 연극·뮤지컬 등 상설 문화공연, 한국 전통문화체험 프로그램 등을 제공한다. 또한 서울시는 이곳에 해당 지역의 특징을 나타내는 대표적 시설을 구축하고, 외국인들의 관광편의를 도모하는 안내 시스템을 정비하려는 계획을 수립하였다.

아직은 설립 1년 밖에 되지 않아서 현재는 관광객 편의 도모를 위한 구체적 사업은 많지 않으며 외국어 관광안내소 정비와 정보제공, 외국어 간판 및 표지판 설치 등의 단계에 머물러 있을 뿐이다. 향후, 서비스가 구체화되어, 글로벌 문화교류 존의 여러 행사들은 글로벌 문화교류 존의 설치 목적에 맞게 구성되고, 운영되어야 할 것이다. 진정으로 서울에 존재하는 다양한 문화와 인종 간의 이해와 교류가 이루어져 한국을 관광하는 외국인들이 자신의 문화를 서울에서 만나고 이국적이고 낯선 한국의 문화를 서울을 통해 편안하고 편견 없이 만날 수 있는 장이 마련되어야 할 것이다. 또한 이는 체류외국인 커뮤니티와의 연계, 체험 중심의 각종 문화적 교류 행사 등을 통해서 이루어져야 할 것이다.

글로벌 존의 지정 및 관리 외에도 서울시에서는 서울시의 글로벌화를 위해 서울의 생활환경 개선사업을 계획 추진 중이다. 우선 2012

년까지 외국인 학교 3개소를 추가 설립하고, 1개소를 이전할 계획이다. 서울시 조사에 의하면 2007년 현재 서울 소재 외국인학교 수는 총 21개교인데, 강북에 16개교, 강남에 5개교이며, OECD 국가 학교가 17개교, 비(非)OECD 국가 학교가 4개교이다. 따라서 서울시에서는 외국인 학생 수요가 많은 강남권(개포, 반포)에 2개소를 신설하고, 상암동 디지털 미디어시티 내에 외국인 학교 1개소 신설, 1개소를 이전(일본인 학교)할 계획이라고 한다. 그러나 외국인 학교의 내국인 입학 비율이 50%로 늘어나면서 외국인 학교가 또 하나의 특목고가 되지 않도록 서울시 및 서울시 교육청은 대책을 마련해야 할 것이다. 또한 OECD 국가 출신 외국인들 자녀뿐만 아니라 현재 교육 혜택을 많이 받지 못하는 저개발국 국가 출신 외국인 자녀들도 고려한 정책을 마련해야 할 것이다.

서울의 생활환경 개선을 위한 또 다른 것으로 주택문제 해결 노력을 들 수 있다. 현재 상암동 디지털미디어 시티에 외국인 전용 임대주택 175세대를 건설하여 2008년 3월부터 입주가 시작되었으며, 2010년까지 서초구 우면지구에 외국인 임대주택 178세대를 추가로 선설할 예성이다. 또한 현재 서울시민에게 제공하는 장기전세주택을 서울에 거주하는 외국인에게까지 확대하여 공급할 예정으로 있다. 그러나 임대주택 또한 저개발국 출신의 외국인들에게는 비용이 만만치 않아 저개발국 출신의 외국인근로자 및 저소득 다문화가정을 위한 대책도 동시에 마련되어야 할 것이다.

외국인 관광객의 의료서비스 요구의 증가에 따라 서울시는 서울의 생활환경 개선책의 하나로, 의료분야에 대한 정책도 수립하였다. 가령, 외국인들이 어려움 없이 진료를 받을 수 있도록 서울의료원에 '외국인 진료센터'를 개관하였으며, 서울시내 종합병원에 외국인 전담진료소 11개소를 운영한다. 또한 서울응급의료정보센터(1339)에 영어, 중국어, 일본어 상담원을 배치하여 응급의료 시스템도 구축하였다. 뿐만 아니라 비용문제로 의료 혜택을 받지 못하는 저소득 외국인근로자를 위해 10여 개 의료기관과 연계하여 무료진료와 건강검진을 실시한다.

이 밖에도 표지판, 노선도 등에 대한 안내표지 개선 등을 통하여 생활환경 개선을 위해 노력한다. 또한 TBS 교통 방송에 영어 프로그램을 2개로 확대하고, 중국어, 일본어 방송도 진행하며, 일부 지역에서는 자동차세, 재산세, 주민세 고지서를 영어, 중국어, 일본어, 프랑스어로 발급하는 등 외국인의 행정편의 제고를 계획하였다. 그리고 외국인근로자와 결혼이주여성을 지원하기 위한 외국인근로자지원센터와 결혼이민자지원센터를 설치하여 빠른 정착을 도울 계획

〈표 6-7〉 서울시의 글로벌도시화 프로젝트 계획(서울시, 2008: 13)

다문화 포용도시	① 공립학교, 글로벌화교육 강화 ② 결혼이민자, 외국인근로자 지원센터 확충 ③ 다문화 콤플렉스 건립 ④ 한남동 세계 문화공원 조성
글로벌도시마케팅	① 도시간 국제기구 창설 ② UN 산하 전문 기관 유치 ③ 서울 이미지 인지도 제고 마케팅
글로벌 인재양성	① 유명 외국교육기관 유치 ② 외국인유학생 교류센터 건립 ③ 외국인, 귀화자 정규공무원 채용
글로벌 정주기반	① 외국인 전용임대주택 7.000호 공급 ② 글로벌존별 특성 고려 외국인 정주기반 조성 (장기전세 등) ③ 외국인학교 추가 건립 -강북(4), 강남(6)
통합거버넌스 구축	① 글로벌존 확대기능재편 -거소중심 → 공간중심 -15개소 → 20개소 ② 외국인전담 정책부서신설

이다. 이들의 정착을 돕는 것이 일방적 동화를 바탕으로 진행되지 않도록 기획되어야 할 것이다.

서울시는 앞으로 '역동적인 코즈모폴리턴 도시 서울 구현'을 정책 비전으로 삼고, 세부 추진 목표를 '내·외국인 통합거버넌스 구축, 글로벌 정주기반 조성, 글로벌 인재 유치·양성, 글로벌도시 마케팅, 다인종·다문화 포용 도시 조성'으로 정해 서울의 글로벌도시화를 위한 향후 추진 계획을 수립하였다. 세부적인 내용은 〈표 6-7〉과 같다(서울시, 2008: 13).

서울시 글로벌화 정책들은 우선 외국인들이 서울에서 살기 편하도록 제반 시설들을 구축하는 데 주력하는 상태이다. 외국인들이 살기 편한 제반 시설 구축뿐만 아니라 서울시민들이 외국인과 더불어 살아가는 것에 대한 태도와 인식을 개선할 수 있도록 다각도의 다문화행사와 교육이 구체화되어야 할 것이다. 또한 저개발국 출신의 외국인들이 소외되지 않도록 이들을 위한 정책이 구체적이고 실행적인 차원에서 기획되어야 한다. 무엇보다도 이들의 일방적 적응을 목표로 진행되기보다는 다양한 소수문화들이 주류문화인 한국문화와 다양한 방식으로 소통하고 교류할 수 있도록 진행되어야 할 것이다.

(2) 서울글로벌센터

서울글로벌센터는 서울시에서 지정한 15개 글로벌 존을 총괄 관리하는 기구(*control tower*)로 2008년 1월 23일 개소하였다. 앞에서 살펴본 다문화지원기관은 대부분 다문화가정·결혼이주여성·외국인근로자의 서울살이를 돕는 서비스기관의 성격이 강하다는 점에서 서울시의 서울글로벌센터는 설립 목표와 사업 내용에 차이가 있다. 서울글로벌센터는 서울을 세계 각국에서 자본·정보·인력을 유치함으로써 서울을 세계 10대 도시로 발전시키고 서울을 국제적 허브로 만들기 위한 서울시의 정책 비전에 의해서 설립되었다. 따라서 서울글로벌센터에서는 외국인들의 활동 및 체류 유형에 따라 서울 체류민, 투자기업, 관광객 등 세 종류로 구분하여 각각의 필요와 요구에 맞는 서비스를 제공하는 것을 목표로 한다.

서울글로벌센터에서는 서울 거주 외국인들이 더욱 편하게 생활하고 일할 수 있도록 다양한 서비스를 제공한다. 서울글로벌센터에서 제공하는 서비스는 비즈니스 관련 서비스, 다문화 서비스, 종합행정, 일상생활, 문화교류 등이다. 다음은 각 서비스팀별 진행되거나 안내된 내용들이다.

비즈니스 서비스 부서에서는 서울의 비즈니스 환경을 소개하고, 외국인의 비즈니스 활동 지원하며, 외국인 취업 지원 시스템 등을 운영한다. 비즈니스 서비스 부서에서는 외국기업의 국내 회사 설립도 지원하는데, 2008년엔 5개 기업, 65만 달러의 투자를 유치했다고 한다. 일상생활관련 서비스 부서에서는 서울 생활에 필요한 일반적인 생활 정보를 제공하고, 다국어 상담 및 통역 서비스를 지원한다. 이 부서에서는 '서울타운미팅'이라는 회의를 진행한다. '서울타운미팅'은 서울글로벌센터가 개관하기 훨씬 이전인 2000년에 시작된 것으로 1년에 한 번씩 열리는데, 서울에 거주하는 외국인들의 제안을 수렴하는 공개회의이다. 이 외에도 서울글로벌센터에서는 국가별 외국인 커뮤니티 지원, 주 1회 법률, 노무, 부동산 관련 상담 등 일상생활 관련 서비스를 제공한다. 국제교류 서비스팀에서는 외국인을 위한 한국어교육을 무료로 실시하며, 상대방의 문화 이해를 돕기 위해 '먼 나라 이웃나라'라는 다문화 이해 교실을 운영한다. 이 수업은 미리 신청한 단체를 대상으로 서울에 거주하는 외국인이 직접 자기 나라의 문화에 대해 소개하는 방식으로 진행된다. 또한 국제교류 서비스팀에서는 한국인과 외국인유학생이 함께 모여 서울에 대해 배우고 정보를 교환하며, 불편한 점이나 개선점 등을 건의하는 '서울 국제 유학생 포럼'을 운영한다. 이 외에도 다양한 문화교류 이벤트를 지원한다.

서울글로벌센터에는 서울시에 거주하는 외국인근로자와 결혼이민자를 대상으로 한 다문화사업을 실시하는 다문화사업 서비스를 제공한다. 이 부서에서는 서울시에 거주하는 외국인근로자와 결혼이민자들의 서울 생활을 돕기 위한 상담실을 운영한다. 또한 정기적인 만남을 통해 한국에 체류하는 외국인근로자, 결혼이주여성 및 다문화가정 자녀들의 문화와 한국문화가 함께 어우러지는 문화 프로그램을 기획·진행한다. 특히, 다문화사업 서비스팀에서는 다문화가정 자녀의 언어발달 지원 프로그램을 기획하여 2008년 47명의 아동을 대상으로 지원하며 단계적으로 확대할 계획이어서 언어발달 지연이 학업에까지 영향을 미쳐 어려움을 겪는 다문화가정 자녀들에게 많은 도움이 될 것으로 기대된다.

그러나 서울글로벌센터의 서비스들은 서울의 다른 다문화지원기관과의 연계나 교류 없이 이루어졌다. 서울의 다문화지원기관이 100여개가 되고 이들 기관의 주 대상자가 외국인근로자와 결혼이민자라는 점에서 서울글로벌센터가 단지 서울에 존재하는 여러 다문화지원기관의 하나로 추가되기보다는 전체를 관할하는 네트워크의 중심축으로 기능할 수 있어야 함은 분명하다.

또한 서울글로벌센터가 다른 지원기관과 차별되는 특징이자 장점의 하나는 종합행정 서비스 부서를 두어 각종의 행정 서비스를 제공할 수 있다는 점이다. 이 부서에서는 외국인들에게 서울 거주를 위한 각종 증명서 발급·출입국 관련 서비스·운전면허증 서비스·신용카드발급 서비스·휴대폰 서비스를 제공한다. 뿐만 아니라 소비자로서의 권익 보호, 불만 사항 해소 및 피해 구제를 위한 안내, 각종의 여행정보를 제공한다. 앞으로 건강보험·국민연금·노무 관련 행정서비스를 추가로 제공하기 위해 관련 기관과 협의 중이라고 한다. 종합행정 서비스의 운영은 외국인들이 가장 필요로 하면서 어려움을 겪는 서비스를 한 공간에서 해결할 수 있도록 제공한다는 점에서 외국인들에게 큰 호평을 받는 부분이다.

현재 서울글로벌센터는 위 프로그램들을 서울시에서 직접 운영하는 것이 아니라 여러 기관의 위탁 혹은 파견에 의해 운영하고 있다. 현재 서울글로벌센터에서 지원하는 서비스 중 비즈니스 서비스, 일상생활관련 서비스, 문화교류 서비스는 SBA(서울산업통상진흥원)에 위탁, 운영하, 다문화사업 서비스는 세계 서린회에 위탁, 운영하며, 종합행정 서비스는 해당 기관 혹은 관련 기업[11]에서 인력을 파견하여 서비스를 제공한다. 그러다 보니 여러 문의 사항이 있을 땐 담당자마다 찾아다니며 문의해야 하는 번거로움과 이용의 어려움이 있다. 서울시는 앞으로 이러한 한계를 극복하는 장치들을 마련해야 할 것이다.

서울시는 종로구 서린동에 '서울글로벌클러스터빌딩'을 건립할 계획인데, 이 건물이 완공되면 현재 프레스 센터의 1개 층으로 운영되는 서울글로벌센터를 확대 이전하고, 국제회의실, 전시관, 소극장, 교육센터 등의 교류시설과 외국인 메디컬 센터, 은행, 서점 등 외국인 편의시설을 배치하여 서울에 체류하는 외국인들에게 확대된 서비스를 제공할 예정이라고 한다.

서울시의 서울글로벌센터는 공공기관의 사업이라는 점, 장기체류외국인과 단기체류외국인을 모두 포함하는 포괄적인 정책실행 의지가 있다는 점, 한국인 및 외국인 자원봉사자 네트워크를 활용하는 점을 높이 평가할 수 있다. 그러나 정보제공에 그치거나 일회성의 행사

---

11) 출입국 관련 업무는 법무부에서, 운전면허 관련 업무는 경찰청에서, 세무상담은 서울시에서, 제 증명 등 행정상담은 중구청에서, 관광 정보는 관광협회에서, 소비자상담은 소비자 연맹에서 파견한 인력에 의해 서비스가 제공되며, 신용카드 발급 상담은 외환은행, 휴대폰 개설 상담은 LG텔레콤의 소속 직원이 지원 근무한다.

가 주를 이루며, 서울시의 다양한 다문화지원기관과의 긴밀하고 유기적인 관계를 맺지 못한다는 한계를 갖는다. 지역적으로 산재되어 있는 외국인들의 다양한 요구와 필요를 중앙의 서울글로벌센터에서 모두 충족시키기도 어렵고 접근성도 떨어진다는 점에서 서울시는 글로벌 존과 센터를 개설하였다. 그러나 이것만으로는 다양한 많은 수의 외국인들을 충족시키기 어렵다는 점을 상기하면 서울에 존재하는 100여 개의 다문화지원기관과의 긴밀한 협조는 효율적인 다문화 지원 시스템 구축에 필수적이다. 또한 서비스 내용을 볼 때, 서울글로벌센터의 다문화 교류에 대한 태도는, 단순히 상품진열대에서 상품을 고르듯, 알고 싶은 외국의 문화를 고르고 이해하는 차원의 교류에 머물러 있는 것은 아닌가 하는 의구심을 갖게 한다. 서로 소통하고 교류하여, 편견 없이 서로의 문화를 이해하고 받아들일 수 있는 각종의 교육 프로그램과 행사들이 단계적으로 기획되고 실시되어야 할 것이다. 이렇게 될 때, 서울은 글로벌도시로서의 다문화적 가치를 높일 수 있을 것이며 다른 도시가 참조 가능한 모델을 제공할 수 있게 되고 나아가 한국사회의 변화에 기여할 수 있을 것이다.

3) 안산시

지금까지는 서울의 각종 기관에서 운영하는 다문화지원기관에 대한 실태조사를 실시하고 성공적인 사례와 한계점을 분석해 보았다. 서울은 체류외국인의 수에서는 물론 다문화지원기관도 가장 많은, 한국의 대표적인 글로벌도시라고 할 수 있다. 체류외국인의 수로 보면, 경기지역은 서울과 1, 2위를 다투는 지역이라고 할 수 있다. 교육과학기술부 정보자료실에 게시된 다문화가정 자녀 현황(재학생 현황)을 보면, 2007년 외국인근로자 자녀는 25.8%가, 국제결혼 자녀는 21.4%가 경기지역에 거주함을 알 수 있다. 외국인근로자 자녀는 서울에 이어 두 번째로 많으며, 국제결혼 자녀는 전국에서 가장 많은 수치이다. 또한 출입국·외국인 정책본부에 의해 2007년 12월 집계된 자료에 의하면, 전체 결혼이주여성 중 경기도에 거주하는 결혼이주여성은 24.9%이며, 남성을 포함한 경기 거주 국제결혼자는 25.5%로 모두 전국 1위이다.

이에 이 절에서는 경기지역에서 가장 체계적으로 운영되는 다문화 지원기관인 안산이주민센터(http://www.migrant.or.kr)와 안산이주민센터의 주목할 만한 프로젝트인 '국경 없는 마을' 프로젝트에 대해서 살펴보았다. 안산이주민센터는 안산시에서 운영하는 기관이 아닌 사단법인이다. 그러나 매우 체계적으로 운영되며, 선도적 프로젝트를 이끌고 있었다. 안산시의 인구통계자료(http://www.iansan.net)를 보면, 안산시는 거주 인구 중 외국인 비율이 4%가 넘으며, 특히, 안산이주민센터가 위치한 안산시 단원구 원곡본동의 경우, 등록된 인구의 36.6%가 외국인이다. 여기에 불법체류 외국인들까지 포함한다면 비율은 36.6%보다 훨씬 높아질 것이다. 이렇게 체류 혹은 유동 외국인 수가 절대적으로 많은 안산시 월곡동에서 안산이주민센터는 구심점의 역할을 하였다.

(1) 안산이주민센터

1990년대 중반부터 시화공단과 반월공단에 외국인근로자들이 유입되기 시작하면서 원곡동은 자연스럽게 외국인근로자가 가장 많이 거주하는 지역이 되었다. 안산이주민센터는 대한예수교장로회 서울 서남노회와 부천노회가 1994년 설립한 기관으로, 종교기관으로 구분되는 다문화지원기관이다.12) 이 기관은 처음에는 안산외국인노동자센

12) 안산이주민센터에서는 다문화교회를 운영하며, 방글라데시 노동자센터, 인도네시아 노동자센터, 스리랑카 독립협회, 방글라데시 노동자복지협의회, 인도네시아 이수와라 등 외국인근로자 인권단체들을 지원한다.

〈그림 6-5〉 안산이주민센터의 조직도

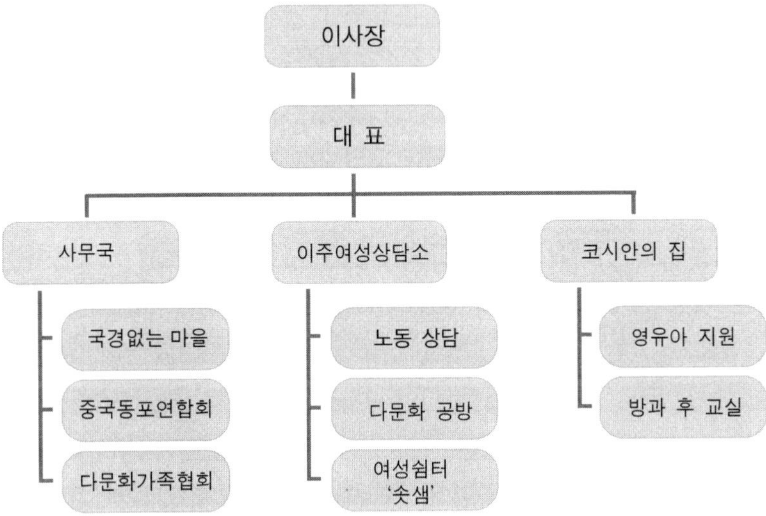

터로 시작했으나, 2007년 9월에 다양한 체류자격의 외국인들과 다문화가정 자녀들을 모두 포괄할 수 있는 사단법인 안산이주민센터로 조직을 개편하여 활동하고 있다. 안산이주민센터의 조직도를 보면 〈그림 6-5〉와 같다(http://www.migrant.or.kr).

〈그림 6-5〉를 보면, 안산이주민센터는 사무국, 이주여성상담소, 코시안의 집 세 기구로 조직되어 있으며, 안산이주민센터에 속해 있지만 독립된 법인체로 운영되는 '국경없는 마을'은 '중국동포연합회', '다문화가족협회'와 함께 사무국에 속해 있다.

이 기관에서 실시하는 프로그램을 교육 프로그램, 서비스 프로그램, 문화행사 프로그램으로 나누어 살펴보면 다음과 같다. 먼저 교육 프로그램을 살펴보면 다음과 같다. 안산이주민센터의 이용자의 요구가 가장 높은 교육 프로그램은 한국어교육 프로그램이다. 이 센터의 한국어교육은 외국인근로자 대상 한국어교육과 결혼이주여성

대상 한국어교육이 나뉘어 운영되었다. 외국인근로자 대상 한국어교육은 현재 20~30명의 학생들이 수강중이며 매주 일요일 2시간씩 수업한다. 수요일에 야간반을 운영한 적도 있었는데, 수강자가 적어 폐강했다고 한다. 1년에 3학기제로 운영되며, 숙달도에 따라 기초·초급·중급의 세 등급으로 편성되어 있었다. 중급에서는 중국어권과 러시아어권으로 나누어 수업을 진행하였다. 교재는 자체적으로 제작한 자료를 사용하며, 교사들은 모두 자원봉사자들로 충당한다. 결혼이주여성 대상 한국어교육은 월·수요일 오전 10시 30분부터 12시까지 진행되며, 기초반·초급반·중급반 세 반으로 운영된다. 결혼이주여성 대상의 '한글교실'에서는 송편 빚기, 미술관 관람 등 체험 위주의 한국문화행사도 같이 진행되었다.

다문화교육 프로그램은 안산이주민센터의 하위조직이면서 하나의 독립된 법인 기관인 '국경없는 마을'에서 운영하였는데, 이곳에서는 다문화사회에 대한 연구와 내외국인을 대상으로 다양한 다문화 콘텐츠 및 교육 프로그램들을 기획·운영하였다. 이곳에서는 공공기관의 다문화 관련 실무자와 다문화센터 관련자는 물론 다문화 학교 교사 등을 대상으로 한 다문화기관 인력양성 프로그램인 '위험한 교차', 이주민 멘토와 한국인 코디네이터를 대상으로 하는 다문화 리더십 프로그램인 '이주민 문화멘토와 다문화 코디네이터 양성 프로그램'(〈그림 6-6〉), 초등학교 1~2학년을 대상으로 실시한 '찾아가는 다문화교실' 등 다양한 다문화 관련 교육 프로그램들을 실시했다.

'찾아가는 다문화교실'은 신청 받은 학생들만을 대상으로 교육을 실시하였는데, 프로그램의 교육적 파급효과를 생각해 볼 때 더 많은 학생들을 대상으로 교육이 실시될 필요가 있다. 참가학생들은 상대문화에 대한 설명을 듣고, 상대방의 음식·의상·전통 운동을 체험함으로써 같은 지역에서 살면서도 서로 잘 몰랐던 상대 문화에 대해 배우고 알아가는 프로그램이다. 서울시의 다문화지원기관 중 초등학

〈그림 6-6〉 이주민 문화멘토와 다문화 코디네이터 양성 프로그램 포스터

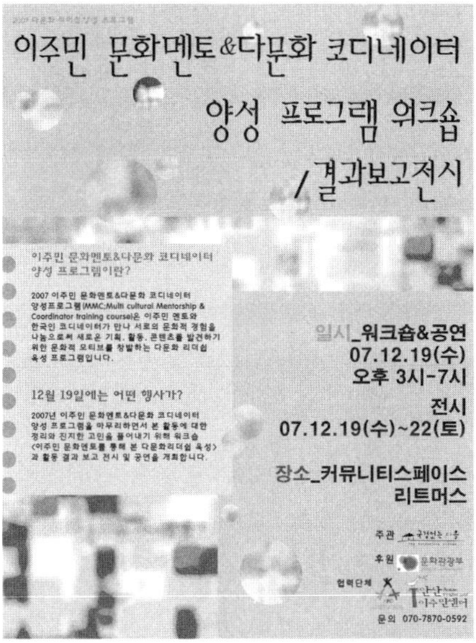

* 출처: '국경없는 마을'에서 제공받았음.

교에서 실시하는 편견해소 교육과 소통과 교류를 위한 여러 프로그램들이 가치관을 형성하는 어린 학생들에게 실시되어 한국인 가정의 자녀들과 다문화가정의 자녀들에게 서로에 대한 이해와 평등한 교류를 가능하게 했다는 점에서, 안산이주민센터의 '찾아가는 다문화교실'도 같은 효과를 기대할 수 있을 것이다.

다문화가정 아이들을 위한 방과 후 교육 프로그램은 역시 안산이주민센터의 하위조직인 '코시안의 집'(http://kosian.or.kr)에서 '코시안 스쿨'이라는 이름으로 실시하였다. '코시안의 집'은 다문화가정 자녀들의 우리 사회의 일원으로 살아갈 수 있도록 돕기 위한 취지에서 설립되었다. 따라서 각종의 교육 프로그램을 실시하며 역시 수요와 필요가 높은 한국어교육은 물론 학교에서 배우는 각 교과목의 학습지도도 실시하였다. 그리고 이 밖에도 피아노, 미술치료, 재즈댄

스, 미디어 교육, 아동캠프, 문화체험 등의 특별활동도 다양하게 제공하였다.

공방교육 프로그램은 2007년 하위조직인 '다문화 공방'을 만들어 처음 시작하였다. 다문화 공방은 결혼이주여성들을 대상으로 옷, 가정 소품 등을 만드는 교육을 실시하여 결혼이주여성들이 경제적으로 자립할 수 있도록 돕는 프로그램이다. 일주일에 한 번씩 수업을 하며, 수강생들이 만든 작품들은 공방에서 판매하기도 한다.

두 번째 안산이주민센터의 프로그램으로 각종 서비스 프로그램을 살펴볼 수 있는데, 가령 안산이주민센터에서는 외국인근로자 및 다문화가정 영유아 보육, 상담, 의료지원, 다문화가정 지원, 다문화가정 모임 등의 프로그램을 제공한다. 외국인근로자 및 다문화가정 영유아 보육 프로그램은 '코시안의 집'에서 맞벌이를 하는 외국인근로자와 다문화가정 부모를 위해 보육 시설을 운영하는 프로그램이다. 현재 3곳에서 평일 오전 7시 30분부터 오후 9시, 토요일 오전 7시 30분부터 오후 4시까지 보육 시설을 운영한다.

상담서비스 프로그램은 다문화가정 가족을 위한 법률상담, 부부상담, 아동상담, 의료상담과 이주노동자들을 위한 노무 문제 상담, 산재 문제 상담 등을 지원한다. 상담 시 내용에 따라서 법적 처리까지 연계하여 도움을 주며, 중국어, 파키스탄어, 러시아어, 우즈베키스탄어 등 다양한 언어의 통역을 지원하여 문제해결의 가능성을 높인다는 점에서 서울시에 있는 다문화지원기관들과 차별된다. 원래 상담서비스는 취업 등 노동 관련 상담을 전적으로 이곳에서 담당하였으나, 상담 건수가 늘어나게 되자 2006년 12월부터 안산이주민센터가 소속된 대한예수교장로회에서 운영하는 '안산외국인근로자지원센터'(http://www.afwc.or.kr)로 분리하여 처리한다. 그만큼 상담서비스는 실효성이 높은 프로그램임을 알 수 있다.

의료지원 서비스는 다양한 형태로 진행되는데, '코시안의 집' 아이들의 경우 소아과 무료진료 서비스를 지원하고, 성인들에게도 보건소, 안산고대병원, 안산중앙병원 등의 지원을 받아 무료진료 서비스를 제공한다. 외국인근로자들은 의료보험 혜택을 받지 못해 조합을 만들어 운영한다.

그 외에도 도움이 필요한 다문화가정을 매주 방문하여 양육지원, 의료지원, 가족 상담을 도와주는 다문화가정 지원 서비스, 다문화가정의 만남과 교류를 지원하는 다문화가정 모임도 운영한다.

세 번째로 안산이주민센터에서는 각종의 문화행사를 지원한다. 명절에는 '국경없는 마을 추석축제', '국경없는 마을 설축제'들을 기획하여 한국인과 외국인들이 함께 명절을 보낼 수 있도록 행사를 실시한다. 이 축제에서는 각국에서 온 외국인근로자 및 결혼이주여성들이 전통의상을 입고 춤, 노래 등 다양한 공연을 하고, 내외국인이 함께 줄다리기와 같은 체육 행사도 하며, 음식도 같이 나누어 먹는 체험 행사도 갖는다. 또한 '국경없는 마을'에서는 2007년에 '다문화가족 문화소통 캠프'를 진행하였다. 이 행사에서는 각국의 음식문화체험, 전통놀이체험, 춤과 노래 공연 등 다양한 프로그램들이 마련되어 내국인과 다문화가정의 구성원들이 서로 교류하고 상대 문화를 체험할 수 있었다.

그밖에도 결혼이주여성상담소 'BLinK'에서 진행하는 결혼이주여성 여행, '코시안의 집'에서 진행하는 다문화가정 캠프인 '하모니 다문화 나눔 마당' 등 하위조직에서 각각의 성격에 맞는 다양한 문화행사들을 진행하였다. 서울의 많은 다문화센터 문화 프로그램들이 단순 체험 프로그램이나 이벤트성 행사를 많이 진행하는 반면, 안산이주민센터의 행사들은 결혼이주여성, 다문화가정 아이들, 외국인근로자 등 이주민들의 입장에 따라 적합하고 필요한 행사들을 기획·진행하여 주목된다.

안산이주민센터는 외국인근로자, 결혼이주여성, 다문화가정 등 한국에 이주해온 이주민들의 특성에 따라 하위조직을 구성하여, 보다 전문적 도움을 주고, 이주민뿐만 아니라 한국인을 대상으로 한 다문화교육도 담당한다는 점에서 모범적인 다문화지원기관의 모습을 보였다. 또한 교육, 서비스, 문화행사 등의 가시적인 도움뿐만 아니라 정기적인 다문화가정방문, 산재 환자 문병 등 정서적 지원 프로그램을 활성화하는 것도 주목된다. 뿐만 아니라 안산이주민센터는 안산시 원곡동과 같이 외국인이 많이 거주하는 지역에 위치하여 핵심적 역할 수행과 이용자의 접근성 부분에서 장점을 가진다고 할 수 있다.

그러나 이 기관 역시 다른 다문화지원기관들이 그러하듯 많은 부분을 자원 봉사에 의지한다는 점은 지원의 지속성과 안정성에 대한 문제를 제기하게 한다. 가령, 이용 외국인의 절대 다수가 요구한 한국어교육의 경우 한국어 교사의 높은 이직률은 학습의 안정성에 걸림돌이 될 수 있다. 또한 안산이주민센터는 외국인근로자와 결혼이주여성, 다문화가정 자녀의 한국사회 적응을 위한 지원에서는 매우 다양한 프로그램을 갖추었지만, 한국인을 대상으로 한 다문화 프로그램이나 한국인과 외국인의 교류와 소통을 위한 프로그램은 상대적으로 저조하다. 가령, 한국인 가정과 다문화가정 간의 교류가 행사성 체험 위주의 프로그램에서 신일보하여 정기적이고 지속적인 교육 프로그램으로 제공된다면 본격적인 다문화주의를 지향하는 기관의 특성을 부각할 수 있을 것이다.

(2) '국경없는 마을' 프로젝트

안산이주민센터에서는 1996년부터 안산시 원곡동에 다문화주의를 표방하는 '국경없는 마을' 프로젝트를 벌여왔다. '국경없는 마을' 프로젝트 논의의 출발점은 이주민들의 시민권과 관련이 있다. 체류 자격의 문제가 주민으로서의 모든 권리를 박탈할 수 있음에 주목하여,

'국경없는 시민권'을 주장했다. '국경없는 시민권'은 국민은 아니지만 일정 기간 이상 체류한 사람들에게 한국사회의 구성원으로서 권리를 가지고 해당 지역사회에 주체적으로 참여할 수 있도록 주어지는 권리이며, 따라서 해당 사회에서 정치·경제·사회·문화적 실체로 인정받아야 한다고 보았다(박천응, 2007). 이를 위해 '국경없는 마을'은 한국인과 외국인이 서로의 출신국·인종·종교 등에 의한 차이를 극복하고 더불어 살아가는 다문화지역공동체를 만드는 것을 목적으로 한다.

'국경없는 마을' 프로젝트는 지금까지 3기로 나누어 진행되고 있다. 1기는 1996년부터 2002년까지인데, 본격적인 논의와 계획은 1999년부터라고 할 수 있다. 이 시기는 '국경없는 마을' 프로젝트의 초기단계인데, 우선 다문화거리 카페, 각국의 공연 행사 등 정기적인 다문화 만남의 장을 마련함에 주력했다. '국경없는 마을' 프로젝트가 본격화되면서 쓰레기 문제해결을 위한 마을 청소, 마을 신문 제작 등 지역주민과의 공통 관심사 형성을 통해 문화적 갈등을 해소하는 사업을 벌였고, '국경없는 설날 축제', '추석 축제', '콩 꽃 축제' 등 다문화 축제를 개최하였다. 또한 그동안 지역사회 의사 결정에서 배제되었던 이주민들의 참여를 유도하였고, 강연, 여론 조사, 주민과의 만남의 밤 행사 등을 통해 한국인과 함께하기 위한 노력을 기울였다.

2기는 외국인 체류자가 급증하는 시기인 2003년부터 2006년까지이다. 이 시기엔 이주민지원 조례 및 복지시설 제안, 이주민 관련 사업의 행정의 체계화 및 전담 공무원제의 도입 등 중앙정부와 지방자체단체에 여러 정책들을 적극적으로 제안하고, '찾아가는 다문화교실', '주말 다문화 대안학교' 등 다양한 다문화 프로그램을 시범 운영하였다. 또한 외국인근로자, 다문화가정 자녀, 결혼이주여성 등 다양한 체류외국인들에 대한 법률적 지원 운동을 벌였다. 이 시기에는

'국경없는 마을'의 확산을 위해 많은 토론회와 설명회를 개최하고 국제단체에 소개하기도 하였다. 이러한 과정에서 지역주민인 한국인과 이주민 사이의 갈등도 나타났고, 원곡동으로 미등록외국인근로자들이 많이 몰리다 보니 출입국·외국인정책관리소의 단속도 심해지는 등 더 많은 어려움을 겪기도 했다.

3기는 2006년 6월부터 현재까지이다. 이 시기에는 사단법인 '국경없는 마을'을 통해 다문화 운동의 확산을 위한 다양한 학술활동, 토론회, 강연활동을 벌였으며, 다양한 문화 축제 및 다문화교육을 진행하고 있다.

'국경없는 마을' 프로젝트는 다양한 출신국, 인종, 문화권의 외국인들과 한국인들이 자신들의 정체성을 지키며 공존할 수 있는 실천적 방안을 모색한다는 데 큰 의의가 있다. 그러나 이 프로젝트 시행 10여 년이 지난 지금, 여러 가지 비판의 목소리가 나오고 있다. 오경석·정건화(2006: 80~87)와 오경석 외(2007: 50~51)에서는 원곡동의 '국경없는 마을' 프로젝트의 의의를 높이 평가하면서도 지역주민들이 가장 기피하는 문화적 오지가 되었다고 지적했다. 이렇게 되어가는 이유에 대해서는 포괄적이고 모호한 자기규정의 문제, 이론에 대한 과도한 의존, 지역공동체 구성원들의 욕구 및 이해관계 조정 실패, 참여주체의 문제 등을 들었다. 특히 이 프로젝트는 내국인과 외국인들 사이의 갈등을 해결하지 못하고, 여러 근본적 결정에서 참여 주체들의 진정한 파트너십이 결여되었다는 문제가 있다. 결국 이 책에서 저자들이 강조하는 바는, 주류민인 한국인과 체류외국인 간의 소통과 교류를 원만하게 이룰 수 있는 방법을 모색하는 것만이 다문화사회로 이행되는 한국사회가 안고 있는 과제를 푸는 길이 될 것이다.

안산시, 특히 원곡동은 체류외국인이 많다 보니 이 지역의 다문화정책에 대한 사회의 관심이 높다. 현재 안산시는 원곡동을 '다문화

특구지역'으로 만들고자 한다. 그러나 시청이 지역주민 및 관련 단체들의 의견을 무시하고, 결과적으로 다문화 특구가 상가 및 방세를 3~4배 올리는 결과를 가져옴으로써 오히려 외국인 이주민들이 쫓겨날 형편이 놓이게 되었다는 지적을 피하기 어렵다(오경석 외, 2007: 51~52 재인용). 안산시 원곡동은 외국인근로자에게 있어 한국의 고향과 같은 곳이다. 고향의 식자재 가게와 식당을 볼 수 있고 같은 상황에 놓여 있는 외국인근로자 및 결혼이주여성들을 쉽게 만날 수 있는 지역이다. '국경없는 마을' 프로젝트든 '다문화 특구지역' 선정이든 외국인 체류자들에게는 사업 자체가 중요한 것은 아닐 것이다. 여러 비판의 목소리를 받아들여 내국인이 기피하는 외국인들만의 공간도 아니고, 비싸진 부동산으로 저소득층 외국인 체류자들이 또다시 떠나야 하는 공간도 아닌 진정으로 '국경없는 마을'로 거듭나기를 기대해 본다.

지금까지 살펴본 내용을 정리하고 평가하면 다음과 같다. 한국의 다문화지원기관은 총 700여 개에 이르고, 서울에 있는 다문화지원기관만 해도 총 109개나 된다. 또한 설치된 위치도 제 4장에서 고찰된 외국인마을이 위치하는 곳과 상당한 정도로 일치한다. 따라서 예상보다 서울의 다문화 지원 현황은 양적인 측면에서는 비교적 양호한 수준이었다.

그러나 많은 기관들이 엄밀한 의미의 '다문화기관'이라기보다는 '다문화 서비스를 지원하는 기관'이라는 말이 적합한 기관들이 다수 포함되어 있었으며, 많은 경우 다문화가정 지원 센터의 기능을 하고 있었다. 엄밀한 의미의 다문화기관이라면, 한국인과 외국인이 이들 기관을 통해 서로의 문화를 받아들이고 교류하며, 서울, 나아가서는 한국의 다문화적 가치를 이해하고 편견을 해소하는 기회를 얻을 수 있도록 프로그램이 제공되어야 할 것이다.

가령, 이 책의 제 5장 〈표 5-35〉에 제시된 결혼이주여성의 복지 및 사회적 서비스에 대한 욕구와 서울 소재 다문화지원기관에서 제공하는 프로그램을 비교해 보면, 제공되는 프로그램과 이용자의 요구에 차이가 있음을 알 수 있다. 가령, 결혼이주여성의 경우, 한국음식 만들기 교육, 한국어교육, 건강보험 혜택 및 의료비 지원, 자녀 학습지도 서비스, 한국 전통문화 및 예절교육, 자녀양육 서비스, 직업훈련 및 알선, 지역사회 내 편의시설 이용 지원, 법률 관련 정보 서비스, 결혼이민자 자조 모임이 상위 10위의 요구 사항이라는 점을 감안할 때, 한국어교육을 제외하고는 실제적으로 제공되는 프로그램은 그 수도 턱없이 부족하며, 내용 면으로도 그들의 요구를 충족시키는 다양성이 부족하다는 것을 알 수 있다.

무엇보다도 다출신국·다인종 사회로 이미 진입한 우리 사회에 요구되는 새로운 가치와 목표에 대한 이해와 실행이 더욱 요구된다. 제5장 〈표 5-35〉에 제시된 결혼이주여성의 복지 및 사회적 서비스에 대한 욕구 중에는 한국인 멘토 연결 프로그램, 모국문화 한국 지역사회에 알리기, 결혼이민자에 대한 지역사회 내 인식 개선 캠페인에 대한 요구가 있었다는 것을 상기해 볼 필요가 있다.

그러나 다행스러운 것은 초등학교를 중심으로 다문화 이해교육에 있어서 다문화주의적인 접근을 시도하였다는 점이다. 학생들은 편견해소교육이나 서로의 문화의 이해와 수용을 위한 행사에 참여하였다. 가치관을 형성하는 유·청소년 시기에 이 같은 다문화교육이 이루어지는 것은 발전적 모습이다. 다문화주의에 입각한 교육은 편견과 차별 의식을 해소하고 외국인과 그들의 문화를 존중하며 평등한 공존을 이루는 계기가 될 것이다.

또 다른 문제는 대상자에 대한 인식에 있다. 바로 우리의 다문화지원이 그 대상자를 다문화가정이나 외국인근로자 등으로 국한한다는 점이다. 그러나 실제로 서울, 그리고 한국에 입국한 외국인들은 여러 가지 배경과 다양한 직종을 가지고 있다. 이들이 한국에 입국한 이유나 목적도 그만큼 다양하다고 볼 수 있다. 우리는 마을 조사를 통해서도 얼마나 다양한 목적과 요구를 가진 외국인들의 집단이 있을 수 있는지를 살펴볼 수 있었다. 그러나 우리의 다문화 지원이 외국인근로자와 다문화가정 구성원의 요구에만 충실하다면 우리 사회의 다문화적 목표는 역시 왜곡되거나 편향된 곳을 향한다고 지적될 수도 있을 것이다. 물론 대다수의 외국인이 외국인근로자와 다문화가정의 구성원이라고 할지라도 말이다.

이러한 맥락에서 서울시의 서울글로벌센터는 지원 대상에 장기 및 단기체류외국인을 포함하고 다양한 목적으로 서울에 유입된 그들의 서울살이를 돕고자 한다는 점에서 주목된다. 서울시의 서울글로벌센터는 장기체류외국인과 단기체류외국인을 모두 포함하는 포괄적인 정책실행 의지가 있는 공공기관의 사업이라는 점에서 높이 평가될 수 있다. 그러나 단순한 정보제공이나 일회성 행사가 주를 이루며, 서울시의 다양한 다문화지원기관과의 긴밀하고 유기적인 관계를 맺지 못하다는 한계를 극복할 수 있어야 한다. 서울시의 서울글로벌센터의 각종 지원사업이 활성화되고 보다 적극적으로 다문화주의를 지향한 정책 실현을 시도한다면 글로벌도시 서울의 다문화적 가치를 높이는 데 기여할 수 있을 것이다. 서울시의 시도는 다른 도시와 나아가서 한국사회의 변화에 기여할 것이다.

마지막으로 대부분의 지원기관들이 시민단체나 그에 준하는 특성을 가지는 단체들에 의해서 운영된다는 점도 한국사회의 국가적 차원의 다문화정책에 대해 의문을 제기하게 한다. 이 책에서 조사된 외국인마을의 특성을 보거나 결혼이주여성이나 다문화가정 자녀의 요구와 필요를 조사한 결과를 종합해 보면, 공공기관이나 정부기구의 긴밀한 협조와 개선의 필요성을 발견하게 된다. 그러므로 국가단위와 공공기관을 중심으로 한 단계적인 다문화정책의 수립과 이를 바탕으로 한 실천적 다문화 지원이 요구된다.

지금까지 6장에서는 한국의 다문화 지원 체계 분석을 통하여, 우리 사회가 다문화주의를 향하여 어떠한 일관성을 가지고 각종 법과 제도, 다문화 지원 프로그램을 운영하는지 고찰하였다.

우리 정부가 내세우는 동화주의와 다문화주의의 조화는 매우 혼란스러운 발상이다. 이제 한국 사회는 궁극적으로 다문화주의를 지향해야 하며, 이를 위한 단계적인 법과 제도를 정비하는 것이 바람직하다. 정부는 우리 사회의 다양성을 포용할 수 있는 정확하고 큰 그림을 국민들에게 제공하여야 할 것이다. 물론 최근 국내 경제 상황이 악화되어 국민들이 갖가지 어려움을 겪는 시대에 자칫하면 외국인 정책이 특혜 정책으로 비춰질 수 있다는 점에서, 정부는 국민적 동의가 함께 하는 정책과 법을 순차적이고 단계적으로 실행하여야 할 것이다.

정부 차원의 정책 입안과 방향성 제시 이전에 이미 한국 사회는 다문화 지원 프로그램들을 제공하기 시작했다. 이들 다문화지원기관은 현장의 요구 특히 외국인들의 한국 생활 적응과 관련된 요구를 수용하는 방향으로 추진되었다. 따라서 한국인과 외국인이 이들 기관을 통해 서로의 문화를 받아들이고 교류하며, 한국의 다문화적 가치를 이해하고 편견을 해소할 수 있는 프로그램을 활성화하는 데에는 주력하지 않았다. 결국 많은 경우의 다문화지원기관들은 서울 시민과 체류외국인 간의 소통에 중점을 두기보다 체류외국인에 대한 일방적 지원과 동화에 기반한 한국사회에의 적응에 중점을 둔다는 것을 알 수 있다. 앞으로는 이를 극복하기 위해, 국가 단위와 공공기관을 중심으로 한 단계적인 다문화 정책의 수립과 이를 바탕으로 한 실천적 다문화 지원이 요구된다.

제 7 장

해외 사례*

2007년 여름, 한국은 외국인 백만 명 시대를 열었다며 떠들썩했고, 외국인과 다문화에 대한 관심이 급속히 증가했다. 과거에는 외국인들을 이국적 이방인으로 간주하면서 한국사람과 차별적으로 보는 관점들이 대중언론에서 많이 보였다고 한다면, 요즈음 대중매체에서 외국인에 대해 갖는 관심은 여러 면에서 놀랍다. 우선, 외국인들을 '불법 외국인노동자' 혹은 '성매매 외국인 여성' 등으로 부정적인 사회문제로 보던 시각에서 상당히 긍정적인 호감을 보이며 이들을 주인공으로 등장시키는 프로그램들이 증가하였다. 다문화가정이 한국에서 살아가는 이야기와 또 외국인의 모국에 계신 부모님과 연결해 주는 〈러브 인 아시아〉(Love in Asia), 한국어를 구사하는 외국인 젊은 여성들을 패널로 하여 한국사회의 여러 모습을 조명하는 〈미녀들의 수다〉 등 외국인을 집중적으로 보여주는 지상파 텔레비전의 방송·신

* 이 장은 김은미·양옥경·이해영의 〈2007 서울시정개발연구원 보고서〉에서 발췌하였다. 자세한 내용은 〈서울시정개발연구원 2007-PR-20〉 92~122쪽을 참고하기 바란다.

문·잡지 등이 늘고 있다. 그럼에도 불구하고 아직은 외국인들을 위한 서비스나 한국 정착을 실질적으로 돕는 제도와 프로그램, 특히 주류사회인 한국인을 대상으로 한 다문화교육 프로그램은 아직 많지 않은 실정이다. 이 책의 5장에서는 한국 내 여러 다문화 서비스의 현황을 살펴보았고, 이 장에서는 해외의 주요 사례를 살펴보면서 한국의 다문화정책, 제도, 서비스에 도입할 수 있는 모범사례와 또 우리에게 귀감이 되는 사례들을 살펴보고자 한다.

이 장에서는 다문화주의가 가장 잘 실현된다고 알려진 캐나다와 호주의 사례들을 살펴보면서, 다양한 출신국과 인종과 민족적 배경을 지닌 사람들이 어떻게 조화를 이루면서 갈등을 최소화하며 상생의 정신을 극대화하면서 살고 있는지를 다문화정책과 서비스와 프로그램을 중심으로 살펴보았다. 또한, 비록 다문화주의를 가장 잘 실현하고 있다고는 할 수 없으나, 세계의 거의 모든 국가들에게 이민의 문호를 개방하고, 1992년 로스앤젤레스 한·흑 갈등과 같은 인종간의 갈등을 겪으면서도 다문화주의에 대한 끊임없는 실험을 계속하는 미국의 경우를 살펴보기로 한다. 네 번째 사례로는 우리와 유사한 문화적 배경과 단일 문화 체제를 오랜 기간 지속해오며 일부 외국인노동자를 받아들이고 있는 일본과, 우리와 비슷하게 주류 인구가 98%인 체코를 통해 동유럽에서는 다문화를 어떻게 받아들이고 있으며, 어떠한 다문화정책과 제도를 개발하는지를 살펴보고자 한다.

1. 캐나다

1) 캐나다의 다문화정책

캐나다는 서로 다른 민족들의 정체성을 인정하고 다양한 문화를 용광로에서 녹이지 않고, 있는 그대로 공존한다는 의미에서 '모자이크 국가'로 불린다. 1960년대 퀘벡의 분리주의 운동을 계기로 연방분열의 위기를 넘을 수단으로 캐나다 정부는 1971년 '다문화주의' 선언을 하게 되었다. 다문화주의 선언은 '캐나다에는 두 가지 공식 언어가 존재하지만 공식 문화는 존재하지 않는다'는 문구에서 알 수 있듯이 인종집단 간 문화적 평등을 강조했다. 이어 캐나다 정부는 ① 소수민족 문화에 대한 공적 지원, ② 전체 사회 참여시 문화적 장애물 제거, ③ 국민통합을 목적으로 하는 인종집단 간의 상호교류 촉진, ④ 전체 사회 참여를 위한 공용어 습득 장려 등의 4가지 소수민족과 이민자에 대한 실천적인 프로그램을 제창하였다(윤인진, 2006). 그리고 잇달아 관련법률을 제정하고, 정책을 전담해 추진할 연방정부 부처를 신설하였다.

캐나다 정부는 다문화주의를 구현하기 위한 여러 가지 '실천적 프로그램'을 실시하며, 여기에는 소수민족이 차별받지 않도록 하는 장치, 문화적 다양성을 권장하는 프로그램, 이민의 문호를 세계 각지에 고루 여는 정책 등을 채택하였으며, 대학 및 교육기관에서의 다양성 교육, 소수민족 언어 사용 장려 정책 등을 추진한다(윤인진, 2006). 서로 다른 인종과 종족 집단들의 가치관, 사고방식, 생활양식 등을 존중하는 관용적 자세, 모든 개인들이 성·인종·민족·인종·국적·종교 등의 차이로 인해 차별받지 않도록 하기 위한 기회균등의 보장, 정부의 이러한 사회적 이념을 보호하고 실현하려는 노력이 캐나다 사회의 '다양성 속의 통일'(*Unity in Diversity*)을 이루는 근간이 되었다(윤인진, 2006).

캐나다의 다문화주의는 중앙 정부의 법률제정과 제도적 장치 마련을 바탕으로 지방정부에서 각종 민족문화 축제를 지원한다. 그리고 다문화교육을 전담함으로써 여러 민족 집단 간의 교류를 증진하고 서로의 문화유산을 이해하고 존중할 수 있도록 한다. 이러한 다문화주의에 대한 강조는 학교교육으로 이어져 학교에서는 학생들이 다문화주의적 환경에 적합한 가치관과 행동양식을 학습한다. 만약 학생들이 타민족 학생들에게 모욕적인 인종적·민족적 욕설을 하거나 차별행동을 하게 되면 교사들로부터 심하게 처벌받는다. 이렇듯 문화적 민감성과 에티켓이 사회통합의 덕목으로서 정규교육에서 중요하게 가르친다(윤인진, 2006).

한편, 이민자들의 캐나다 사회로의 성공적인 통합은 매우 다면적 과정이다. 즉, 캐나다에 적응하기 위해서는 기초생활을 위한 욕구가 충족되어야 하고, 캐나다의 공식 언어 중 한 가지로는 소통이 가능해야 하는 등 다양한 면을 포함한다. 캐나다 정부에서는 이민자의 증가하는 현상을 이민자들의 다양한 언어, 전통, 교육, 기술 및 경력 등을 활용할 수 있는 적극적인 기회로 삼는다. 1990년대 이후 캐나다의 이민은 지난 몇십 년간보다 훨씬 증가하여 1985년에는 연간 8만 5천 명이었던 이민자 수가 1990년대에는 약 2백만 명으로 증가했다(*Citizenship and Immigration Canada*). 이민은 캐나다 인구 성장의 중요한 요소 중의 하나로 간주될 정도이다. 2001년에는 캐나다 전 인구의 18%가 이민자들이고 39%가 이민 1세대 또는 2세대였다(*Trends in Immigration*). 1970년대 이후에는 종전의 유럽인 중심의 이민자들과는 달리 아시아 및 중동에서 이민이 급증하였는데(Census, 1971~1991) 1990년대 이후 이민자들의 모국은 중국·인도·필리핀이 가장 많았다(Census, 2001). 이민자들의 대부분은 토론토, 밴쿠버, 몬트리올 등 대도시에 집중적으로 거주한다. 특히, 온타리오주에는 전체 이민자의 약 55%가 정착하였으며 토론토시에는 전체 약 43%의 이민자들이 정착했다. 캐나다 통계청(Statistics Canada)에서 실시한 연구에 의하면 이민자들의 59%가 이민 정착지를 선정할 때 가장 염두에 두는 것은 가족이나 친구가 어떤 지역에 거주하는지였다(Statistics Canada, 2003).

특히, 캐나다는 지방정부에서 다문화주의에 맞는 다각적 정책을 펴는데 그 예로 시장 직속의 '다문화'부서를 설치하고, 이 '다문화'부서에서 각종 다문화정책을 개발하는 것이다. 또한, 대학의 연구 및 전문 프로그램 개발도 지원하고 공무원의 반인종차별주의·다문화주의에 대한 교육에도 힘쓰고 있을 뿐만 아니라 음식과 축제 중심이 아닌 다문화교육 프로그램도 개발하여 시 정부가 소극적인 지역서비스 제공자가 아니라 적극적으로 다문화주의를 독려하는 역할을 수행한다.

다문화기관(*Intercultural institution*)으로 '모든 사람들을 위한 공간'(*a place for everyone*)을 표방하는 밴쿠버의 '콜링우드 마을회관'(Collingwood Neighborhood House) 역시 시 정부와 지역사회의 재정적 지원을 받는 다문화 지역사회 단체라는 점에서 그 맥락을 같이 한다. 이와 같이 캐나다에서는 시 정부가 소극적인 지역사회 서비스기관이 아니라 적극적으로 다문화주의를 장려하는 역할을 수행해야 함을 강조한다.

2) 온타리오주 토론토시와 키치너-워털루시

(1) 토론토시의 다문화정책

토론토(Toronto)는 캐나다뿐만 아니라 전 세계적으로 알려져 있는 다문화 도시의 대표라 할 수 있다. '다문화주의'를 표방하는 국가정책에 부응하고 도시가 가진 다양성을 활용하기 위해 ① 다문화주의와 그에 맞는 정책입안을 항상 고려하고, ② 시장 직속의 '다문화'부서 설치, ③ 예산의 확보와 하위 단위 다문화정책 개발, ④ 대학의 연구 및 전문 프로그램 개발 지원, ⑤ 공무원의 반인종주의(*Anti-Racism*) 교육, ⑥ 다문화주의 교육 등의 행동 원칙을 가지고 정책을 수립한다. 댄포스 음식축제(*Taste of Danforth*)에서 볼 수 있는 정부·기업·지역사회 간의 상호 작용에 의한 다양성의 확보는 토론토시가 추구하는 가치를 보여준다(윤인진, 2007). 토론토 정부는 다문화 지역사회 지원 단체들을 지원함과 동시에 음식과 축제 중심이 아닌 다문화교육 프로그램 개발에 중점을 두고 정책을 추진한다.

토론토시가 속해있는 온타리오주(Ontario)는 인구 약 1,200만 명으로 캐나다에서 퀘벡 다음으로 가장 인구가 많은 주이다. 온타리오주의 주요 타출신국자들은 중국인, 남아시아인, 흑인, 필리핀인, 남미인, 동남아시아인, 아랍인, 서아시아인, 한국인, 일본인 등 매우 다양하다. 이 중에서 온타리오 주의 수도 토론토시와 많은 이민자가 정착하는 키치너-워털루시 두 도시의 다문화정책 및 센터를 살펴보았다.

토론토시는 70개 국어 이상의 언어가 구사되는 세계에서 가장 다문화된 도시 중 하나이다. 2001년도 캐나다 통계청에 의하면 영어가 모국어인 인구는 54%이고 기타 언어가 46%로 나타났으며, 가정에서 가장 많이 사용되는 언어는 영어(8백만 명), 프랑스어(49만 명), 중국어(40만 5천 명), 이탈리아어(29만 6천 명) 그리고 독일어(15만 7천 명)로 나타났다. 그 밖에 폴란드어, 스페인어, 우크라이나어, 포르투갈어 등이 토론토시의 가정에서 사용하는 언어들이다. 토론토에는 1991년 이후 50만 명 이상의 새로운 이민자가 유입되었으며, 연간 약 7만 5천 명 이상의 이민자 또는 난민이 유입되는 상황이다. 토론토시의 절반 이상이 외국에서 출생하였다고 해도 과언이 아니다. 따라서 토론토시에는 세계적으로 가장 다양한 문화가 존재하고 100개 이상의 언어가 사용되며 2001년에서 2005년 사이에 토론토에만 10만 명이 이주했는데, 특히 한국, 일본, 중국 및 인도 등지에서 유학생들이 급격히 유입되었다(*The Monitor*, Fall 2005: "Citizenship and Immigration Canada").

토론토 전체 인구는 약 248만 명으로(토론토 위성지역 포함하면 약 5백만 명) 세계적으로 가장 다양한 문화가 존재하는 곳이며 북미지역에서 가장 안전한 도시로 꼽힌다(*Places Rated Almanac*). 100개 이상의 언어와 방언이 사용되는 것으로 토론토시민의 3분의 1이상이 영어 외의 언어를 가정에서 사용한다. 또한, 토론토 전체 인구의 43%가 자신을 '가시적 소수민족'(*visible minority*)로 간주하는데 이는 1996년의 37%보다 훨씬 많은 숫자이다.

토론토시청(http://www.toronto.ca)에서는 다양성과 다문화를 하나의 자산으로 인식하고 '다양성이 우리의 강점이다'(*Diversity is Our Strength*)라는 모토 아래 시의 비전 헌장에 다양성과 다문화를 장려하고 모든 사람들이 종교, 인종, 시민권, 성별 등과 관계없이 평등하게 대우받을 환경을 조성할 것을 명시하였다. 토론토시에서는 이를 위해 2006년 캐나다 연방정부 및 온타리오주 정부와 이민과 정착에 대한 계약을 맺고 국가, 주정부, 그리고 시 차원에서 이민자들의 고충을 해결하기 위해 협력한다. 이 세 개의 정부 간에는 특히 구직, 교육 및 훈련의 기회, 그리고 서비스와 시민권 확보를 위해 협력한다.

토론토시에서는 다문화 프로그램을 직접 운영하는 대신 다양한 방법과 프로그램으로 다문화정책을 실현한다. 다문화 관련 프로그램의 제안서를 공모하여 운영 자금을 지급하는 '지역, 파트너십 및 투자 프로그램'(CPIP, Community Partnership and Investment Program)을 운영하는데 사실상 다문화 프로그램을 위탁운영 하는 것으로 파악된다. 이 CPIP 프로그램은 다양한 민족의 이주민들의 차별과 사회적응을 위한 장애를 없애는 것을 목표로 인종 관계, 반인종주의 교육, 성평등, 문맹, 그리고 장애인과 관련된 프로그램을 육성하고 이에 대한 일반 시민의 인식을 고취하기 위한 프로그램이다. 실제 올해 한 해에는 다문화 관련 프로그램을 시행하는 약 70개의 크고 작은 NGO, 종교단체 등에 3천 달러에서 4만 달러에 이르는 자금을 지원하였다. 이들 중에는 특히 특정 민족을 위해 일하는 작은 단체들이 눈에 띄었는데, 아프간 여성을 위한 상담기구(Afghan Women's Counselling and Integration Community Support Organization)라든가 아시아 지역사회 에이즈 서비스(Asian Community AIDS Services) 등이 그 예이다. 실제 토론토에는 다양한 인종만큼이나 다양한 주제와 민족을 대상으로 지역사회 프로그램을 실행하는 크고 작은 NGO들이 많이 있다. 또 다른 토론토시의 다문화사업으로 다문화 포스터 제작 배포가 있다. 토론토시에서 토론토의 다문화를 상징하는 포스터를 해마다 제작하여 주요 도서관, 지역기구, 학교 및 개인에게 배포한다. 〈그림 7-1〉에서 볼 수 있듯이 포스터에 토론토시에서 쓰이는 78개 언어로 '환영'한다는 메시지를 형상화하였다. 공식어인 영어와 프랑스어뿐만이 아니라 외국인들이 직접 친근하게 느낄 수 있도록 모국어로 제작된 포스터만 보더라도 토론토시가 얼마나 외국인들에 대한 배려를 하는지 알 수 있다.

그 밖에 토론토시에서 시행하는 특화된 프로그램에는 '프로패션 대 프로패션-이민자 멘토링 프로그램'이 있다. 이 프로그램은 토론토로 이민 오는 전문직 종사자들과 토론토시청의 전문가와 일대일로 짝을 지워 약 4개월에서 6개월에 걸쳐 구직 조언, 이민자의 직업 시장에의 적응을 위한 지원 등을 제공한다. 이 서비스는 2004년부터 시행되어 회계·재무, 커뮤니케이션, 엔지니어링, 행사기획, 경영, 인력관리, 정보 통신, 구매, 사회사업 등 다양한 부문의 전문직 종사자들의 구직과 적응을 지원해 주었다.

한편, 토론토시에는 '접근성, 평등 및 인권을 위한 라운드테이블'(Roundtable on Access, Equity and Human Rights)을 운영하는데 여

〈그림 7-1〉 토론토시의 'Welcome' 포스터(2007)

기에는 시장을 비롯한 시의회(*City Council*)에 대한 자문역을 하며, 시정에 참여하는 20명의 회원들이 함께 토론하는 제도이다. 또한 이 자문단의 의장은 '다문화 대변인' 직위를 맡아 토론토시의 다문화, 더 나아가서는 다양성 이슈에 대한 대변인 역할을 하게 되며 시청 내부의 다양성 관련 활동뿐만 아니라 지역사회의 자문위원회들과 긴밀히 협조한다. 또 시의 공식 다문화 자문단인 '다문화 관련 실무위원회'(Diversity Working Groups)는 41명의 회원들로 구성되며, 언어평등 문제를 다루는 '언어평등과 문맹에 대한 실무위원회'(Working Group on Language Equity and Literacy Issue)와 이민 및 난민 문제를 다루는 '이민과 난민문제에 대한 실무위원회'(Working Group on Immigration and Refugee Issues)의 두 개의 실무그룹으로 나누어 활동한다.

첫 번째 실무그룹에서는 언어문제와 관련하여 지역사회의 문제들을 시에 자문하고 보고하는 역할을 한다. 의장은 시의회에 의해 선출되며 회원은 지역 에이전시, 정부, 그리고 기업 등의 대표로 이루어져 있다. 현재 19명의 회원으로 이루어져 있다. 실무회의는 연 3회 이상 소집되며 시 의회와 임기를 같이한다. 한편, 이민 및 난민문제를 다루는 자문단은 토론토 차별폐지실행계획을 작성하고 이민자 및 난민의 정착 및 발전을 모니터링할 수 있는 방법 제시, 시 선거에 참여하는 방안, 자문 및 상담 프로그램 수립 등의 문제에 대해 자문한다. 이 밖에 다양성과 관련한 활동으로 토론토시청 내에는 모든 종교단체들을 위해서 '기도의 방'(Meditation Room)을 마련해 두었다.

이처럼 토론토시청에서 추구하는 다문화·다양성 정책과 프로그램은 인종을 넘어, 장애인, 인권 등 폭넓고 독창적인 정책과 프로그램을 개발하되, 실무적인 사업은 각 NGO에 재정 지원을 통해 실시한다고 분석할 수 있다.

(2) 키치너-워털루 다문화센터

키치너-워털루(Kitchener-Waterloo)시는 온타리오주 남서쪽에 위치한 도시이며, 1912년부터 1916년까지 베를린시로 불렸다. 현재 인구는 약 21만 4천 명인데, 키치너와 워털루시는 각기 다른 시정부를 두지만 쌍둥이 도시로 불린다. 키치너-워털루 다문화센터(KWMC, Kitchener-Waterloo Multicultural Centre)는 지역사회의 다양성을 강화하고 모든 활동에 전 지역민들의 참여를 촉진하고, 다른 기관에서 하지 못하는 대안적 서비스 제공을 위해 설립되었다. 현재 40년간 운영중이며, 다양한 서비스와 프로그램을 새로운 캐나다인 이주민들에게 제공한다. 주요 프로그램은 구직, 통·번역서비스, 정착 지원, 그리고 상담이다. 또한, 복잡한 정부 서류 작성, 영주권 서식 작성

등과 같은 서류 작성도 지원하며 연례 다문화 페스티벌을 개최하기도 한다. 현재까지 9천 명 이상의 이민자들에게 정보 및 서비스 지원했으며 특히 2006년에는 45개 언어로 2백 명의 통역 서비스를 제공하기도 했다.

또한, 3일간 개최된 구직 워크숍에도 30개국 250여 명이 참석하여 이 중 70%가 취업하는 성과를 올렸다. 이 프로그램의 운영을 위해 40명의 영어 강사를 비롯하여 50명 이상의 자원봉사자들이 참여하며, 사무실의 안내 데스크에는 구직을 원하는 봉사자들이 근무할 수 있도록 하여 이들이 취업이 되면 또 다른 희망자를 채용하는 방식으로 매우 실질적인 프로그램을 운영한다. 특히, 이들이 센터 사무실에서 일한 경험이 취업 후 근무에 매우 도움이 된다고 한다. 이 밖에 이 다문화센터의 특화된 행사와 프로그램에는 다음과 같은 것이 있다.

- 반인종주의 브로셔 제작대회: 2007년 3월 21일 '세계인종차별폐지의 날'을 맞이하여 6학년 학생들을 대상으로 개최, 반인종주의에 대한 홍보를 했다.
- 정착상담 서비스: 보다 더 효과적인 서비스를 위해 교육단체, 대학, 카운슬링, 종교 단체 등 학교, 병원, YMCA, NGO와 연계하여 일하며 보다 더 심도 있는 상담을 요하는 사람의 경우에는 '키치너-워털루 상담센터'로 이관하여 좀더 집중적 치료와 상담을 받을 수 있게 한다.
- 난민보호 서비스: 최근 워털루지역에 코소보 난민이 대량 유입됨에 따라 이 센터가 이들이 언어나 문화적인 차이를 극복할 수 있도록 많은 실질적인 도움을 주었는데, 이들 난민에게 지역사회에 대한 소개를 담은 리플렛을 제작하여 주고 어린이와 청소년 그리고 성인들에게 별도의 이틀간의 워크숍을 개최하여 준 것이 그 예라고 할 수 있다.

- 국제 의료진 프로젝트: 캐나다로 이민 오는 의사들이 캐나다 의사 면허를 취득할 수 있도록 정보와 면허 시험에 대한 안내를 하는 특별 서비스이며 이는 온타리오 지역의 의사 부족으로 인해 마련된 서비스이다.
- 기타 서비스: 정착지원, 구직 서비스, 영어 개인교습, 통역부, 지역사회구호활동, 영주권 취득 지원 서비스 등이 있다.

특히 활성화되어 있는 서비스는 정착상담이며 이곳의 임무는 모든 이주민들로 하여금 참여, 교육 그리고 발전의 기회를 부여하고 이들의 요구에 섬세하게 대처하는 것이다. 이 상담과정은 양방의 노력으로 장기적으로 이루어져야 하며 초기정착전략과 장기적 전략을 세워 운영한다. 이주민들은 정착초기에는 주거마련, 구직 등의 문제에 대해 집중하다가 이들이 점차 사회에 적응하게 되면서 고용인, 납세자, 그리고 소비자 등으로 활용할 수 있는 단계에 이른다. 이때 이민 가족의 문제해결이나 고민 등을 좀더 장기적 안목으로 지원해준다. 또한 이 정착상담을 통해 이민자들의 가족의 캐나다 초청 문제, 3세 이하 어린이를 위한 탁아 시설 안내, 캐나다 이민 후 겪은 정신적 충격 등의 개인적인 상담, 투자금 확대, 영어능력 개선, 이력서 작성 및 구직기술 등에 대한 안내 등도 상담 프로그램에 포함된다.

또한 이 다문화센터에서는 캐나다 이주 5년 이내의 사람들을 대상으로 한 구직 워크숍을 개최한다. 이 워크숍에서는 기본적인 구직 용어, 구직 가능 직업에 대한 안내, 노동 시장 상황, 개인 적성에 맞는 구직 방법, 고용주와 효과적으로 대화하는 방법을 비롯하여 이력서 작성하기, 모의 인터뷰 등의 실질적 내용을 중심으로 2주일에 1번 오전 9시에서 오후 4시까지 3일 간 이루어진다. 영어 개인 교습 프로그램도 매우 중요한 프로그램 중 하나인데, 단체 영어 수업을

들을 수 없는 이민자 자녀들과 직장인, 장애인을 위해 지역의 자원봉사자들이 제공하는 개인 교습을 받을 수 있다. 개인 교사와 학생은 적어도 1주일에 1번, 1회 2시간 수업을 적어도 4개월간 진행하게 된다. 현재 50개의 팀이 운영중이며 자원봉사자의 부족으로 신청 후 4~5주가량 대기해야 한다. 통역부에서는 서면 번역 및 통역 서비스를 유료로 이용할 수 있게 했다. '키치너-워털루 통번역 서비스'(K-W Language Interpretation Service)는 온타리오시민 및 이민부에서 재정지원을 하는 KWMC의 비영리 조직이다. 52개 국어를 구사하는 2백 명가량의 훈련된 통역사들이 있으며, 만일 필요한 언어가 없을 때에는 최선을 다해 해당 외국어 통역사를 지원하기 위해 노력한다.

2. 호주

1) 호주의 다문화정책

호주는 대표적 다문화국가로 외국인의 대규모 이주는 세계 제2차 대전 이후 시작되어 오늘에 이르고 있다. 이주 초기에는 주로 영국을 비롯한 유럽 국가들의 이주민이 대다수였으나 백호주의가 폐지된 이후에는 아시아 및 아프리카지역에서도 이주민이 유입되었다. 호주의 이주민은 약 2백여 개국에서 유입되었을 만큼 출신국가도 다양하고 전체 국민의 4분의 1이상이 외국에서 태어난 사람들로 구성되어 있는 다문화국가이다.

호주가 이러한 다문화사회를 표방한 것은 1978년 백호주의의 폐기와 함께 공식적으로 '다민족·다문화사회'를 표명하면서부터라고 해도 과언이 아니다. 이민을 온 영국계 백인 주류사회와 토착 원주민 간의 극심한 갈등·수탈의 관계를 경험한 호주에서는 이러한 갈등을 극복하고 세계 각국의 이민자들을 적극적으로 유치하기 위하여 다문화주의를 채택했다(설동훈, 2005: 5). 호주 정부의 다문화주의 정책은 다음의 4가지 원칙에 근거한다(DIMA, 2006).

① 모든 국민의 책임(*Responsibilities of All*): 모든 국민은 자유와 정의를 구현하기 위한 사회기조를 유지해야 할 책임이 있음.
② 각 개인에 대한 존중(*Respect for Each Person*): 법에 의해 모든 국민은 표현과 믿음의 자유가 있고 상대방의 이러한 자유를 존중해줄 의무가 있음.
③ 각 개인에 대한 공평성(*Fairness for Each Person*): 모든 국민은 인종·문화·종교·언어·교육·성·출생지와 상관없이 동등하게 취급되고 공평한 기회를 가질 권리가 있음.
④ 모든 국민에 대한 혜택(*Benefits for All*): 모든 국민은 인구구성의 다양성에서 오는 사회적·문화적·경제적 생산성의 혜택을 고루 누릴 수 있음.

이러한 4가지 원칙을 바탕으로 중앙정부는 '이민 및 다문화부'를 설치·운영하며, 정규교육과정에서 인종차별 금지, 관공서에 상주하는 '소수민족연락관' 제도 도입 등 각종 제도를 마련하여 다인종·다문화 사회를 유지하고 장려하기 위해 노력한다. 호주 정부는 이민 및 다문화부를 중심으로 다문화를 호주의 가장 중요한 자산으로 인식한다. 이 부서는 1945년 설립되어 '이민자·난민의 입국과 정착의 효율적인 운영을 통한 호주의 강화'를 목표로 한다. 이 부처는 설립 이래 인도주의 난민기구를 통해 들어온 66만 명을 포함하여 200여 개국에서 유입된 약 650만 명의 이주민들의 유입과 정착을 지원했다.

이 부서는 호주 전국적으로 약 6천여 명의 직원으로 이루어져 있으며, 연간 예산은 12억 달러가량 된다. 특히, 호주의 다문화적인 요소를 '생산적 다양성'(*Productive Diversity*)로 인식하는데, 이는 이민자들의 다양한 언어 및 문화적 지식을 활용하고 다양한 배경을 가진 이민자들의 재능, 기술, 그리고 경험을 백분 활용할 수 있다는 실용적 인식에서 비롯되었다. 따라서 생산적 다양성은 단순히 '다름'을 인정하는 차원에서 나아가 모든 사람들이 존엄성을 가지고 취급되고 새로운 아이디어와 관점, 재능과 기술이 실제적인 호주의 자산이 될 수 있다는 것을 의미한다.

이 부서의 대표적 사업으로는 매년 3월 21일 개최하는 '하모니데이'(Harmony Day)가 있다. 이 '하모니데이'는 1999년 시작하여 호주의 다문화사회를 자축하고 공통된 가치관으로 통합하기 위해 열린다. 이날은 전국적으로 각종 스포츠, 예술 공연 등을 개최하고 학교에서도 다문화를 주제로 다양한 프로그램을 진행한다. 홈페이지에서는 교사들과 학생들을 위한 다양하고도 창의적인 프로그램을 상세히 소개한다(http://www.harmony.gov.au).

2006년 하모니데이 학교 특별 행사

- 거주지역의 문화 집단을 발굴하고 지역발전을 위하여 이들이 공헌한 바 소사하기
- 호주에 사는 사람들의 다양한 출신국가의 휴일이나 축제를 기입한 달력 만들기
- 자신의 학교에서 영어 외에 학생들이 구사하는 언어 조사하기
- '하모니', '다문화' 또는 '지역사회'를 주제로 글짓기 대회 개최
- 호주의 이민 역사 조사하기
- 특정 문화나 국가가 호주의 다양성에 기여한 역사 조사하기
- 학교 교실에서 다양한 이민국가의 국기를 제작하고 전시
- 과학, 기술, 또는 통신이 어떻게 호주의 다양성에 기여했는지 조사하기
- '다문화 스포츠의 날' 개최

이 부처에서는 캐나다 토론토시에서와 같이 호주 내 다문화 프로젝트를 위한 제안서를 공모하여 프로젝트를 지원한다. 이 프로그램의 목적은 다문화사회인 호주의 사회통합에 기여하고 전 국민이 참여하여 소속감을 가질 수 있으며 성공적인 다문화사회를 축제화하기 위한 여러 가지 이니셔티브를 지원하기 위함이다. 지원받을 수 있는 프로그램에는 연방정부 지역커뮤니티 프로젝트, 국가 및 지역의 전략적 문제해결을 위한 통합적 파트너십, 하모니데이 등을 포함한 전국가적 행사 개최 등의 홍보전략, 위기나 긴급상황 시 임시 긴급 지원 등이 포함된다. 이를 위해 연간 80만 달러(2006년)를 4년에 걸쳐 지원한다. 지원 액수는 프로젝트 규모에 따라 다르지만 프로젝트 당 연간 5만~15만 달러 정도를 지원한다. 선정 기준은 기구의 신뢰성, 실현 가능한 프로젝트, 장기 프로젝트(1~3년간 실행 가능), 실질적 예산, 운영 능력 및 재무 관리 능력 등이다. 특히, 프로젝트가 국가적 이슈를 다룰 것, 호주의 다문화 가치를 추구할 것, 지속적인 결과물을 생산할 것 등이 주요 선정 기준이다.

2) 멜버른시

멜버른(Melbourne)시는 호주 안에서도 외국인 인구의 비율이 상당히 높은 도시이다. 인구의 38%가 해외 이민자이며, 전체 인구의 30%가 비영어권 국가 출신으로, 멜버른시는 호주 다문화 도시의 대표적인 사례라 할 수 있다. 전체 시민의 10%이상이 집에서 영어 이외의 언어를 사용하며, 100여 개의 종교시설 및 행사를 도시 곳곳에서 찾아볼 수 있다. 따라서 도시의 다문화적 요소를 강조하고 화합하여 살아가는 데에서 시정부의 역할에 큰 관심을 보여 왔다. 2005년 멜버른 시정부는 〈기회의 도시: 멜버른시의 다문화 전략 보고서, 2005~2009〉(*A City of Opportunity: A Multicultural Strategy Document for the City of Melbourne*, 2005~2009)를 발표하고, 이를 통해 멜버른시의 다문화주의 정책을 재확인하고 그 방향성을 제시하며 각종 지원 프로그램에 대한 지침을 제공하였다(City of Melbourne, 2005). 5년간 멜버른시의 다문화 전략을 표명한 이 선언은 예산지원, 다문화지원센터, 언어 서비스, 다문화위원회, 종교의 다양성 지원, 사회 포용정책 등의 구체적 실행계획을 포함한다.

이러한 노력은 다음의 4대 원칙에서 더욱 분명하게 드러난다.

① 참여(*Participation*): 시 정부와 시민, 방문객, 유학생, 노동자들이 그들의 문화·종교·언어적인 배경과 관계없이 시의 다문화주의에 참여할 수 있도록 한다. 많은 사람들이 멜버른의 문화적 다양성을 체험할 수 있도록 관광안내센터에서의 홍보활동, 비이민자인 유학생의 정착과 문화행사 참여지원, 다문화주의에 대한 의견수렴 절차 강화 등을 주요 내용으로 한다.

② 축제(*Celebration*): 다양한 문화·종교 활동 등을 지원, 축제화하며 시에서 일어나는 주요 종교·문화·인종적 행사를 망라하는 달력 제작, 다문화행사에 참여하는 인구를 조사하여 향후 활동을 지원하고 홍보대책 강구, 중앙정부와의 협조를 통해 인종차별주의에 반대하고 문화행사의 다양성을 인정하는 행사 준비 등이 핵심내용이다.

③ 지원(*Support*): 각기 다른 문화권의 사람들이 행정·편의·문화적 서비스에 접근하기 용이하도록 지원한다. 또한 다문화 자원봉사자들을 양성하고 새로 생겨나는 외국인마을이나 공동체를 지원할 수 있는 조직의 신속한 구성 등을 행동목표로 한다.

④ 주도(*Leadership*): 시 정부가 주도적으로 다문화주의에 반하는 문제를 해결하고 새로운 정책적 프로그램을 가장 하위단위의 행정까지 확대하도록 주도적 역할을 수행한다. 이를 위해 '하모니데이'와 '문화적 다양성 주간'(Cultural Diversity Week)을 통해 시의 이러한 주도적 역할을 홍보하고 적절한 기관을 선정하여

각 외국인마을이나 공동체를 알리고 그 안에서 문화적 행사를 주도적으로 추진할 수 있게 함을 표방한다.

실제로 2005년 1년 동안 멜버른시는 42개의 다문화행사에 시의 예산을 지원하고 홍보에 적극적으로 나섰다(City of Melbourne, 2006). 이 외에도 멜버른시 정부는 세부 실행계획을 통해 문화적 다양성을 '지키는' 차원을 넘어 '발굴·개발'하고 새로운 지역사회의 생성과 발전을 적극적으로 추진하는 정책을 수립하여 집행하고 있다.

3) 시드니시

시드니(Sydney)시는 인구 약 15만의 작은 도시이지만 시민의 절반가량이 외국에서 태어났으며, 시민의 30% 이상이 영어 외의 언어를 구사하는 대표적인 다문화 도시이다. 영어 외에 가장 많이 구사되는 언어는 중국어, 인도네시아어, 그리스어, 그리고 러시아어이다. 시드니시에서는 다문화 서비스 및 프로그램을 위해 '다문화 서비스부'가 운영되다. 이 부서에서는 시드니시의 다양성과 역동성을 촉진하기 위해 다양한 다문화 프로그램을 실시한다.

주요 서비스 및 프로그램에는 '하모니데이'및 다문화 투어, 다문화 토론 및 워크숍 등을 주최하고, 중국어, 프랑스어, 독어, 인도네시아어, 러시아어, 한국어 등 다양한 배경을 가진 사람들을 위한 언어 자료를 제공한다. 다문화 도서관의 운영을 통해 자국어 도서, 음성 도서, 잡지, 악보, CD, DVD 등을 대여한다. 특히, 고령자들을 위해 무료 가정방문 도서대출 서비스를 지원하는 등 섬세한 서비스를 제공한다. 또한 다문화 서비스 디렉토리를 중국어, 태국어, 러시아어, 인도네시아어, 그리스어, 아랍어, 스페인어, 베트남어와 영어 등 10개 언어로 제작하여 정부 및 비정부기구에서 지원되는 커뮤니티 서비스에 대해 포괄적으로 안내한다.

시드니시의 문화적 다양성은 호주 전체의 경제적 · 문화적 허브가 되는데 기여한다고 인식된다. 2005년 11월부터 2006년 2월까지 시드니시청의 다문화 서비스부에서는 다양한 다문화 지역사회에 대한 전반적인 상황 파악을 위해 대대적인 다문화 조사를 실시하였다. 이 조사를 통해 의회가 명확성과 목적의식을 가지고 다양한 지역사회와 협력하기 위하여 문화적 다양성 전략을 수립해야 함을 재확인했다. 특히, 가장 규모가 큰 중국어, 그리스어, 러시아어를 중심으로 지역 자문회의를 개최한다.

영어교육은 역시 시드니시에서도 매우 큰 비중을 차지하는 다문화 프로그램 중 하나이다. 시드니시에서는 각 지역에서 이용 가능한 영어회화교실에 대한 안내 전화부를 제작한다. 이 전화부에는 영어기관명, 수준별 수업, 그리고 운영 시간 및 수업료 등이 기록되어 있어, 시민들이 인근의 영어 기관을 찾는데 용이하도록 한다. 이 기관들은 시에서 직접 운영하지 않고 자원봉사자들로 운영되어 무료인 것이 많지만, 소액의 회비를 내야 하는 곳도 있다. 도서관, 교회, 마을 회관 등에서 제공하는 무료교실, 지방정부 및 대학 등에서 지원 또는 운영하는 곳, 직장 영어교실 등이 소개되어 있다. 또한, 어린이와 청소년을 위한 영어교실 및 개인 교습 등 34개 기관도 소개되어 있다.

(1) 시드니 다문화 지역사회 서비스

시드니시의 다문화 지역사회 서비스(SMCS, Sydney Multicultural Community Services)는 언어, 빈곤, 소외, 신체장애 등으로 인해 불편함을 겪는 이들의 어려움을 직접 해결하고 이들의 삶의 질을 향상시키기 위해 설립된 비영리 조직이다. SMCS의 기본정책은 불리한 환경에서 소외당하는 이민자, 난민들이 자신들의 문화정체성을 유지하면서 호주 사회에 참여하고 인정받을 수 있도록 지원하는 것이다. 특히 이 센터는 지원 대상자 한사람, 한사람에게 개인적 서비스를 제공하는 것을 목표로 한다.

이 센터가 제공하는 서비스에는 사회복지서비스, 재정지원, 노인 방문 지원, 정보 지원, 직업 알선 및 교육 등이 있다. 이곳은 이민자들의 복리 후생을 지원하는 사회복지시설과 같은 곳으로 특히 이민 노인들의 복리와 후생을 직접 지원하는 곳이다. 재정은 연방정부의 지원을 받는다. 특히, 연방정부의 '의료 및 노인 서비스부'로부터 재정 지원을 받는 이 프로그램은 양로 시설에 거주하는 비영어권 출신 노인들에게 자원봉사자가 직접 방문해서 서비스를 제공한다. 이 지원 패키지에는 샤워, 옷 입기, 세탁, 장보기, 공과금 납부, 병원 방문 교통 제공 등의 전반적인 복지 서비스를 제공한다. 나아가 노인뿐만 아니라 재정적인 곤란을 겪는 지역민들이 기본 생계유지와 자립을 돕기 위한 구호 프로그램을 실시하는 등 호주의 다문화정책과 프로그램은 다문화에서 한 발짝 더 나아가 복지의 성격을 띤다고 할 수 있다.

이 밖에 사회 정착을 위한 통역서비스, 정보제공 모임 및 워크숍 운영, 무료 영어 수업, 이민 신청 조언 및 지원, 공증인 서비스, 기타 세금 문제 등의 상담서비스 등을 제공한다. 또한, 지역사회카페를 운영하는데 이는 고령 이민자 및 일반 시민들이 다문화 음식을 저렴한 금액으로 즐길 수 있는 휴식 공간이다.

3. 미국

미국의 문화다원주의는 문화·사회·정치·인종 모든 분야에 넓게 영향을 주는 미국을 규정짓는 가장 큰 특징 중의 하나이다. 2005년에는 이민자가 미국 전체 인구에서 차지하는 비율은 12.1%로, 이민자가 미국 전체 인구에서 차지하는 비율이 가장 높았던 지난 1910년의 14.7% 이후 최대 수치이다(Independent Center for Immigration Studies, 2005). 2007년 9월에는 미국으로의 이주민이 31초당 1명씩 늘어나는 것으로 집계되어 9.11 테러 이후에도 미국으로의 이민자가 줄어들지 않았음을 알 수 있다. 미국 내 한국인 이민자수도 총 67만 명을 기록해 전체 이민자 가운데 10위에 올랐다. 최근에는 한국인 이민자들이 대도시를 떠나 남동부나 중서부지역으로 이동하고 있기는 하지만 여전히 캘리포니아와 뉴욕이 27.8%와 20.5%로 월등히 많아 1, 2위를 차지한다.[1)]

2009년 2월에 새로 취임한 오바마 대통령은 과거의 정책기조와는 다른 이민정책과 외국인 정책을 내놓을 것으로 기대된다. 미국 역사상 첫 흑인 대통령의 탄생으로 미국이 보다 성숙한 다문화주의 국가로 발전할지에 대해 미국과 세계의 이목이 집중된다. 비록 오바마 대통령의 당선이 그의 인종적·민족적 특성에 의한 것은 아니어도, 그가 상징하는 다문화적 배경이 그의 정책에 어떻게든 영향을 미칠 것으로 기대된다.

1) 로스앤젤레스시

미국의 다문화 대표도시 중 하나는 단연 캘리포니아(California)주의 로스앤젤레스(LA, Los Angeles)시이다. 2006년 LA시의 인구는 약

---

1) 미국 인구통계조사국 뉴스(*The United States Census Bureau News*), 2007. 9.

398만 명으로 미국에서 뉴욕시 다음으로 인구가 많은 도시였다. LA를 둘러싸는 LA-롱비치(Long Beach) - 산타아나(Santa Ana)를 잇는 지역에는 약 1,300만 명이 거주하고, 5개의 카운티를 포함하는 광역 LA지역(Greater Los Angeles Area)에는 약 1,770만 명이 거주하는 것으로 나타났다.

인종별 인구분포도를 보면 46.9%가 백인, 11.24%가 아프리칸-아메리칸, 10.0%가 아시안계, 0.8%가 미국 원주민, 0.16%가 태평양섬계, 25.9%가 기타, 5.2%가 두 개 이상 인종의 혼혈인 등으로 구성된다. 1980년대 중반부터 LA는 주민의 주류가 미국의 주류인 비히스패닉계 백인이 아닌, 소수민족의 총 숫자가 백인의 수를 넘는 '소수민족 다수자'(*Minority-Majority*) 도시가 되었다(The United States Census Bureau's Census, 2000).

(1) 로스앤젤레스시의 인간관계위원회 방문조사**

LA는 사실 인종 화합의 좋은 표본이라기보다 인종 간 갈등으로 여러 가지 어려움을 겪는 도시이다. 따라서 LA가 실행하는 여러 정책들은 이러한 시행착오를 거치면서 발전된 것이다. LA의 다문화정책의 목표와 비전은 인종 간의 화합이며 주류사회로의 동화는 아니다.

LA시청내의 인간관계위원회(Human Relations Commission)는 다민족을 대상으로 하는 유일한 기구라고 할 수 있다. 그러나 부서 이름에 '다문화'라든가 '다민족' 등은 의도적으로 언급되지 않는다. 그 이유는 인종 간의 문제나 갈등이 사실은 주류사회와의 관계 사이에서

** 2007년 10월 30일이 김은미 교수가 방문하여 면담조사를 하였으며, 패트리샤 빌라쎄뇨〔Patricia Villaseñor, 사회서비스 부국장(*Deputy Director, Field Services*)〕, 게리 드 라 로사〔Gary R. De La Rosa, 교육정책자문관(*Policy Advisor, Education*)〕, 엘리자베스 마르시아스〔Elizabeth Marcias, 시민사회 정책자문관(*Policy Advisor, Civic Engagement*)〕와 면담을 하였다.

일어나기도 하는데, '다민족'의 표현을 쓰게 되면 주류사회의 구성원들은 자신들과 관계가 없는 일이라고 생각하기 때문이다. 따라서 진정한 문제해결을 위해서 부서 이름부터 모든 사람들이 공감할 수 있도록 하였다. 다문화 부서의 이름을 '인간관계위원회'라고 하여 모든 사람들이 자신과 관계가 있다고 생각하도록 하고, 부서의 업무도 '인종 간의 갈등'이라고 하지 않고, '사람들 간의 갈등'이라고 하여 실제 관장하는 업무도 시청의 모든 부서 간의 갈등, 여러 단체 간의 갈등 등 여러 가지 인간관계 문제들을 다룬다.

무엇보다 LA의 토박이 시민과 새로 이민·이주한 사람들 간의 갈등 조정이 이 부서의 주요 업무이다. 특히, 토박이 시민들이 새로 이주한 사람들에게 직장을 뺏기거나 이들을 위해 시 예산이 너무 많이 지원되어서 상대적으로 자신들의 혜택이 줄어든다고 생각하는 것에 대해 적절한 교육과 대처를 하는 것이 중요 업무 중 하나이다. 이 부서를 홍보하기 위한 포스터를 보면 비록 그 부서의 이름에는 다문화가 명기되어 있지는 않지만, 내용상 각종 문화를 대변한다는 것을 알 수 있다(〈그림 7-2〉).

각 주나 도시에서 활발하게 다문화 관련 정책과 프로그램을 운영하는 반면 연방정부 차원에서는 실질적인 다문화 서비스를 제공하지 않는다. 이민 정책, 시민권 정책과 제도, 출입국에 대해서는 연방정부 차원에서 이민과 시민권 서비스(INS, Immigration and Naturalization Services)와 이민과 입국부서(ICE, Immigration and Custom Enforcement)가 업무를 관장한다. 이 부서들은 2001년 9.11테러사태 이후 미국이 자국의 경비를 강화하기 위해 일련의 조처들을 강구하여 국토안보부(Homeland Security)를 발족하면서 그 아래 INS와 ICE를 관리하며, 외국인에 대한 입국, 비자, 이민 등을 더욱 엄격하게 관리한다.

시 단위에서는 인종 및 집단 간의 화합을 도모하며 이민자, 난민, 그리고 인종 간 관계 등을 다룬다. 특히 시에서는 라틴아메리카에

〈그림 7-2〉 로스앤젤레스 다문화 포스터

대한 정책을 많이 펼치는데, 라티아메리카 대사관들이 이에 적극적으로 개입하고 있으며, 주요 업무는 투자와 경제협력이다.

LA시청은 시민대상 프로그램을 직접 운영하지는 않는다. 그 이유는 인력과 예산이 부족하기 때문이기도 하지만, 더욱 중요한 이유는 사업을 직접 하게 되면 여러 집단들 간의 갈등이 발생할 때 객관적인 평가·중재·조정이 불가능하기 때문이다. 또한 서울의 구청에 해당하는 보다 작은 단위의 기관에서는 오히려 지역주민들의 사정을 잘 파악할 수 있지만, 시청에서는 잘 파악할 수 없다는 이유도 있다. 따라서 시청에서는 시민들의 욕구와 현재 구·동 단위로 진행중인 사업에 대해 잘 파악하지 못하기 때문에 직접 사업을 하지 않고, 구·동 사무소와 민간단체, 비영리 단체들과 협력하며 일을 하고 있다. 이 경우도 예산 지원 등을 통한 간접적 방법으로 지원하며 직접적으로 프로그램에 개입하지는 않는다. LA시의 다문화사업의 운영체계는 〈그림 7-3〉에서 정리하였다.

〈그림 7-3〉 LA시청의 다문화 업무 운영체계

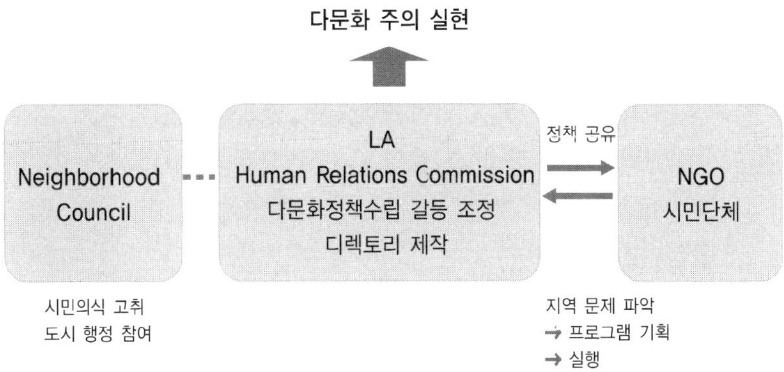

LA시청의 주요 업무는 다음과 같다.

- 중립적 기구로서 여러 기구·기관 간의 갈등 조정
- 시청 내 여러 하위부서에서 시민 대상의 여러 사업을 추진할 때 인종간의 갈등이 발생할 경우 이의 원활한 해결방법에 대한 자체 교육
- 인종갈등 문제해결을 위한 모범사례 수집 및 자문
- 일하는 절차: 지역단체 및 NGO를 통한 지역문제 파악 → 문제해결을 위한 프로그램 기획 → 실행
- 주민자치위원회(Neighborhood Council): 공적인 기관이 아니라 시민들의 시민의식 고취와 도시행정에 참여를 지향하고자 LA에서 시작되었다. 현재 88개 정도가 있으며 각 위원회는 약 2만 명 시민 단위별로 하나씩 조직되어 그들을 대변한다. 시청에서는 각 위원회에 연 5만 달러씩 지원하여 자치적으로 문제를 해결할 수 있도록 장려한다. 시민들의 직접 투표로 위원을 뽑는데 사실 소수민족을 대변하는 사람들이 많이 참여하지 않는 등 문제점도 있다. 그러므로 시청의 입장에서는 투자에 비해 결과가 아직 좋다고 할 수는 없다.

앞서 살펴본 대로 LA에서는 지역사회에 기반을 둔 비영리기구 또는 시민단체와 협력을 활성화하고 있다. 인간관계위원회는 시민사회의 참여(*civic engagement*)가 주목표이다. 따라서 시청이 직접 사업을 한다기보다는 시·구·동 단위에서 일하는 단체들과 협력하고, 궁극적으로 시민의식의 함양에 그 운영 목표를 둔다.

2) 콜럼버스시

(1) 콜럼버스시의 다문화정책 및 지역사회위원회 방문조사***

오하이오(Ohio)주 콜럼버스(Columbus)시는 지난 1990년대 중반 이후 다양한 민족들이 이주하면서 민족적 다양성이 급증한 도시 중 하나이다. 이주민들은 1차 아시아계, 2차 남미계, 그리고 3차 소말리아계 등으로 단계적으로 유입되었는데, 특히 5~6년 전부터는 소말리아 난민이 급증하였다. 콜럼버스시는 1996년 내시빌(Nashville)에서 이름이 바뀌었으며 다양하고 적극적인 이민정책으로 미국 내에서 이민오고 싶은 곳으로 인식되기 시작했다. 특히, 이 도시에서는 외국인의 증가가 가져온 긍정적 영향을 파악하고 문화의 동화가 아닌 '통합'을 추구하고자 노력한다. 최근 언어소통 문제로 외국인이 희생된 사건을 계기로 공무원들의 이중언어 사용하기와 다문화 이해, 그리고 태도변화에 역점을 두고 있다.

콜럼버스시에서 다문화 관련업무를 하는 지역사회위원회(CRC, Community Relations Commission)는 1990년에 설립되었다. 이 부서의 정책목표는 다양한 문화를 보다 더 잘 수용할 수 있도록 교육적·사회

*** 김은미 교수가 2007년 6월 25일과 8월 8일 방문하였으며, 나폴레온 벨〔Napoleon Bell, 지역사회위원회 부국장(*Deputy Director*, Community Relations Commission)〕, 파라 벨라스케즈(Farah Velasquez)와 한국계 미국인인 변씨 등을 면담하였다.

적 활동을 강화하고 촉진시키는 것이다. 그리고 증가하는 이민과 난민에게 필요한 실제적인 생활 편의를 다문화주의에 입각하여 제공함으로써 이주민들이 스스로 적응하게 하고 도시 전체를 글로벌지역으로 전환하는 것이다. 이러한 목표를 수행하기 위해 콜럼버스시와 그 하위 자치단체들 및 지역사회와 공동으로 노력하고 있다.

(2) 새 미국인 정착제도

이주민의 정착 지원을 위한 '새 미국인 정착제도'(New American Initiative)는 콜럼버스시에 사는 모든 이민자와 난민들이 자신들의 삶을 개선시킬 수 있도록 시의 서비스나 프로그램을 이용할 수 있도록 하는 것이다. 이를 통해 모든 난민과 이민자들이 생산적이고 적극적인 시민이 될 수 있는 평등한 기회를 주고자 한 것이다. 증가하는 미국의 외국인 인구가 문화의 다양성에 기여함과 동시에 도시의 경제적 성장과 개발을 강화시켜야 한다는 것이다. 따라서 외국인들의 원활하고 무리 없는 적응과 사회 화합을 위한 자원 분배에 대한 포괄적 전략의 수립을 요한다. 이 제도는 언어교육, 주거, 의료 그리고 구직 문제 등을 다루며, 외국인 대표들로 구성된 새 미국인 자문위원회(New American Advisory Committee to the Mayor)라는 시장 직속의 자문단을 둔다.

콜럼버스시에서는 특히 다문화교육에 중점을 두는데 지역사회 중재 팀(CIT, Community Intervention Team)을 두고 5~6명의 지역 지도자 및 시의 담당부서가 참여하여 지역사회문제 해결을 위해 정기적 모임을 갖는다. 또한, 경찰서, 소방서 등의 공공기관과 연계하여 시민과 이주민이 함께 참여하는 기초 훈련 및 역할 놀이 등을 실시하여 큰 호응을 받았다. 각종 미디어, 특히 정부 텔레비전 채널을 통한 다문화교육 프로그램을 방영하는 것도 콜럼버스시의 중요한 다문화사업 중 하나이다.

4. 일 본

1) 일본의 다문화정책

일본도 최근 한국처럼 급속하게 다출신국·다인종 사회가 되고 있다. '다국적·다민족·다문화화'란 일본 땅에 사는 사람들의 구성이 국적·민족·문화 면에서 다양화되는 현상을 말한다(한영혜, 2006). 2004년 말 일본의 외국인 등록자 수는 197만 3천 명으로 총 인구의 약 1.55%이었는데 이는 10년 전인 1994년 말에 비해 45.8%나 증가한 수치이다. 외국인들의 출신 국가도 다양해져 2004년 외국인 등록자의 국적 수는 188개에 달한다. 1980년대에는 재일 한국인이 일본 내 전체 외국인의 85%정도를 차지해 일본 내 외국인의 절대 다수였으나 2004년에는 30.8%로 현저히 감소했다.

일본 내 체류 외국인은 1970년대 말부터 유입된 인도차이나 난민 및 유학생, 일본인의 외국인 배우자, 영주자의 배우자 등으로 인해 대폭 증가하였다(한영혜, 2006). 또, 1980년대 이후에는 주로 아시아, 남미권으로부터 다양한 층의 외국인들이 일본에 들어왔는데, 이들은 세계 2차대전 이전부터 일본에 살고 있는 구식민지 출신 외국인들과 구분되어 '뉴커머'(*New Comer*)라 일컬어지기도 한다.

일본의 다국적·다민족·다문화화 현상은 과거의 동화주의에 기초한 국민통합과는 다른 새로운 사회통합이라는 과제를 제시한다. 그러나 이와 관련해서 국가가 주도적으로 정책을 선도하기보다는 오히려 지방자치단체와 시민사회가 적극적으로 구체적 정책과 실천을 만들며 국가 차원의 정책 제시와 적극적인 대응을 촉구했다.

일본의 다문화센터를 일본의 수도이며 가장 대표적 지역인 도쿄와 재일한국인 및 외국인이 집중되어 있는 가나가와현 가와사키시를 중심으로 살펴보았다. 도쿄에서는 도쿄도청이 시청 역할을 겸하므로 도청의 다문화정책과 프로그램에 대해 살펴보겠다. 그리고 더불어 도쿄도청이 위치한 같은 신주쿠구 내에 있는 다문화프라자를 살펴봄으로써 도쿄가 어떻게 다문화정책을 실제로 시행하는지 살펴보겠다.

2) 도쿄 및 가와사키시의 다문화센터 방문조사****

(1) 도쿄도청의 다문화정책

우리가 흔히 말하는 도쿄는 도쿄도로서 2005년 10월 1일 현재 인구는 약 1,254.4만 명으로 일본 전국 총인구의 약 10%를 차지한다(Tokyo Metropolitan Government, 2005). 도쿄도의 총 외국인 등록자수는 2005년 현재 364,653명이다. 도쿄에 거주하는 외국인의 국적은 중국, 한국, 북한, 필리핀, 미국, 영국, 태국, 브라질, 인도, 말레이시아, 그리고 프랑스 등으로 매우 다양하다. 외국인 커뮤니티의 영향으로 다양한 외국 문화의 영향을 받는 도쿄는 단순히 일본의 한 도시가 아니고, 축소된 세계무대의 모습을 보여준다.

도쿄도청의 생활문화국 홍보홍청부의 도민의 소리과에서는 '외국인 상담실'을 운영한다. 이 부서는 이미 20년 전에 설립되었으며, 도쿄 내 23개 구의 다문화정책을 관장하기는 하지만, 이들의 우위에서 정책의 지시를 하지 않는다. 이 외국인상담실은 설립당시에는 체류외국인을 위한 부서가 아니라 관광객 등 모든 외국인들의 편의를 돕기 위해 설립되었다. 그러나 현재는 관광객을 위한 관광안내센터가 지하 1층에 별도로 있으며, 이곳에서는 주로 장기간 체류하는, 또는 장기간 체류의 목적을 가진 외국인들의 업무를 수행한다.

**** 조혜림이 도쿄도청 '도민의 소리과'를 2007년 10월 26일 방문하여 미츠요 슈가〔Mitsuyo Suga, 생활문화국 전문상담원 외국인상담 담당(영어)〕를 면담 조사하였다.

〈표 7-1〉 도쿄도청 언어별 외국인 상담실 운영표

상담언어	상담일	전화번호
영어	월요일~금요일	03) 5320-7744
중국어	매주 화·금요일	03) 5320-7766
한국어	매주 수요일	03) 5320-7700

상담내용은 ① 일상생활 문제 및 긴급상황 시 연락방법, ② 일본의 관습·문화·사회제도에 관한 것, ③ 교통사고로 인한 손해배상 보험 청구, ④ 가족 및 자녀의 문제에 이르기까지 폭넓다. 상담은 주로 전화로 하지만, 사전에 전화 예약을 하면 상담실에 찾아가서 상담을 받을 수 있다. 모든 상담은 무료이며, 다음은 상담 시간표이다(〈표 7-1〉).

외국인 상담실에는 각 언어별 상담원들이 5명 정도씩 근무하며, 이들은 다른 일본 내의 상담원이나 일본어 강사처럼 자원봉사자가 아닌 비상근 근무자라고 한다. 상담 시 내용은 철저히 비밀을 유지하나, 간혹 법률적 문제가 있을 시에는 전문가에게 별도로 의뢰한다. 또한, 만일 도청이 아닌 구 단위의 다문화센터에서 더욱 잘 해결되거나 도움을 받을 수 있는 문제라면 구에 도움을 청하기도 한다.

한편, 도쿄도청에서는 다문화센터를 직접 운영하지 않지만, 1년에 1번, 23개 구청의 다문화 담당자들을 모아 워크숍을 개최한다. 이 워크숍에서도 역시 도쿄도청이 조직상 우위에서 구청에게 지시하는 운영체계가 아닌 동등한 자격으로 참가하여 문제를 공유한다. 필요한 경우, 이민 등의 문제에 관한 법률자문 등도 참여한다(〈그림 7-4〉). 그러나 문제점으로는 아직도 외국인들에게 이 서비스의 홍보가 부족한 탓에 이용하는 사람의 숫자가 그리 많지 않다는 것이다. 따라서 도쿄도청에서는 좀더 홍보에 주력할 계획이다. 한편, 도쿄도청의 홈페이지는 영어, 중국어 그리고 한글로 되어 있으며 '도쿄의 생활 안내'에

〈그림 7-4〉 도쿄도의 다문화 업무 운영 체계

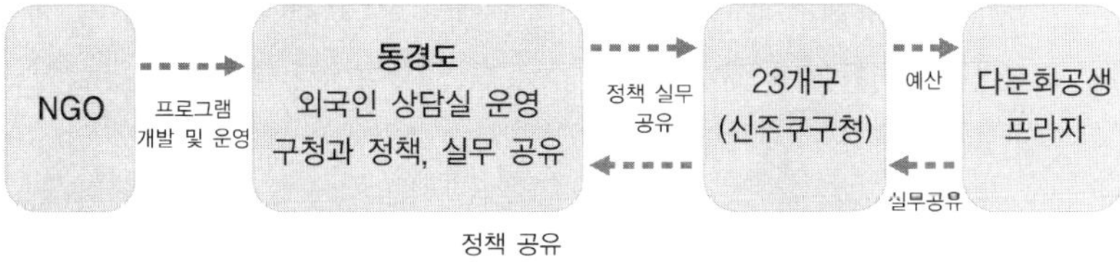

서는 도쿄 생활에 필요한 일반 생활 정보 등을 상세히 소개한다. 이는 생활편의시설, 법률정보, 어린이 및 교육 등에 관한 정보를 담은 체류 외국인을 위한 포괄적인 가이드이다.[2)]

(2) 신주쿠구 다문화공생프라자 방문조사*****

신주쿠구에는 약 30만 명의 인구가 거주하며 이 중 약 10분의 1이 외국인이다. 2005년 신주쿠구의 등록 외국인 수는 약 29,765명으로 도쿄도 23구에서 가장 높은 외국인 거주 비율이다.[3)] 신주쿠구에는 1985년부터 외국인들이 급증하여 1990년대에는 중국인, 한국인, 조선인 등이 유학, 구직, 단기체류, 결혼, 영주권획득 등 다양한 목적으로 체류한다. 신주쿠구에 체류하는 외국인의 특징은 처음에는 1~2년 학생 비자로 입국하였다가 3~5년의 장기 비자로 취업을 하는 외국인들이 증가한다는 것이다. 예를 들어 처음에는 일본어 유학을 목적으로 입국한 학생들이 체류하다 보면 대학교에 입학하게 되고 이어 취업을 하여 장기 체류자가 된다는 것이다.

---

2) http://www.tokyo-icc.jp/guide_eng/consul/index.html.

***** 조혜림이 신주쿠구 다문화공생프라자 2007년 10월 26일 방문하여 후미코 야나기다(Fumiko Yanagida, 신주쿠 다문화공생프라자 다문화부 부장)와 마사오니 사노(Masaoni Sano, 신주쿠 다문화공생프라자 차장)와 김혜선(한국광장 '히로바' 사장비서)을 면담하였다.

3) Tokyo Metropolitan Government, 2005.

특히, 신주쿠에 학생이 많은 이유는 와세다대학 등 명문학교가 많기 때문이다. 와세다대학의 경우에는 다른 일본 내 대학에 비해 유학생이 많은 다문화 대학교이다. 따라서 이러한 외국인 학생들을 위한 어학교가 이 지역에 많이 위치한다. 뿐만 아니라, 교통이 편리하고 외국인 자영업자가 많은 유흥가가 많아 외국학생뿐만 아니라 외국인 사업자들, 그리고 국제결혼으로 일본에 이주해 온 여성들도 많이 거주한다.

실제로 신주쿠구의 다문화공생프라자는 유흥가 한 가운데 위치해 다문화센터로는 적합하지 않은 위치일지도 모른다는 생각이 들었다. 그러나 더욱더 많은 외국인들이 쉽게 접근하고 모일 수 있다는 것이 오히려 장점이 된다고 한다. 서울의 신촌이나 압구정동 같은 곳이라 외국인들이 모이기에 편리하다는 것이다.

국제결혼의 경우, 처음에는 일본에 체류하는 외국 학생들이 일본인과 결혼하는 경우가 많았으나, 요즘은 한국처럼 애초에 국제결혼을 목적으로 입국하는 경우도 많다고 한다. 신주쿠구 거주 외국인은 중국인, 한국인, 태국인, 그리고 필리핀인 등 주로 아시아계들이며, 여성이 남성에 비해 월등히 많다.

'신주쿠 다문화공생프라자'는 이렇게 늘어나는 외국인들 때문에 2005년 9월 1일에 오픈하였다. 이 프라자는 신주쿠구청에서 직접 운영한다. 신주쿠구에서 이 같은 외국인 프라자를 운영하는 목적은 첫째, 외국인과 일본인들의 교류의 장 마련, 둘째, 외국인이 일본에서 체류함에 있어서 가장 기본이 되는 일본어 학습지원, 셋째, 외국인 생활상담, 넷째, 외국인에게 일본 자료제공 등을 위해서이다. 이 외에도 외국인 상담창구, 외국인의 상호교류 기회 증진과 정보제공에 노력하며 NGO를 비롯해 다문화와 관련된 인사들이 모여 의견을 교환을 할 수 있는 '협동 네트워크' 등을 조직하여 적극적인 사업을 하고 있다.

〈표 7-2〉 신주쿠구 다문화공생프라자 이용 현황

이용인원	2005년 9월~2007년 8월말: 총 35,056명 이용 외국인체류자: 17,750명, 일본인: 18,785명 이용 1개월 평균: 1,470명
이용 국가 수	2년간 102개 국가와 지역 외국인 이용 1개월 평균: 34개국
외국인상담	2년간 1,129건, 1개월 평균: 47건 상담내용: 일본어교실 문의, 체류자격, 생활상담, 결혼, 이혼, 학교, 보육, 부상, 채용 문제 등
다목적 공간	1개월 평균: 50건 일본어교실, 각종 강좌 및 이벤트 장소로 활용 각국 문화와 생활을 소개하고 국제 이해 강좌도 수시 개최

이 다문화공생프라자에는 일본인과 외국인이 상호교류하고 서로의 문화와 생활에 대한 이해를 돕는 장소이다. 서로 다른 문화를 가진 여러 사람이 지역사회에서 서로를 인정하며 원활하게 생활하는데 도움이 되는 각종 강좌와 행사가 개최되며, 생활 정보와 지역정보도 제공한다. 특히, 매달 두 번째 금요일 저녁에는 '국제교류모임'을 개최하여 외국인과 친구가 되고 싶거나 일본어로 이야기하고 싶은 외국인 등 내국인과 외국인이 함께 모여 친교를 나누는 장을 마련하는 것이 이색적이다. 이 모임에는 평균적으로 약 30여 명이 모여 친교를 나누는 데 참가비는 200엔으로 매우 저렴하다.

또한, 이곳에서는 '신주쿠구 외국어교실'을 운영하는데 대상은 신주쿠구 내 거주하면서 취업이나 취학 상태인 성인이다. 신주쿠구 내에는 구청에서 운영하는 이러한 일본어 초급 외국어교실이 7군데나 있다. 강의 횟수는 요일에 따라 1~2회 개설되며, 일본인 자원봉사자들이 가르친다. 수강료는 매주 2회 6개월 강좌가 약 6천 엔 정도이다.

이 일본어교실의 주축이 되는 것은 60명에 이르는 자원봉사자들이다. 이 자원봉사자들은 자발적 자원봉사자 그룹인 'SNN', 즉 신주쿠 일본어 네트워크를 형성하는데 이들은 외국에서 생활한 경험이 있는 중장년층이 대부분으로 구청에서 지원하는 500엔 정도의 교통비만 지급받고 활동한다. 이곳에서 근무하는 자원봉사자 한 분은 20대부터 생업과 함께 일본어 교사를 자원봉사하기 시작하여 퇴직 후에도 계속함으로서 이제 자원봉사가 하나의 '경력'이 되었다고 한다. 한편, 그룹 레슨 외에도 일본어를 배우고자 신청하면 자원봉사자들이 시간을 별도로 배정하여 1 대 1 개인 학습도 제공한다.

한편, 외국인 상담 및 통번역 서비스도 이 센터의 중요한 기능중 하나이다. 상담은 도쿄도청처럼 언어별로 시간표를 정해 실시한다. 복잡한 법률상담을 위해서는 출입국관리소에서 퇴직한 2명이 비상근으로 비자상담 업무를 봉사하고 있으므로 자원봉사자들의 역할이 매우 큰 비중을 차지함을 짐작할 수 있다. 방문한 날 이 프라자 직원들과의 통역을 지원한 김혜선 씨 또한 대학졸업 후 일본에 왔다가 한국회사에 취업하게 되어 장기 체류하게 되었으며 1주일에 2번은 이 센터에 나와 한국관계 업무를 지원한다고 했다. '히로바'라는 한국무역회사에 근무하는 김혜선 씨는 자신이 근무하는 회사 사장의 비서로서 한국인 사장이 한국기업 네트워크에 가입하여 활동하는 등 모국을 위한 활동을 지원하는데, 그 일환으로 자신을 1주일에 2번 이곳으로 파견, 근무하게 한다고 한다.

또한, 이곳에서 볼 수 있는 가장 눈에 띄는 것은 다양한 자료의 구비라고 할 수 있다. 각 언어별로 지진이나 긴급 시 대피 요령, 복지, 취업, 세금, 의료와 보험, 출산, 육아, 교육 등의 주제로 쉽고도 상세히 준비되어 있어 자료 접근이 매우 용이하게 되어 있으며, 무료 컴퓨터 시설이용, 자국 서적 등을 구비한 자료실 운영, 그리고 요일별 상담실도 활발하게 운영되었다. 특히 인상적인 것은 바쁜 가운데에서도 친절하게 센터에 대해 안내를 해준 마사오니 사노(Masaoni

Sano) 차장 및 통역을 도와준 이 센터 자원봉사자 김혜선(한국광장 '히로바' 사장비서)이었다. 이들은 한국에서 일본에 가기 전에 이미 이메일로 약속하여 친절하게 면담에 응했다. 더욱 놀라웠던 점은 이들을 누구의 도움도 없이 그저 가와사키시의 홈페이지에서 이름을 찾아서 이메일로 연락을 했다는 점이다. 과연 한국의 다문화 관련 프로그램에서도 이렇게 외국인 연구자에 대해 친절하게 이메일 하나로 면담에 응해주고, 통역자까지도 준비해줄 수 있을지 의구심이 들었다. 다문화센터가 진정으로 외국인에 대한 서비스를 하려고 하면 이와 같이 열린 자세로 받아줄 수 있어야 할 것이다.

이 밖에도 다양한 다문화 특별 이벤트가 개최되는데, 신주쿠 키즈(*Kids*)대회(2007. 8), 일본요리대회(2007. 6), 일본어스피치콘테스트 '샤베리온 2000'(2007. 6), 2007 국제교류구민의 모임(2007. 2), 신주쿠다문화방재훈련(2006. 11) 등이 그 예이다.

(3) 가와사키시청 및 다가츠시민관 방문조사******

가와사키시(川崎市)는 도쿄도의 남쪽에 위치하며, 2006년 인구는 약 134만 명으로 이 가운데 외국인이 28,775명으로 전체 인구의 약 2.14%를 차지한다. 이는 일본 전체의 외국인 거주 비율이 1.6%인 것에 비해 평균보다 높은 비중이다. 이렇게 외국인 인구가 많은 데에는 지리학적 이유가 크다. 가와사키시는 해안에 접하고 있어 일찍이 공장지대가 번창했기 때문에 많은 노동력을 필요했다. 이로

****** 조혜림이 2007년 10월 25일 가와사키시청을 방문하여 노리코 노모토(Noriko Nomoto, 가와사키시 교류추진과장, 총무국 총무부), 타카무라 켄지(Takamura Kenji, 가와사키시시민국 인권, 남녀공동참여실, 외국인시민시책담당), 요시오 코야마(Yoshio Koyama, 가와사키시 총무국 총무부교류추진과 과장보좌), 이향진(가와사키시 총무국 총무부 교류추진과)와 면담하였다.

인해 일본 내 각지뿐만 아니라 한국 등의 외국인 노동력이 1930년대 말부터 유입되기 시작했다. 이들 중 일부가 제2차 세계대전 후에 고향으로 돌아가지 못해 잔류하게 되기도 했다. 특히, 한국인이 많은 이유는 일본에 정착하게 된 한국인들이 고향의 가족들을 불러들여 같이 모여 살기 시작하였기 때문이라고 한다. 최근에는 이곳에는 IT 산업이 활성화되면서 인도에서 유입되는 인구가 급증하기 시작하였다.

가와사키시의 앞선 다문화정책은 일찍이 외국인이 유입하게 된 배경으로부터 비롯된다. 특히, 시 차원에서 포괄적인 다문화정책을 시행하게 된 이유는 제2차 세계대전 이전부터 일본에서 살았거나 이들의 자손들로 총칭되는 올드커머(*old comer*)와 그 이후에 국제결혼, 취업 등으로 일본에 유입한 뉴커머(*new comer*)들의 고민이 달랐기 때문이다. 올드커머들은 대부분 일본에서 태어났기 때문에 일본어 소통에는 문제가 없는 반면 지방참정권을 보장받지 못해 시정에 불만이 있었다. 이에 비해, 뉴커머들의 가장 큰 고민거리는 역시 언어이다. 특히, 일본 남자와 결혼한 결혼이주여성들의 경우에 언어가 충분히 소통되지 못해 자녀교육에까지 문제가 미친다고 한다.

가와사키시에서는 '다문화공생사회추진지침'을 만들어 다문화정책, 서비스 및 프로그램을 운영하며, 이를 바탕으로 7개 구에서 다문화 프로그램을 실질적으로 운영하고 있다. 다음은 이 지침의 주요 내용이다.

① 행정서비스

가와사키시에서는 외국인들이 살아가는 데에 불편을 최소화하기 위해 외국인 체류자를 포함한 전 시민들을 상대로 설문조사를 주기적으로 실시한다. 가와사키시가 총무부 안에 국제교류추진과를 설치하여 다문화 관련 업무를 관장하기는 하지만, 가와사키시청의 모든 부서가 외국인 관련 업무를 국내인과 똑같이 취급한다. 즉, 외국인을 위한 부서를 따로 설치하지 않았다는 것이다. 예를 들어 외국인 연금 문제라면 시청의 연금 관련 부서에서 처리하고 있다.

② 교 육

가와사키시에서는 외국인 자녀의 교육문제를 위해 '종합교육센터'를 운영한다. 특히, 일본어가 서툴러 학교에 입학하여 학교에 적응하기 힘든 외국인 자녀들을 위해 100% 시 예산으로 지원하는 어린이 언어 학습 프로그램을 시행한다. 이 서비스는 1년간 주 2회씩 통역자와 함께 1 대 1 수업을 받을 수 있도록 하는 서비스인데, 일본어뿐만 아니라 학교수업, 교우관계 등의 상담을 겸한다. 최근에는 외국인 자녀의 숫자가 증가하면서 이 서비스 수요자가 늘어남에 따라 1년에서 8개월로 축소 지원하고 있다. 또 외국인 부모를 다문화 수업에 적극 활용한다. 즉, 학교에서 중국, 인도네시아, 인도 등의 외국인 부모를 초청하여 그 나라 문화를 이해하는 교류의 장을 마련한다. 이 정책은 가와사키 교육위원회가 시의 산하에 있다는 점을 적극 활용하여 시행한다.

③ 사회참여 추진

가와사키시에서는 외국인 대표자회의인 '가와사키시민대표자회의'가 활성화되어 있다. '가와사키시민대표자회의' 설립 당시인 1996년에는 재일 한국인의 지방 참정권 요구를 수용하고 1990년대 이후 급증한 외국인들의 제반 현안문제를 해결하기 위해 시장의 자문기구로서 설립되었다. 그 이후 '가와사키시민대표자회의'는 증가하는 외국인들의 행정 참가를 독려하고 1990년대 다양한 사회문제가 발생함에 따라 이를 해결하는 방편의 하나로 운영되었다. 이 외국인 대표자회의는 시내에 사는 외국인들이 공모와 추천에 의해 회의체를 구성하고, 이들이 생활문제를 비롯하여 해결되어야 할 제반 문제들을 토의하며, 그 결과를 시장에게 보고하여 시장이 이를 다시 의회에 보고하는 방식을 취한다. 이러한 정책을 도입하는 데에 재일 한국인들의 지방 자치 참가 요구가 큰 힘이 되었으며, 이 제도가 발달하면서 가와사키시는 일본 내에서도 새로운 정책을 도입하는 선진 도시 중 하나로 자리매김하게 되었다. 특히, 이 회의에서 나온 건의 사항을 시장에게 건의할 수 있도록 하는 내용을 조례로 정했는데, 이를 법적으로 명시한 시는 일본 내에서 가와사키시 뿐이라고 한다.

이 대표자회의에서 건의하여 시정에 적극 검토된 사항 중에는 주택 임대 보증 지원이 있다. 외국인들이 주택을 임대하는 어려움 때문에 상정된 안으로 가와사키시가 보증전문회사와 계약하여 외국인들이 직접 집주인과 접촉하지 않고 부동산과 보증회사만을 상대로 주택을 임대할 수 있도록 하는 제도이다. 여전히 외국인들이 주택을 임대하는 데에는 어려움이 있으나 이 제도로 인해 많이 완화되었다는 평이다.

이 시민대표자회의에는 현재 26명의 대표가 활동 중인데 이들 대표들은 2년에 한 번 선발되며, 10월 초에 시에서 모집광고를 내면 4명의 독립위원회에서 응모자 중에서 가와사키시를 위해 일하고자 하는 열의 등을 심사하여 선발하게 된다. 이 위원회에는 교수, 외국인 교사 등이 포함되며, 이들은 각 구 인구 및 남녀 비율에 맞추어 선발된다. 선발된 대표들은 회의를 일본어로 해야 하기 때문에 일본어 소통이 어느 정도 되는 사람이어야 응모할 수 있다. 외국인시민대표자회의 설립 10주년을 맞이하여 2007년 3월에는 기념 포럼이 열려 그간의 성과와 앞으로의 활동 계획을 나누기도 했다. 여기서는 지역문제 및 지역문제에 영향을 미치는 국가적 시스템 문제도 논의되었으며, 특히 지역 외국인들의 인권에 관한 문제들이 집중 논의되었다. 교육 및 문화, 지역사회문제 등의 소위원회로 나누어 이들 문제들을 심층 협의했으며 이 행사에는 가와사키시민, NGO대표들을 포함하여 약 150명 정도 참가하였다. 현재 이 회의는 5기가 활동 중이고 파키스탄 의장과 파라과이, 콩고 출신의 부의장이 있으며 13개국 24명의 대표자가 활동 중이다.

이곳에서는 외국인체류자 관련 업무의 일부를 담당한다. 한국인 이향진 씨는 교류추진과에 비상근직으로 고용된 한국인이며, 자매도시를 맺은 한국의 부천시와의 업무 및 한국 번역 업무 등을 담당한다. 본인 또한 일본 남자와 결혼하여 아들 하나를 둔 다문화가정을 이루었기 때문에 다문화에 대한 개인적 관심 높다고 했다.

④ 가와사키시민 축제

가와사키시에서는 외국인과 내국인이 함께 어울릴 수 있는 다양한 축제를 개최한다. '가와사키시민축제'(*Citizens' Festival*)는 올해 29번째로 개최되어 전통 있는 지역축제로 자리 잡았다. 매년 11월 초에 3일간 시청에서 가까운 공원에서 개최된다. 2006년 축제에는 약 56만 명이 참가했다니 시민의 3분의 1가량이 참가하는 대규모 축제라 하겠다. 월드퀴즈, 각국의 민속의상을 입고 사진을 찍어 볼 수 있는 '드레스 업'(*dress up*) 부스, 공연, 퍼레이드 등의 코너가 마련되기도 하였다.

⑤ 가와사키 국제교류협회

한편, 가와사키시에서는 재단법인 국제교류협회를 통해 체류 외국인을 위한 서비스를 위탁 운영한다. 이 국제교류협회에는 시에서 파견된 직원 1명을 비롯하여 10명의 직원 및 다수의 관리인들이 있다. 특히 무료 상담창구가 활성화되어 있는데, 영어, 중국어, 한국/조선어, 스페인어, 포르투갈어, 타갈로그어 등 6개 국어로 요일별로 나누어 실시한다. 여기에는 상담원 6명과 자원봉사자 5명이 활동하며,

〈그림 7-5〉 가와사키시 다문화업무 운영체계

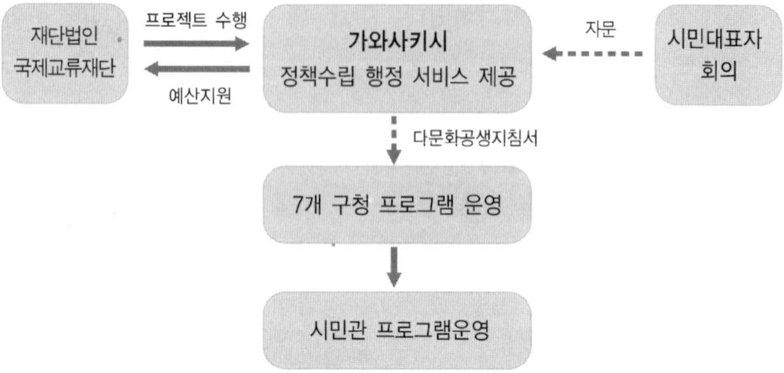

작년 한 해에는 1,219건의 상담을 실시했고 금융관계 상담이 197건으로 가장 많았다. 흥미롭게도 상담창구를 가장 많이 이용한 것은 일본인이었다. 이들은 외국인 배우자 및 자녀문제, 그리고 외국으로 유학 갈 때 수속문제 등을 상담한 것으로 알려졌다. 이처럼 상담창구는 내외국인 모두를 위한 서비스로 정착하였다. 이 외에도 협회에서는 외국인을 위한 정보수집과 제공, 국제교류 사업, 국제페스티벌 개최, 연구사업, 언어교육, 유학생 교류, 출판 사업, 일본어 강좌 및 타 외국어 강좌(예: 한국어) 등을 실시한다. 외국인 및 내국인의 접근이 용이하도록 가와사키시 한복판에 자리 잡은 이 협회의 1년 예산은 약 2억 엔이다.

⑥ 각 구청의 시민관 언어강좌

가와사키의 7개 구에서는 각각 시민관을 두고, 우리나라의 문화센터와 같이 일본어 강좌, 요리 강좌, 각종 문화 강좌를 실시하는 시설을 운영한다. 우리가 방문한 시민회관은 다가츠구(高津區)의 시민관으로 '미즈노구찌'라는 백화점의 11~12층에 위치했다. 우리나라의 백화점 문화센터와 비슷한 개념인데, 구청에서 세를 내고 운영한다.

백화점에 위치한 이유는 접근성 뛰어나기 때문이다. 이곳에서는 구청에서 운영하는 다양한 자국민을 위한 문화교실과 함께 외국인을 위한 무료 일본어교실을 운영한다. 외국인 일본어교실은 등록을 마치고 간단한 레벨 테스트를 거쳐 반을 배정받게 된다. 수업은 역시 신주쿠구에서와 같이 자원봉사자 교사들로 이루어진다.

대체로 일본의 다문화센터들은 시를 중심으로 직접, 또는 위탁의 형식으로 지원하였다. 또한 외국인 상담을 중요시하는 점, 일본어 교육 활성화, 그리고 외국인 직접 참여 독려 등의 3가지 특색이 있었으며 운영체계는 자원봉사자와 이용 외국인들이 내는 회비로 운영되었다(〈그림 7-5〉). 특히 일본어교실에는 학생, 직장인 등 다양한 직업과, 또 여러 출신국과 다양한 연령대의 학생들이 함께 공부하여 교실 안에서도 이미 다문화적 분위기가 형성되어 한국의 다문화센터에 시사하는 바가 크다고 하겠다.

5. 체코

1) 체코의 다문화정책

체코는 대부분의 동부 유럽 국가들처럼 지난 15년간 '이민을 떠나는 나라'에서 많은 이주민과 이민을 받아들이는 '수용국'이 되었다. 전체 약 천만 인구 중에서 약 2.5%인 25만 2천 명이 법적 이민자 수이다(체코 이민국, 2004). 이것은 1993년 불과 0.8%에서 급격히 증가한 숫자이다. 또한, 불법 이민자 숫자도 30만~34만 명으로 추정된다.

이민자들의 약 60%는 경제적인 이주민들이며 이들은 매년 갱신이 가능한 90일 체류 비자를 취득하여 입국한 사람들이다. 나머지 40%는 가족이나 친지 때문에 또는 EU시민으로 단순 영주권을 신청한 사람들이다. 출신 국가는 우크라이나, 슬로바키아, 베트남, 폴란드, 러시아, 독일, 불가리아, 그리고 몰도바 순이다. 독일 이외의 서구권 출신국으로는 미국, 오스트리아, 영국, 프랑스, 일본, 네덜란드, 그리스, 그리고 캐나다 순이다. 이들 서구권 출신들은 대부분 임시 체류자이거나 학생 또는 교수, 경영인, 중소기업 사장 등 고위 공무원이거나 기업체의 간부들이다. 이는 체코가 고등 기술자를 적극적으로 유치하고자 한 노력과도 관계가 있다. 한편, 2004년 영주권을 얻은 사람들의 출신국은 베트남, 슬로바키아, 우크라이나인, 폴란드 등의 순이었다. 이들은 대부분 체코시민과 결혼했거나, 경제적 이유로 이주한 사람들 중 오랫동안 체코에 거주하는 사람들이었다.

이러한 이주민의 유입은 2003년 체코 정부는 외국인 고등기술자들과 이들의 가족을 유치하고자 하는 프로그램의 시범운영과 관계있다. 이른바 '유자격 외국인의 적극적 선별'(*The Active Selection of Qualified Foreign Workers*)이라고 불리는 이민자 선별 정책은 후보자들의 경력과 교육, 나이, 또는 체코에서 일한 경험을 중심으로 심사하여 불과 2년 반 만에 영주권을 취득할 수 있게 해주는 제도이다.

체코 내에서도 프라하로 이주민이 집중적으로 몰렸는데 이로 인해 불법 이주, 망명자, 난민, 노동이주자에 대한 차별, 인신매매 등의 문제가 발생하게 되었다. 체코의 이주민이 증가하게 된 배경에는 서구권보다 생활수준이 높지는 않지만 크게 차이가 나지 않는다는 점과 더불어 강력한 노동시장의 존재와 외국인들이 일자리를 찾기가 쉽다는 점 때문으로 보인다.

체코는 비교적 단일민족으로 이루어진 사회이며 이는 대부분의 동유럽 국가들과 비슷하다. 서유럽 도시들 즉, 런던, 파리에 비해 동유럽 도시인 프라하, 바르샤바, 부다페스트 등은 덜 다문화적이긴 하지만 최근 프라하도 점점 더 다문화적으로 되고 있으며, 다양성을 다룰 수 있는 효과적 메커니즘이 필요하다는 인식이 확대되고 있다.

프라하시의 공식홈페이지(http://magistrat.praha-mesto.cz)에는 외국인 거주자들을 위한 섹션을 마련해 놓았으나, 생활에 필요한 법규나 영주권 획득에 관한 간단한 정보 등을 소개하는 데에 그치고 있다.

2) 프라하시의 다문화센터

프라하다문화센터(Multicultural Center Prague)는 체코 국내외의 다양한 문화의 공존에 관한 여러 문제들을 다루는 체코 내무부 소속의 비영리 기관으로 1999년에 설립되었다. 이 센터의 비전은 다문화가 공존 가능하고 인내력과 포용력 있는 사회를 만들며, 다양한 문화를 최대한 활용할 수 있도록 하여 사회통합과 단결을 가져오는 것이다. 또한, 문화 · 교육 행사 · 연구 · 토론 · 출판을 통해 EU 내에서 문화간 연구와 대화에 기여하는 데 그 목표를 둔다.

이 센터는 기업, 재단, 대사관 등으로부터 후원을 받아 운영하는데, 한 기업 · 정부기관이나 재단이 특정 프로젝트를 후원하는 형식으로 운영된다. 기업에는 시티은행(Citi Bank), 휴렛 패커드(Hewlett Packard) 등이, 재단에는 체코-독일 미래펀드(Czech-German Fund for the Future), 체코 인문펀드재단(Czech Literary Fund Foundation), 유럽 펀드(European Fund) 등이, 그리고 정부기관으로는 체코시청, 문화부, 교육, 청소년, 스포츠부 등이 참여한다. 이 센터에서의 활동은 크게 다문화교육, 다문화 이벤트, 도서관 프로젝트, 연구, 이주 등의 5가지로 나눌 수 있다.

다문화교육은 전문가 및 일반인 모두를 대상으로 하며, 체코의 기구나 개인이 다문화 역량을 개발할 수 있도록 돕는 프로그램이다. 여기에는 다양한 문화권의 직원들과 함께 일하는 데 도움을 주는 '다양성 경영'을 기업 및 다문화 환경에서 일하는 전문가들에게 제공한다. 이 프로그램은 직원들이 문화적으로 다양한 환경에 적응하는 법, 효과적 경영 및 협상, 토론방법, 자국 문화에서 오는 각종 편견과 권위에 대한 강연으로 이루어진다. 또한, 교사 및 교육자들을 위한 프로그램도 있는데, 반 편견 및 다문화에 대한 각종 세미나, 체코 학교의 다문화교육에 대한 기준 및 가이드라인 등을 제시하는 연수 프로그램이 마련되어 있다. 한편, 어린이와 학생들을 위해서는 다문화 워크숍을 마련하여 베트남, 중국, 아프리카, 카자흐스탄, 일본, 이슬람 권 등 비주류 문화권의 강사가 직접 초빙되어 어린이들에게 다양한 문화에 대해 강의한다. 또한, 소외된 어린이들을 위한 컴퓨터 프로그램도 제공한다.

다문화 이벤트로는 주로 그 문화 전문가나 대표와의 토론과 다큐멘터리나 영화를 보면서 해설을 듣는 문화 이벤트를 기획·실행하며 '다문화 오후'(Multicultural Afternoon)에는 어린이들을 위한 다양한 문화권의 문학 프로그램과 전시도 진행한다. 현재 진행되는 행사에는 '차별에 대한 다큐멘터리 대회' 전시, 그리고 비유럽권 문학에 대한 행사 등이다. 그 밖에 여성과 문화, 소수민족, 그리고 독립국가들에 대한 강의와 토론 프로그램이 마련되어 있다.

2002년부터 이 센터에서는 '우리 모두를 위한 도서관'(Libraries for All)이란 프로젝트를 진행하는데 이는 도서관이야말로 시민사회의 다양성을 잘 개발하고 배양할 수 있는 핵심기관으로 정보, 교육 그리고 문화센터의 장을 마련해주기 때문이다. 특히, 공공 도서관의 역할 중 가장 중요한 것이 다문화 문제와 소수민족에 대한 문제와 정보를 알려주고 이들에게 대화의 장을 마련해 주는 것이다. 이 프로젝트의 일환으로 2002~2004년에는 무료로 체코 전국의 500개 도서관에 다문화 관련 서적과 자료를 보내는 프로젝트를 실행했다. 이 프로젝트의 일환으로 어린이 미술이나 문학 대회 등을 개최하기도 하였다. 이 도서관 프로젝트의 또 다른 목적 중 하나는 도서관의 정보담당자들에게 교육 기회를 제공하여 주고 국제 컨퍼런스를 개최하는 것이다.

최근, 이 센터는 '우리 모두를 위한 도서관'(Libraries for All) 이라는 책을 출간하여 이 프로젝트의 3년간의 경험을 소개하였다. 또한, 이 프로젝트의 성공 덕분에 2005년에는 '도서관을 EU이민 통합의 문호로 만들자'(Libraries as Gateways to the Integration of Immigrants in the EU) 라는 프로젝트가 시작되었는데 이는 정부의 반인종차별 캠페인과 체코 문화부, 프라하주재 네덜란드 대사관 등의 후원으로 실시되었다. 이 프로젝트는 다른 EU국가들에게 이 공공도서관 프로젝트의 노하우와 성공적인 성과를 전수하고, 공공도서관을 이주민들이 체류국에 성공적으로 적응할 수 있는 중요한 도구로 수립하는 방법 등을 소개한다. 이 도서관에는 서적, 오디오·비디오 자료, 간행물 등 총 2천 종의 자료가 있으며 대부분 체코어나 영어로 되어 있다. 하지만 슬로바키아어, 독어, 스페인어나 다른 언어로 된 자료도 구비되어 있다. 또한, 소재도 다양해서 체코의 소수민, 다문화교육, 이주와 난민, 여성과 성, 법규, 미디어 등 관련 자료도 구비했다.

체코에 도착하는 외국인들이 알아야 할 가장 중요한 정보 중 하나는 체코 은행 시스템에 대한 정확한 정보이다. 이 재무 정보 지원 프로젝트는 체코어를 잘 모르는 외국인들에게 체코의 은행 시스템에 대한 정보를 제공하여 경제적인 활동에 불편이 없도록 해주며 모국어로 된 가이드북을 만들어 센터와 온라인으로 받을 수 있게 하고 있다. 이 가이드북은 체코 은행 시스템에 대한 전반적인 정보, 각각의 은행이 제공하는 상품들, 그리고 주택 대출, 환전, 송금 등에 대한 실용적 내용을 담고 있다.

한편, 이 다문화센터는 시민인권을 위한 상담센터(Counselling Centre for Citizenship, Civil and Human Rights) 와 협력하는데 이 상담 센터의 주요 목표는 미디어에서 소개되는 소외 계층에 대한 각종 편견과 차별 요소를 지목하고, 이를 수정·보완하기 위해 투쟁하는 일이다. 특히, 2002년에는 상담센터에서 체코의 일간지에 소개된 난민 관련 기사를 분석하는 연구를 실시했다. 체코 주요 일간지에 소개된 2백 개의 기사를 분석한 결과 이들이 난민에 대한 부정적 이미지를 전달하지는 않지만, 반대로 긍정적 이미지를 전달하려고도 하지 않는다는 것이 밝혀졌다. 오히려, 이들을 불완전하고 불충분하게 전달하여 이들에 대한 편견을 형성하게 한다는 것을 지적했다.

한편 이 센터에서는 이주에 대한 다양한 소재로 워크숍을 개최한다. 2005년에는 '중동부 유럽에서의 이주 형태와 추이'라는 워크숍을 개최하였다. 또, '우리가 포함되지 않은 우리에 대한 얘기는 하지 마세요: 노동이주에 대한 대화를 인력 송출지역에서 함께 합시다'(Not About Us without Us: Bringing the Discourse on Labour Migration to the Sending Regions)에서는 체코의 가장 중요한 노동시장 가운데 하나인 동부 슬로바키아에서 이주 노동자에 대한 토론을 벌이기도 하였다.

이상으로 다문화정책에 대한 해외의 사례를 살펴보았다. 이러한 해외사례연구를 통해서 한국의 다문화 및 외국인 관련법·제도·기관·프로그램에 대하여 시사점을 찾아보면 다음과 같다.

첫째, 다문화사회의 목표 설정을 살펴보면, 다문화사회의 목표에 대하여 사회적 합의를 통하여 정확히 규정하였다. 한국도 다문화주의를 향하여 첫걸음을 떼는 현시점에서 사회적 합의를 통한 전체 목표와 세부 목표들에 대한 설정이 있어야 할 것이다. 특히, 외국인과 다문화주의가 한국사회에 어떻게 기여할 수 있는지에 대한 적극적인 사고가 바탕에 있어야 할 것이다. 외국인에 대한 사회적 서비스만을 요하는 자원의 블랙홀이 아니라, 사회 전체의 활력과 다양성을 통해서 창의성을 증대하여 선진국에 진입할 수 있는 긍정적인 면에 대해 적극적으로 생각해 보아야 할 것이다.

둘째, 이러한 목표에 맞추어 모든 하위 제도와 기구 및 프로그램을 운영하는 체계적 시스템이 갖추어져야 할 것이다. 자칫 여러 제도와 프로그램들이 서로 상충하거나 모순되는 점은 없는지 세심하게 살피면서 법과 제도를 정비해가야 할 것이다.

셋째, 외국인과 다문화 관련하여 통합적인 체계를 갖출 수 있도록 총괄하는 기구나 조직이 시급히 마련되어야 할 것이다. UN 인종차별철폐위원회에서 권고한 인종차별적 제도나 사회적인 편견을 없애기 위해서는 최근 급증하는 각종 제도나 프로그램에 대하여 총괄적인 관리와 조정이 필요할 것이다. 자칫 중복하는 프로그램으로 여러 자원을 낭비할 수 있고, 이보다 더욱 심각한 문제는 여러 프로그램들이 서로 상호모순적이고 상충적이어서 오히려 다문화주의를 훼손하는 방향으로 갈 수도 있기 때문이다. 이러한 역효과를 예방하기 위한 적극적인 노력이 필요한 시점이다.

마지막으로, 여러 제도와 프로그램을 실행함에 있어서 다양한 기관이나 집단들 — 예를 들면 NGO, 학교 등 — 과 적극적으로 협력하여 활동해야 사회 전체로 파급효과가 있을 것이다. 또한 비록 한국이 처한 다문화사회의 현황이 외국과 다른 점이 많더라도, 외국의 사례들을 통하여 인종편견에 따른 폐해를 정확히 인식하여 이를 예방하고, 보다 효과가 좋고 효율적인 제도와 프로그램을 벤치마킹할 수 있을 것이다. 이를 위해 국제기구와 국제 NGO와도 적극적으로 협력하여 세계적 보편성을 추구하여 시행착오를 줄일 수 있을 것으로 본다.

제 8 장

결론

한국은 다문화사회인가? 한국은 오랫동안 단일민족국가로 '한국인' 중심의 강력한 주류사회를 형성해왔다. 이러한 상황은 한국이 이미 다출신국·다인종사회로 진입하였음에도 불구하고, 한국을 완전한 다문화사회로 규정하기 어렵게 한다. 한국인들은 외국인에 대하여 어떻게 생각하며, 외국인들은 우리에 내해 어떻게 느끼는가? 외국인 인구가 백만을 넘어선 지금, 우리는 이들과 더불어 살아가기 위해 우리의 좌표를 점검하고 나아갈 방향에 대한 철저한 고민을 시작해야 할 시점이다.

이 책에서 저자들은 한국사회가 상대방의 문화에 동등한 가치를 부여하며, 서로에 대해 알아가고 소통하며 조화를 이루는 것에 긍정적 의미를 두는지 알아보았다. 이로써 한국이 다문화사회인지, 다문화주의를 향한 한국사회의 현주소는 어디인지 가늠해 보고자 하였다. 이를 위해 한국사회가 외국인을 어떻게 받아들이고 인식하는지 그 모습과 태도를 분석하였는데, 일차적으로는 서울시민을 대상으로 하였으며, 다음으로 외국인들이 집중적으로 거주하거나 생활하는 공간인 외국인마을 사람들과 결혼이주여성들을 대상으로 이들이 한국에서 살아가는 모습과 욕구에 대해 실증적 분석을 실시하였다. 또한 다문화가정 자녀에 대해서도 그들의 욕구와 실태를 파악하였다. 뿐만 아니라 이들과 함께 이들의 욕구를 수용하기 위해 우리 사회의 다문화센터가 어떻게 구성되어 있는지를 분석함으로써 우리 사회가 다문화사회의 가치를 얼마나 반영하는지 알아보았다. 그리고 우리 사회의 외국인 관련제도와 법·정책은 과연 다문화사회로서의 요구를 수용할 수 있도록 정비되어 있는지 살펴보고, 캐나다, 호주, 미국, 일본, 체코 등 해외의 주요 사례를 통해 한국의 다문화 서비스, 정책 및 제도의 개선에 도움이 될 수 있는 방법들을 모색해 보았다.

한국 사회에서는 다문화 연구의 축적이 많지 않고 더욱이 실증적 연구를 바탕으로 한 연구가 많지 않아서 이 책에서는 한국에 대한 연구 이외에도 외국의 문헌연구를 검토하였다. 1980년대와 1990년대에 급속히 진행된 전 지구적 세계화의 한 현상으로 자금과 인구의 이동이 급속하게 나타나면서 출현한 거대 글로벌 도시 연구는 이 책의 논의의 출발점이다. 이들 연구결과에 비추어서 한국, 특히 서울도 이러한 세계화를 경험하였는지를 살펴보았다. 외국인 노동자와 결혼이주여성의 유입을 포함한 외국인의 유입은 이러한 전 세계적 흐름과 함께 이해하는 것이 유용하였다. 아울러 서구의 이민국가들에서 각 이민집단의 초기에 주로 나타나는 외국인 이민자 집중거주지역(*Ethnic Enclave*)에 대한 기존의 연구도 논의의 중요한 기반이 되었다.

한국 사회의 정확한 진단을 위해 실증적 자료를 수집, 조사하고 분석하였다. 한국인을 대상으로 외국인과 다문화에 대한 태도조사를 실시하여 한국인의 다문화 지향성에 대해 살펴볼 수 있었다. 또한 외국인마을에 대한 연구에서는 다문화주의를 목표로 설정하고, 외국인마을에 거주하는 한국인들과 외국인들이 어떠한 방식으로 언어적으로 소통하고 문화를 교류하는지, 더 나아가 궁극적으로 다문화주의를 표방하는 사회로 변화하는지에 대해 탐방조사를 실시하였다.

또한 저자들은 우리 사회의 외국인 관련제도와 법, 정책을 살펴봄으로써 과연 한국은 장기적 목표인 다문화주의를 향하여 어떠한 일관성과 체제를 정비하고 있는지를 고찰해 보았다. 이와 동시에 다문화지원 프로그램이 다문화사회에 대한 우리 사회의 요구를 수용할 수 있도록 준비되어 있는지 심층적 면담과 조사, 현황분석을 실시하여 비판적 진단과 향후 전략에 대해 제언을 하고자 하였다. 동시에 해외의 다문화 사례연구를 통해서 한국의 다문화 관련제도와 프로그램에 시사점을 찾기 위한 이론적 출발점을 마련하였다.

한국은 비이민국가이며 체류외국인의 비율이 2.2%에 불과하여 아직은 다문화사회의 초기단계라고 할 수도 있다. 그러나 국내외적으로 다문화사회로의 이행을 요구받는 시점에서 다문화사회에 대한 연구는 큰 의미가 있다고 하겠다. 위의 분석틀에 대한 논의에서도 밝혔듯이, 한국의 외국인 유입의 역사가 짧고 외국인에 대한 포용성을 포함한 다문화주의는 아직 걸음마 단계에 있다. 그럼에도 불구하고 한국의 사례는 세계의 다문화 담론과 이론에 다음과 같은 중요한 시사점을 갖는다고 하겠다.

첫째로, 한국은 전 세계적으로 세계화가 급속히 이루어지기 시작한 1980년대와 1990년대 이후에 다문화사회로의 이행이 가속화되었기에 세계화가 다문화사회 형성에 미친 영향을 평가하는 데 중요한 사례가 될 것이다. 한국과 더불어 체코와 같이 세계화 이전에는 이민이나 노동력 유입의 역사가 없거나 미미했던 여러 나라들에 대해 한국의 다양한 외국인정책과 프로그램들에 대한 연구는 중요한 시사점을 줄 수 있다. 특히, 한국과 같이 주류사회의 인구가 90%가 넘고, 문화적·이념적으로 다문화적인 배경이나 역사가 없는 경우, 한국이 어떠한 외국인과 다문화 관련 프로그램들을 실시하고 그 결과 다문화주의라는 목표에 어떠한 영향을 미치는지 볼 수 있는 중요한 사례가 될 것이다. 일본은 노동력의 감소로 인하여 한국보다 앞서 외국인노동자를 받아들이기 시작하였으나, 외국인 관련법은 한국이 일본보다 앞서 전향적인 방향으로 발전시키고 있다. 이에 일본학자들은 이제 한국 사례를 벤치마킹하기 위하여 연구하고 있다.

두 번째로 한국사회는 1960년대 이후 급속한 경제성장을 압축적으로 이루어 낸 나라이며, 다문화사회로의 진행도 압축적으로 일어나는 것으로 연구되었다. 따라서 오랫동안 유지된 단일문화의 패러다임이 어떠한 단계를 거쳐서 다문화적으로 바뀌는지에 대한 시사점을 줄 수 있을 것이다. 사회현상은 실험하기가 무척 까다롭지만, 한국의 경우 압축적인 사회변화의 장을 제공하고 있으므로, 어떠한 프로그램을 어떠한 단계를 거쳐 실시하는 경우 어떠한 결과가 있는지를 보여줄 수 있는 세계의 실험실 역할을 할 수 있다. 정책을 만드는 사람이나 사회의 각 구성원들은 시행착오를 줄여서 한국의 다문화주의가 상생적·상호존중적이면서 한국사회의 시민의식을 선진화시킬 수 있는 계기가 되도록 노력해야 할 것이다. 특히, 한국의 경우에 주류사회에 대한 이해와 설득과 교육이 다문화사회화의 중요한 변수가 될 것이다. 한국사회 전체의 활력을 높이고, 궁극적으로 모든 구성원의 삶의 질을 높일 수 있는 다문화사회로의 이행이 관건이 될 것이다.

마지막으로 한국 사례는 외국인마을 가운데, 문화형 마을로 명명한 새로운 사회현상의 연구를 통하여 세계의 다문화 연구에 일조할 수 있다. 이러한 문화형 마을은 외국문헌에는 잘 소개되어 있지 않은 사회현상의 하나이다. 싱가포르나 홍콩과 같은 글로벌 시대의 거대도시들에서 외국인노동자, 특히 가정에서 집안일을 하거나 육아를 담당하는 도우미(*Nanny*)들이 고향의 향수를 달래면서 쉬는 날 특정 공원과 같은 곳에 모이는 것으로 언론에 가끔 비치고 있으나, 이 책에서 다룬 것과 같이 심층적으로 다루어지지 않았다. 한국과 같이 외국인노동자에 대한 합법적 이민이 거의 봉쇄된 국가들에서 나타나는 이러한 문화형 마을에 대한 비교 연구가 향후 과제이다.

이를 통해서 주류사회가 어떻게 외국인노동자들에 대한 책임과 권리를 주고받는지를 볼 수 있을 것이다. 현재 이루어진 한국사회에 대한 연구를 보자면, 이러한 외국인들은 한국에서 '노동력'으로 인식될 뿐, 사회에 대한 권리를 쉽사리 요구하기 힘들다. 그러나 이러한 외국인노동자들이 계속 증가하면서 그들이 권리를 찾기 위한 여러 노력을 경주할 때, 한국사회는 이에 대해 어떠한 준비를 하고 있는지, 더 나아가서 차별적이고 불합리한 상황을 예방하기 위하여 선도적으로 어떠한 법과 제도를 구비하는지 세계가 주목하고 있다.

또한, 세계화를 통한 인구이동의 용이성 증가, 한국의 급속한 노령화, 한국의 농어촌 인구의 감소 등으로 급속하게 증가하는 결혼이주여성을 포함한 결혼이민자는 다문화가정과 자녀들을 빠른 속도로 생산하고 있다. 학령기 아동의 증가와 함께 벌써 외국인 어머니들의 한국사회 적응의 어려움이 노정된다. 이들 외국 출신의 어머니들이 한국에서 한국어와 한국문화를 배우는 것과 더불어 시급하게 시정이 필요한 것은 이들에 대한 진정한 '존중'이다. 이를 정책과 제도로 푼다고 하면 그들의 문화에 대한 이해와 함께, 그들이 가져온 새로운 문화에 대한 적극적 수용의 자세를 가져야 한다. 이와 같이 그들을 한국사회의 중요한 새로운 구성원으로 받아들이는 기본적인 자세의 변화 없이 단순하게 그들만을 대상으로 한 '한국 동화형' 프로그램들은 결국은 그들의 반발과 부적응을 가속화시킬 수 있다. 따라서 이러한 한국 사례를 통해 주류사회의 인식변화를 어떻게 이루어 나가는지에 대해 중요한 시사점을 줄 수 있을 것이다.

한국은 아직 다문화주의 사회라고 볼 수 없으나, 다문화사회로 이행하는 초기단계라고 할 수 있다. 이 책은 한국이 다문화주의의 목표를 어떻게 세우고, 또 어떠한 단계별 정책과제를 통해 궁극적으로 다문화사회가 될 수 있는지 살펴보았다. 이를 위해서 우선 다문화정책의 목표를 확립하는 것이 선행되어야 한다. 다문화정책은 미국식의 문화다원주의에서 캐나다나 호주와 같은 다문화주의에 이르기까지 다양한 스펙트럼을 가진다.

외국인 인구가 전 인구의 2.2%에 불과하고 강력한 주류사회가 존재하는 한국사회에서는 오랜 역사의 이민정책을 취하는 미국이나 캐나다와는 이민정책에 대한 접근방식이 다를 수밖에 없다. 주류사회를 인정하고 주류사회 안에서 외국인문화가 성장해야 한다는 점에서 미국적 접근이 필요하나, 한국사회에 뿌리박혀 있는 차별과 이중잣대를 해소하기 위해서는 좀더 적극적인 정부정책의 개입이 필요하다. 물론 이러한 정책은 국가의 이민정책과 함께 고려되어야 하는 문제이기는 하지만 지방정부 차원에서의 문화적 공존은 여러 가지 차원에서 가능하다. 이는 다문화주의적 접근을 통해 보완할 수 있다.

구체적으로 외국인마을을 대표할 수 있는 단체 또는 협의체를 구성하도록 유도하고, 이를 통해 각 마을의 문화행사를 조직하여 지방자치단체 차원에서 재정적 지원과 홍보를 통해 보다 많은 시민들이 한국 안의 세계문화를 발견하고 소통할 수 있도록 해야 할 것이다. 또한 주류사회와 소통하는 차원에서 한국어와 문화 교육기관을 지원하여 한국에 거주하는 외국인들이 한국어로 소통하면서 그들의 문화를 적극적으로 주류사회에 알릴 수 있는 언어적 채널을 마련할 수 있다. 이와 함께 각 구청 및 시청에서 외국어 서비스를 제공함으로서 행정적 편의성을 높이고, 상권을 유치하는 등의 간접적인 방법으로 외국인마을을 지원할 수 있어야 한다.

이와 같이 외국인들과 함께하는 다문화적인 프로그램과 제도를 개발함에 있어서 간과하면 안 되는 것은 한국사회, 즉 주류사회에 대한 적극적인 계도와 교육이다. 다문화주의가 자연스럽게 시민들 사이에 자리 잡을 때까지 기다리기에는 다문화사회로의 이행속도가 현재 너무나도 빠르다. 이 책의 여러 장에서 보여주듯이 외국인 인구가 불과 10여 년 사이에 기하급수적으로 증가하였고, 이는 한국 인구의 급속한 노령화와 출산율 저하와 맞물리면서 더욱 큰 파급효과를 가져왔다. 외국인 유입을 긍정적인 사회와 경제의 에너지원으로 승화시키지 못한다면 한국사회는 극심한 혼란에 빠질 위험성이 크다. 따라서 자연스럽게 시민들이 다문화적인 소양을 키우기를 기다리기보다는 적극적으로 다문화교육을 공교육 시스템과 사회교육, 매스컴 등에서 실시하는 것이 필요하다. 이를 위해서 무엇보다 시급한 문제는 한국의 다문화정책의 목표설정과 이에 맞추어서, 국가 중앙정부 차원과 지방자치정부 차원에서의 역할정립과 역할분담이 있어야 할 것이고, 이 과정에서 시민사회에서 해야 할 일도 적극적으로 개발하고 지원해야 할 것이다.

그렇다면 관건은 다문화주의의 목표달성을 위해서 우리 사회가 제도적으로 뒷받침하는 프로그램들이 얼마나 있는가이다. 외국인마을에서 한국인과 외국인의 언어적 소통과 문화교류 방식, 다문화사회로 변화하는 우리 사회의 모습, 이를 뒷받침하고 지원하는 다양한 층위의 다문화지원기관에 대한 정확한 인식과 분석은 장차 다문화사회로 가는 한국의 법과 제도, 이를 토대로 생성될 프로그램의 목표와 실행지침 등을 결정하는 데 기반이 될 것이다. 소통방식과 우리 사회의 모습을 파악하기 위해서는 실증적 연구가 요구되며, 따라서 이 책에서는 기존의 연구들이 이론적 논의에 주력한 것과는 달리, 실증적 연구를 실시하였다. 이 책은 구체적 분석과 적용을 위하여 가장 많은 외국인 인구수와 다문화지원기관이 분포하는 서울을 대상으로, 매우 구체적이고 다양한 실증적 분석을 통해 우리 사회를 진단하였다. 서울의 실태를 다각적으로 조명하는 것은 우리 사회의 현주소를 파악하고 앞으로의 발전적 방안을 모색하고 제안하는 데에 매우 중요한 출발점이 될 것이다.

지금까지 이 책에서 살펴본 한국의 다문화지원센터는 총 700개에 이르고, 서울에 있는 다문화지원센터만 해도 총 107개나 된다. 이들 기관은 외국인마을이 위치하는 곳에 설치되어 있어, 양적으로 볼 때는 우리의 다문화 지원수준은 매우 긍정적이었다. 그러나 이들 기관을 방문, 면담한 후 양적 만족도와는 차이가 있는 결론에 도달하게 되었다. 많은 기관들이 엄밀한 의미의 '다문화기관'이라기보다는 몇몇의 '다문화 서비스를 지원하는 기관'이 많았고, 대다수는 다문화가정을 지원하는 센터의 기능을 하고 있었다.

우리는 외국인마을 조사를 통해서도 얼마나 다양한 목적과 요구를 가진 외국인들의 집단이 있을 수 있는지를 살펴볼 수 있었다. 그러나 우리의 다문화 지원이 이주노동자와 다문화가정의 구성원의 요구에만 충실하다면 우리 사회의 다문화적 목표는 역시 왜곡되거나 편향된 곳을 향한다고 지적될 수도 있을 것이다. 물론 대다수의 외국인이 이주노동자와 다문화가정의 구성원이라고 할지라도 말이다.

이러한 점에서 서울시의 서울글로벌센터는 모든 체류 외국인을 대상으로 한다. 또한 다문화기관이라면, 한국인과 외국인이 이들 기관을 통해 서로의 문화를 받아들이고 교류하며, 더 나아가 한국의 다문화적 가치를 이해하고 편견을 해소하는 기회를 얻을 수 있도록 프로그램이 제공되어야 하지만 초등학교와 소수의 기관을 제외하고는 만족되지 않았다. 그러나 가치관을 형성하는 유·청소년 시기에 학생들이 편견해소 교육이나 서로의 문화에 대한 이해와 수용을 위한 행사에 참여하였다는 점에서 의의가 있다.

마지막으로 대부분의 다문화지원기관들이 시민단체나 그에 준하는 특성을 가지는 단체들에 의해서 운영되며 상위의 조직에 의해 공조와 협력을 유지하는 유기적 결속체가 없었다는 점이다. 앞으로 우리 사회의 다문화지원기관간의 긴밀한 연계와 협조가 요구된다.

외국인 인구가 100만을 넘어서 전체 인구의 2.2%에 육박하게 되었다. 이러한 상황에서 순혈주의의 망상이나 외국인에 대한 배타적 사고는 우리 사회의 발전에 저해요소임이 분명하다. 앞으로도 증가일로에 있는 외국인들과의 교류와 소통, 조화로운 삶은 이 시대를 사는 한국인이 갖추어야 할 가장 중요한 가치관이 되었다. 사회의 변화에 우리의 의식이나 기반이 되는 제도와 조직이 따라가지 못할 때 우리 사회는 혼란스러워질 수도 있다. 이러한 시점에 우리가 스스로를 날카롭고 분석하고 정확하게 파악하는 것은 무엇보다도 중요하며, 이를 바탕으로 우리의 나아갈 방향을 분명히 하는 것은 필수적으로 요구되는 바이다. 저자들은 이 책이 이러한 사회적 요구를 반영하고 선도하는 길잡이가 되기를 기대한다.

부록

_ 다문화가족 지원방안 한국어 설문

_ 서울 거주 외국인과 서울시민 소통에 대한 서면 설문

_ 서울 시민의 외국인에 대한 인식 및 태도 전화 설문

_ 서울의 다문화프로그램 지원기관 목록

부록 1

다문화가족 지원방안 한국어 설문

다문화가족 지역정착을 위한 사회적 지원방안 연구

이 설문지는 이화여자대학교 사회복지전문대학원과 서울시정개발연구원이 공동으로 서울시 거주 다문화가족의 문화적 특성을 파악하고, 가족 및 지역사회생활 정착에 도움을 주기 위한 사회적 지원방안을 마련하기 위해 작성된 것입니다. 설문의 내용은 귀하께서 결혼이후 한국에서 생활하며 경험하는 문화적응과 결혼 및 가족생활, 사회적 지지 그리고 필요로 하는 복지 및 사회적 서비스에 대한 의견 등으로 구성되어 있습니다.

귀하의 답변은 익명으로 통계처리되어 다문화가족을 위한 사회적 지원방안 개발을 위한 연구자료로만 이용되며, 그 외의 다른 목적으로는 절대 사용되지 않으니 질문에 솔직한 답변을 부탁드립니다.

본 설문은 자발적인 참여를 원칙으로 함으로 원하시지 않는 분들은 설문에 참여하시지 않을 수 있습니다.

감사합니다.

2006년 11월

이화여자대학교 사회복지전문대학원

문의처: 양옥경 교수 연구실

02) 3277~2258

A. 개인 및 가족에 관한 일반적 사항

I. 다음은 귀하의 개인적 사항에 대한 질문입니다. 해당란에 ✓표 해주십시오.

1. 귀하의 연령은 몇 세입니까? (만__세)
2. 귀하가 현재 거주하는 지역은 어디입니까? (　　　)
3. 귀하의 출신 국가는 어디입니까? (　　　)
4. 귀하의 결혼상태는 무엇입니까?
   □ 1) 기혼 □ 2) 별거 □ 3) 동거 □ 4) 이혼 □ 5) 사별 □ 6) 기타
5. 귀하의 현재 결혼은 몇 번째 결혼입니까?
   □ 1) 첫 번째 □ 2) 두 번째 □ 3) 세 번째 □ 4) 기타
6. 귀하께서 현재의 남편과 결혼하신지 얼마나 되었습니까? (__년 __개월)
7. 귀하께서 남편과의 결혼을 통해 얻기를 가장 기대하셨던 것은 무엇입니까?
   □ 1) 남편과의 행복한 결혼생활 □ 2) 경제적 안정
   □ 3) 한국에서 일할 수 있는 기회 □ 4) 한국에서 살 수 있는 기회
   □ 5) 모국으로부터 벗어날 수 있는 기회 □ 6) 기타
8. 귀하가 현재 함께 살고 있는 가족(시부모, 남편, 자녀 등)은 누구입니까? 해당란에 모두 ✓해주십시오.
   □ 1) 남편 □ 2) 남편과 나와의 자녀(__명)
   □ 3) 남편의 전배우자와의 자녀(__명)
   □ 4) 나의 전 배우자와의 자녀(__명) □ 5) 시부모
   □ 6) 남편의 형제자매 □ 7) 시댁친척 □ 8) 친정부모
   □ 9) 친정의 형제자매 □ 10) 기타
9. 귀하의 최종 학력은 무엇입니까?
   □ 1) 무학 □ 2) 초등학교 졸업 □ 3) 중학교 졸업 □ 4) 고등학교 졸업
   □ 5) 전문대학 졸업 □ 6) 대학교 졸업 □ 7) 대학원 졸업 이상
10. 귀하는 현재 직업을 갖고 계십니까?
    □ 1) 예 □ 2) 아니오(전업주부임) (*'아니오' ☞ 15번 문항으로 가십시오)
11. 귀하의 직업은 무엇입니까?
    □ 1) 가사도우미, 간병인 및 식당업무(주방홀서빙, 주방보조)
    □ 2) 공장근로자 □ 3) 판매종사자

□ 4) 가게/식당운영 □ 5) 서비스종사자(안내, 여행가이드 등)
□ 6) 번역 및 통역가 □ 7) 사무직원 □ 8) 공무원
□ 9) 종교인(목사, 전도사 등) □ 10) 사업가(회사/기업경영)
□ 11) 행정관리자 □ 12) 전문가(의료종사자, 학교교사, 교수, 법률가 등)
□ 13) 강사(학교 방과후 특별교사, 학원강사 등) □ 14) 기타

12. 귀하의 직업을 통한 월수입은 어느 정도입니까?
□ 1) 50만 원 미만 □ 2) 50만 원~100만 원 미만
□ 3) 100만 원~150만 원 미만 □ 4) 150만 원~200만 원 미만
□ 5) 200만 원~250만 원 미만 □ 6) 250만 원~300만 원 미만
□ 7) 300만 원~350만 원 미만 □ 8) 350만 원~4000만 원 미만
□ 9) 400만 원 이상

13. 귀하의 직업을 통해 얻은 월수입을 누가 관리하십니까?
□ 1) 내가 스스로 관리한다 □ 2) 남편이 관리한다
□ 3) 나와 남편이 공동으로 관리한다 □ 4) 시부모님이 관리한다
□ 5) 기타
(* 1), 3)를 답한 분은 ☞ 15번 문항으로 가십시오)

14. 귀하의 월수입을 귀하가 스스로 관리하지 않는 이유는 무엇입니까?
□ 1) 남편이 나를 신뢰하지 못하여서
□ 2) 내가 번 돈으로 남편이나 가족이 전적으로 생활하므로
□ 3) 내가 은행이용 및 현금인출기 사용법 등 돈 관리의 방법을 잘 몰라서
□ 4) 내가 돈 관리에 관심이 없어서 □ 5) 이유를 잘 모르겠다
□ 6) 기타

15. 귀하의 가족원이 버는 돈을 모두 합할 때 가족의 평균 월수입은 얼마입니까?
□ 1) 100만 원 미만 □ 2) 100만 원~200만 원 미만
□ 3) 200만 원~300만 원 미만 □ 4) 300만 원~400만 원 미만
□ 5) 4000만 원~500만 원 미만 □ 6) 500만 원~600만 원 미만
□ 7) 600만 원~700만 원 미만 □ 8) 700만 원 이상 □ 9) 잘 모르겠다

16. 귀하께서는 친정 부모님이나 가족들에게 돈(용돈 및 생활비)을 보냅니까?
□ 1) 예 □ 2) 아니오 (*'아니오' ☞ 19번 문항으로 가십시오)

17. 친정 부모님이나 가족들에게 돈을 얼마나 보내고 있습니까?
( )달에 ( )원 정도(한국 돈 기준)

18. 귀하가 친정에 돈을 보내는 데 귀하의 남편과 가족들은 협조적입니까?

□ 1) 전혀 그렇지 않다 □ 2) 대체로 그렇지 않다 □ 3) 보통이다

□ 4) 대체로 그렇다 □ 5) 매우 그렇다

19. 귀하의 한국어 수준은 어느 정도인지 해당란에 ✓표 해주십시오.

번호	문항 내용	전혀 그렇지 않다	별로 그렇지 않다	보통이다	대체로 그렇다	매우 그렇다
1	나는 한국어 '말하기'능력이 좋다					
2	나는 한국어 '듣기'능력이 좋다					
3	나는 한국어 '읽기'능력이 좋다					
4	나는 한국어 '쓰기'능력이 좋다					

19-1. 귀하의 가족 생활비는 누가 관리하십니까?

□ 1) 내가 관리한다 □ 2) 남편이 관리한다

□ 3) 나와 남편이 공동으로 관리한다 □ 4) 시부모님이 관리한다

□ 5) 기타

20. 귀하가 가족들과 대화할 때 주로 사용하는 언어는 무엇입니까?

□ 1) 한국어 □ 2) 영어 □ 3) 한국어와 영어를 함께 쓴다

□ 4) 모국어 □ 5) 한국어와 모국어를 함께 쓴다

21. 귀하의 종교는 무엇입니까?

□ 1) 기독교 □ 2) 천주교 □ 3) 불교 □ 4) 유교

□ 5) 통일교(세계평화통일가정연합) □ 6) 이슬람교 □ 7) 무교

□ 8) 기타

II. 다음은 귀하의 남편에 대한 질문입니다. 해당란에 ✓표 해주십시오.

1. 귀하의 남편의 연령은 몇 세입니까? (만__세)
2. 귀하의 남편은 당신과의 결혼이 몇 번째 입니까?

□ 1) 첫 번째 □ 2) 두 번째 □ 3) 세 번째 □ 4) 기타

3. 귀하의 남편의 최종 학력은 무엇입니까?

□ 1) 무학 □ 2) 초등학교 졸업 □ 3) 중학교 졸업 □ 4) 고등학교 졸업

□ 5) 전문대학 졸업 □ 6) 대학교 졸업 □ 7) 대학원 졸업 이상

4 귀하의 남편의 직업은 무엇입니까?

□ 1) 공장근로자 □ 2) 건설노동자 □ 3) 경비/건물관리자
□ 4) 판매종사자, 운전/배송업 □ 5) 가게/식당운영
□ 6) 사무직원, 공무원 □ 7) 행정 및 고위관리직 □ 8) 사업/회사경영
□ 9) 전문가(의료종사자, 교사, 교수, 법률가, 과학자, 회계사, 금융종사자 등)
□ 10) 학원강사 □ 11) 종교인(목사, 전도사 등) □ 12) 무직
□ 13) 기타 □ 14) 잘 모르겠다

5. 귀하의 남편의 종교는 귀하의 종교와 일치합니까?
□ 1) 예 □ 2) 아니오

6. 남편과 종교가 다른 경우, 남편의 종교는 무엇입니까?
□ 1) 기독교 □ 2) 천주교 □ 3) 불교 □ 4) 통일교(세계평화통일가정연합)
□ 5) 유교 □ 6) 이슬람교 □ 7) 무교 □ 8) 기타

III. 다음은 귀하의 한국이민과 관한 질문입니다. 해당란에 모두 ✓표 해주십시오.

1. 귀하께서 한국으로 이민해 오신지 얼마나 되었습니까? (년 개월)

2. 귀하는 현재 한국국적을 취득하셨습니까?
□ 1) 예(한국국적 취득년도__년 __월) □ 2) 아니오

B. 한국에서의 문화적응

1. 다음은 귀하의 한국에서의 문화적응과 관련된 질문입니다. 각 문항을 잘 읽으시고 해당란에 ✓표해 주십시오.

번호	문항 내용	전혀 그렇지 않다	대체로 그렇지 않다	반반이다	대체로 그렇다	매우 그렇다
1	나는 모국어 보다 한국어로 글쓰기를 더 잘 한다					
2	내가 듣는 대부분의 음악은 모국음악이다					
3	나는 농담할 때 한국어와 모국어를 둘 다 사용 한다					
4	일반적으로 나는 한국 사람이든 모국사람이든 누구와도 사귀기 어렵다					
5	나는 집에 있을 때 대개 한국말을 사용한다					

6	나의 가장 친한 친구들은 모국사람이다					
7	나는 모국어로 생각하는 만큼 한국어로도 잘 생각할 수 있다					
8	나는 때때로 한국 사람이나 모국사람이나 모두 나를 좋아하지 않는다고 느낀다					
9	만약 내게 시를 쓰라고 한다면, 나는 한국어로 쓰는 것을 더 좋아할 것이다					
10	나는 모이는 대부분의 사람들이 모국사람인 모임에 가는 것을 더 좋아한다					
11	나는 한국인 친구와 모국인 친구가 모두 있다					
12	나는 한국인이나 모국인 누구도 나를 이해하지 못한다고 생각할 때가 있다					
13	나는 모국사람들 보다 한국 사람들과 더 잘 어울린다					
14	나는 한국 사람들 보다 모국사람들이 나를 더 동등하게 대해 준다고 느낀다					
15	나는 한국 사람들과 모국사람들 모두 나를 귀중히 여긴다고 느낀다					
16	나는 때때로 사람들과 의사소통하는 것이 어렵다고 느낀다					
17	나는 한국 사람들이 모국사람들 보다 나를 더 잘 이해한다고 느낀다					
18	나는 한국 사람이든 모국사람이든 누구와 함께 있어도 매우 편안하다					
19	나는 때때로 친구사귀는 것이 어렵다고 느낀다					
20	나는 모국사람들 보다 한국 사람들에게 나의 감정을 이야기하는 것이 더 쉽다					
21	나는 한국 사람들과 함께 있을 때 보다 모국사람들과 함께 있을 때 더 편하다					
22	나는 때때로 한국 사람이나 모국사람이나 모두 나를 받아들이지 않는다고 느낀다					
23	나는 모국사람들 보다 한국사람들과 사귀는 것이 더 편안하다					
24	연애는 동일 인종끼리 해야 한다					

25	나는 때때로 한국 사람이나 모국사람 모두 신뢰하기 어렵다고 느낀다					
26	학교나 직장에 있는 대부분의 나의 친구들은 한국인이다					
27	나는 종종 한국 사람들이나 모국사람들 모두 나를 이해하는데 어려움을 느낀다고 생각 한다					
28	나는 다른 사람들과 함께 있을 때 편안하지 않다					

2. 다음은 귀하가 한국에서 생활하는 가운데 경험하는 문화적응 스트레스에 관한 질문입니다. 각 문항들을 잘 읽으시고 귀하가 느끼는 것과 가장 일치하는 해당란에 ✓표해 주십시오.

번호	문항 내용	전혀 그렇지 않다	대체로 그렇지 않다	반반이다	대체로 그렇다	매우 그렇다
1	고향에 대한 그리움이 나를 괴롭힌다					
2	나는 새로운 음식에 적응하는 것이 불편하다					
3	나는 사회적 상황에서 다르게 취급받는다					
4	다른 사람들은 내 문화의 가치에 대해 비웃는다					
5	나는 한국말로 의사소통하려면 긴장된다					
6	나는 친숙하지 않은 환경에서 사는 것이 슬프다					
7	나는 내 문화적 배경이 다르기 때문에 나의 개인적 안전에 두려움을 느낀다					
8	나는 사회적 활동에 참여하는 데 주저함을 느낀다					
9	다른 사람들은 나에 대해 편견을 가진다					
10	나는 가족과 친구들을 남겨두고 떠나온데 죄책감을 느낀다					
11	이곳에서는 나에게 많은 기회들이 주어지지 않는다					
12	나는 나의 조국사람들이 이곳에서 열등하게 취급받는 데 분노를 느낀다					

13	이곳으로 이주해온 후 나는 많은 압박들을 느낀다					
14	나는 이곳에서 불공평한 대우를 받고 있다고 느낀다					
15	이곳 사람들은 나에 대한 미움을 비언어적으로 표현한다					
16	이곳 사람들이 내 문화의 가치를 이해하지 못할 때 마음이 상한다					
17	나는 이곳에서 대접받을 만큼 받고 있지 못하다					
18	나는 사람들에 대한 두려움 때문에 자주 이사를 다닌다					
19	나는 나의 문화적 배경 때문에 열등하게 느낀다					
20	이곳 사람들은 내 문화의 가치를 높이 평가하지 않는다					
21	나는 조국과 그곳 사람들이 그립다					
22	나는 새로운 문화의 가치에 적응하느라 불편하다					
23	이곳에서는 나의 조국 사람들이 차별 받는다					
24	이곳 사람들은 나에 대한 미움을 행동으로 표현한다					
25	나는 나의 문화적 배경 때문에 이 사회에서의 나의 지위가 낮다고 느낀다					
26	나는 인종 때문에 다르게 취급 받는다					
27	나는 이곳에서 안전하지 못하다고 느낀다					
28	나는 이곳에서 사회에 대한 소속감을 느끼지 못 한다					
29	나는 나의 피부색 때문에 다르게 취급받는다					
30	나는 내 조국 사람들의 문제를 생각할 때 슬픔을 느낀다					
31	나는 두려움 때문에 대개 외부활동을 피한다					

32	나는 다른 민족이기 때문에 사람들이 나와 사귀려 하지 않는다고 느낀다					
33	사람들은 나에 대한 미움을 말로 표현한다					
34	나는 다른 생활방식으로 여기에서 사는 것에 대해 죄책감을 느낀다					
35	나는 친척들을 남겨두고 떠나온 것이 슬프다					
36	나는 이곳에 남아야 할지 고국으로 돌아가야 할지 결정할 수 없어서 나의 미래가 걱정된다					

C. 결혼 및 가족생활

1. 모든 것을 고려할 때 귀하의 결혼생활은 얼마나 행복한가?
(1점부터 10점까지 중 표시)

1	2	3	4	5	6	7	8	9	10
전혀 행복하지 않다				보통이다					매우 행복하다

2. 다음은 귀하의 남편이 귀하의 모국문화를 이해하려는 노력과 관련된 질문입니다. 각 문항을 잘 읽으시고 해당란에 ✓표해 주십시오.

번호	문항 내용	전혀 그렇지 않다	별로 그렇지 않다	종종 그렇다	자주 그렇다	항상 그렇다
1	나의 남편은 나의 모국어를 배우고자 노력한다					
2	나의 남편은 나의 모국의 사회적 상황에 대해 궁금해 하고 자주 질문을 한다					
3	나의 남편은 나의 모국의 전통문화에 대해 관심을 갖는다(도덕, 관습, 전통 등)					

4	나의 남편은 나의 모국의 예술문화에 대해 관심을 갖는다(음악, 영화 등)					
5	나의 남편은 나의 모국의 역사에 대해 관심을 갖는다					
6	나의 남편은 문화적 차이로 인한 갈등발생시 나를 이해하려고 노력한다					
7	전체적으로 볼 때, 나의 남편은 나의 모국문화를 이해하려고 많이 노력한다					

3. 다음은 귀하의 한국생활 정착에 있어 남편의 역할에 대한 질문입니다. 각 문항을 잘 읽으시고 해당란에 ✓표해 주십시오.

번호	문항 내용	전혀 그렇지 않다	별로 그렇지 않다	종종 그렇다	자주 그렇다	항상 그렇다
1	나의 남편은 내 기분을 즐겁게 해주려고 노력한다					
2	나의 남편은 한국생활 적응 과정을 함께 해주고 지지해준다					
3	나의 남편은 기쁠 때나 힘들 때나 내 곁에 있어 준다					
4	나의 남편은 내가 한국문화를 잘 몰라서 실수할 때 나를 무시하거나 비난하지 않는다					
5	나의 남편은 내가 한국에 대해 잘 모를 때 자세히 설명해준다					
6	나의 남편은 친척의 결혼식, 장례식 등 가족모임에 나와 함께 간다					
7	나의 남편은 의사결정 시 나의 의견을 존중한다					
8	나의 남편은 내가 시댁과의 갈등 시 나의 편을 들어준다					
9	나의 남편은 여성결혼이민자를 위한 다양한 모임들을 소개해 준다					
10	나의 남편은 여성결혼이민자를 위한 다양한 모임들에 나와 함께 참여한다					

4. 귀하께서는 남편과 여가시간 또는 휴가를 함께 보냅니까?

□ 1) 예 □ 2) 아니오 (*'아니오' ☞ 6번 문항으로 가십시오)

5. 귀하께서 남편과 보내는 여가시간이나 휴가 때 주로 무엇을 합니까? 해당란에 모두 ✓표해 주십시오.

□ 1) TV시청 □ 2) 외식 □ 3) 산책이나 운동

□ 4) 극장, 미술관, 전시회장 등 관람 □ 5) 남편의 친척이나 친구집 방문

□ 6) 모국친척이나 친구집 방문 □ 7) 국내외 여행 □ 8) 기타

6. 귀하께서는 남편과 이혼 혹은 별거를 생각해본 적이 있습니까?

□ 1) 예 □ 2) 아니오 (*'아니오' ☞ 8번 문항으로 가십시오)

7. 이혼이나 별거를 생각해본 적이 있으시다면 그 이유는 무엇이었습니까? 해당란에 모두 ✓표해 주십시오.

□ 1) 배우자와의 성격차이 □ 2) 배우자의 폭력

□ 3) 배우자의 경제적 무능력 □ 4) 생활방식 및 문화적 차이

□ 5) 무관심 □ 6) 기타

8. 귀하께서는 남편으로부터 구타나 폭언 등 폭력을 경험하신 적이 있습니까?

□ 1) 예 □ 2) 아니오 (*'아니오' ☞ 10번 문항으로 가십시오)

9. 폭력을 경험하신 적이 있다면 그 유형은 무엇입니까? 해당란에 모두 ✓표 해주십시오.

□ 1) 언어폭력 □ 2) 신체적 폭력 □ 3) 성적폭력

10. 다음은 귀하의 가족관계에 대한 질문입니다. 각 문항을 잘 읽으시고 귀하의 가족이 해당되는 란에 ✓표 해주십시오.

(가족은 현재 한국에서 함께 살고 있는 가족을 의미합니다)

번호	문항 내용	전혀 그렇지 않다	별로 그렇지 않다	종종 그렇다	자주 그렇다	항상 그렇다
1	우리 가족은 가족끼리 대화가 잘 된다					
2	우리 가족은 각자의 친한 친구들을 서로 잘 알고 있다					
3	우리 가족은 문제를 함께 잘 해결하려고 노력 한다					
4	우리 가족은 서로에 대해 잘 알고 있다					
5	우리 가족은 각자의 감정에 대해 가족들에게 마음을 열고					

	허심탄회하게 이야기 한다					
6	우리 가족은 도움이 필요할 때 언제든지 서로 도움을 청할 수 있다					
7	우리 가족은 여가시간을 함께 보내기를 좋아 한다					
8	우리 가족은 서로 친밀하게 느낀다					
9	우리 가족은 서로 솔직하고 정직하다					
10	우리 가족은 서로 지지해주고 격려해 준다					
11	우리 가족은 서로에게 생각과 느낌을 표현할 수 있다					
12	가족의 일을 계획할 때 우리 가족 모두에게 발언권이 있다					
13	우리 가족은 서로를 있는 그대로 인정한다					
14	우리 가족은 각각 자신의 행동에 책임을 진다					
15	우리 가족은 가족들 간의 서로 다른 의견을 존중 한다					
16	우리 가족은 서로의 감정을 존중 한다					
17	우리 가족은 규칙이나 기준을 고집하지 않는다					

11. 다음은 귀하의 자녀와 관련된 질문입니다. 각 문항을 잘 읽으시고 해당란에 ✓표해 주십시오(귀하와 남편 사이에 낳은 자녀가 있는 분만 응답해주십시오).

번호	문항 내용	전혀 그렇지 않다	대체로 그렇지 않다	반반이다	대체로 그렇다	매우 그렇다
1	나는 내 자녀에게 한국어뿐 아니라 나의 모국어도 함께 가르친다					
2	나는 내 자녀에게 나의 모국의 전통과 역사에 관해 가르친다					
3	나는 내 자녀에게 나의 모국과 모국에 있는 친지들에 관한 이야기를 해준다					
4	나는 내 자녀가 모국에 있는 나의 친정식구들과 전화나 이메일 등을 통해 연락을 주고받도록 한다					
5	나는 내 자녀에게 나의 모국을 방문하도록 할 것이다					

6	나는 자녀를 여러 문화에 익숙하도록 키울 것이다					
7	나는 내가 외국출신이기 때문에 내 자녀가 학교와 사회에서 따돌림과 차별을 당하지 않을까 걱정된다					
8	나는 내 자녀가 한국사회에서 잘 성장할 수 있을지 걱정된다					

12. 귀하께서 자녀양육 시 경험하는 어려움이 있습니까?

□ 1) 예 □ 2) 아니오 (*'아니오' ☞ 14번 문항으로 가십시오)

13. 자녀양육 및 교육에서 경험하는 어려움은 무엇입니까? 해당란에 모두 ✓표 해 주십시오

□ 1) 적절한 양육 및 교육법을 모름 □ 2) 자녀양육을 도와줄 사람이 없음
□ 3) 자녀와 의사소통의 어려움 □ 4) 자녀와의 사고방식 및 가치관의 차이
□ 5) 자녀에게 한국말을 가르치기 어려움 □ 6) 학습지도와 관련한 어려움
□ 7) 자녀의 친구 및 교우관계 지도의 어려움
□ 8) 자녀가 나를 엄마로서 존중하지 않음
□ 9) 남편과의 양육방식의 차이 □ 10) 시부모의 자녀양육에 대한 간섭
□ 11) 자녀를 맡길 적합한 보육시설 부족
□ 12) 자녀에 대한 사회적 편견과 차별
□ 13) 남편의 전배우자가 낳은 자녀가 나를 엄마로 인정하지 않음
□ 14) 남편의 전배우자가 낳은 자녀가 나를 싫어하고 무시함
□ 15) 기타

14. 다음은 귀하의 모국문화에 대한 한국사회와 가족의 관심도 및 귀하의 문화적 정체감과 관한 질문입니다. 문항을 잘 읽으시고 해당란에 ✓표 해주십시오.

번호	문항 내용	전혀 그렇지 않다	대체로 그렇지 않다	보통이다	대체로 그렇다	매우 그렇다
1	나의 시부모 및 친지 등은 나의 모국어를 배우려고 노력한다					
2	나의 시부모 및 친지 등은 나의 모국 문화를 이해하려고 노력한다					
3	내가 속한 지역사회는 나의 모국 문화를 이해하려고 노력한다					

4	나의 모국 문화와 한국 문화가 차이가 있다고 느낀다					
5	나는 한국의 가족과 친지에게 기회가 있을 때마다 모국문화를 알려주려고 노력한다					
6	나는 나의 모국에 대해 자부심을 느낀다					
7	나는 한국사회의 일원으로 소속되었다고 느낀다					

15. 다음은 귀하가 가정생활 가운데 경험하는 어려움에 관한 질문입니다. 각 항목별로 어려움을 경험하는 정도가 어느 정도인지 해당란에 ✓표 해주십시오

번호	문항 내용	전혀 그렇지 않다	대체로 그렇지 않다	보통이다	대체로 그렇다	매우 그렇다
1	나는 한국어 의사소통에 어려움을 느낀다					
2	나는 남편과 가사분담에 대한 의견차이로 어려움을 느낀다					
3	나는 가족들과 가치관 차이로 어려움을 느낀다					
4	나는 가족들과 생활습관 차이로 어려움을 느낀다					
5	나는 한국음식 적응에 어려움을 느낀다					
6	나는 한국식으로 가사일을 수행하는 데 어려움을 느낀다(식사준비, 빨래, 청소 등)					
7	나는 은행업무보기, 관리비 및 기타 세금내기 등의 일을 처리하는데 어려움을 느낀다.					

16. 귀하께서는 시부모와 함께 살고 있습니까?

□ 1) 예 □ 2) 아니오 □ 3) 시부모 없음(☞ D로 가십시오)

17. 귀하께서 시부모와의 관계에서 경험하는 어려움이 있습니까?

□ 1) 예 □ 2) 아니오(*'아니오' ☞ D로 가십시오)

18. 시부모와의 관계에서 어려움을 경험하고 있는 부분은 무엇입니까? 해당란에 모두 ✓표해 주십시오

□ 1) 나에 대한 인격적 무시와 비난 □ 2) 의사소통의 어려움

□ 3) 사고방식, 가치관의 차이 □ 4) 생활습관, 생활방식의 차이
□ 5) 가사일을 처리하는 방식의 차이 □ 6) 시부모부양과 수발
□ 7) 기타

D. 사회적 지지 및 모국 가족과의 관계

※ 다음은 귀하께서 어려운 일이 있거나 도움이 필요할 때 주변으로부터 받는 지지에 관한 질문입니다. 각 문항들을 잘 읽고 물음에 답해주십시오

1. 귀하의 한국생활 적응에 도움을 주는 사람이나 단체는 누구입니까? 해당란에 모두 ✓표해 주십시오.

□ 1) 남편 □ 2) 시부모 □ 3) 시동생, 시누이 등 친척
□ 4) 모국인 친구 □ 6) 직장동료 □ 5) 한국인 친구 □ 7) 이웃주민
□ 8) 자조집단 □ 9) 교회, 성당, 절 등 종교단체 □ 10) 동사무소
□ 11) 이주여성상담센터 및 사회복지기관 □ 12) 기타

2. 다음은 귀하가 가족이나 친구 등 주변의 사람들로부터 받는 지지에 관한 질문입니다. 아래의 각 항목들에 관해 귀하가 느끼시는 바를 가장 잘 표현한 해당란에 ✓표 해주십시오.

번호	문항 내용	전혀 그렇지 않다	대체로 그렇지 않다	반반이다	대체로 그렇다	매우 그렇다
1	내가 필요할 때 나의 주변에는 도움을 줄 수 있는 사람이 있다					
2	나는 기쁨과 슬픔을 함께 나눌 수 있는 사람이 있다					
3	나에게는 진정한 위안을 주는 사람이 있다					
4	나에게는 나의 기분에 관심을 두는 사람이 있다					

3. 귀하는 한국으로 이주해온 모국 친구들이 있습니까?

□ 1) 예 □ 2) 아니오 (*'아니오' ☞ 5번 문항으로 가십시오)

4. 모국친구들과 한국에서 얼마나 자주 만나서 어울리십니까?

□ 1) 일년에 1~2회 정도 □ 2) 6개월에 1~2회 정도
□ 3) 한 달에 1~2회 정도 □ 4) 일주일에 1~2회 정도
□ 5) 일주일에 3~4회 이상 □ 6) 기타

4-1. 귀하의 친정 부모님이나 친정 가족들 중 현재 한국에 살고 계신 분이 있습니까?

□ 1) 예 (누가 살고 계십니까?____) □ 2) 아니오

※ 다음은 귀하의 친정식구들과의 만남정도에 대한 질문입니다. 각 문항을 잘 읽으시고 해당란에 ✓표 해주십시오.

5. 귀하께서는 친정식구들과 전화 통화나 이메일 또는 서신교환 등 얼마나 자주 연락을 하고 있습니까?

□ 1) 전혀 연락하지 않는다 □ 2) 일년에 1~2회 정도
□ 3) 6개월에 1~2회 정도 □ 4) 한 달에 1~2회 정도
□ 5) 일주일에 1~2회 정도 □ 6) 일주일에 3~4회 이상

6. 귀하의 친정 부모님이나 가족들이 귀하의 현재 가족을 방문한 적이 있습니까?

□ 1) 예 (⇒ 몇 번 방문하셨나요?___번) □ 2) 아니오

7. 귀하가 친정 식구와 만남(서신교환, 가정방문 등)이 어렵다면 그 이유는 무엇입니까?

□ 1) 각자의 삶이 바쁘기 때문에 시간을 내기 어려워서
□ 2) 가족과의 만남에 드는 시간이 오래 걸리고, 비용이 너무 비싸기 때문에
□ 3) 친정식구들과 접촉(서신교환, 가정방문 등)하는 것을 원하지 않기 때문에
□ 4) 나의 현재 가족들이 내가 친정식구들과 접촉하는 것을 싫어하기 때문에
□ 5) 기타

E. 삶 전반에 관한 질문

1. 귀하께서 현재 삶에서 느끼는 만족에 관한 질문입니다. 해당란에 ✓표 해주십시오.

전혀 만족하지 않다				보통이다					매우 만족한다
1	2	3	4	5	6	7	8	9	10

2. 다음은 귀하께서 자신에 대해 가지고 있는 생각에 관한 질문입니다. 각 문항들을 잘 읽으시고 자신에 대한 생각에 가장 가까운 해당란에 ✓표 해주십시오.

번호	문항 내용	전혀 그렇지 않다	그렇지 않다	그렇다	매우 그렇다
1	대체로 나는 나 자신에게 만족한다				
2	때때로 나는 내가 잘 하는 것이 하나도 없다고 생각한다				
3	나는 나 자신이 많은 좋은 자질들을 가지고 있다고 느낀다				
4	나는 대부분의 다른 사람들처럼 일을 잘 할 수 있다				
5	나는 자랑스러워할 것이 별로 없다고 느낀다				
6	나는 때때로 내가 쓸모없는 사람이라고 느낀다				
7	나는 내가 가치 있는 사람이라고 느낀다				
8	나는 내가 나 자신을 좀 더 존중할 수 있었으면 좋겠다				
9	전체적으로 나는 내가 실패자라고 생각하는 경향이 있다				
10	나는 나 자신에 대해 긍정적인 태도를 갖고 있다				

3. 다음 중 귀하의 어떠한 측면이 현재 귀하께서 한국 생활에 적응하는데 큰 힘이 된다고 생각하십니까? 해당란에 모두 ✓표 해주십시오.

☐ 1) 긍정적 사고방식 ☐ 2) 능력에 대한 자신감 ☐ 3) 신앙/종교적 믿음

□ 4) 성실성 □ 5) 적극성 □ 6) 삶에 대한 목표의식

□ 7) 한국사회에 대한 사전지식 □ 8) 전문적 지식 및 기술 □ 9) 기타

4. 다음은 귀하가 평소 느끼시는 기분상태에 관한 질문입니다. 지난 1주 동안 느끼고 행동한 것을 가장 잘 나타낸다고 생각되는 해당란에 ✓표 해주십시오.

번호	문항 내용	극히 드물게 느꼈다 (1일이하)	가끔 느꼈다 (1~2일)	자주 느꼈다 (3~4일)	거의 대부분 느꼈다 (5~7일)
1	평소에는 아무렇지도 않던 일들이 귀찮게 느껴졌다				
2	입맛이 없었다				
3	가족이나 친구가 도와주더라도 울적한 기분을 떨칠 수 없었다				
4	다른 사람만큼 능력이 있다고 느꼈다				
5	무슨 일을 하든 정신을 집중하기가 힘들었다				
6	우울했다				
7	하는 일마다 힘들게 느껴졌다				
8	미래에 대하여 희망적으로 느꼈다				
9	내 인생은 실패작이란 생각이 들었다				
10	두려움을 느꼈다				
11	잠을 잘 이루지 못했다				
12	행복했다				
13	말수가 줄었다				
14	세상에 홀로 있는 듯한 외로움을 느꼈다				
15	사람들이 차갑게 대하는 것 같았다				
16	생활이 즐거웠다				
17	갑자기 울음이 나왔다				
18	슬픔을 느꼈다				
19	사람들이 나를 싫어하는 것 같았다				
20	도무지 무엇을 시작할 기운이 나지 않았다				

F. 사회복지 서비스이용 및 욕구

1. 아래의 항목들 가운데 귀하께서 이용한 적이 있는 사회복지제도 및 서비스에 모두 ✓표 해주십시오

☐ 1) 국민기초생활보장 ☐ 2) 긴급복지지원제도 ☐ 3) 건강보험
☐ 4) 의료보호 ☐ 5) 고용보험 ☐ 6) 산재보험
☐ 7) 신체적 보호 및 거주지제공 ☐ 8) 보육서비스
☐ 9) 직업훈련 및 알선 ☐ 10) 정신건강상담 ☐ 11) 가정폭력상담
☐ 12) 가족상담 및 프로그램 ☐ 13) 한국어교육
☐ 14) 한국문화교육(언어, 풍습, 음식 등)
☐ 15) 국적취득 관련 정보제공 및 원조
☐ 16) 기타 필요한 정보제공 및 원조(법률, 의료, 취업 등)
☐ 17) 기타
☐ 18) 어떠한 서비스도 이용한 적이 없다 (☞ 5번 문항으로 가세요.)

2. 귀하께서 이용한 사회복지서비스의 시설유형은 무엇입니까?

☐ 1) 동사무소 ☐ 2) 보건소 ☐ 3) 사회복지관
☐ 4) 지역정신보건센터 ☐ 5) 건강가정지원센터
☐ 6) 결혼이민자지원센터 ☐ 7) 가정폭력상담기관 ☐ 8) 쉼터
☐ 9) 외국인 또는 이주여성인권단체 ☐ 10) 종교단체 ☐ 11) 기타

3. 이용한 사회복지서비스에 대한 만족도는 어느 정도였습니까?

☐ 1) 전혀 만족스럽지 못했다 ☐ 2) 대체로 만족스럽지 못했다
☐ 3) 보통이다 ☐ 4) 대체로 만족스러웠다 ☐ 5) 매우 만족스러웠다

4. 사회복지서비스 이용 시 경험한 어려움은 무엇이었습니까? 해당란에 모두 ✓표 해주십시오.

☐ 1) 서비스 기관을 찾아가기 어려워서
☐ 2) 서비스 이용절차가 복잡하고 어려워서
☐ 3) 나에게 맞는 적합한 서비스를 찾기 어려워서
☐ 4) 서비스를 받는다는 것 자체가 심리적으로 불편하게 느껴져서
☐ 5) 기관의 직원과 한국어로 의사소통이 안 되어서
☐ 6) 기관의 직원이 결혼이민자에 대한 서비스 내용과 절차를 잘 알지 못해서
☐ 7) 기관의 직원이 결혼이민자를 한국 사람과 다르게 차별적으로 대우해서

□ 8) 가족이 복지시설 이용을 반대하여서 □ 9) 기타

5. 사회복지서비스를 이용한 적이 없는 경우는 어떠한 이유에서입니까? 해당란에 모두 ✓표 해주십시오.

□ 1) 이용할 수 있는 서비스와 제도가 있다는 것을 몰라서
□ 2) 서비스를 제공하는 기관이 있다는 것을 몰라서
□ 3) 서비스를 이용하는 방법을 몰라서 □ 4) 서비스가 필요하지 않아서
□ 5) 내가 원하는 서비스가 없어서
□ 6) 기관의 직원과 한국어로 의사소통이 안 되어서
□ 7) 서비스를 이용하기 위한 시간이 부족하여서
□ 8) 서비스를 이용하는데 필요한 돈이 부족해서
□ 9) 가족이 복지시설 이용을 반대하여서 □ 10) 기타

6. 아래의 복지 및 사회적 서비스에 대한 귀하의 욕구는 어느 정도인지 해당란에 ✓표 해주십시오

번호	문항 내용	전혀 필요하지 않다	별로 필요하지 않다	보통 이다	필요 하다	매우 필요 하다
1	경제적 지원(생계비 등)					
2	건강보험혜택 및 의료비 지원					
3	주택지원(영구임대주택 등)					
4	직업훈련 및 알선					
5	국적취득지원서비스					
6	법률관련 정보서비스					
7	개인 및 가족상담 서비스					
8	가정폭력 관련 상담 및 서비스					
9	자녀양육지원(보육서비스)					
10	자녀교육지원(학습지도서비스)					
11	부모역할교육					
12	부부관계 향상 프로그램					
13	가족관계 향상 프로그램					
14	노부모부양 및 수발지원 서비스					
15	한국어교육					
16	한국음식 만들기 교육					
17	한국 전통문화 및 예절교육					

18	한국인 멘토 연결 프로그램					
19	모국문화 가족에게 알리기					
20	모국문화 한국지역사회에 알리기					
21	여성결혼이민자 자조모임 지원					
22	여가활동 참여기회 제공(영화, 음악회 등)					
23	문화체육시설 이용 지원					
24	지역사회내 편의시설 (은행/시장/도서관 등) 이용 지원					
25	결혼이민자에 대한 지역사회 내 인식개선 캠페인					

— 끝까지 응답해 주셔서 감사합니다 —

부록 2

서울 거주 외국인과 서울시민 소통에 대한 서면 설문

서울 거주 외국인과 서울시민의 소통연구

이 설문지는 서울 다문화 발전을 위한 사회소통과 적응 연구의 일부로 서울 거주 외국인에 대한 서울 시민의 인식과 태도를 파악함으로써 서울시 외국인을 위한 정책과 행정 지원 방안을 마련하기 위해 작성된 것입니다. 설문의 내용은 귀하의 외국인에 대한 인식과 외국인노동자, 결혼이주여성, 현 지역에 살고 있는 외국인에 대해 어떻게 생각하는지에 대한 의견으로 구성되어 있습니다.

귀하의 답변은 익명으로 통계 처리되어 연구 목적을 위해서만 이용되니 솔직한 답변 부탁드립니다. 본 설문은 자발적인 참여를 원칙으로 함으로, 원하지 않는 분들은 참여하지 않을 수 있습니다.

2007년 8월

서울시정개발연구원 · 이화여자대학교 사회복지전문대학원 · 국제대학원

문의처 : 양옥경 교수 연구실

02) 3277-2258

A. 외국인에 대한 인식

1. 귀하는 서울에 거주하는 외국인라고 하면 어떤 사람이 가장 먼저 떠오르십니까?
   ① 주한 외교사절 ② 외국기업의 주재원 ③ 국제결혼이주여성
   ④ 외국인노동자 ⑤ 외국인 유학생 ⑥ 기타( )
2. 귀하는 서울에 거주하는 외국인의 출신국 중에 가장 많은 곳이 어디라고 생각하십니까? ________
3. 귀하는 외국인을 주로 어떻게 식별하십니까?
   ① 피부색, 모발색 등으로 ② 옷차림새 ③ 외국어 사용
   ④ 특정 분야의 업종에 종사(예: 외국인노동자, 대사관 임직원)
   ⑤ 기타( )
4. 귀하는 다음 상황에 대해 어떻게 생각하십니까? 해당란에 ✓표를 해 주십시오.

번호	문항 내용	매우 찬성	찬성	보통	찬성하지 않음	매우 찬성하지 않음
1	외국인이 우리나라에 사는 것	①	②	③	④	⑤
2	외국인이 서울에 사는 것	①	②	③	④	⑤
3	외국인이 우리 동네에 사는 것	①	②	③	④	⑤
4	나의 가족구성원(자녀)이 외국인과 결혼하는 것	①	②	③	④	⑤
5	외국인과 내가 결혼하는 것	①	②	③	④	⑤
6	외국인이 나와 같은 직장에 다니는 것	①	②	③	④	⑤
7	외국인 자녀와 내 자녀가 같은 학교에 다니는 것	①	②	③	④	⑤

5. 귀하는 '외국인'하면 어떠한 느낌이 드십니까? 해당란에 ✓표 해 주십시오.

번호	문항 내용	매우 그렇다	그렇다	보통이다	그렇지 않다	매우 그렇지 않다
1	유능하다	①	②	③	④	⑤
2	순수하다	①	②	③	④	⑤
3	합리적이다	①	②	③	④	⑤
4	풍요롭다	①	②	③	④	⑤
5	인간적이다	①	②	③	④	⑤

6	사회적이다	①	②	③	④	⑤
7	깨끗하다	①	②	③	④	⑤
8	친절하다	①	②	③	④	⑤
9	개방적이다	①	②	③	④	⑤

B. 국제결혼이주여성

1. 귀하는 '국제결혼이주여성'하면 어떠한 사람이 생각나십니까? 떠오르는 대로 2개를 골라 기입 해 주십시오.

1) ________ 2) ________

① 러시아인 ② 몽골인 ③ 미국인 ④ 베트남인 ⑤ 우즈베키스탄인 ⑥ 일본인
⑦ 조선족 ⑧ 중국인 ⑨ 대만인 ⑩ 태국인 ⑪ 필리핀인 ⑫ 기타( )

2. 귀하는 다음 상황에 대해 어떻게 생각하십니까? 해당란에 ✓표를 해 주십시오.

번호	문항 내용	매우 찬성	찬성	보통	찬성하지 않음	매우 찬성하지 않음
1	국제결혼이주여성이 우리나라에 사는 것	①	②	③	④	⑤
2	국제결혼이주여성이 서울에 사는 것	①	②	③	④	⑤
3	국제결혼이주여성이 우리 동네에 사는 것	①	②	③	④	⑤
4	가족구성원(자녀)이 국제결혼이주여성과 결혼하는 것	①	②	③	④	⑤
5	국제결혼이주여성이 나와 같은 직장에 다니는 것	①	②	③	④	⑤
6	국제결혼이주여성 자녀와 내 자녀가 같은 학교에 다니는 것	①	②	③	④	⑤

3. 귀하는 '국제결혼이주여성'하면 어떠한 느낌이 드십니까? 해당란에 ✓표를 해 주십시오.

번호	문항 내용	매우 그렇다	그렇다	보통이다	그렇지 않다	매우 그렇지 않다
1	유능하다	①	②	③	④	⑤
2	순수하다	①	②	③	④	⑤
3	합리적이다	①	②	③	④	⑤
4	풍요롭다	①	②	③	④	⑤
5	인간적이다	①	②	③	④	⑤
6	사회적이다	①	②	③	④	⑤
7	깨끗하다	①	②	③	④	⑤
8	친절하다	①	②	③	④	⑤
9	개방적이다	①	②	③	④	⑤

C. 외국인노동자

1. 귀하는'외국인노동자'하면 어떠한 사람이 생각나십니까? 떠오르는 대로 2개를 골라 기입해 주십시오. 1) ________ 2) ________

① 대만인 ② 러시아인 ③ 말레이시아인 ④ 몽골인 ⑤ 미국인 ⑥ 방글라데시인
⑦ 베트남인 ⑧ 일본인 ⑨ 조선족 ⑩ 중국인 ⑪ 태국인 ⑫ 파키스탄인
⑬ 필리핀인 ⑭ 홍콩인 ⑮ 기타( )

2. 귀하는 다음 상황에 대해 어떻게 생각하십니까? 해당란에 ✓표를 해 주십시오.

번호	문항 내용	매우 찬성	찬성	보통	찬성하지 않음	매우 찬성하지 않음
1	외국인노동자가 우리나라에 사는 것	①	②	③	④	⑤
2	외국인노동자가 서울에 사는 것	①	②	③	④	⑤
3	외국인노동자가 우리 동네에 사는 것	①	②	③	④	⑤
4	나의 가족구성원(자녀)이 외국인노동자와 결혼하는 것	①	②	③	④	⑤
5	외국인노동자와 내가 결혼하는 것	①	②	③	④	⑤
6	외국인노동자가 나와 같은 직장에 다니는 것	①	②	③	④	⑤
7	외국인노동자 자녀와 내 자녀가 같은 학교에 다니는 것	①	②	③	④	⑤

3. 귀하는'외국인노동자'하면 어떠한 느낌이 드십니까? 해당란에 ✓표 해주십시오.

번호	문항 내용	매우 그렇다	그렇다	보통이다	그렇지 않다	매우 그렇지 않다
1	유능하다	①	②	③	④	⑤
2	순수하다	①	②	③	④	⑤
3	합리적이다	①	②	③	④	⑤
4	풍요롭다	①	②	③	④	⑤
5	인간적이다	①	②	③	④	⑤
6	사회적이다	①	②	③	④	⑤
7	깨끗하다	①	②	③	④	⑤
8	친절하다	①	②	③	④	⑤
9	개방적이다	①	②	③	④	⑤

D. 우리 동네 외국인

1. 귀하가 이 동네에서 자주 만나는 외국인은 어떤 사람입니까? ＿＿＿＿＿

① 러시아인 ② 몽골인 ③ 미국인 ④ 방글라데시인 ⑤ 베트남인 ⑥ 인도네시아인
⑦ 일본인 ⑧ 조선족 ⑨ 중국인 ⑩ 파키스탄인 ⑪ 프랑스인
⑫ 한국계 러시안(고려인) ⑬ 기타(   )

2. 귀하는 이 동네에서 외국인을 얼마나 자주 만납니까?

① 거의 매일 ② 주 2~3회 ③ 주 1회 ④ 월 1~2회 ⑤년 1~2회
⑥ 없음 ⑦ 기타(   )

3. 귀하는 이 동네에서 외국인을 만나면 어떤 방식으로 의사소통 합니까? 해당란 모두에 ✓표를 해 주십시오.

① 영어	② 기타 외국어	③ 한국어	④ 몸짓	⑤ 만남을 피함

4. 귀하는 이 동네에서 외국인과 의사소통을 더 잘하기 위해 어떻게 해야 한다고 생각하십니까?

① 외국인이 한국어와 한국문화를 배워야 한다

② 우리가 외국의 언어와 외국문화를 배워야 한다

③ 외국인과 한국인이 서로의 언어와 문화를 공유해야 한다

④ 기타(   )

5. 귀하는 외국인의 문화를 이해하기 위해 주로 어떤 노력을 하십니까?

① 책을 통해 ② 인터넷을 통해 ③ 방송매체를 통해

④ 외국인과 만남을 통해 ⑤ 외국 여행 및 체류를 통해

⑥ 기타 (   ) ⑦ 노력한 적 없음

6. 귀하는 이 동네에 외국인 관련 시설과 외국인이 많이 모이는 것에 대해 어떻게 생각하십니까?

① 매우 좋다 ② 좋다 ③ 보통이다 ④ 싫다 ⑤ 매우 싫다

7. 귀하는 이 동네에 외국인이 함께 거주하게 되어 발전하고 있다고 생각하십니까?

① 예   ② 아니오

8. 다음은 이 동네에서 자주 만나는 외국인이 지역에 미치는 영향에 관한 질문입니다. 해당란에 ✓표 해 주십시오.

1	지역 상권 조성	① 상권을 매우 촉진함	② 상권을 촉진함	③ 보통임	④ 상권을 하락시킴	⑤ 상권을 매우 하락시킴
2	지역 이미지 조성	① 매우 긍정적인 이미지를 조성함	② 긍정적인 이미지를 조성함	③ 보통임	④ 부정적인 이미지를 조성함	⑤ 매우 부정적인 이미지를 조성함
3	지역에 대한 정부 투자	① 정부투자가 매우 증가 함	② 정부투자가 증가함	③ 보통임	④ 정부 투자가 감소함	⑤ 정부 투자가 매우 감소함
4	자녀의 다문화 교육	① 다문화교육 매우 증진됨	② 다문화교육 증진됨	③ 보통임	④ 다문화교육 수준 저하됨	⑤ 다문화교육 수준 매우 저하됨
5	외부 주민의 방문	① 방문이 매우 증가함	② 방문이 증가함	③ 보통임	④ 방문을 기피함	⑤ 방문을 매우 기피함
6	사회문제	① 문제가 매우 감소함	② 문제가 감소함	③ 보통임	④ 문제가 증가함	⑤ 문제가 매우 증가함

9. 귀하는 이 동네가 외국인과 더불어 성장하는 지역사회로 발전하기 위해 무엇이 필요하다고 생각하십니까?

① 외국인의 한국 생활 적응 프로그램 ② 한국인의 외국 다문화 이해 프로그램

③ 다문화 관광 자원화 프로그램 ④ 외국인-한국인 공동 지역발전 프로그램

⑤ 기타(   )

10. 귀하는 서울이 '다문화사회'라고 생각하십니까?

① 현재 그렇다고 생각 한다

② 현재는 아니지만, 앞으로 그렇게 될 것 같다

③ 현재는 아니지만, 앞으로 그렇게 되어야 한다

④ 현재도 아니고, 앞으로도 그렇게 될 것 같지 않다

⑤ 현재도 아니고, 앞으로도 그렇게 되어서는 안 된다

E. 다문화 센터

1. 귀하는 서울을 방문/체류하는 외국인과 서울 시민의 문화를 이해하고 교류하기 위한 센터가 필요하다고 생각하십니까?

① 예　　　　　　　　　　② 아니오

2. 귀하는 외국인이 한국/서울을 이해하고 적응해 살아가도록 돕는 서비스 센터가 필요하다고 생각하십니까?

① 예(3번으로)　　　　　　　　　　② 아니오

2-1. 귀하가 그렇게 생각한 이유가 무엇입니까?

① 세금을 내지 않음으로　　② 우리나라 국민이 아님으로

③ 외국인은 생활상 큰 어려움이 없음으로

④ 외국인 스스로에서 해결해야 하는 것임으로

⑤ 배려할 필요성을 전혀 느끼지 못함으로

⑥ 기타(   )

(→ F. 일반적 사항으로 가세요.)

3. 귀하는 이 센터에 외국인을 위한 프로그램으로 어떤 것이 있어야 한다고 생각하십니까? 가장 중요한 3가지를 골라 기입 해 주십시오.

1) ________ 2) ________ 3) ________

① 한국어 교육 ② 취업·기술 교육 ③ 한국 문화 교육 ④ 법률 교육 ⑤ 사회 적응 지원(은행 등 행정 시스템 이용 지원) ⑥ 법률 및 가정 상담 지원 ⑦ 의료 지원 ⑧ 유·청소년 생활지원 ⑨ (긴급 상황 시) 통역 · 번역 서비스 지원 ⑩ 취업·주택 알선 등 정착 지원 서비스 ⑪ 지역주민과 함께하는 지역사회 행사 ⑫ 기타(   )

4. 귀하는 이 센터를 서울 시민도 이용할 수 있다고 생각하십니까?
① 예(5번으로) ② 아니오
이유: ____________________ (→ F. 일반적 사항으로 가세요)

5. 이 센터 안에 서울 시민을 위한 프로그램은 어떤 것이 있어야 한다고 생각하십니까? 가장 중요한 3가지를 골라 기입 해 주십시오.

① 외국어 교육 ② 편견해소 교육 ③ 외국 문화 체험 (요리 강좌 등) ④ 외국인과 함께 하는 지역사회 행사 ⑤ 외국인과 함께하는 클럽활동 ⑥ 유·초·중·고등학교 다문화 교육 특별활동 ⑦ 시민 대상 다문화이해 교육 ⑧ 다문화 도서실/자료실 ⑨ 다문화가정을 위한 특별 프로그램 ⑩ 기타 ( )

1) __________ 2) __________ 3) __________

F. 일반적 사항

1. 귀하의 성별은 무엇입니까?
① 여성 ② 남성

2. 귀하의 최종 학력은 무엇입니까?
① 무학 ② 초등학교 졸업 ③ 중학교 졸업 ④ 고등학교 졸업
⑤ 대학교 재학 ⑥ 대학교 졸업 ⑦ 대학원 이상

3. 귀하의 연령은 몇 세 입니까?
① 만 19~29세 ② 만 30~39세 ③만 40~49세 ④만 50~59세

4. 귀하는 결혼하셨습니까?
① 미혼 ② 기혼 ③ 이혼 또는 별거 ④ 사별

5. 귀하의 종교는 무엇입니까?
① 기독교 ② 천주교 ③ 불교 ④ 무교 ⑤ 기타( )

6. 귀하의 직업은 무엇입니까?
① 자유/전문직(의사, 약사, 변호사, 회계사, 교수, 교사, 작가, 예술가 등)
② 경영/관리직(기업체 부장 이상, 5급 이상 공무원, 종업원 9인 이상의 기업체 사장 등)
③ 사무/기술직(과장 이하 회사원, 공무원 등)
④ 판매/영업/서비스직(상점 점원, 보험 설계사, 이 미용사 등)

⑤ 기능/작업직/단순 노무직(광부, 전기/전자 장비 설비, 생산직 종사자, 배달 등)
⑥ 자영업 ⑦ 농/임/어/축산업 종사자 ⑧ 전업 주부 ⑨ 학생 ⑩ 무직
⑪ 기타

7. 귀하는 외국에 1년 이상 거주하신 적이 있으십니까?
   ① 예 ② 아니오

8. 귀하는 직장에서 외국인과 함께 일하십니까?
   ① 예 ② 아니오

9. 귀하는 외국어로 의사소통이 가능하십니까?
   ① 내가 원하는 말은 무엇이든 할 수 있다
   ② 완벽하지는 못하지만 어느 정도 할 수 있다.
   ③ 전혀 하지 못 한다

— 끝까지 응답해 주셔서 감사합니다 —

부록 3

서울 시민의 외국인에 대한 인식 및 태도 전화 설문

〔접근문〕 서울시민의 외국인에 대한 인식 및 태도 조사

안녕하세요? 여기는 여론조사 기관인 리서치 앤 리서치입니다. 이번에 저희는 서울시정개발연구원과 이화여자대학교 사회복지전문대학원, 국제대학원의 의뢰로 외국인에 대한 설문조사를 실시하게 되었습니다. 바쁘시더라도 문항이 몇 개 안되니 잠시만 시간을 내어 주시면 감사하겠습니다.

SQ1. 거주지

① 강남동부권: 강남구, 강동구, 서초구, 송파구
② 강남서부권: 강서구, 구로구, 양천구, 동작구, 관악구, 영등포구, 금천구
③ 강북동부권: 동대문구, 중랑구, 성동구, 광진구, 강북구, 노원구, 성북구, 도봉구
④ 강북서부권: 마포구, 은평구, 용산구, 서대문구, 중구, 종로구

SQ2. 성별(물어볼 것!)

① 남자　　② 여자

SQ3. 선생님의 연령은 어떻게 되십니까?

① 19～29세　② 30～39세　③ 40～49세　④ 50～59세

(만 18세 이하, 60세 이상 면접 중단)

※ '잘 모르겠다'는 응답이 나올 경우는 모두 ⑨번으로 표기해 주십시오.
먼저 외국인과 의사소통에 대해 여쭙겠습니다.

1. 선생님께서는 외국에 1년 이상 거주하신 적이 있으십니까?
① 예 ② 아니오
2. 선생님께서는 외국인과 외국어로 의사소통이 어느 정도 가능합니까?
① 내가 원하는 말은 무엇이든 할 수 있다
② 완벽하지는 못하지만 어느 정도 할 수 있다
③ 전혀 하지 못한다
3. 선생님께서는 서울에서 외국인과 만나신 경험이 있으십니까?
① 예(3-1번으로) ② 아니오(4번으로)
3-1. 선생님께서 서울에서 외국인과 만나시게 된 주된 경로는 어떻게 되십니까?
① 가족 ② 직장동료 ③ 같은 학교 학생
④ 길에서 우연히 만남(길 물어봄 등) ⑤ 업무상 일 ⑥ 기타(적을 것:)
4. 선생님께서는 외국인의 문화를 이해하기 위해 주로 어떤 노력을 하였습니까? (2개 선택)
① 책을 통해 ② 인터넷을 통해 ③ 방송매체를 통해
④ 외국인과 만남을 통해 ⑤ 외국 여행 및 체류를 통해
⑥ 기타 (적을 것:) ⑦ 노력한 적 없음(불러주지 말 것!)

※ 다음은 외국인 하면 생각나는 이미지에 대해 여쭙겠습니다.

5. 선생님께서는 '외국인'하면 가장 먼저 어떤 사람이 생각나십니까? (R)
① 외국인노동자 ② 결혼이주여성 ③ 외국인 관광객 ④ 백인
⑤ 흑인 ⑥ 조선족 ⑦ 기타(적을 것:)

※ 다음 우리 주변의 외국인에 대한 호감도에 대해 여쭙겠습니다.

6. 선생님께서는 외국인에 대해 전반적으로 얼마나 호감이 가십니까?
① 매우 호감이 간다 ② 호감가는 편이다 ③ 보통이다
④ 호감이 가지 않는 편이다 ⑤ 전혀 호감이 가지 않는다

7. 선생님께서는 외국인노동자에 대해 얼마나 호감이 가십니까?
① 매우 호감이 간다 ② 호감가는 편이다 ③ 보통이다
④ 호감이 가지 않는 편이다 ⑤ 전혀 호감이 가지 않는다

8. 선생님께서는 다문화가정(부부 중 한 명이 외국 국적을 가진 적이 있어 문화가 혼재되어 있는 가정)에 대해 얼마나 호감이 가십니까?
① 매우 호감이 간다 ② 호감가는 편이다 ③ 보통이다
④ 호감이 가지 않는 편이다 ⑤ 전혀 호감이 가지 않는다

9. 선생님께서는 다문화가정의 자녀에 대해 얼마나 호감이 가십니까?
① 매우 호감이 간다 ② 호감가는 편이다 ③ 보통이다
④ 호감이 가지 않는 편이다 ⑤ 전혀 호감이 가지 않는다

※ 다음은 외국인에 대한 인식과 관련한 문항입니다.

10. 선생님께서는 외국인이 우리나라에 사는 것에 대해 어떻게 생각하십니까?
① 매우 찬성한다 ② 찬성하는 편이다 ③ 보통이다
④ 찬성하지 않는 편이다 ⑤ 전혀 찬성하지 않는다

11. 그렇다면 외국인이 선생님께서 거주하시는 서울에 사는 것에 대해 어떻게 생각하십니까?
① 매우 찬성한다 ② 찬성하는 편이다 ③ 보통이다
④ 찬성하지 않는 편이다 ⑤ 전혀 찬성하지 않는다

12. 외국인이 선생님께서 거주하시는 동네에 사는 것에 대해 어떻게 생각하십니까?
① 매우 찬성한다 ② 찬성하는 편이다 ③ 보통이다
④ 찬성하지 않는 편이다 ⑤ 전혀 찬성하지 않는다

13. 선생님의 가족구성원(본인, 자녀 등)이 외국인과 결혼하는 것(혹은 결혼한다면 어떻게)에 대해 어떻게 생각하십니까?
① 매우 찬성한다 ② 찬성하는 편이다 ③ 보통이다
④ 찬성하지 않는 편이다 ⑤ 전혀 찬성하지 않는다

14. 선생님께서는 서울이 다문화사회라고 생각하십니까?
① 현재 그렇다고 생각한다 ② 현재는 아니지만, 앞으로 그렇게 될 것 같다
③ 현재는 아니지만, 앞으로 그렇게 되어야 한다

④ 현재도 아니고, 앞으로 그렇게 될 것 같지 않다
⑤ 현재도 아니고, 앞으로도 그렇게 되어서는 안 된다

15. 선생님께서 서울에 외국인이 거주하면서 미치는 영향이 무엇이라고 생각하십니까?
① 경제는 활성화 ② 문화의 다양성과 역동성 ③ 서울의 국제도시화
④ 한국어·한국문화·혈통 등 전통의 약화 ⑤ 실업과 같은 경제적 피해
⑥ 범죄 등 사회문제의 증가 ⑦ 기타(적을 것:)

※ 이제 끝으로 통계처리를 위해 몇 가지 여쭙겠습니다.

DQ1. 실례지만 학교는 어디까지 마치셨습니까?
① 중졸이하 ② 고졸 ③ 대재이상

DQ2. 선생님의 직업은 무엇입니까?
① 자유/전문직(의사, 약사, 변호사, 회계사, 교수, 작가, 예술가, 종교인 등)
② 경영/관리직(기업체 부장 이상, 5급 이상 공무원, 종업원 9인 이상의 기업체 사장 등)
③ 사무/기술직(과장 이하 회사원, 공무원 등)
④ 판매/영업/서비스직(상점점원, 보험설계사, 세일즈맨, 이미용사, 보안서비스, 음식서비스 등)
⑤ 기능/작업직/단순노무직(광부, 전기/전자장비 설비, 생산직 종사자, 배달, 운반, 세탁, 기사 등)
⑥ 자영업 ⑦ 농/임/어/축산업 종사자 ⑧ 전업 주부 ⑨ 학생 ⑩ 기타
⑪ 무직 ⑫ (☞불러주지 말것!) 모름/무응답

DQ3. 실례지만 결혼은 하셨습니까?
① 미혼 ②기혼 ③이혼 또는 별거 ④사별

— 끝까지 응답해 주셔서 감사합니다 —

부록 4

서울의 다문화프로그램 지원기관 목록 *

기관분류		기관명	성인프로그램	아동·청소년 프로그램
공공기관	1	가산동 주민자치센터	한국어교육	
	2	강동구청	노래교육, 문화예절교육, 의료지원, 사회적응서비스, 한국문화체험	
	3	강서구청	한국어교육	
	4	경동초등학교		한국어교육, 편견해소, 다문화체험
	5	관악구청	요리교육, 상담	
	6	광진구청	한국문화체험	
	7	구로구청	한국문화체험	한국어교육
	8	구로6동 주민자치센터	한국어교육	
	9	금천구청	한국어교육, 상담, 사회적응서비스	
	10	길1동 주민자치센터	한국어교육	
	11	도봉구청	의료지원	
	12	동대문구청	의료지원	
	13	마포구청	사회적응서비스, 한국문화체험	사회적응서비스
	14	보광초등학교	상담	한국어교육, 편견해소, 한국문화체험, 다문화체험
	15	불광1동 주민자치센터	한국어교육	

* 김은미 · 양옥경 · 이해영(2007: 189~193)을 수정 보완함.

기관 분류	기관명		성인프로그램	아동·청소년 프로그램
공공 기관	16	서대문구청	한국어교육, 상담, 사회적응서비스, 한국문화체험	
	17	서울교대 다문화교육연구원	사회통합프로그램	
	18	서울시 여성가족재단	사회적응서비스, 한국문화체험, 다문화체험, 캠페인	편견해소
	19	서초구청	한국문화체험	
	20	성북구청	다문화체험	
	21	성북1동 주민자치센터	한국어교육, 상담	
	22	송파구청	한국어교육, 영어구연동화교육, 상담, 의료지원, 사회적응서비스, 한국문화체험, 다문화체험	
	23	암사1동 주민자치센터	한국어교육	
	24	역촌1동 주민자치센터	한국어교육	
	25	용문동 주민자치센터	한국어교육	
	26	유네스코 한국위원회	한국문화체험	
	27	은평구청	한국문화체험	학습지원
	28	재한몽골학교		한국어교육, 컴퓨터교육, 편견해소, 한국문화체험, 다문화체험
	29	중랑구청	한국어교육, 요리교육, 사회적응서비스, 한국문화체험, 캠페인	학습지원
	30	천호1동 주민자치센터	한국어교육	
	31	한강로2동 주민자치센터	한국어교육	

기관 분류			기관명	성인프로그램	아동 · 청소년 프로그램
관민 기관	건강 지원 센터	32	강남구 건강가정지원센터	상담	
		33	강북구 건강가정지원센터	한국어교육, 의료지원, 음식제공, 다문화체험	
		34	강서구 건강가정지원센터	문화예절교육, 사회적응서비스, 한국문화체험	
		35	결혼이민자지원 연대서울센터	한국어교육, 상담	
		36	관악구 건강가정지원센터	한국어교육, 상담, 사회적응서비스, 한국문화체험, 다문화체험	사회적응서비스, 한국문화체험
		37	광진구 건강가정지원센터	컴퓨터교육	
		38	구로구 건강가정지원센터	한국어교육, 노래교육, 자녀발달교육, 다문화서비스, 한국문화체험, 다문화체험	편견해소
		39	금천구 건강가정지원센터	한국어교육, 요리교육, 상담, 한국문화체험	뮤지컬교육
		40	도봉구 건강가정지원센터	한국어교육, 사회적응서비스	
		41	동대문구 다문화가족지원센터	한국어교육, 컴퓨터교육, 취업교육, 사회통합프로그램, 상담, 의료지원, 한국문화체험, 다문화체험	탁아
		42	동작구 다문화가족지원센터	한국어교육, 컴퓨터교육, 노래교육, 비즈공예교육, 다문화서비스, 사회적응서비스, 다문화체험	

기관 분류		기관명		성인프로그램	아동 · 청소년 프로그램
관민 기관	건강 지원 센터	43	마포구 건강가정지원센터	한국어교육, 컴퓨터교육, 취업교육, 상담, 한국문화체험	한국어교육
		44	서대문구 건강가정지원센터	한국어교육, 상담	
		45	성동구 건강가정지원센터	한국어교육, 문화예절교육, 상담, 다문화서비스, 사회적응서비스, 한국문화체험	
		46	성북구 다문화가족지원센터	한국어교육, 상담, 의료지원	
		47	송파구 건강가정지원센터	한국어교육, 요리교육, 상담, 한국문화체험	
		48	양천구 건강가정지원센터	한국어교육, 문화예절교육, 상담, 사회적응서비스, 한국문화체험,	한국어교육
		49	영등포구 다문화가족지원센터	한국어교육, 상담	
		50	용산구 건강가정지원센터	한국어교육, 상담	
		51	은평구 건강가정지원센터	상담	
		52	종로구 건강가정지원센터	상담	
		53	중구 건강가정지원센터	사회적응서비스	편견해소, 한국문화체험
		54	중랑구 건강가정지원센터	한국어교육, 다문화서비스, 사회적응서비스, 한국문화체험	다문화체험

기관 분류			기관명	성인프로그램	아동 · 청소년 프로그램
관민 기관	종합 사회 복지관	55	녹번 종합사회복지관	한국어교육, 컴퓨터교육, 상담, 다문화서비스, 사회적응서비스,	한국어교육
		56	북부 종합사회복지관	한국어교육, 상담, 한국문화체험	
		57	신길 종합사회복지관	한국어교육, 상담	
		58	영등포 종합사회복지관	한국어교육, 상담, 사회적응서비스, 한국문화체험, 다문화체험, 캠페인	
		59	유락종합사회복지관 (중구청위탁)	한국어교육, 컴퓨터교육, 태권도교육, 상담, 의료지원, 다문화서비스, 한국문화체험,	탁아
		60	은평 종합사회복지관	한국어교육, 문화예절교육, 상담, 의료지원, 음식제공, 한국문화체험	
		61	화원 종합사회복지관	한국어교육, 컴퓨터교육, 미술교육, 노래교육, 사회통합프로그램, 상담, 의료지원, 사회적응서비스, 한국문화체험	
		62	YMCA 가락 종합사회복지관	한국어교육, 컴퓨터교육, 의료지원	
		63	YMCA 봉천 종합사회복지관	한국어교육, 노래교육, 상담, 한국문화체험	
	지역 복지 센터	64	구립서초유스센터	한국문화체험	
		65	금천구 노인복지회관	의료지원	
		66	남부교육센터	한국어교육, 상담, 한국문화체험	
		67	송파구 자원봉사센터	한국어교육, 국악교육, 상담, 의료지원	

기관 분류		기관명		성인프로그램	아동 · 청소년 프로그램
관민 기관	국어 문화원	68	국어단체연합 국어상담소	한국어교육	
		69	이화여대 국어문화원	한국어교육	
		70	한국방송 국어문화원	한국어교육	
시민단체		71	강서양천 이주여성의 집	상담, 의료지원, 사회적응서비스	
		72	금천 외국인근로자센터	한국어교육, 컴퓨터교육, 상담	
		73	다문화열린사회	한국문화체험, 다문화체험	
		74	서울 외국인노동자센터	한국어교육, 컴퓨터교육, 취업교육, 상담, 의료지원, 한국문화체험	
		75	성동 외국인근로자센터	한국어교육, 컴퓨터교육, 상담, 의료지원, 음식제공, 한국문화체험,	한국어교육, 컴퓨터교육, 편견해소
		76	아시아미래재단		한국문화체험
		77	여성자원금고	한국어교육, 취업교육, 한국문화체험	
		78	외국인노동자의 집 /중국동포의 집	한국어교육, 컴퓨터교육, 상담, 의료지원, 다문화서비스	
		79	외국인노동자 인권문화센터	한국어교육, 상담	
		80	외국인노동자 대책협의회	상담, 의료지원	
		81	이주노동자 노동조합	상담	
		82	이주민자녀센터	상담	한국어교육
		83	청년여성문화원	문화예절교육	
		84	평등노조 이주노동자지부	상담	

기관 분류		기관명	성인프로그램	아동·청소년 프로그램
시민단체	85	푸른시민연대	한국어교육, 컴퓨터교육, 법률교육, 상담, 다문화서비스, 한국문화체험	
	86	한국국제노동재단	취업교육	
	87	한국외국인근로자 지원센터	한국어교육, 컴퓨터교육, 태권도교육, 문화예절교육, 국악교육, 금융교육, 법률교육, 취업교육, 상담, 의료지원, 다문화서비스, 한국문화체험	탁아
	88	한국이주노동자 건강협회	취업교육, 상담, 의료지원	
	89	한국이주노동자 복지회	한국어교육, 컴퓨터교육, 미술교육, 노래교육, 상담, 의료지원, 음식제공, 다문화서비스, 사회적응서비스, 한국문화체험, 캠페인	탁아
	90	한국이주여성 인권센터	한국어교육, 컴퓨터교육, 금융교육, 법률교육, 상담, 의료지원, 다문화서비스, 한국문화체험	
	91	YWCA	한국어교육, 컴퓨터교육, 의료지원, 한국문화체험, 다문화체험	
종교단체	92	거암교회	한국어교육	
	93	국제민간교류협회 희년선교회	한국어교육, 상담, 의료지원	
	94	나섬공동체	상담, 음식제공, 한국문화체험, 다문화체험	

기관 분류	기관명		성인프로그램	아동·청소년 프로그램
종교단체	95	마리암 이주여성상담소	한국어교육, 상담, 의료지원, 사회적응서비스	
	96	벗들의 집	한국어교육, 미술교육, 상담, 의료지원, 한국문화체험	
	97	베들레헴어린이집		탁아
	98	사랑의 교회	한국문화체험	
	99	서울조선족교회	상담, 의료지원	
	100	세종교육센터	한국어교육, 음식제공	
	101	새세상을 여는 천주교여성공동체 부설	한국어교육, 상담	
	102	순복음 노원교회	한국문화체험	
	103	예수사랑교회	한국어교육	
	104	온누리 교회	한국어교육, 한국문화체험	
	105	원불교 서울외국인센터	한국어교육, 컴퓨터교육, 문화예절교육, 상담	
	106	중국(동포) 교회	상담	
	107	한국교회 여성연합회 부설	상담	

참·고·문·헌

강유진, 1999, "한국남성과 결혼한 중국 조선족 여성의 결혼생활실태에 관한 연구", 〈한국가족관계학회지〉 4(2): 61~80.

경기도가족여성개발원, 2007, 〈경기도내 국제결혼 이민자가족 실태조사 및 정책적 지원방안 연구〉, 경기도가족여성개발원.

광주여성발전센터, 2003, 〈외국인 주부 실태조사〉, 광주여성발전센터.

교육인적자원부, 2007, 〈2007년 다문화가정 자녀의 교육지원 계획〉, 교육인적자원부.

______, 2007, 〈다문화가정 자녀현황(2005~2007)〉, 보도자료, 교육인적자원부.

국정홍보처, 2006, 〈2006년 한국인의 의식·가치관조사〉, 보도자료, 국정홍보처.

김두섭, 2006, "한국인 국제결혼의 설명틀과 혼인 및 이혼신고자료의 분석", 〈한국인구학〉 29(1): 25-56.

김연수, 2002, "기혼여성의 가족관계에 영향을 미치는 요인에 관한 연구", 〈이화사회복지연구〉 2: 97~124.

김영주, 2006, 〈충남 국제결혼가족 실태 및 지원 정책 방안에 관한 연구〉, 충청남도여성정책개발원.

김원중, 2001, "외국인 임대주택시장에 관한 연구: 서울 지역 저층 공동주택을 중심으로", 건국대학교 국제부동산학과 석사학위논문.

김은미·김지현, 2006, 〈서울 속의 세계 알리기 프로젝트〉, 서울시정개발연구원.

______, 2008, "다인종·다민족 사회의 형성과 사회 조직: 서울의 외국인 마을 사례", 〈한국사회학〉 42(2): 1~35.

김은미·양옥경·이해영, 2007, 〈서울의 다문화 발전을 위한 사회소통과 적응연구〉(시정연 2007-PR-20), 서울시정개발연구원.

김은숙·김승희·김신영, 2006, 〈강원도 여성결혼이민자 지역사회적응 지원

실태조사 연구〉, 강원발전연구원 강원지역인적자원개발지원센터.
김은실, 2004, "차이가 만들어내는 여성 이주의 정치학", 국가횡단 시대 변화하는 아시아의 여성, 이화여자대학교 창립 118주년 기념 학술대회, 이화여자대학교 한국여성연구원.
김 인, 1995, "세계화시대 서울의 도시경영전략", 〈국토계획〉 30(3): 5~16.
김재관, 2001, "외국인대상 임대주택사업의 효율적 운영방안에 관한 연구: 서울시 거주 외국인의 주택선호 설문을 중심으로", 건국대학교 행정대학원 부동산학과 석사학위논문.
김정선, 2004, "이주 노동자 남성과 한국 여성의 '가족 만들기'를 통해 본 지역가부장제의 변형 및 재구성", 국가횡단 시대 변화하는 아시아의 여성, 이화여자대학교 창립 118주년 기념 학술대회, 이화여자대학교 한국여성연구원.
김정원 외, 2005, "외국인 근로자 자녀교육복지 실태분석 연구", 한국교육개발원.
김 준, 2002, "지방자치와 지역정체성의 형성: 지역축제를 통한 지역문화 만들기", 〈경제와 사회〉 53: 36~62.
김호철·김주진, 1997, "서울시 거주 외국인의 거주 실태와 그 특성에 관한 연구", 〈지역사회개발연구〉 22(1): 345~362.
김현미, 2005, 《글로벌 시대의 문화 번역》, 서울: 또 하나의 문화.
______, 2006, "국제결혼의 전 지구적 젠더정치학: 한국 남성과 베트남 여성의 사례를 중심으로", 〈경제와 사회〉 7: 10~37.
김희재, 2003, "한국과 일본의 외국인 노동자 현황과 정책", 〈사회조사연구〉 18: 61~93.
남지숙, 1987, "서울시 화교의 지리학적 고찰", 이화여자대학교 사회생활학과 석사학위논문.
노충래·홍진주, 2006, "이주노동자 자녀의 한국사회 적응실태 연구: 서울경기지역 몽골출신 이주노동자 자녀를 중심으로", 〈한국아동복지학〉 22: 127~159.
민경자, 2003, 〈충남거주 외국인 주부의 정착 지원방안 연구〉, 충남여성정책개발원.
박재규, 2006, "국제결혼 이주여성의 농촌지역 정착과 지원방안", 2005년도 한국사회학회 전기사회학대회 논문집, pp. 123~128.
박재규·이윤애, 2005, 〈전라북도 농촌지역 국제결혼이주여성 정착지원을 위한 프로그램 개발〉, 전북발전연구원.

박종삼, 1982, “한미 국제결혼에서 나타나는 의사전달 갈등의 임상적 고찰: 사회사업 치료이론 정립을 중심으로”, 〈한국사회복지학〉 4: 1~13.

박천응, 2007, “한국적 다문화 운동의 실천: 안산 국경없는 마을 운동을 중심으로”, 〈한국적 ‘다문화주의’의 이론화〉, 한국사회학회 동북아시대위원회 용역 보고서, pp. 181~217.

법무부, 2007, 〈외국인과 더불어 사는 열린사회 구현을 위한 중장기 외국인정책 기본방향 논의 및 2007~2008 중점과제 확정〉, 보도자료, 법무부.

법무부 출입국·외국인정책본부, 2008, 〈다문화 사회통합프로그램 구축 방안 마련을 위한 공청회〉, 법무부.

보건복지부, 2005, 〈국제결혼 이주여성 실태조사 및 보건·복지지원정책방안 최종보고서〉, 보건복지부.

______, 2006, 〈결혼중개업체 실태조사 및 관리방안 연구 최종보고서〉, 보건복지부.

______, 2008, 〈2009년 다문화가족지원센터 가업 안내〉, 보건복지부.

빈부격차차별시정위원회, 2006, 〈여성결혼이민자 가족의 사회통합 지원대책 보고서 최종보고서〉, 빈부격차차별시정위원회.

서울시정개발연구원, 1995, 〈서울의 외국인 근로자 실태조사 연구〉, 서울시정개발연구원.

______, 1999, 〈서울시 외국인 전용 주거단지 건립방안〉, 서울시정개발연구원.

서울특별시, 2006, 〈외국기업인 생활환경 개선방안 연구〉, 서울특별시.

______, 2006, 〈주민등록인구통계〉, 서울특별시.

______, 2008, 〈매력적인 글로벌도시, 서울〉, 서울특별시.

서초구립 반포종합사회복지관 연구지원팀·서울대학교 실천사회복지연구회, 2003, 〈실천가와 연구자를 위한 사회복지척도집〉, 나눔의 집.

설동훈, 2000, 《노동력의 국제이동》, 서울: 서울대학교 출판부.

______, 2003, “아시아 각국의 외국인 노동자 정책과 노동권”, 한국빈곤문제연구소 발제문.

______, 2005, “이민과 다문화사회의 도래”, 《한국사회론》(김영기 편), 전북대학교 출판부, pp. 3~23.

______, 2006, “선진 외국의 다인종·다문화 정책 사례”, 《지방의 국제화》. pp. 33~39.

설동훈·한건수·이란주, 2003, 〈국내거주외국인 노동자 아동의 인권 실태조사〉, 국가인권위원회.

설동훈·이혜경·조성남, 2006, 〈결혼이민자 가족실태조사 및 중장기 지원정책방안연구〉, 여성가족부.

송성자, 1974, “국제결혼에 있어서의 부부갈등: 미 8군 정신위생과에 의뢰해 온 미국롤러코스터타이쿤 군인배우자를 가진 한국여성을 중심으로 한 조사연구”, 이화여자대학교 석사학위논문.

양옥경, 2001, “가족관계 측정을 위한 척도 개발 연구”, 〈한국가족사회복지학〉 8: 117~145.

_____, 2007, 〈다문화가족 지역정착을 위한 사회적 지원방안 연구〉(시정연 2006-PR-27), 서울시정개발연구원.

양옥경 · 김연수, 2007, “서울거주 여성결혼이민자의 우울에 영향을 미치는 요인 연구”, 〈정신보건과 사회사업〉 26: 79~110.

양옥경 · 김연수 · 이방현, 2007, “서울거주 국제결혼이주여성의 문화적응과 사회적 지원서비스에 관한 조사연구”, 〈서울도시연구〉 8(2): 229~250.

양옥경 · 이민영, 2003, “‘가족관계척도’ 활용을 위한 타당도연구”, 〈한국사회복지학〉 54: 5~33.

양철호 · 김영자 · 손순용 · 양선화 · 신봉관 · 조지현, 2003, “외국인주부의 인권과 복지에 관한 연구: 광주 · 전남을 중심으로”, 〈사회복지정책〉 16: 127~149.

엄한진, 2006, “전지구적 맥락에서 본 한국의 다문화주의 이민논의: 동북아 ‘다문화’시대 한국사회의 변화와 통합”, 〈한국적 ‘다문화주의’의 이론화〉, 한국사회학회 동북아시대위원회 용역 보고서, pp. 13~43.

_____, 2008, “한국 이민담론의 분절성과 이데올로기적 배경”, 1차 평등정책 콜로키움 & 제 1차 다문화사회 정책 포럼: 한국 이민담론의 분절성과 그 이데올로기적 배경, 한국여성정책연구원.

여성가족부, 2006, 〈여성결혼이민자 가족의 사회통합 지원 대책 확정〉, 여성가족부.

_____, 2007, 〈국제결혼이민자에 관한 국민의식조사〉, 보도자료, 여성가족부.

_____, 2008, 〈2007 여성정책연차보고서〉, 여성가족부.

오경석, 정건화, 2006, “안산시 원곡동 ‘국경없는 마을’ 프로젝트: 몇 가지 쟁점들”, 〈한국지역지리학회지〉 12(1): 72~93.

오경석, 2007, “다문화와 지역사회”, 시민사회지도자아카데미 발제문, 안산의제 21.

오경석 외, 2007, 《한국에서의 다문화주의: 현실과 쟁점》, 서울: 한울아카데미.

오계택, 2007, “이주 노동자에 대한 한국인의 인식: 일터를 중심으로”, 다민족 다문화 사회를 향한 한국사회의 도전과 전망 국제학술대회, 한국 문화인류학회 · 유네스코 아시아 태평양 국제이해교육원, 서울 대한 상공회의소.
오성배, 2005, “코시안(Kosian) 아동의 성장과 환경에 관한 사례 연구”, 〈한국교육〉 32(3) : 61~83.
외국인정책위원회, 2008, 〈제1차 외국인정책 기본계획(2008~2012)〉, 외국인정책위원회.
유명기, 2002, “출신국과 국민 사이에서: 한국 체류 조선족들의 정체성 인식에 관하여”, 〈한국문화인류학〉 35(1) : 73~100.
윤인진, 2006, 〈장래 우리나라 인력난 문제 해결 및 재외동포 인력 활용방안〉, 법무부.
______, 2008, “다문화 사회의 도전과 우리의 과제”, 〈계간 시대정신〉 봄호: 339~357.
______, 2008, “한국적 다문화주의의 전개와 특성: 국가와 시민사회 관계를 중심으로”, 〈한국사회학〉 42(2) : 72~103.
윤형숙, 2004a, “국제결혼 배우자의 갈등과 적응: 한국의 소수자, 실태와 전망”, 《한국의 소수자, 실태와 전망》(최협 외 편), 한울, pp. 321~349.
______, 2004b, “외국인 출신 농촌주부들의 갈등과 적응: 필리핀 여성을 중심으로”, 2004년도 한국여성학회 심포지움 발표논문.
이남희, 2005, “외국인 자치구역, 한국 속 작은 이국들”, 〈신동아〉 544: 350~361.
이정덕, 2002, “문화문권과 지역문화 부흥 정책대안”, 〈지역사회연구〉 9(2) : 1~22.
이재정, 1993, “한국의 화교거주지 연구”, 경희대학교 지리학과 석사학위논문.
이재하, 1997, “세계화시대에 적실한 지역연구방법론 모색: 세계체제론적 지역지리학의 보완을 중심으로”, 〈한국지역지리학회지〉 3(1) : 115~134.
이재하 · 이해주, 1999, “구미의 지역성 변화에 대한 세계체제론적 접근”, 《한국지역지리학회지》 5(1) : 77~90.
이현종, 1967, “구한말 외국인 거주지의 종별과 성격”, 〈진단학보〉 31: 19~42.
______, 1968, “구한말 외국인 거류지내 상황”, 〈사총〉 12(1) : 537~570.
이해영, 2007, “외국인근로자 자녀를 위한 한국어교육: 재한몽골학교 운영 사례를 중심으로”, 〈이중언어학〉 33: 467~494.
이혜경, 2007, “이민정책과 다문화주의: 정부의 다문화 정책 평가”, 〈한국적 ‘다문화주의’의 이론화〉, 한국사회학회 동북아시대위원회 용역 보고서, pp. 231~232.

장동훈, 2002, 〈외국인 주거자의 주택임대차 실태 및 개선방안〉, 대한부동산학회.

장세훈·이유종, 2004, "서울 하늘 아래 이국지대 속으로", 〈서울신문〉, 2004년 8월 17일.

장혜경, 2004, "외국인 근로자 자녀의 교육소외 실태와 대책", 한국교육개발원, 제25차 KEDI 교육정책포럼, pp. 99~123.

전겸구·최상진·양병창, 2001, "통합적 한국판 CES-D 개발", 〈한국심리학회지: 건강〉 6(1): 59~76.

전경숙·정기선·이지혜, 2007, 〈다문화 교육 정책방안 연구〉, 경기도교육청·경기도가족여성개발원.

전북발전연구원, 2005, 〈전라북도 농촌지역 국제결혼 이주여성 정착지원을 위한 프로그램 개발〉, 전북발전연구원.

정기선·김영혜·박경은·이은아·박지혜·이승애·이지혜, 2006, 〈경기도내 국제결혼이민자 실태조사 및 정책적 지원방안 연구〉, 경기도가족여성개발원.

정은희, 2004, "농촌지역 국제결혼 가정 아동의 언어 발달과 언어환경", 〈언어치료연구〉 13(3): 33~52.

정진경·양계민, 2004, "문화적응이론의 전개와 현황", 〈한국심리학회지〉 23(1): 101~136.

정진웅, 2004, "서울과 지방, 그 중심지향의 문화를 넘어", 〈당대비평〉 26: 52~60.

조권중, 2002, 〈서울거주 외국인 자녀들의 교육현황과 향후 개선방안 연구〉, 서울시정개발연구원.

조영달 외, 2006, 〈다문화가정 자녀교육지원을 위한 자료개발연구〉, 교육인적자원부.

조혜영·이창호·권순희·서덕희·이은하, 2007, 〈다문화가족 자녀의 학교생활실태와 교사·학생의 수용성 연구〉, 한국여성정책연구원·한국청소년정책연구원.

조희정, 1986, "재한 화교에 관한 지리학적 연구", 상명대학교 지리학과 석사학위논문.

초의수, 1993, "공간에 대한 비판적 재인식과 한국 지역연구의 동향", 《지역사회연구》 1(1): 103~140.

최병두, 2002, "새로운 지역지리학과 세계화시대 지역발전", 《한국지역지리학회지》 8(2): 131~150.

최준욱, 2004, 〈인구고령화와 재정〉, 한국조세연구원.

충청남도여성정책개발원, 2003, 〈충남 거주외국인 여성을 위한 정책 모색 워크샵 자료집〉, 충청남도여성정책개발원.

한건수·설동훈, 2007, "이주자가 본 한국의 정책과 제도", 다민족 다문화 사회를 향한 한국사회의 도전과 전망 국제학술대회, 한국 문화인류학회·유네스코 아시아 태평양 국제이해교육원 서울 대한상공회의소.

한국교육개발원, 2005, "2005 시도별 초·중등 교육지표", 한국교육개발원.

한영혜, 2006, "일본의 다문화 공생 담론과 아이덴티티 재구축", 〈사회와 역사〉 71: 155~184.

황정미, 2007, "다문화 사회에 대한 한국인의 태도와 인종적 배제주의", 다민족 다문화 사회를 향한 한국사회의 도전과 전망 국제학술대회, 한국 문화인류학회·유네스코 아시아 태평양 국제이해교육원, 서울 대한상공회의소.

Bashi, Vilna and Mark Alan Hughes, 1997, "Globalization and Residential Segregation by Race", *Annals of the American Academy of Political and Social Science* 551: 105~120.

Bauer, Thomas K., Magnus Lofstrom and Klaus F. Zimmermann, 2000, "Immigration Policy, Assimilation of Immigrants and Natives' Sentiments towards Immigrants: Evidence from 12 OECD-Countries", *Discussion Paper for the Institute for the Study of Labor* (IZA).

Berry, J. W., 1997, "Immigration, Acculturation, and Adaptation", *Applied Psychology: An International Review* 46(1): 5~68.

Boal, Fredrick, 1978, "Territoriality on the Chankill-Falls Divide, Belfast: The Perspective from 1976", in *An Invitation to Geography*, D, Lanegrin and R, Palm (eds), New York: McGraw-Hill, pp. 58~77.

Castells, Manuel, 1996, *The Information Age: Society and Culture: The Rise of Network Society*, Cambridge: Blackwell Publishers, Inc.

______, 1997, *The Information Age: Economy, Society and Culture, Volume 2: The Power of Identity*, Oxford: Basil Blackwell.

Castles, Stephen, 2000, *Ethnicity and Globalization from Migrant Workers to Transnational Citizen*, London: Sage Publication.

Castles, Stephen and Mark J, Miller, 2003, *The Age of Migration: Third Edition*, New York and London: The Guilford Press.

Committee on the Elimination of Racial Discrimination (CERD), 2006, CERD/C/KOR/14 18 August 2006, *UNESCO Series of Country Reports on the Ratification of the UN Convention on Migrants*, CERD.

Choi, Woo-Kil, 2001, "The Korean Minority in China: The Change of It's Identity", *Development and Society* 30: 119~141.

Cohen, Robin and Paul Kennedy, 2000, *Global Sociology*, New York: New York University Press.

Cohen, Robin and Zig Layton-Henry (eds,), 1997, *The Politics of Migration*, Northampton: Edward Elgar Publishing.

Cwerner, Saulo B, 2001, "The Times of Migration", *Journal of Ethnic and Migration Studies* 27(1): 7~36.

Fawcett, James T., and Benjamin V. Carino (eds), 1987, *Pacific Bridges: The New Immigration From Asia and the Pacific Islands*, New York: Center for Migration Studies.

Fennema, Meindert, 2004, "The Concept and Measurement of Ethnic Community", *Journal of Ethnic and Migration Studies* 30(3): 429~447.

Fong, Eric and Rima Wilkes, 2000, "A New Vertical Mosaic in Canada", Conference Paper of Population Association of America Conference, Los Angeles, CA, U.S.A.

Gabriel, Staurt A., and Stuart S. Rosenthal, 1996, "Commute Times, Neighborhood Effects, and Earnings: An Analysis of Compensating Differentials and Racial Discrimination", *Journal of Urban Economics* 40: 61~82.

Gibney, Mark (ed), 1988, *Open Borders? Closed Societies? The Ethical and Political Issues*, New York: Greenwood Press.

Gilbert, J., B. Stead, and J. Ivancevich, 1999, "Diversity Management: a New Organizational Pparadigm", *Journal of Business Ethics* 21(1): 61~76.

Good, Kristin, 2005, "Patterns of Politics in Canada's Immigrant-receiving Cities and Suburbs", *Policy Studies* 26(3-4): 261~289.

Gray, Kevin, 2006, "Migrant Labor and Civil Society Relations in South Korea", *Asian and Pacific Migration Journal* 15(3): 381~390.

Harvey, David, 1978, "The Urban Process under Capitalism: a Framework for Analysis", *International Journal of Urban and Regional Research* 2: 101~131.

Hing, Bill Ong, 1993, *Making and Remaking Asian America Through Immigration Policy 1850~1990*, Stanford: Stanford University Press.

Inglis, Christine and Koenig, Matthias, 2004, "Editorial in Managing Migrant and Diversity in the Asia Pacific Region and Europe", *International Journal of Multicultural Societies* 6(2): 196~201.

Kantrowitz, Nathan, 1973, *Ethnic and Racial Segregation in the New York Metropolis*, New York: Praeger Publishers.

Kim, Eun Mee, 1997, *Big Business, Strong State: Collusion and Conflict in South Korean Development: 1960~1990*, Albany, NY: State University of New York Press.

Kim, Hyun Mee, 2007, "The State and Migrant Women: Diverging Hopes in the Making of Multicultural Families", International Conference Commemorating the 30th Anniversary of the Korea Women's Research Center, Ewha Womans University, Seoul, Korea.

Kochan, Thomas, Katerina Bezrukova, Robin Ely, Susan Jackson, Aparna Joshi, Karen Jehn, Jonathan Leonard, David Levine, and David Thomas, 2003, "The Effects of Diversity on Business Performance: Report of the Diversity Research Network", *Human Resource Management* 42(1): 3~21.

Lie, John, 2004, *Multiethnic Japan*, Boston: Harvard University Press.

Ling, Huping, 2005, *Chinese St. Louis: From Enclave to Cultural Community*, Temple University Press.

Logan, John, Richard D, Alba and Wenquan Zhang, 2002, "Immigrant Enclaves and Ethnic Communities in New York and Los Angeles", *American Sociological Review* 67: 299~322.

Logan, John and Harvey Molotch, 1987, *Urban Fortunes: The Political Economy of Place*, University of California Press.

Martin, Philip, 1991, "Labor Migration in Asia", *International Migration Review*, 25(1): 176~193.

Massey, Douglas, Joaquin Arango, Graeme Hugo, Ali Kouaouci, Adela Pellegrino, and J, Edward Taylor, 1998, *Worlds in Motion: Understanding International Migration at the End of the Millennium*, Oxford: Oxford University Press.

Myles, John and Feng Hou, 2003, "Changing Colours: Assimilation and

New Racial Minority Immigrants", *Canadian Journal of Sociology* 29(1): 29~58.

Nanuy, Viviani, 1984, *The Long Journey: Vietnamese Migration and Settlement in Australia*, Melbourne: Melbourne University Press.

Niemonen, Jack, 1999, "Deconstructing Cultural Pluralism", *Sociological Spectrum* 19(4): 401~419.

Phillips, Deborah, 1981, "The Social and Spatial Segregation of Asians in Leicester" in *Social Interaction and Ethnic Segregation*, London: Academic Press.

Philpott, Thomas Lee, 1978, *The Slum and the Ghetto: Neighborhood Deterioration and Middle Class Reform, Chicago, 1880~1930*, New York: Oxford University Press.

Rex, John and David Manson, 1986, *Theories of Race and Ethnic Relations*, London: Cambridge University Press.

Robertson, Pat, 1992, *The New World Order*, Thomas Nelson.

Robinson, Kathryn, 2007, "Marriage Migration, Gender Transformations, and Family Values in the 'Global Ecumun'", *Place and Culture*, 14(4): 483~497.

Sandhu D. S., & Asrabadi B. R., 1994, "Development of Acculturative Stress Scale for International Students: Preliminary Findings", *Psychological Reports* 75: 435~448.

Sassen, Saskia, 1996, *Losing Control: Sovereignty in an Age of Globalization*, New York: Columbia University Press.

______, 1998, *The Mobility of Labor and Capital: A Study in International Investment and Labor Flow*, Cambridge University Press.

______, 2009, "The Global City Today: Advantages of Specialization and Costs of Financialization", Paper presented at 2009 글로벌 서울 포럼: Global Metropolitan Forum of Seoul 2009, 글로벌시대의 도시경쟁력과 서울의 미래(The Global City: Strategies for Competitiveness), 서울, 신라호텔.

Scott, Allen J., 2009, "Global City-Regions: Economic Motors and Political Actors on the World Stage", Paper presented at 2009 글로벌 서울 포럼: Global Metropolitan Forum of Seoul 2009, 글로벌시대의 도시경쟁력과 서울의 미래(The Global City: Strategies for Competitiveness),

서울, 신라호텔.

Spellman, W, M, 2002, *The Global Community: Migration and the Making of the Modern World*, Phoenix Mill: Sutton Publishing.

Tarumoto, Hideki, 2003, "Multiculturalism in Japan: Citizenship Policy for Immigrants", *International Journal on Multicultural Societies* 5(1): 88~103.

Thompson, Susan and Kevin Dunn, 2002, "Multicultural Services in Local Government in Australia", *An Uneven Tale of Access and Equity Urban Policy and Research* 20(3): 263~279.

Thurston, L. and Yezer, A. M. J., 1994, "Causality in the Suburbanization of Population and Employment", *Journal of Urban Economics* 35(1): 28~45.

Tucker, Robert W., Charles B. Keely and Linda Wrigley, 1990, *Immigration and U.S. Foreign Policy*, Boulder, San Francisco and Oxford: Westview Press.

United Nations CERD, 2007, *Consideration of Reports Submitted by State Parties Under Article 9 of the Convention: Concluding Observations of the Committee on the Elimination of Racial Discrimination, Republic of Korea*, Committee on the Elimination of Racial Discrimination.

Vellos, Diana, 1997, "Immigrant Latina Domestic Workers and Sexual Harrassment", *American University Journal of Gender and the Law* 407: 414~418,

Ward, C., Bochner, S., and Furnham. A, 2001, *The Psychology of Culture Shock*, East Sussex: Routledge.

Ward, David, 1971, *Cities and Immigrants: A Geography of Change in Nineteenth-Century America*, New York: Oxford University Press.

White, Michael, Ann H. Kim and Jennifer E. Glick, 2005, "Mapping Social Distance: Ethnic Residential Segregation in a Multiethnic Metro", *Sociological Methods and Research* 34(2): 173~203.

Willis, Katie, Brenda S. A. Yeoh and S. M. Abdul Khader Fakhri, 2004, "Transnationalism as a Challenge to the Nation", in *State/Nation/Transnation: Perspectives on Transnationalism in the Asia-Pacific*, Brenda Yeoh and Katie Willis(eds), London and New York: Routledge.

Wong, M. R., 2005, "Ling, Chinese St. Louis: From Enclave to Cultural Community", *Journal of American History* 92(3): 10~15.

Wood, Patricia K, and Liette Gilbert, 2005, "Multiculturalism in Canada:

Accidental Discourse, Alternative Vision, Urban Practice", *International Journal of Urban and Regional Research* 29(3): 679~691.

Zelinsky, Wilbur and Barrett A. Lee, 1998, "Heterolocalism: An Alternative Model of the Sociospatial Behaviour of Immigrant Ethnic Communities", *International Journal of Population Geography* 4(4): 281~298.

Zimet, G. D., Dahlem, N. W., Zimet, S. G., & Farley, G. K., 1988, "The Multidementional Scale of Perceived Social Support", *Journal of Personality Assessment* 52: 30~41.

경기도가족여성개발원, http://www.gfwdi.or.kr/

광주여성발전센터, http://www.woman.gjcity.net/

교육과학기술부, http://www.assembly.mest.go.kr

국경없는 마을, http://www.bvillage.org/

노동부, http://www.molab.go.kr

다문화 축제, http://www.migrantsarirang.com

미국 Independent Center for Immigration Studies, http://www.cis.org

박천응, 2002, "'국경없는 마을 원곡동' 만들기 지침초안", 박천응 목사 칼럼, 안산이주민센터 홈페이지, http://migrant.or.kr.

______, 2002, "안산의 대안문화로서 '국경없는 마을'을 제안하며", 박천응 목사 칼럼, 안산이주민센터 홈페이지, http://migrant.or.kr.

법무부, "재한 외국인 처우 기본법(안)", 법무부 홈페이지, http://www.moj.go.kr.

서울글로벌센터, http://global.seoul.go.kr/

서울특별시청, http://www.seoul.go.kr/

안산시청, "안산시 인구통계자료", 안산시청 홈페이지, http://www.iansan.net.

안산외국인근로자지원센터, http://www.afwc.or.kr

안산이주민센터, http://migrant.or.kr

여성가족부, "혼혈인·외국인 이주자 차별금지법 제정: 국적 취득 전 여성 결혼이민자도 기초생활 보장", 여성가족부 홈페이지, http://www.mogef.go.kr/

재한중국여성 모임, http://cafe.daum.net/koreanmom

중앙일보, "코시안 정치세력화 가능성 … 2020년에 신생아 3명 중 1명이 혼혈", 2006년 4월 4일자 기사, http://www.joins.com/

출입국·외국인정책본부, http://www.immigration.go.kr.

충청남도 여성정책개발원, http://www.cwpdi.re.kr/

캐나다 Statistics Canada, http://www.statcan.gc.ca/start-debut-eng.html

코시안의 집, http://kosian.or.kr
토론토시청, http://www.toronto.ca/diversity/index.htm
통계청, "시도별 장래인구특별추계결과", 통계청 홈페이지, http://www.nso.go.kr/
프라하시청, http://magistrat.praha-mesto.cz/lang/12
한국 브리태니커 온라인, http://www.britannica.co.kr
한국이주여성인권센터, http://www.wmigrant..org
호주 Department of Immigration and Citizenship(DIMA), http://www.immi.gov.au/

찾아보기

ㄱ·ㄴ

ㄷ · ㄹ

ㅁ·ㅂ

ㅅ

ㅈ

ㅊ · ㅋ · ㅌ

ㅍ · ㅎ

기타

저·자·약·력

·김은미

이화여자대학교 사회학과를 졸업하고, 미국 브라운대학교에서 사회학 석사학위와 박사학위를 받았다. 미국 남가주대학교에서 사회학과 조교수와 부교수를 역임했다. 현재 이화여자대학교 국제대학원 원장. 주요 저서로는 *Big Business, Strong State: Collusion and Conflict in South Korean Development, 1960~1990*, 《경제위기의 사회학: 개발국가의 전환과 기업집단 연결망》, *The Four Asian Tigers: Economic Development and the Global Political Economy Development*(편저) 등이 있다.

·양옥경

이화여자대학교 영문학과를 졸업하고, 미국 위스콘신대학에서 사회사업학 석사학위와 사회복지학 박사학위를 받았다. 이화여자대학교 사회복지전문대학원 원장을 역임했다. 현재 이화여자대학교 사회복지전문대학원 교수. 주요 저서로는 《정신보건과 사회복지》(대한민국학술원 우수학술도서 선정), 《지역사회정신건강》, 《가족과 사회복지》, *Family and New Governance*, 《사회복지실천론》(공저), 《사회복지윤리와 철학》(공저), 《사회복지수퍼비전론》(공저) 등이 있다.

·이해영

이화여자대학교 국어국문학과를 졸업하고, 동대학원에 국어국문학 석사학위와 박사학위를 받았다. 현재 이화여자대학교 국제대학원 한국학과 교수. 주요 저서로는 《한국어 학습자의 중간언어연구》(공저), *Exciting Korean* 초·중급(공저), 《초급 한국어 말하기》(공저), 《초급 한국어 듣기》(공저) 등이 있다.

나남사회복지학총서 ②

주) 나남 | 나남의 책은 쉽게 팔리지 않고 오래 팔립니다 | 2012

19 **사회복지조사방법론**

사회복지연구의 조사, 관찰, 자료분석에 관한 이론적, 실제적 측면에서의 고찰로, 사회복지조사방법론에 관한 갈증을 해소시켜 주기에 충분하다.

A. 루빈, E. 바비 / 성숙진(한신대), **유태균**(숭실대), **이선우**(인제대) **공역**

▪ 4×6배판 / 676쪽/25,000원

20 **사회복지실천 기법과 지침(개정2판)**

사회복지와 사회복지사에 관심이 있는 사회복지학도와 사회복지사를 위한 이론과 실천의 필독서.

B. 셰퍼·C. 호레이시

남기철(동덕여대), **정선욱**(덕성여대), **조성희**(순천향대) **공역**

▪ 4×6배판 / 656쪽 / 38,000원

21 **사회보장론(개정3판)**

사회보장의 이론적 고찰과 한국의 사회보장제도를 체계적으로 분석.

이인재(한신대), **류진석**(충남대), **권문일**(덕성여대), **김진구**(협성대) **공저**

▪ 신국판 / 528쪽 / 25,000원

22 **한국복지국가의 이상과 현실**

복지국가의 발전과 특징, 이념적 기초와 함께 우리나라 사회보장제도의 현황과 문제점을 짚어본다.

인경석(국민연금관리공단) **저**

▪ 신국판 / 342쪽 / 16,000원

23 **시장과 복지정치**

스웨덴의 사민주의를 분석을 통해 시장자본주의의 대안을 모색해 본다.

송호근(서울대) **저**

▪ 신국판 / 364쪽 / 10,000원

24 **영국의 복지정책**

구빈법 개혁 이후 제3의 길까지 지난 150년간의 영국 복지정책의 역사와 현황을 체계적으로 정리.

이영찬(보건복지부) **저**

▪ 신국판 / 634쪽 / 22,000원

25 **한국의 사회복지체제 연구**

(한국)국가복지의 현실을 분석하고, 기업복지와 연복지의 가능성을 진단해 본다.

홍경준(성균관대) **저**

▪ 신국판 / 400쪽 / 12,000원

26 **사회복지실천론(개정4판)**

사회복지실천의 이론적 배경과 실천에 대한 이념적·역사적 고찰과 함께 실천이론 및 실천모델을 종합적으로 제시.

양옥경(이화여대), **김정진**(나사렛대), **서미경**(경상대), **김미옥**(전북대), **김소희**(숭의여대) **공저**

▪ 신국판 / 576쪽 / 25,000원

28 **상담의 필수기술**

효과적 의사소통을 위한 사례중심의 접근법으로 구체적 상담기술을 담고 있는, 상담자들의 교육과 훈련을 위한 지침서.

에반스 외 / 성숙진(한신대) **역**

▪ 크라운판 / 342쪽 / 15,000원

29 **여성복지론**

여성복지의 개념, 양성평등, 사회복지정책, 여성문제 등 포괄적 여성복지에 대한 체계적 정리.

김인숙(가톨릭대), **김혜선**(서울시 북부여성발전센터), **성정현**(협성대), **신은주**(평택대), **윤영숙**(경기도 여성능력개발센터), **이혜경**(평택대), **최선화**(신라대) **공저**

▪ 신국판 / 490쪽 / 20,000원

30 **사회통합과 장애인복지정치**

사회 제영역·문제들과 혼재되어 나타나는 장애인문제를 사회통합, 직업, 여성장애인, 장애인복지와 관련하여 총체적으로 살펴본다.

이성규(서울시립대) **저**

▪ 신국판 / 354쪽 / 14,000원

31 **여성운동과 사회복지**

학대받는 여성과 이들을 위한 쉼터의 본격적 연구서이다. 쉼터의 역사와 구조, 운영, 사회복지 서비스, 그리고 쉼터의 방향과 대안을 제시.

김인숙(가톨릭대), **김혜선**(서울시 북부여성발전센터), **신은주**(평택대) **공저**

▪ 신국판 / 196쪽 / 7,0000원

나남사회복지학총서 ⑤

주) 나남 나남의 책은 쉽게 팔리지 않고 오래 팔립니다 2012

63 **가족복지론**

가족복지에 대한 지식과 개입에 필요한 실천기술을 습득하는 데 도움이 될 것이다.

김연옥(서울시립대), **유채영**(충남대), **이인정**(덕성여대), **최해경**(충남대) **공저**

• 신국판 / 600쪽 / 28,000원

64 **자원봉사론**

자원봉사의 개념과 역사, 현황 및 자원봉사관리의 영역들, 즉 자원봉사 프로그램 기획, 자원봉사자 모집, 선발과 면접, 교육훈련, 슈퍼비전, 평가와 승인 등과 자원봉사관리의 실제를 소개하고 있다.

남기철(동덕여대) **저**

• 신국판 / 472쪽 / 25,000원

65 **학교와 사회복지실천**

국가의 내일을 짊어질 차세대 인재들의 요람인 학교의 전인교육 및 학교사회사업에 대한 길잡이.

한인영(이화여대), **홍순혜**(서울여대), **김혜란**(서울대) **공저**

• 신국판 / 328쪽 / 15,000원

66 **지역사회복지론(개정판)**

지역사회에 대한 개념정의 및 지역사회복지실천의 이론과 실천모델, 실천과정 등을 소개하고 있다.

감정기(경남대), **백종만**(전북대), **김찬우**(가톨릭대) **공저**

• 신국판 / 448쪽 / 24,000원

68 **청소년복지론**

일반적인 청소년복지분야를 일반청소년과 소외청소년 및 문제청소년복지분야로 구분하고, 청소년의 발달을 최적화할 수 있는 방법을 모색하였다.

이소희(숙명여대), **도미향**(남서울대), **정익중**(덕성여대), **김민정**(한남대), **변미희**(천안대) **공저**

• 신국판 / 624쪽 / 27,000원

70 **현대복지국가의 변화와 대응**

복지국가의 변화, 그 변화의 성격과 내용, 그리고 변화의 방향 등에 대해 소개하고 있다.

김태성(서울대), **류진석**(충남대), **안상훈**(서울대) **공저**

• 신국판 / 328쪽 / 15,000원

71 **비교빈곤정책론**

고용 없는 성장, 청년실업 등에 따른 양극화 현상, 사회적 배제 등 '신빈곤'에 대한 세계 주요국의 빈곤정책을 일목요연하게 정리.

김상균 · 조흥식(서울대) **외 공저**

• 신국판 / 624쪽 / 32,000원

72 **사회복지연구조사방법론**

사회복지 연구조사방법론을 쉽게 풀이하여 과학적 진리탐구 방법을 소개하고 있다.

김환준(경북대) **저**

• 4×6배판 / 304쪽 / 18,000원

73 **사회복지조사방법론**

사회복지조사방법론이 응용사회과학으로서 사회복지학의 실천현장에서도 사회과학적 관점을 충분히 살려 사회조사를 수행하는 데 도움이 되도록 쉽게 소개하고 있다.

최성재(서울대) **저**

• 4×6배판 / 664쪽 / 28,000원

74 **수화의 이해와 실제: 고급과정**

전문 수화통역사와 일선 사회복지사 및 관련 전공자들의 수화읽기와 수화사용에 깊이를 더하는 길잡이.

이준우(강남대), **남기현**(나사렛대) **공저**

• 4×6배판 / 216쪽 / 15,000원

75 **사회복지실천이론의 이해와 적용**

사회복지 실천의 다양한 이론을 총망라한 사회복지 실천이론의 베스트 셀러.

F. 터너 / 연세사회복지실천연구회 역

• 4×6배판 / 800쪽 / 38,000원

76 **사회복지자료분석론**

독자의 입장에서 사회통계를 보다 근본적으로 이해하는 데 이 정도의 상세한 사회통계 교재는 없다고 믿고, 이 교재가 사회복지학의 이론과 실천에 크게 도움이 될 것으로 기대한다.

최성재(서울대) **저**

• 4×6배판 / 576쪽 / 29,000원

경기도 파주시 교하읍 출판도시 518-4 TEL : 031)955-4601 FAX : 031)955-4555 www.nanam.net

나남사회복지학총서 ⑥

주) 나남　　나남의 책은 쉽게 팔리지 않고 오래 팔립니다　　2012

77 **욕구조사의 이론과 실제**

욕구조사의 이해에 필요한 지식과 이론, 욕구조사의 기술·방법·절차 및 욕구조사활동의 비판적 분석능력과 욕구조사결과를 보다 적극적으로 활용할 수 있는 접근방법 등을 소개하고 있다.

서인해(한림대), **공계순**(호서대) **공저**

• 신국판 / 224쪽 / 12,000원

78 **사회복지정책론**

이 책은 철저하게 한국의 현실조건에서 일어나고 있는 정책적 문제들을 분석하고 어떤 해결책을 찾아가야 하는지에 초점을 맞췄다.

이태복(사) 인간의 대지 이사장), **심복자**(사) 인간의 대지 이사) **공저**

• 신국판 / 408쪽 / 20,000원

79 **사회문제와 사회복지(개정판)**

빈곤문제, 노동문제, 교육불평등문제, 환경오염문제, 도시문제, 이혼, 비행, 범죄, 폭력, 약물남용, 정신질환문제 등 다양한 사회문제에 대한 기존이론과 실제를 하나로 묶은 실천지침서.

표갑수(청주대) **저**

• 신국판 / 576쪽 / 25,000원

80 **복지국가의 태동**

한국에서 복지국가가 시동을 걸게 된 배경과 과정, 특성과 제약 등 복지제도의 발전과 변화에 대한 이론적 시각을 날줄로 하고, 그에 대한 실증적 자료를 씨줄로 삼아 엮은 책으로 새로운 복지정치 탐색의 길잡이.

송호근(서울대), **홍경준**(성균관대) **공저**

• 신국판 / 368쪽 / 18,000원

81 **21세기 새로운 복지국가**

이 책은 생애주기에 관련된 네 가지 주요 쟁점을 다룬다. 그 네 가지 쟁점은 아동기 및 아동이 있는 가족, 양성평등 및 일하는 어머니들이 직면하는 가정과 직장의 양립문제, 경제활동기간, 퇴직 후 기간이다.

에스핑앤더슨 · 갈리 · 헤머릭 · 마일즈 / 유태균(숭실대) **외 공역**

• 신국판 / 368쪽 / 15,000원

82 **복지재정과 시민참여**

국민이 모두 인간다운 삶을 영위하고 나눔의 정신을 통해 사회통합을 이루며 지속가능한 발전을 이룰 수 있는 사회복지 시스템이 필요하다. 사회복지에 대한 국가의 역할을 논할 때 재정은 가장 중요한 핵심문제이다.

윤영진(계명대) **외 공저**

• 신국판 / 440쪽 / 22,000원

83 **임파워먼트와 사회복지실천**

이 책은 이 시대의 사회복지사라면 피해 갈 수 없는, 그리고 피해서는 안 되는 임파워먼트의 핵심가치와 철학을 제공한다는 점에서 실천현장과 교육현장 모두에 가치가 있다.

로버트 애덤스 / 최명민(백석대) **역**

• 신국판 / 288쪽 / 12,000원

84 **한국의 복지정책 결정과정: 역사와 자료**

이 책은 산재보험, 의료보험, 국민연금, 고용보험의 4대보험과 방대한 자료목록을 바탕으로 한국복지정책의 결정과정을 실재에 가깝게 구성하여 정책결정자 및 실무자에게 지침서 역할을 한다.

양재진(연세대) **외 공저**

• 크라운판 / 464쪽 / 24,000원

85 **여성복지 실천과 정책**

이 책은 여성복지의 환경변화에 부응하여 여성복지의 정책과 실천을 여성주의 시각에서 접근한 다양한 논의들을 소개하고 있다.

김인숙(가톨릭대), **정재훈**(서울여대) **공저**

• 신국판 / 448쪽 / 22,000원

86 **보건복지정책론**

이 책은 사회변화와 보건복지정책, 사회문제와 복지정책, 보건의료문제와 보건정책을 포괄적으로 다루고 있어 정책결정자 및 실무자에게 지침서 역할을 한다.

문창진(포천중문의과대) **저**

• 신국판 / 328쪽 / 17,000원

87 **다문화사회, 한국**

이 책은 다문화사회로 이행하는 한국의 변화에 대한 이해와 그 파급효과를 체계적으로 정리하였다.

김은미 · 양옥경 · 이해영(이화여대) **공저**

• 신국판 / 400쪽 / 18,000원